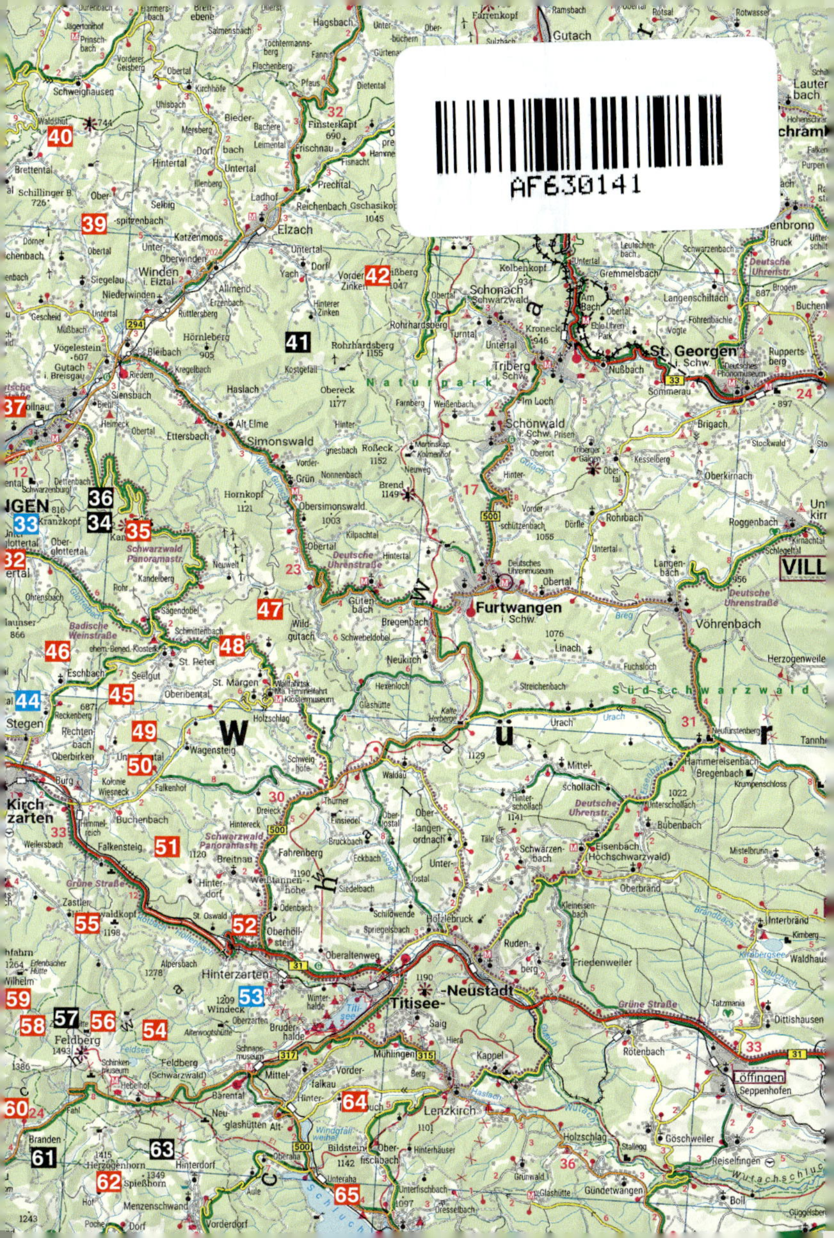
Hagsbach
Gutach
Ramsbach
Schweighausen
Waldshut
Brettental
Schillinger B.
Elzach
Reichenbach
Gschasikopf
Prechtal
Frischnau
Finsterkapf
Katzenmoos
Oberwinden
Winden i. Elztal
Niederwinden
Siegelau
Bleibach
Gutach i. Breisgau
Vögelestein
Riedern
Siensbach
Kregelbach
Haslach
Hörnleberg
Alt Elme
Simonswald
Ettersbach
Obersimonswald
Hornkopf
Kandel
Schwarzwald Panoramastr.
Kranzkopf
Rohrhardsberg
Obereck
Naturpark
Schonach i. Schwarzwald
Triberg i. Schw.
Kroneck
Nußbach
St. Georgen i. Schw.
Sommerau
Schönwald i. Schw.
Brigach
Kesselberg
Oberkirnach
Roggenbach
Brend
Martinskap.
Kolmenhof
Neuweg
Roßeck
Nonnenbach
Grün
Schützenbach
Rohrbach
Deutsches Uhrenmuseum
Furtwangen i. Schw.
Vöhrenbach
Deutsche Uhrenstraße
Gütenbach
Bregenbach
Wildgutach
Neukirch
Linach
Fuchsloch
Herzogenweiler
Südschwarzwald
Badische Weinstraße
Eschbach
St. Peter
St. Märgen
Seelgut
Oberibental
Stegen
Rechtenbach
Oberbirken
Wagensteig
Burg
Kirchzarten
Buchenbach
Falkensteig
Breitnau
Grüne Straße
Zastler
Hinterzarten
Oberaltenweg
Titisee-Neustadt
Saig
Feldberg
Feldberg (Schwarzwald)
Bärental
Neuglashütten
Altglashütten
Lenzkirch
Kappel
Rötenbach
Löffingen
Seppenhofen
Göschweiler
Reiselfingen
Holzschlag
Gündelwangen
Grünwald
Urach
Neufürstenberg
Hammereisenbach
Bregenbach
Mittelschollach
Unterschollach
Eisenbach (Hochschwarzwald)
Schwärzenbach
Oberbränd
Friedenweiler
Rudenberg
Hölzlebruck
Fahrenberg
Waldau
Thurner
Windeck
Menzenschwand
Bildstein
Oberfischbach
Dresselbach
Schluchsee
Wutach
Wutachschlucht
Urach
Breg
Gutach
Brigach
Interbränd
Dittishausen
Tatzmania
Bubenbach
VILL

# Touristische Hinweise

## Anforderungen

Bis auf ein paar Ausnahmen verlaufen alle Wanderungen auf deutlichen Pfaden, Schotter- und Forstwegen. Hinweisschilder und durchgehende Markierungen machen die Orientierung generell einfach. Einzelne Anstiege zu den höheren Schwarzwaldkuppen können anstrengend sein, gute Kondition und Fitness sind daher generell von Vorteil. Um die jeweiligen Anforderungen grundsätzlich besser einschätzen zu können, wurden die Wandervorschläge mit verschiedenen Farben markiert. Diese erklären sich wie folgt:

**Leicht** Diese Wege sind in der Regel ausreichend breit, nur mäßig steil und daher auch bei Schlechtwetter relativ gefahrlos zu begehen. Die Anforderungen an die Ausdauer sind nicht sehr hoch. Einzelne Wegabschnitte können steinig oder verwurzelt sein, gutes Schuhwerk ist daher in jedem Fall zu empfehlen.

**Mittel** Diese Touren eignen sich für geübte und trittsichere Wanderer. Längere Auf- und Abstiege setzen eine gute körperliche Verfassung voraus. Die Pfade und Steige sind zumeist ausreichend markiert, aber oft schmal und teilweise etwas ausgesetzt. Für längere Touren sind Ausdauer und gute Kondition vorteilhaft.

**Schwierig** Durchgehend als »schwierig« einzustufende Wanderwege, vergleichbar mit schweren Pfaden in den Alpen, gibt es im Umfeld dieses Wanderführers nicht. Es sind zumeist nur kurze Wegabschnitte, bei denen erhöhte Wachsamkeit geboten ist, weil der Pfad über geröllige oder abschüssige Passagen verläuft, einzelne kurze Kletterabschnitte enthält oder mit sehr steilen Auf- und Abstiegen aufwartet. Örtliche Hinweisschilder machen zumeist darauf aufmerksam (u. a. »Pfad alpin«, »Gutes Schuhwerk empfohlen«, »Weg steil«).

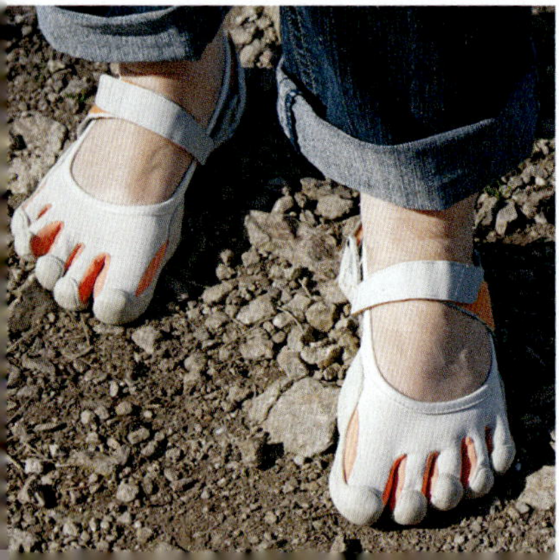

## Gehzeiten

Die Zeitangaben sind nur als grobe Orientierungshilfe anzusehen. Sie enthalten nur die reine Gehzeit (mittelschnelles Tempo, also etwa

*Gutes Schuhwerk ist zu empfehlen …*

## Top-Touren rund um Freiburg

**Von Wittnau über Bollschweil zur Berghauser Kapelle**

Schöne Frühlingswanderung zur Kirschblüte auf den Berghauser Matten (Tour 15, 3.30 Std.).

**Von Oberbergen über den Totenkopf ins Liliental**

Mammutwälder, Wildblumenwiesen und Weinreben, dazu herrliche Aussichten im Herzen des Kaiserstuhls (Tour 25, 4.15 Std.).

**Auf dem Kaiserstuhlpfad von Endingen nach Ihringen**

Einmal quer durch den Kaiserstuhl mit seinen vielen Höhepunkten (Tour 28, 6.30 Std.).

**Von Wildtal über den Rosskopf zur Zähringer Burg**

Abwechslungsreiche Runde ganz nah bei Freiburg (Tour 31, 4.15 Std.).

**Von Waldkirch über den Kandel nach St. Peter**

Hart und anstrengend, aber grandios, die erste Etappe des Zweitälersteigs (Tour 36, 6.00 Std.).

**Von Freiamt Brettental zum Hünersedel**

Klein aber fein: die sanften Hügel von Freiamt mit schöner Aussicht vom Hünersedel (Tour 40, 3.15 Std.).

**Von St. Märgen zu den Hirschbach- und Zweribachfällen**

Wasserspektakel im Bannwald des Zweribachtals (Tour 47, 3.45 Std.).

**Von Buchenbach zum Lindenberg**

Rundwanderung voller Highlights zwischen Unter- und Oberibental (Tour 50, 5.45 Std.).

**Von Hinterzarten zur Ravennaschlucht**

Kurz und knapp, kleine Rundwanderung mit hohem Unterhaltungswert (Tour 52, 2.15 Std.).

**Von Hinterzarten über den Hinterwaldkopf nach Kirchzarten**

Panorama-Talwanderung der Extraklasse (Tour 55, 5.15 Std.).

**Über den Felsenweg zum Feldberg**

Viel begangen, aber richtig gut: Die Naturpfade rund um den Feldbergsee (Tour 56, 3.45 Std.).

**Von Napf zum Feldberg**

1-a-Aufstieg zum Höchsten der Mittelgebirge abseits des Touristen-Rummels (Tour 58, 5.00 Std.).

**Vom Hebelhof zum Herzogenhorn**

Der Stille im Schatten des Feldbergs ganz groß, ein perfekter Platz bei Alpensicht (Tour 62, 4.00 Std.).

4 km/Std. auf ebenem Gelände) ohne Rast- oder Fotopausen. Auch die Einkehrzeit in Gasthäusern und Vesperstuben ist bei den Angaben nicht enthalten. Generell sind in den Profilen die Etappen- und die Gesamtgehzeiten vermerkt.

## Ausrüstung

Von einigen leichten Wanderungen abgesehen, ist für alle Touren solides Schuhwerk mit Profilsohlen empfehlenswert. Unbedingt erforderlich sind an heißen Tagen ausreichend Trinkwasser und Sonnenschutz. Eine dünne

## Auskunft und Internet

**Tourismusverband**

Schwarzwald Tourismus GmbH, Ludwigstraße 23, 79104 Freiburg, Tel. +49 761 896460, schwarzwald-tourismus.de

**Wandervereine**

Schwarzwaldverein mit seinen Ortsgruppen, Zentrale: Schlossbergring 15, 79098 Freiburg, Tel. +49 761 380530, schwarzwaldverein.de

**Ausflugsziele und Besonderheiten der Gegend**

nationalparkregion-schwarzwald.de

**Infoportal für Erholung und Geschäft**

freiburg-schwarzwald.de

Wind- und Regenschutzjacke sowie ein Pulli gehören ebenso ins Gepäck, denn selbst an schönen Tagen kann man auf den Höhen unerwartet von starken Winden überrascht werden. Empfehlenswert sind bei langen Touren zudem Wanderstöcke, die man bei Bedarf zusammenschieben und im Rucksack verstauen kann. Für den Notfall sollte man ein Handy nicht vergessen.

### Wanderkarten

Einen Überblick an Hauptwanderwegen erhält man mit den Freizeitkarten Nr. F505–F509 im Maßstab 1:50.000, Herausgeber Landesamt für Geoinformation und Landentwicklung Baden-Württemberg in Zusammenarbeit mit dem Schwarzwaldverein und dem Naturpark Südschwarzwald.

Etwas detailreicher sind die Kompass-Wanderkarten, Maßstab 1:25.000, Herausgeber: Kompass-Karten GmbH, Rum, Österreich. Die Karten sind aber leider oft mit den rot dargestellten Wanderrouten überladen und enthalten wenige Orientierungspunkte.

Am besten eignen sich die Karten aus der Reihe Maps and More Wanderkarten (mapandmore.info), die in Zusammenarbeit mit dem Schwarzwaldverein entwickelt wurden. Dazu gehören u. a. »Hochschwarzwald Hochtouren«,

## GPS-Tracks und Koordinaten der Ausgangspunkte

Auf **gps.rother.de** stehen zu diesem Wanderführer GPS-Tracks und die Koordinaten der Ausgangspunkte zum kostenlosen Download bereit. Dieser QR-Code führt direkt zum Download.
6. Auflage, Passwort: **441706rch**
Die GPS-Tracks können in die **Rother App** importiert werden. In der App kann man unterwegs stets sehen, wo man gerade ist und wo es langgeht. **Anleitungen dazu: rother.de/gps**
Trotz sorgfältiger Prüfung können wir Fehler und zwischenzeitliche Veränderungen nicht ausschließen. Verlassen Sie sich für die Orientierung niemals einzig und allein auf die GPS-Daten, sondern beurteilen Sie die Verhältnisse vor Ort.

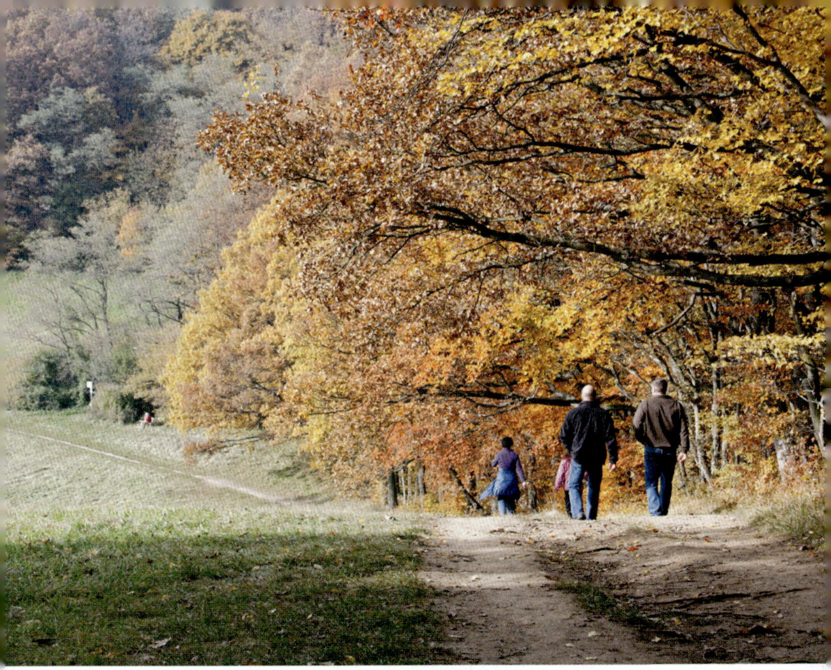

*Der Herbst: ideal für Wanderungen im Kaiserstuhlgebiet.*

»Schauinsland« oder »St. Märgen / St. Peter«. Sie bestechen durch eine genaue Abbildung der Hinweisschilder des Schwarzwaldvereins, dargestellt durch kleine gelbe Wimpel, und eine exakte Darstellung des Wegverlaufs. Kartografie: digitale Kartografie Frank Ruppenthal GmbH, Karlsruhe.
Für das Stadtwaldgebiet von Freiburg gibt das Vermessungsamt der Stadt Freiburg eine Waldfreizeitkarte heraus (Maßstab 1: 10.000 und 1: 25.000), die auch beim Bürgerservice im Rathaus im Stühlinger, im Fachhandel und beim Städtischen Forstamt erhältlich ist.
Für den Kaiserstuhl empfiehlt sich die anschauliche Ausflugskarte »Kaiserstuhl«, Maßstab 1: 22.000, Herausgeber: Seeger Verlag, Freiburg, sehr detailliert, mit allen Themenpfaden und lokalen Wanderwegen.

## Klima und beste Jahreszeit

Freiburg liegt in einer gemäßigt warmen Klimazone. Wandern ist das ganze Jahr über möglich. Dies gilt vor allem für Wanderungen in der flachen Rheinebene, am Kaiserstuhl und in den Tälern und Hügeln bis 500 m. In Höhenlagen über 800 m und im Hochschwarzwald sind im Winter natürliche Ein-

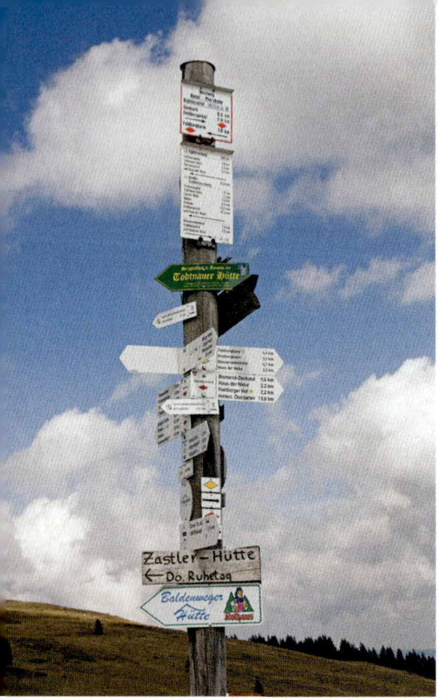


*Oben: »Schilderwald« am Feldberg.*
*Unten: Örtliche Markierungszeichen.*

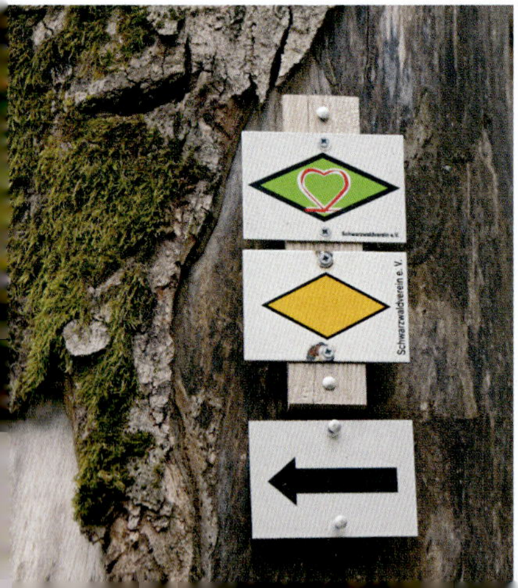


schränkungen unvermeidlich: Schnee und Schneematsch behindern in dieser Jahreszeit dann verständlicherweise das Wandervergnügen. Bei konstanten Schneelagen allerdings bieten viele Gemeinden wie Hinterzarten, Feldberg oder St. Märgen inzwischen präparierte Pisten für Winterwanderungen an.

Beste Jahreszeiten zum Wandern sind naturgemäß Frühling und Herbst. Liegt im Frühjahr in den oberen Schwarzwaldlagen häufig noch der Schnee, blühen in der Ebene und im Kaiserstuhl schon die Mandel- und Kirschbäume. Im Herbst faszinieren die braun gefärbten Blätter in den Buchenwäldern am Kaiserstuhl, es ist Weinlese, Früchte und Esskastanien werden geerntet. Im Sommer sind Wanderungen in den schattigen Wäldern Freiburgs oder im Hochschwarzwald möglich. Im Kaiserstuhl allerdings ist es dann schlicht zu heiß.

Etwas ganz Besonderes sind die Inversionswetterlagen im Spätherbst und im frühen Winter. Die Stadt ist in dichten Nebel gehüllt, es ist feucht und ungemütlich kühl. In kurzer Zeit ist man dann oben auf den Schwarzwaldhöhen im Sonnenschein und schwebt über den Wolken. Alpensicht ist häufig gewährleistet.

## Wegweiser und Markierungen

Alle vom Schwarzwaldverein betreuten Wanderwege sind seit 2003 flächendeckend mit Wegweisern in ausreichender Zahl ausgestattet. Sie sind an allen wichtigen Verzweigungen und Knotenpunkten

anzutreffen. Mit Standort- und Höhenangaben versehen, geben sie die Entfernungen zu den nächsten und entfernten Etappenzielen an. Lokale Wanderwege sind durchgehend mit einer gelben Raute auf weißem Grund markiert. Hinzu kommen rot- und blaufarbige sowie gemischtfarbige Rauten für überregionale Fernwanderwege.
Die rote Raute auf weißem Grund ist das Symbol für den Westweg Pforzheim – Basel, die blaue Raute auf weißem Grund für Höhenzugangswege, die weiß-rote Raute auf gelbem Grund steht für den Querweg Freiburg – Bodensee. Generell sind die gelben Rauten aber stets die besten Orientierungshilfen. Ergänzt wird das Rauten-Programm noch mit speziellen Schildern oder Zeichen für besondere Wanderwege, wie z. B. der Rebhisli-Tour oder dem Lößhohlwege-Pfad.
Im Kaiserstuhl wurde das Wegenetz komplett neu beschriftet und mit verschiedenfarbig angelegten Themenpfaden markiert. Die Namensbezeichnungen wie Bienenfresser-, Badberg- oder Wiedehopfpfad richten sich nach örtlichen Besonderheiten der Fauna und Flora.

## Abkürzungen

| | |
|---|---|
| alem. | alemannisch |
| Bergst. | Bergsteigerausdruck |
| BSB | Breisgau-S-Bahn |
| Bf. | Bahnhof |
| DB | Deutsche Bundesbahn |
| ÖPNV | Öffentlicher Personennahverkehr |
| österr. | österreichisch |
| RB | Regionalbahn der Deutschen Bundesbahn |
| RVF | Regio-Verkehrsverbund Freiburg |
| schweiz. | schweizerdeutsch |
| SBG | Südbadenbus GmbH |
| SWEG | Südwestdeutsche Verkehrsaktiengesellschaft |
| süddt. | süddeutsch |
| ZOB | Zentraler Omnibusbahnhof |

## Symbole

| | |
|---|---|
| mit Bahn / Bus erreichbar | Aussichtsturm |
| Einkehrmöglichkeit unterwegs | Aussichtsplatz |
| für Kinder geeignet | Campingplatz |
| eingerichteter Parkplatz | Picknickplatz |
| Bahnhof | Bademöglichkeit |
| Bus- / Straßenbahnanschluss | Gipfel |
| Ort mit Einkehrmöglichkeit | Pass, Sattel |
| Einkehrmöglichkeit | Brücke |
| Schutzhaus, Unterstand | Abzweigung links / rechts |
| Kirche, Kapelle, Bildstock | Baum |
| Burg, Schloss, Ruine | Wasserfall |

## Einkehr

Keine Wanderung ohne Einkehr. Am Schluss oder mittendrin, am besten etwa nach zwei Dritteln der Tour. Das Angebot ist vielfältig. Die Gegend rund um Freiburg verfügt über eine große Auswahl an Gasthäusern, Biergärten oder Straußen, die sich als Ausflugs- und Einkehrziel eignen. Auf den Höhen des Schwarzwalds sind es die Vesperstuben, Berg- und Almhütten, die zur Einkehr einladen. Viele der beliebtesten Adressen sind in die Touren dieses Wanderführers integriert. Im jeweiligen Infoblock wird auf sie hingewiesen.

## Anfahrt zu den Wanderungen

Die Startpunkte aller Wanderungen erreicht man in jedem Fall mit dem eigenem Pkw. Die Orientierung mit Straßenkarten / Navi dürfte allgemein verständlich sein. Im Infoblock jeder Tour werden deshalb nur Anfahrtsbeschreibungen für die Bahn- und Busverbindungen angegeben. Speziell für Wanderer also, die sich mit dem öffentlichen Personennahverkehr fortbewegen möchten.

*Zur Schwedenschanze: beliebte Einkehr am Rohrhardsberg (Tour 41).*

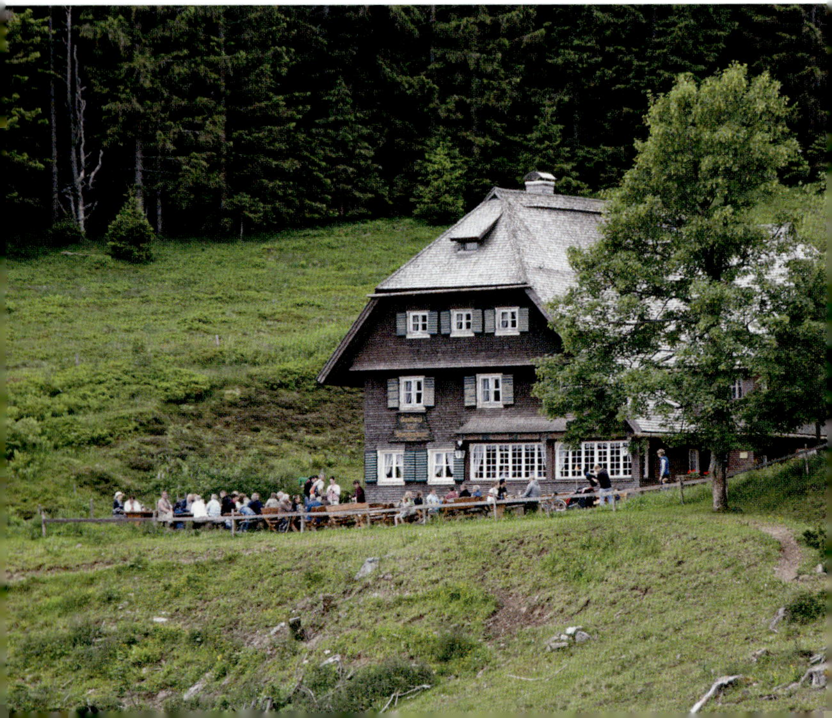

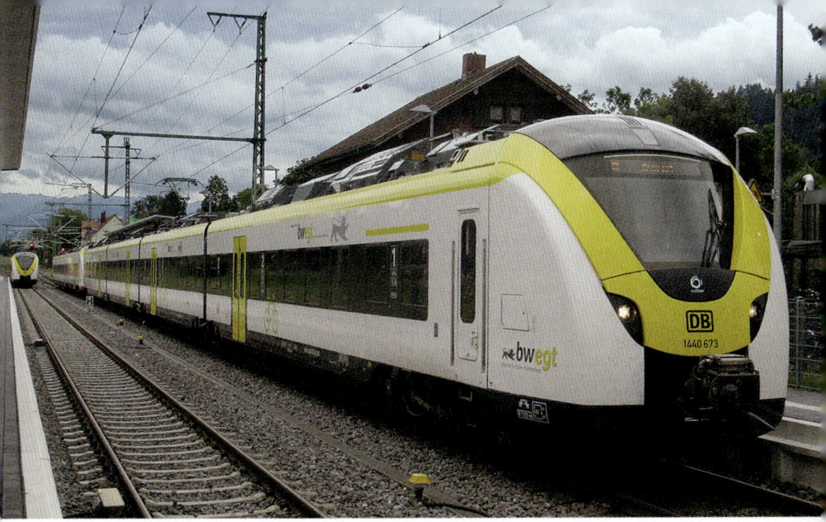


*Die Höllentalbahn.*

## Öffentliche Verkehrsmittel

### ■ Im Stadtgebiet

Hier verkehren Straßenbahn und Busse der Freiburger Verkehrs AG (VAG). Hauptverkehrsmittel sind die fünf Stadtbahnlinien zwischen Landwasser und Littenweiler (Linie 1), Günterstal und Hornusstraße (Linie 2), Vauban und Haid (Linie 3), Zähringen und Messe (Linie 4), Rieselfeld und Europaplatz (Linie 5).
Fahrplanauskunft: vag-freiburg.de
Servicetelefon: +49 761 4511500

### ■ Regional

Für die Anbindung an das Umland in alle Himmelsrichtungen ist der Regio-Verkehrsverbund Freiburg (RVF) verantwortlich. In ihm sind unter anderem die Freiburger Verkehrs AG, die Deutsche Bahn AG, die Südbadenbus GmbH sowie einzelne private Unternehmen wie Sutter, Winterhalter und Binninger zu einem Verkehrsnetz zusammengeschlossen.
Fahrplanauskunft: rvf.de, dann weiter mit der elektronischen Fahrplanauskunft EFA, mit der nach Angabe von Start- und Zielort sogleich der Routenplan, Fahrdetails und Fahrpreis angezeigt werden.
Telefonische Auskunft: +49 761 207280
Der Hochschwarzwald, westlich von Freiburg, wird mit der Regionalbahn der Deutschen Bahn AG bedient. Die beliebte »Höllentalbahn« befördert v. a. am Wochenende Wanderer und andere Fahrgäste stressfrei und bequem nach Hinterzarten, Titisee und bis hinauf zum Schluchsee. Gleiches

# Der Umwelt zuliebe …

Auch beim Wandern hinterlassen wir einen ökologischen Fußabdruck, aber im Einklang mit der Natur unterwegs zu sein, ist gar nicht so schwer!

## VORBEREITUNG UND ANFAHRT

- Sich vorab informieren, worauf in Bezug auf Natur und Umwelt in der jeweiligen Wanderregion besonders zu achten ist.
- Soweit möglich mit Bahn und Bus anreisen, Wander- und Rufbusse nutzen.
- Ist eine Anfahrt mit dem Auto nötig, Fahrgemeinschaften bilden.
- Bei weiten Anfahrten Mehrtagestouren planen oder von einem Quartier vor Ort aus mehrere Touren absolvieren.
- Flugreisen möglichst reduzieren und durch Beiträge zu Klimaschutzprojekten kompensieren.

## KLEIDUNG UND AUSRÜSTUNG

- Beim Kauf von Outdoor-Kleidung auf umweltfreundliche und faire Herstellung achten und Kleidungsstücke möglichst viele Jahre nutzen.
- Ausrüstung kann man eventuell auch gebraucht kaufen oder ausleihen.
- Reparieren statt neu kaufen.

## VERPFLEGUNG

- Beim Einkauf Bio-Ware, regionale und saisonale Erzeugnisse bevorzugen.
- Hütten und Gasthäuser auswählen, die regionale Produkte verwenden.
- Auf Einwegflaschen und Plastikverpackungen verzichten, stattdessen wiederverwendbare Trinkflaschen und Brotzeitboxen benutzen.

## ÜBERNACHTUNG

- Bei lokalen Anbietern buchen, damit Menschen vor Ort profitieren.
- Auf Hütten und in anderen Unterkünften Strom und Wasser sparen.

## UNTERWEGS

- Wege benutzen und Abkürzer vermeiden.
- Sperrungen von Wegen und Schutzgebieten respektieren.
- Keine Blumen pflücken und keine Pflanzen entnehmen.
- Waldbrandgefahr beachten.
- Müll wieder mit nach Hause nehmen und dort entsorgen.
- Toilettengänge in freier Natur möglichst vermeiden.
- Lärm vermeiden.
- Hunde an die Leine nehmen.

**ROTHER**
BERGVERLAG

gilt für die Breisgau-S-Bahn, die bis ins Elztal nach Waldkirch und Elzach pendelt und den Kaiserstuhl versorgt. Wer sich länger in Freiburg aufhält und das Deutschlandticket noch nicht hat, sollte sich dieses zulegen (49 Euro, Stand: Juli 2024). Mit diesem kann man alle Strecken des RVF ohne Zuzahlung nutzen. Einzelfahrscheine sind je nach Tarifzone für 2,90, 4,80 und 6,90 Euro (online 10 % Nachlass, Stand: Juli 2024) zu haben.

## Qualitäts- und Premiumwanderwege

Qualitätswege unterliegen den strengen Auswahlkriterien, die vom Deutschen Wanderverband (wanderbares-deutschland.de) aufgestellt werden. Naturbelassene Wegführung, geringer Anteil an Asphaltwegen, attraktive Naturlandschaften, Aussichtspunkte und kulturelle Sehenswürdigkeiten spielen dabei eine große Rolle. Das Erfüllen der Kriterien für das Gütesiegel »Qualitätsweg« muss alle drei Jahre neu nachgewiesen werden.

Im Wandergebiet rund um Freiburg haben drei Wanderwege dieses begehrte Siegel erhalten:

■ Felsenweg

Streckenwanderung von Oberried ins St.-Wilhelmer Tal, 12,2 km.

■ Der Zweitälersteig

Rundweg, fünf Etappen im Elz- und Simonswälder Tal, Gesamtlänge 108 km (Markierung: grüne Raute mit rotem Herzen auf weißem Grund).

1. Etappe: von Waldkirch zum Kandel (siehe Tour 36)
2. Etappe: vom Kandel nach Simonswald
3. Etappe: von Simonswald nach Elzach-Oberprechtal (erstes Teilstück siehe Tour 41)
4. Etappe: von Oberprechtal nach Biederbach-Höhenhäusern
5. Etappe: von Höhenhäusern nach Waldkirch

*Auf dem Hinterwaldkopf (Tour 55).*

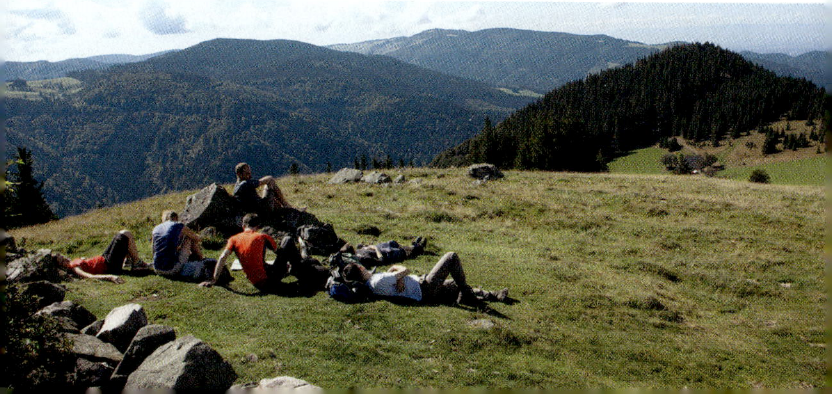

■ Der Kaiserstuhlpfad
Streckenwanderung von Endingen nach Ihringen, 22 km (siehe Tour 28).

Etwas geringere Anforderungen an die Qualität der Wege stellt das Deutsche Wanderinstitut e. V. (wanderinstitut.de).
Das Prüfsiegel »Premiumwanderweg« des Deutschen Wanderinstituts dürfen führen:
■ Säbelthomaweg
Länge ca. 10,9 km, Start und Ziel in Hinterzarten.
■ Feldbergsteig
Rundweg, Länge ca. 12 km, Start und Ziel am Feldberg, Haus der Natur.
■ Wasserfallsteig
Streckenwanderung vom Hebelhof am Feldbergpass nach Todtnauberg, Länge ca. 12 km (siehe Tour 60).
■ Hochschwarzwälder Hirtenpfad
Rundwanderung im Raitenbucher Tal, Länge ca. 8 km (siehe Tour 64).
■ Schluchseer Jägersteig
Rundwanderung von Schluchsee zum Bildstein, Länge ca. 12,5 km (siehe Tour 65).

## Kleiner Sprachführer für Wanderungen rund um Freiburg

| | |
|---|---|
| Allmend(e), (schweiz.) | Allgemeinbesitz, Gemeinschaftsbesitz |
| Althüsli | altes Schwarzwaldhaus |
| Bächle | Bach |
| Bibbilikäs (alem.) | angemachter Quark aus Rohmilch |
| Bildstöckle | Bildstock |
| Büchsle | Büchse, Dose |
| Bühl (süddt., österr.) | Erhebung, Hügel |
| Brägili (alem.) | Bratkartoffeln |
| Brünnele (alem.) | Brunnen, Trog |
| Buck | Buckel, Berg, Kuppel |
| Dobel, Tobel (süddt., österr.) | enge Waldschlucht |
| Felsele | Felsen, Felsblock |
| Führe (Bergst.) | Route |
| goo (alem.) | gehen |
| Grüble | Grube, Loch |
| gscheid (alem.) | intelligent, gescheit |
| Halde | Abhang, Böschung |
| Hä? (alem.) | Wie bitte? |
| Hüsli | Haus, Hütte |
| Hau | veraltet für Stelle, an der Holz geschlagen wird |
| Krinne (schweiz.) | Einschnitt, Kerbe, altes Gewichtsmaß |
| Lache | See, Senkgrube, Sumpf, Pfütze |
| Lueg emol (alem.) | schau mal, schau her |
| Luser (alem.) | gewiefter Junge |
| Mättle, Matte | Weide, Wiese im Hochland |
| Rebhisli (alem.) | Weinberghütte |
| Sedel | Sattel, Sitz |
| Sträßle | Straße, Weg |
| Strauße | Winzer-Gastbetrieb, Besenwirtschaft |
| Verschnuufeckli (alem.) | Rastplatz |
| Wasen | Rasen, Weide |
| Wegli (alem.) | Weg, Pfad |
| Wiwegli (alem.) | Weinweg |

# Das Wandergebiet rund um Freiburg

Alle Wanderungen, bis auf wenige Ausnahmen, sind von Freiburg aus gut und günstig mit öffentlichen Verkehrsmitteln zu erreichen. Sie liegen im Geltungsbereich der RegioKarte, einer Monatsnetzkarte herausgegeben vom Regio-Verkehrsverbund Freiburg (RVF) – interessant für diejenigen, die sich kein Deutschlandticket zulegen möchten. Zur besseren Übersicht werden die Touren nach ihrer Lage zu den Himmelsrichtungen eingeteilt.

## Freiburgs Stadtwälder

Mit einem Waldanteil von über 50 Prozent der Gemarkungsfläche gehört Freiburg zu den waldreichsten Gemeinden Europas. Da kann man sich nur freuen, wenn man in dieser Stadt lebt. In wenigen Minuten hat man ein erstklassiges Naherholungsgebiet erreicht. Herausragend sind der Rosskopfwald, der sich vom Schlossberg am Schwabentor über den Rosskopfrücken bis hinauf nach St. Peter erstreckt, und etwas südwestlich gelegen der Schauinslandwald, der sich von der Wonnhalde über den Illenberg hinauf nach Horben und zum Schauinsland hinaufzieht. Freiburgs Hausberg ist mit 1284 m Höhe einer der höchsten im Schwarzwaldreigen. Naturliebhaber finden im Sternwald und im Günterstäler Wald, beides kleinere Reviere innerhalb des Schauinslandwalds, ein großzügig angelegtes Arboretum. Es umfasst eine Sammlung von über 1000 verschiedenen Baum- und Straucharten, heimische und fremde, darunter viele Exoten aus 50 Ländern und fünf Kontinenten. Auf verschiedenen Rundwegen vom Sternwaldeck, Günterstal oder der Wonnhalde aus sind sie zu entdecken, mit Plaketten gekennzeichnet und benannt. Mit dem WaldHaus wurde zudem ein Gebäude an der Wonnhalde geschaffen, das als Informations- und Bildungszentrum für jedermann über Natur, Wald und ökologische Zusammenhänge aufklärt.

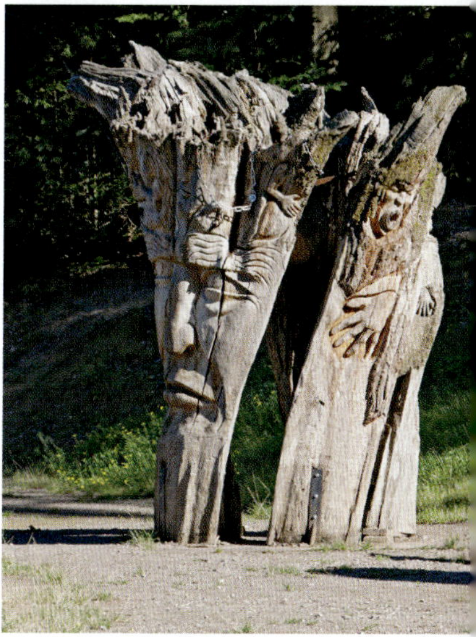

*Weißtannenskulptur am WaldHaus Wonnhalde.*

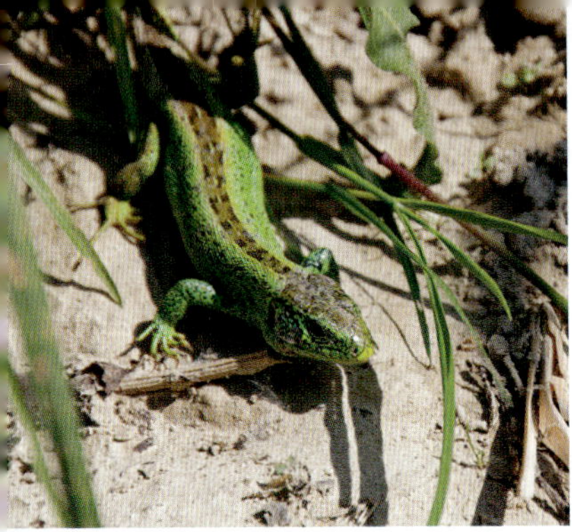

*Eidechse in der Paarungszeit.*

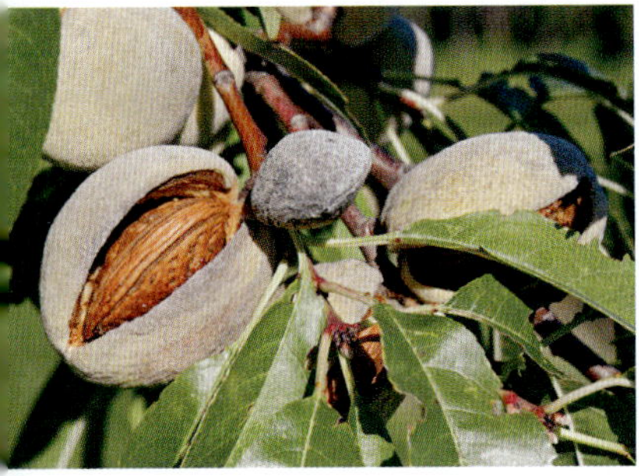

*Mandelfrucht.*

*Küchenschelle.*

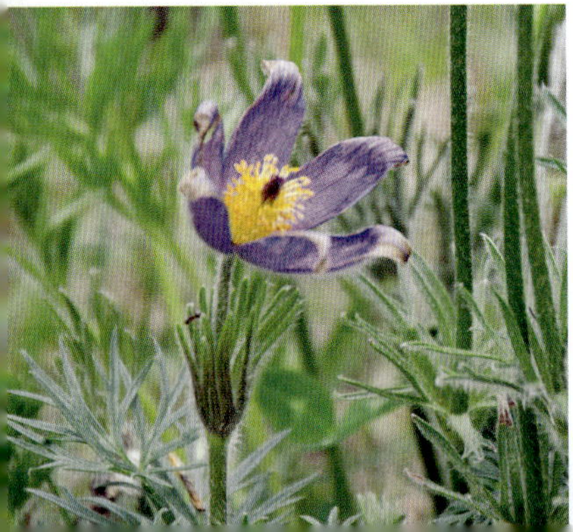

## Im Süden

Nach Süden erstreckt sich das Wandergebiet bis zum Münstertal am Übergang zum Markgräfler Land. Von besonderem Reiz im Frühling und im Herbst ist das Hexental mit seinen vielen Streuobstwiesen, Ackerfluren und kleinen Weinbauparzellen. Es endet in der Nähe von Staufen, einer kleinen Nachbarstadt Freiburgs mit überschaubarer Altstadt, kleinen Läden und Burgruine auf dem stadtnahen Schlossberg. Begrenzt wird das Hexental im Osten durch die Ausläufer des Schwarzwalds, im Westen durch eine kleine Hügelkette, die sich vom Ölberg bis zum Schönberg nahe Freiburgs Stadtgrenze erstreckt. Als Teil der Vorbergzone zwischen Schwarzwald und Oberrheinischer Tiefebene sind diese Erhebungen nicht sehr hoch. Besonders der Schönberg allerdings verfügt mit seinen Naturschutzgebieten Jennetal und Berghausermatten über ein einzigartiges Biotop mit großem Mischwaldbestand aus Rotbuchen, Weißtannen und Fichten. Seltene Vögel sind hier zu Hause (Pirol, Neuntöter, Baumfalke und Bussard), ebenso Wildschweine und Dachse. Beliebte Ausflugsziele auf dem Schönberg sind das Jesuitenschloss und der Schönberger Hof, beide gut gelegen mit Aussicht über Freiburgs Westen.

Höchste Erhebung südlich von Freiburg und im Rahmen dieses Wanderführers von Münstertal aus zu erreichen, ist der Belchen, mit 1414 m der vierthöchste der Schwarzwaldgrößen. Seine symmetrische Form und seine rundum kahle Kuppe machen ihn zu einem der schönsten Panoramaberge des Schwarzwalds.

## Im Westen

Frankreich ist nah, nur 20 km Luftlinie von Freiburg entfernt. Der Rhein mit seinen Auenwäldern und alten Wasserarmen bildet die natürliche Grenze zu unseren Nachbarn und auch unseres Wandergebiets in westliche Richtung. Zwischen Rhein und Freiburg liegt der Kaiserstuhl, gut 15 km lang und 12,5 km breit, ein vulkanisches Urgestein, wärmste Region Deutschlands mit der höchsten Sonnenscheindichte. Fast überall ist der Boden mit einer ockergelben Lössdecke überzogen. An einigen Stellen nur dünn, an anderen so dick, dass sich im Laufe der Zeit metertiefe Hohlgassen und Wirtschaftswege darin einschneiden konnten. Löss sieht aus wie Lehm, besteht aber tatsächlich aus leichtem, weichem Sediment, das nach der Eiszeit von der Rheinebene im Kaiserstuhl angeweht wurde. Viele der Lössgassen am Kaiserstuhl wurden durch die Flurbereinigung und Terrassierung der Weinanbauflächen zerstört. Die noch verbliebenen stehen unter Naturschutz.
Das Klima im Kaiserstuhl ist fast mediterran, trocken und heiß die Sommermonate, mild der Winter. Kein Wunder also auch, dass sich hier ideale Bedingungen für den Weinbau ergeben. Viele wärmeliebende Tiere und Pflanzen sorgen zudem für ein bemerkenswert artenreiches Ökosystem. So ist

*Im Hexental.*

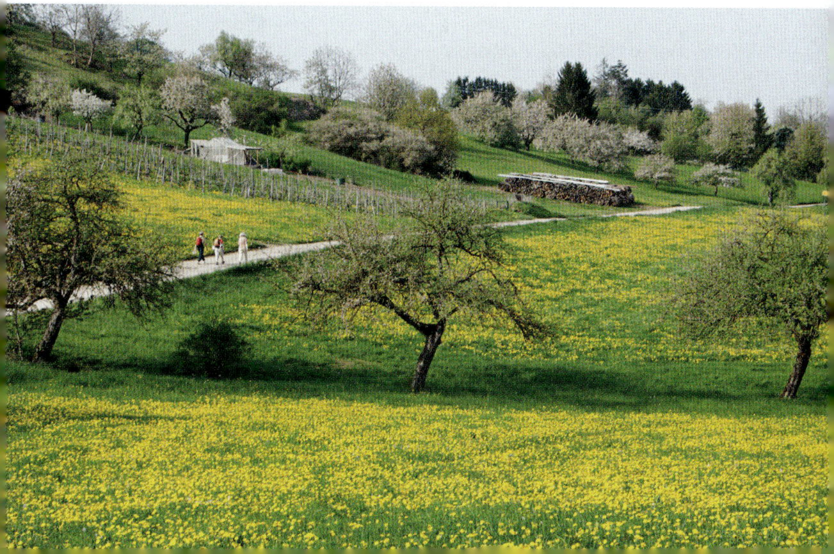

der Kaiserstuhl ein Ort mit der größten Orchideenvielfalt in Europa – mehr als 30 Arten gibt es. Affenknabenkraut, Purpurknabenkraut, Pyramiden-Orchis und das Waldvögelein gehören dazu. Zwischen den Rebstöcken sieht man wilde Traubenhyazinthen und an Böschungen blühen Schwertlilien. Die Küchenschelle, Kaiserstuhlanemone und andere Wildblumen sind auf den Trockenrasengebieten des Badbergs zu finden. Im Herbst faszinieren die braunroten Farbtöne der Buchenwälder. Zu den kriechenden Exoten zählen Smaragdeidechsen und Gottesanbeterinnen. Höchste Erhebungen im Kaiserstuhl sind der Totenkopf, 556 m, die Eichelspitze, 521 m, und der Katharinenberg, 492 m.
Dem Kaiserstuhl vorgelagert ist eine weitere Erhebung, der Tuniberg, häufig auch »Weingarten Freiburgs« genannt, Anbaugebiet vor allem für Burgunderweine, die auf dem Kalksteinboden gut gedeihen. Wie ein Tafelberg erhebt er sich aus der Rheinebene allerdings nicht mehr als 100 m hoch, für Aussichten in die Ferne aber bestens geeignet.

## Im Norden

In nördliche Richtung zieht sich das Wandergebiet entlang der Elz über Waldkirch und Bleibach bis hinauf nach Elzach. Das Elztal und das benachbarte Simonswäldertal werden seit Kurzem als Zweitälerland vermarktet. Auf der östlichen Seite des Elztals finden wir ähnlich wie im Hochschwarzwald mit Fichten bewaldete Hänge und Bergkuppen, die allerdings im Mittel nicht so hoch hinausragen wie die des Hochschwarzwalds. Höchste Erhebungen sind der Rohrhardsberg, 1152 m hoch, Tafelbühl, 1070 m, Hörnleberg, 907 m, und vor allem der 1241 m hohe Kandel, der Hausberg von Waldkirch. An Wochenenden ist es dort oben gefüllt mit Kletterern, die sich an den Kandelfelsen versuchen, Drachenfliegern und Gleitschirmspringern, die ins Elztal abheben. Westlich des Elztals finden wir überwiegend flache Hügel- und Hochtallandschaften mit verstreut liegenden Bauernhöfen, kleinen Dörfern und ausgedehnten Weideflächen. Die Waldgebiete sind kleiner. Überall sieht man Windräder. Größte Gemeinde in diesem Gebiet ist Freiamt, ein Zusammenschluss von über 60 Dörfern, Weilern und Höfen, darunter Brettental, Keppenbach und Ottoschwanden. Höchste Erhebungen auf dieser Seite der Elz sind Schillinger Berg, 655 m, und Hünersedel, 744 m.

## Im Osten

Richtung Osten begeben wir uns zunächst ins Dreisamtal. Von Brugga, Wagensteinbach und Dreisam durchströmt, ist dieses breite flache Tal Lebensraum vieler Weißstörche und Graureiher. Es erstreckt sich bis nach Kirchzarten und Oberried. Ab Himmelreich geht es in das enge Höllental über, heute vor allem nur noch als stark frequentierte Verkehrsverbindung genutzt, von Freiburg hinauf nach Hinterzarten und in den Hochschwarzwald. Nördlich des Höllentals liegen die Orte St. Peter, St. Märgen, Breitnau, zur Sommer-

und zur Winterzeit gleichermaßen beliebte Ferienorte. Südlich des Höllentals erwarten uns attraktive Wandermöglichkeiten in der Region des Feldbergs. Einige der schönsten Touren aus diesem Gebiet sind in diesem Wanderführer mit aufgenommen, da sie mit der Höllentalbahn leicht von Freiburg aus zu erreichen sind. Der Feldberg ist mit 1493 m der höchste Berg im Schwarzwald, daher an Wochenenden auch ein häufig überlaufener Besuchermagnet. Hinterwaldkopf, Herzogenhorn, die benachbarten Spießhörner und die Tote-Mann-Alm stehen ihm als Ausflugsziele in nichts nach. Von besonderem Reiz sind Wanderungen in den Bannwaldgebieten des Hochschwarzwalds. In Bannwäldern bleibt die Natur sich selbst überlassen, es gibt keine menschlichen Eingriffe, Totholz wird nicht beseitigt: ein kleines Stück Urwald, ganz im Gegensatz zum ansonsten wohlgeordneten Schwarzwald. Bannwälder sind auch Lebensraum für seltene Tiere und Pflanzen, die sich ungehindert entwickeln können. Baumpilze beispielsweise gibt es in großer Zahl zu entdecken, in allen Farben und Größen. Ausgewiesene Gebiete finden wir im Bereich des Feldsees, am Nordwesthang des Feldbergs, im St. Wilhelmer Tal, am Silberberg bei Fahl und im Zweribachgebiet nahe St. Märgen.

Generell besteht die Vegetation des Hochschwarzwalds aus Fichten und Tannen. In geringerem Umfang sind Buchenbestände zu finden, bei denen die Weidbuchen eine Besonderheit darstellen, eigentlich Rotbuchen, die aber durch den Verbiss des Viehs und die damit einhergehenden Verstümmelungen zu eigenartigen Wuchsformen führen. Im Unterholz der Wälder entdecken wir Bärlauch, Fingerhut, Adlerfarne, viele Heidelbeeren, Lupinengewächse und vor allem gelben Enzian. Die Tierwelt ist u. a. mit Großwild vertreten. Rothirsche, Rehe, Gämsen und Wildschweine sind im Hochschwarzwald zu Hause. Zu Gesicht bekommt man sie aber äußerst selten.

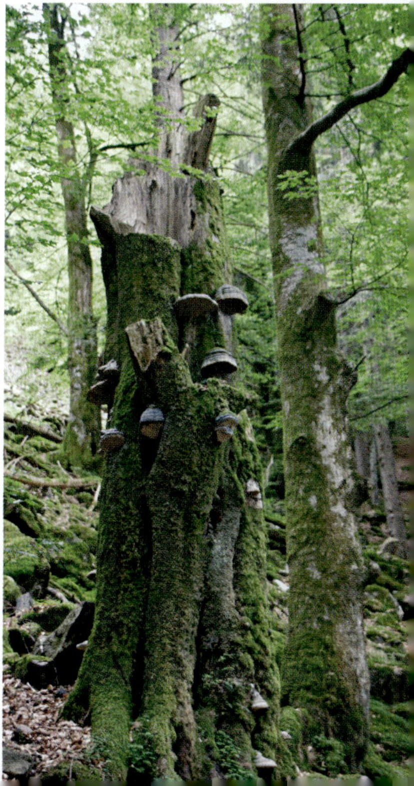

*Zunderschwämme im Bannwald am Zweribach.*

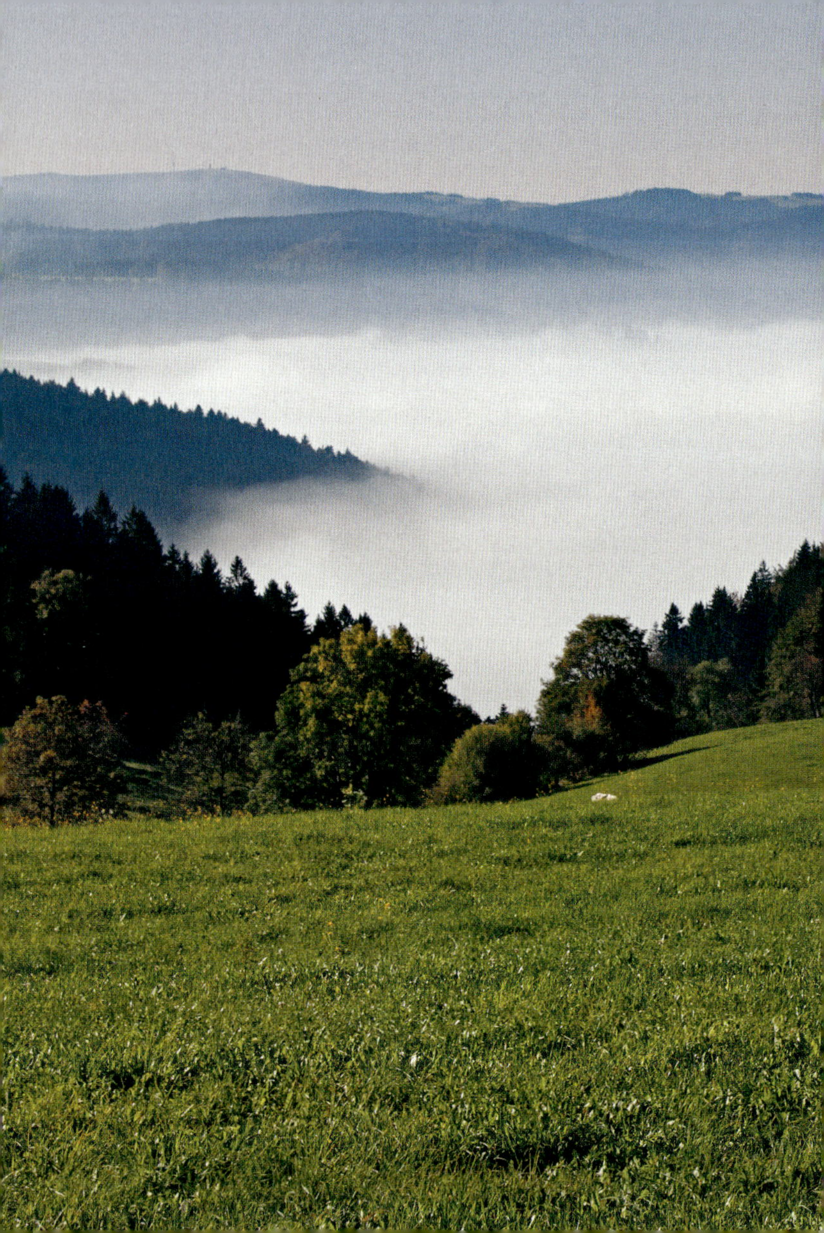

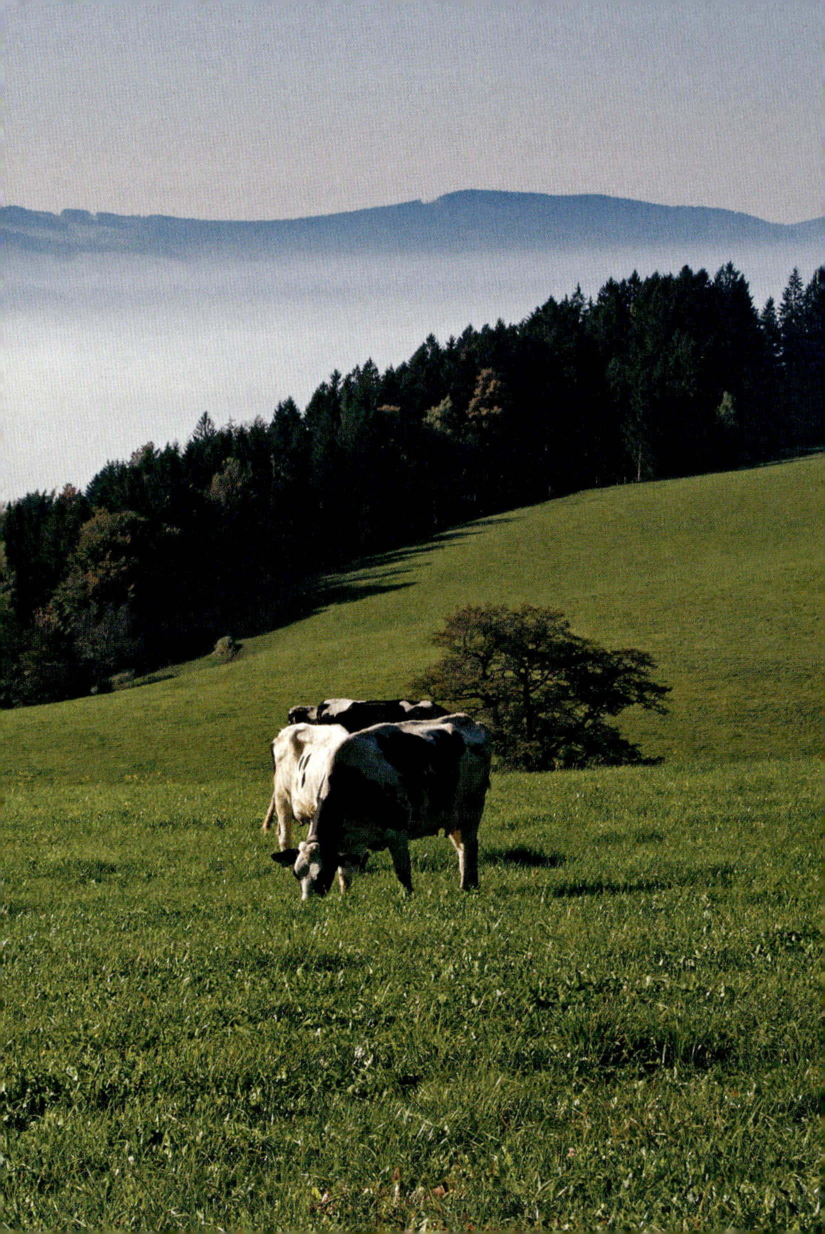

# 1 Vom Schwabentor zum Schlossberg

**1.15 Std.**

## *Ausflug zu historischen Stätten auf Freiburgs kleinem Hausberg*

*Zähringer, Habsburger und Bourbonen hinterließen auf dem Schlossberg ihre Spuren, am nachdrücklichsten Baumeister Vauban, der zur Zeit der Besetzung Freiburgs durch die Franzosen im 17. Jh. in der Stadt und auf dem angrenzenden Berg ein gewaltiges Fort errichten ließ. Die Dimensionen dieses Bollwerks lassen sich heute nur noch erahnen, wie auch Lage und Größe früherer Burganlagen. Längst hat sich die Natur verlorenen Raum zurückerobert. Geblieben ist ein engmaschiges Wegenetz, auf dem man zu den historischen Stätten und zu schönen Aussichtsplätzen gelangen kann, mit Blick über die Stadt bis hin zu den Vogesen. Der Kanonenplatz gehört dazu, ebenso der Burghaldenring und der Schlossbergturm.*

**Ausgangspunkt:** Freiburg, Schwabentor, 281 m. Anfahrt mit der Straßenbahn, Linie 1, Haltestelle Oberlinden.
**Höhenunterschied:** 190 m.
**Anforderungen:** Nach einem steilen Aufstieg bequemes Spazieren auf guten Wegen.

**Einkehr:** Kastaniengarten am Greiffenegg-Schlössle auf dem Schlossberg (geöffnet tägl. ab 11 Uhr); Schlossberg-Restaurant Dattler am Burghaldenring (geöffnet tägl. ab 11 Uhr, Mo und Di Ruhetag).
**Tipp:** Sonnenuntergang auf dem Kanonenplatz.

Für unseren Aufstieg zum Schlossberg wählen wir eine eher selten begangene Route. Ab der Haltestelle Oberlinden halten wir uns stadtauswärts Richtung Littenweiler, umgehen das **Schwabentor (1)** auf der rechten Seite und überqueren beide Fahrspuren des Schlossbergrings an den Ampel-

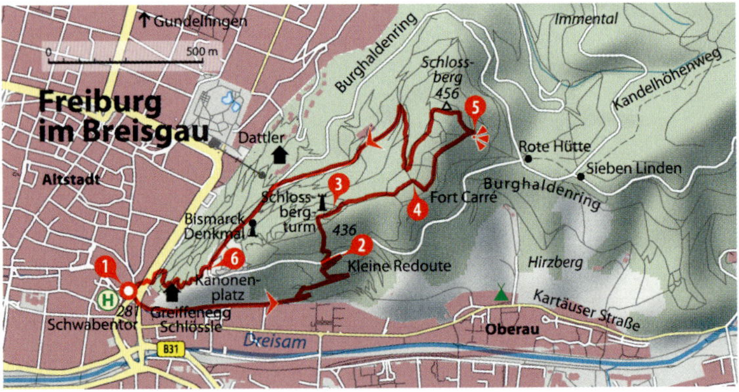

anlagen. Wir gehen 10 Schritte nach links und schwenken sogleich wieder nach rechts, vorbei an einer dem Schlossbergfels vorgelagerten Häuserzeile aufwärts in den Augustinerweg. Unsere Route führt auf ein mit einem Stahltor abgesperrtes Rebengrundstück zu und rechts davon weiter als schmaler Pfad an den Hintereingängen einiger Wohnhäuser vorbei. Zwischen der mit Weinreben bedeckten Südseite des Schlossbergs auf der einen und dem Wasserlauf des Gewerbekanals auf der anderen Seite gehen wir bis zu einer Weggabelung, an der wir nach links auf den Carl-Mez-Weg abbiegen, ab hier beschildert mit einem Wanderer-Symbol. Zunächst in kurzen, schließlich in lang gezogenen Kehren steigen wir auf. Alle nach rechts oder links abzweigenden Pfade bleiben unberücksichtigt, bis unser Pfad mit 13 Sandsteinstufen an der Kehre eines weiteren Pfades endet und wir geradeaus unseren Weg fortsetzen. Es sind nur etwa 20 Schritte, dann steigen wir nach links erneut auf den Sandsteinstufen einer alten Freitreppe am Hang hinauf, biegen am folgenden Querpfad nach links ab, lassen nach 30 Schritten einen Rechtsabzweig unbeachtet und steigen schließlich hinauf zum breiten Burghaldenring. Linker Hand sieht man den Kleinen Kanonenplatz, von Baumeister Vauban als **Kleine Redoute (2)** in seine Fortanlage integriert. Ausgehend von der Kleinen Redoute, überqueren wir den Burghaldenring und steigen zu einer weiteren Treppenanlage hinauf, mit 265 Stufen und 13 Zwischenpodesten diesmal neueren Datums. Die Treppenstufen führen uns zum 35 m hohen **Schlossbergturm (3)**, der anstelle des alten »Fort de l'Aigle« errichtet wurde und mit herrlichem Rundumblick aufwartet.

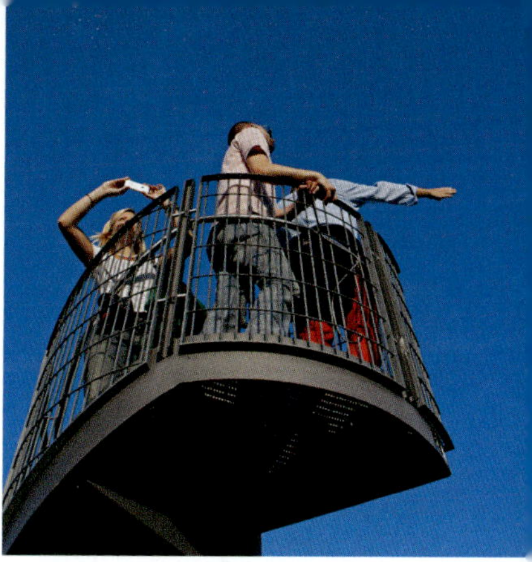

*Auf dem Schlossbergturm.*

Stadt und Turm im Rücken gelangen wir nun auf kurzem Weg in östliche Richtung zur Communication, einem gut 200 m langen, mit ca. 1 m hohen Begrenzungsmauern gefassten Verbindungsgang zum ehemals oberen Festungsteil. Er endet auf dem **Fort Carré (4)**, der die Proportionen eines Innenhofs der oberen Fortanlage aufnimmt. Den kurz vor Erreichen des Platzes nach rechts abzweigenden, mit gelber Raute markierten Pfad ignorieren wir. Über den Platz hinweg geht es durch einen gut 3 m hohen, mit Efeu bewachsenen Felseinschnitt. Auf dem dahinter verlaufenden Trampelpfad biegen wir nach rechts und nur 50 m weiter, vor einer Sitzbank, nach links ab. Wir gelangen zum hinteren Ende der alten Fortanlage, auch hier eine Sitzbank für die schöne **Aussicht (5)** ins Dreisamtal. Der Pfad knickt nach links.

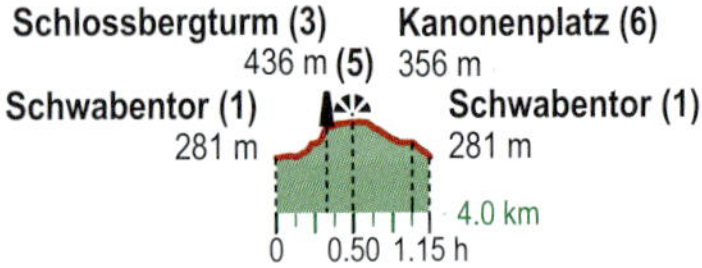


Wir folgen ihm, lassen den gleich neben der Sitzbank rechts abwärtsführenden Weg unberücksichtigt, halten uns an der in kurzem Abstand folgenden Gabelung links und gelangen zu einem weiteren Aussichtspunkt mit Blick über Freiburgs Westen. An dieser Stelle befand sich früher das Haupttor des Forts. Vom Pfad aus geht es nun scharf rechts hinunter auf einem breiten Schotterweg. Er beschreibt nach wenigen Minuten Gehzeit eine Linkskehre und führt uns weiter abwärts, an einer Hangwiese vorbei, auf der das »Redoutenhäusle« aus dem 19. Jh. zu sehen ist. Es wird gelegentlich vom Kuratorium für Ausstellungen genutzt. Wir stoßen auf den Burghaldenring mit der Bergstation der Schlossberg-Seilbahn und dem Restaurant Dattler, ein paar Schritte zur rechten Seite. Für uns geht es links auf dem Burghaldenring zum **Kanonenplatz (6)**, einem beliebten Aussichtsplateau für Freiburg-Besucher. Ganz nah das Münster, etwas weiter weg der Schönberg und im Hintergrund Kaiserstuhl und Vogesen.
Am rechten Platzrand führt an der Stützmauer ein Weg hinunter zum Greiffenegg-Schlössle und zurück zum **Schwabentor (1)**.

*Blick vom Burghaldenring auf das Freiburger Münster.*

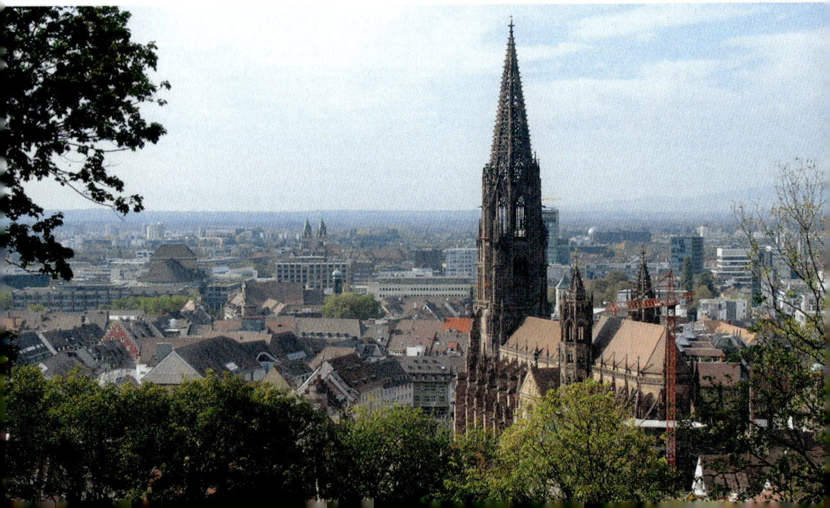

2.45 Std.

# Von Zähringen zum Schlossberg

2

## *Spaziergang am Stadtrand durch den Rosskopfwald*

*Bauplätze in Freiburg sind rar. Überall werden freie Lücken nachverdichtet. Nicht verwunderlich also, dass auch die Hebsackwiese am Rosskopfhang in Herdern in absehbarer Zeit für Neubauten geopfert wird. Verloren ist dann eine der letzten grünen Freiflächen Freiburgs mit herrlichem Blick zum Münster und zum Schönberg. Unser Spaziergang zwischen Wald- und Stadtrand führt durch die Altbach-Schlucht hinauf zu diesem Juwel. Dem Schlossberg mit Schlossbergturm nähern wir uns diesmal auf Trampelpfaden von seiner Nordseite.*

**Ausgangspunkt:** Zähringer Straße, 249 m, Anfahrt mit der Straßenbahn, Linie 4, Richtung Zähringen, Haltestelle Reutebachgasse.
**Endpunkt:** Schwabentor, 281 m. Rückfahrt mit der Straßenbahn Linie 1 bis Bertoldsbrunnen, umsteigen in Linie 4 bis Reutebachgasse.
**Höhenunterschied:** 290 m im Aufstieg, 260 m im Abstieg.
**Anforderungen:** Vorwiegend Waldpfade und breite Forstwege; zumeist schattig.
**Einkehr:** Kastaniengarten am Greiffenegg-Schlössle auf dem Schlossberg (geöffnet tägl. ab 11 Uhr); Panoramahotel (Restaurant tägl. geöffnet 12–14 Uhr und ab 18.30 Uhr).
**Tipp:** Stiftung für Konkrete Kunst Roland Phleps, Pochgasse 71, Zähringen, Besichtigung So 11–16 Uhr, 100 m vom Spielplatz Altbach entfernt.

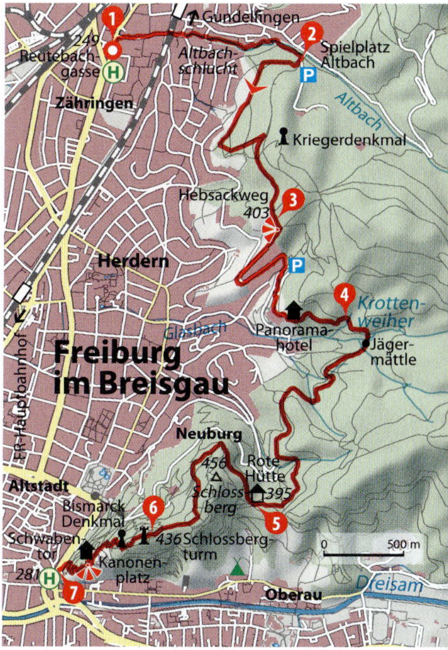


Von der Straßenbahnhaltestelle Reutebachgasse an der **Zähringer Straße (1)**, Fahrtrichtung Gundelfingen, gehen wir rechts in die Reutebachgasse und folgen ihr, bis sie uns nach etwa 400 m unter dem Bahngleisdamm hindurchführt. Den nach knapp 100 m von links einmündenden Kirchweg lassen wir unbeachtet und schwenken, nur 20 Schritte von der Einmündung entfernt, kurz vor einer Litfaßsäule links auf einen Fußweg. Er führt uns durch die Altbach-Schlucht. Wir erreichen eine asphaltierte Querstraße mit dem Wegweiser **Waldspielplatz Altbach (2)**, biegen nach

rechts ab und bei der folgenden Weggabelung nach 40 m ebenfalls rechts in den Harbuckweg. Wir folgen ihm etwa 200 m weit und schwenken links in den schmalen Oberen Harbuckweg, leicht ansteigend. Fast 10 Min. lang spazieren wir am Waldrand entlang mit schönen Ausblicken nach Westen über den Stadtteil Zähringen hinweg zum Kaiserstuhl. Alle nach rechts oder links abzweigenden Pfade und Wege bleiben unbeachtet. Achtung: Etwa 40 m, bevor der Weg an einem eingezäunten Gartengrundstück nach rechts zu den Wohnhäusern an der Eichhalde abknickt, führt ein Pfad scharf links den Hang hinauf. Wir folgen ihm, zunächst auf zwei kurzen Kehren, dann geradlinig, über zwei Kreuzungen hinweg, bis zu einem rechts abzweigenden Pfad, der uns weiter aufwärts zum breiten Breisgauer Weinweg führt. Rechts entlang geht es zur Hebsackwiese. Der Ausblick ist perfekt: Freiburgs Zentrum ist zu sehen, das Münster und im Hintergrund der Schönberg. An der Wegverzweigung **Hebsackweg (3)** steigen wir nun steil rechts in Richtung Herdern bis zur Eichhalde hinunter und biegen nach links auf die Straße Richtung Panoramahotel.
Nach knapp 500 m zweigt auf der linken Seite die Zufahrt zum Hotel ab. Ebenfalls auf der linken Seite, direkt neben der Zufahrt, liegt ein Parkplatz. Wir überqueren ihn und steigen links auf einem Fußweg am Rande einer mit Skulpturen von Roland Phleps bestückten Hangwiese bis zum **Panoramahotel (4)** hinauf. Am Haupteingang des Hotels vorbei erreichen wir ein paar Minuten später wieder Waldgebiet. Auf breitem Forstweg geht es Richtung Schlossbergturm. Wir passieren den **Krottenweiher** und gelangen zum Jägermättle, einer kleinen Lichtung ein paar Schritte hinter dem Weiher auf der linken Seite. Wer es bequem möchte, bleibt nun auf dem breiten Forstweg. Wir nehmen die Trampelpfad-Variante, die parallel zum Forstweg verläuft. Dazu biegen wir rechts in den Schlangenweg, ein paar Schritte vom Jägermättle

*Blick von der Hebsackwiese nach Freiburg.*

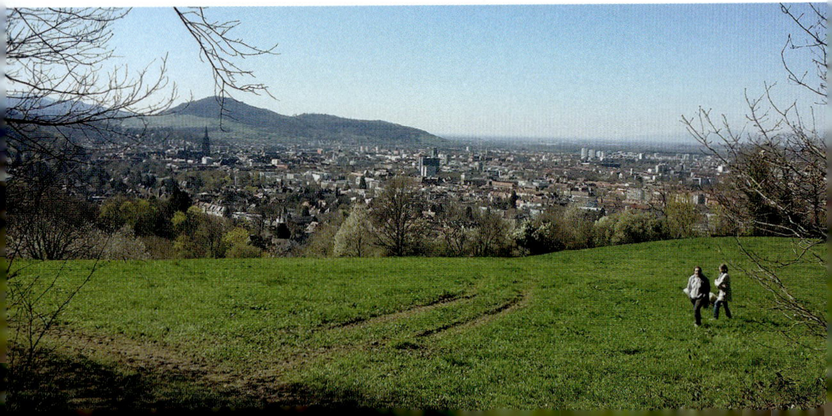

entfernt, und etwa 40 m weiter links ab auf einen Pfad, der gut 10 Min. später wieder am Forstweg endet. Wir halten uns rechts, lassen den ersten in einer Linkskurve rechts abzweigenden Weg hinunter unbeachtet und fädeln etwa 30 m weiter erneut rechts in einen schmalen, nicht markierten Pfad ein, der sich schon nach wenigen Schritten gabelt. Wir halten uns links, zunächst ein Stück parallel zum Forstweg. Alle zur Stadt hinunter abzweigenden Pfade ignorierend, führt er uns direkt zum Kandelhöhenweg, auf dem wir rechts entlang zur Wegkreuzung an der **Roten Hütte (5)** gelangen. Direkt hinter diesem achteckigen Pavillon mit verwitterten Dachziegeln führt ein Pfad rechts Richtung Immental: unser Weg. An der nach etwa 3 Min. folgenden Kreuzung bleiben wir geradeaus, ansteigend. Etwa 250 m weiter beschreibt der Pfad einen Linksknick. Rechts und links abzweigende Pfade bleiben hier unbeachtet. Wir halten uns stets auf der Hauptroute, bis wir in Sichtweite einer Wiesenfläche auf einen befestigten Weg stoßen. Wir folgen ihm nach links am Hang hinauf, gelangen zum Schlossberg-Areal und schließlich zum **Schlossbergturm (6)** mit schöner Aussicht über Freiburg.

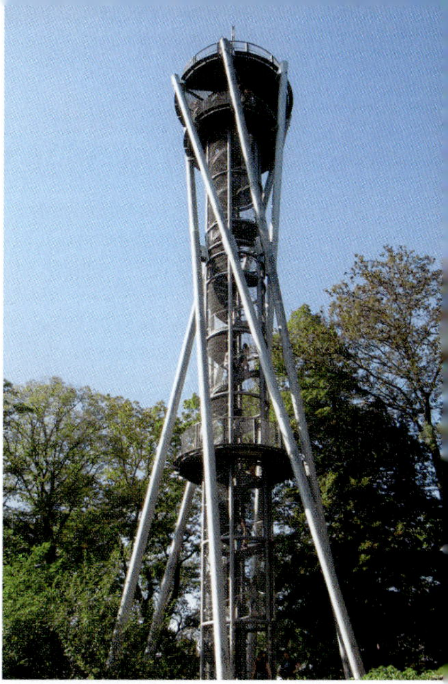

*Der Schlossbergturm.*

Links neben dem Turm führt ein befestigter Weg abwärts zum Burghaldenring und links weiter zum Kanonenplatz, noch einmal ein Ort mit Fernsicht über Freiburgs Dächer hinweg bis zu den Vogesen. Vor dem Platz rechts, an der Stützmauer entlang, steigen wir zum Greiffenegg-Schlössle hinab und erreichen schließlich das **Schwabentor (7)** mit der Straßenbahnhaltestelle Oberlinden.

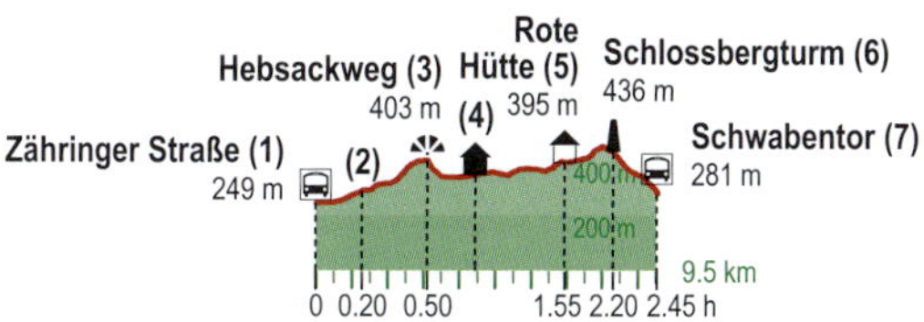

# 3 *Von der Stadthalle über den Rosskopf nach St. Ottilien*

**3.15 Std.**

### *Aufstieg zu einem viel besuchten Aussichtsturm*

*Der Aufstieg zum Rosskopf gehört zu den Klassikern unter den stadtnahen Wanderrouten. Weithin sichtbar ist sein Gipfel, seitdem dort vier Windräder ihre Kreise drehen. Üblicherweise startet man die Tour vom Schwabentor aus über den Kanonenplatz und Burghaldenring. Wir wählen den Startpunkt im Freiburger Osten, unweit der denkmalgeschützten Stadthalle und folgen ab der Sieben-Linden-Kreuzung der Route des Kandelhöhenwegs, der sich von Freiburg bis St. Peter und zum Kandel emporzieht. Zwischenstation auf dem Rückweg machen wir im Waldrestaurant St. Ottilien, einem beliebten Ausflugsziel mit großem Kastaniengarten, Wallfahrtskirche und Grotte.*

**Ausgangspunkt:** Kiosk an der Straßenbahnhaltestelle der Linie 1, Musikhochschule, 290 m (etwa 100 m von der Stadthalle entfernt).
**Höhenunterschied:** 460 m.
**Anforderungen:** Zumeist gleichmäßiger Anstieg auf Forstwegen und Trampelpfaden. Markierung: Hinweg: rote Raute mit weißem Buchstaben K (Kandelhöhenweg), Rückweg: gelbe Raute des Schwarzwaldvereins und rot-weiße Raute auf gelbem Grund des Querwegs Freiburg – Bodensee.
**Einkehr:** Waldrestaurant St. Ottilien (geöffnet April–Ende Okt. tägl. ab 12 Uhr, So ab 10 Uhr); »Biosk«, Kiosk an der Straßenbahnhaltestelle Musikhochschule (Mo–Fr 8.30–17 Uhr, Sa und So 10–17 Uhr).
**Variante:** Ausgangspunkt der Wanderung am Schwabentor, dann über Kanonenplatz und Burghaldenring bis Sieben Linden (Verlängerung um ca. 30 Min.).
**Hinweis:** Das Rosskopfgebiet ist auch bei Mountainbikern sehr beliebt. Gelegentlich kreuzen sich Wander- und Mountainbike-Routen. Hinweisschilder markieren gefährliche Knotenpunkte. Vorsicht ist geboten.
**Tipp:** Kapelle St. Ottilien mit der Grotte der hl. Odilia neben dem Gasthaus.

Einen Wegweiser des Schwarzwaldvereins finden wir direkt neben dem **Kiosk (1)** an der Straßenbahnhaltestelle Musikhochschule an der Schwarzwaldstraße/Ecke Möslestraße, etwa 100 m von der Stadthalle entfernt. Wir überqueren die Schwarzwaldstraße Richtung Siebenlinden/Rosskopf und gehen an der Friedenskirche vorbei zur Dreisam, überqueren sie auf dem Max-Müller-Steg und gelangen zur Kartäuserstraße. Auch sie wird überquert. Wir sehen das Campingplatz-Gelände auf der linken Seite und steigen auf einem Schotterweg zwischen den Hirzbergwiesen am Hang hinauf. Hinter dem Haus 107a beschreibt der Weg einen Linksbogen und führt zu einer Gabelung, an der wir den rechts steil aufsteigenden Trampelpfad wählen. Er führt über das Wiesengelände hinauf zum breiten Burghaldenring, auf dem wir nach rechts zur Wegkreuzung **Sieben Linden (2)** auf dem Hirzbergsattel abbiegen.

*Der Friedrichsturm auf dem Rosskopfgipfel.*

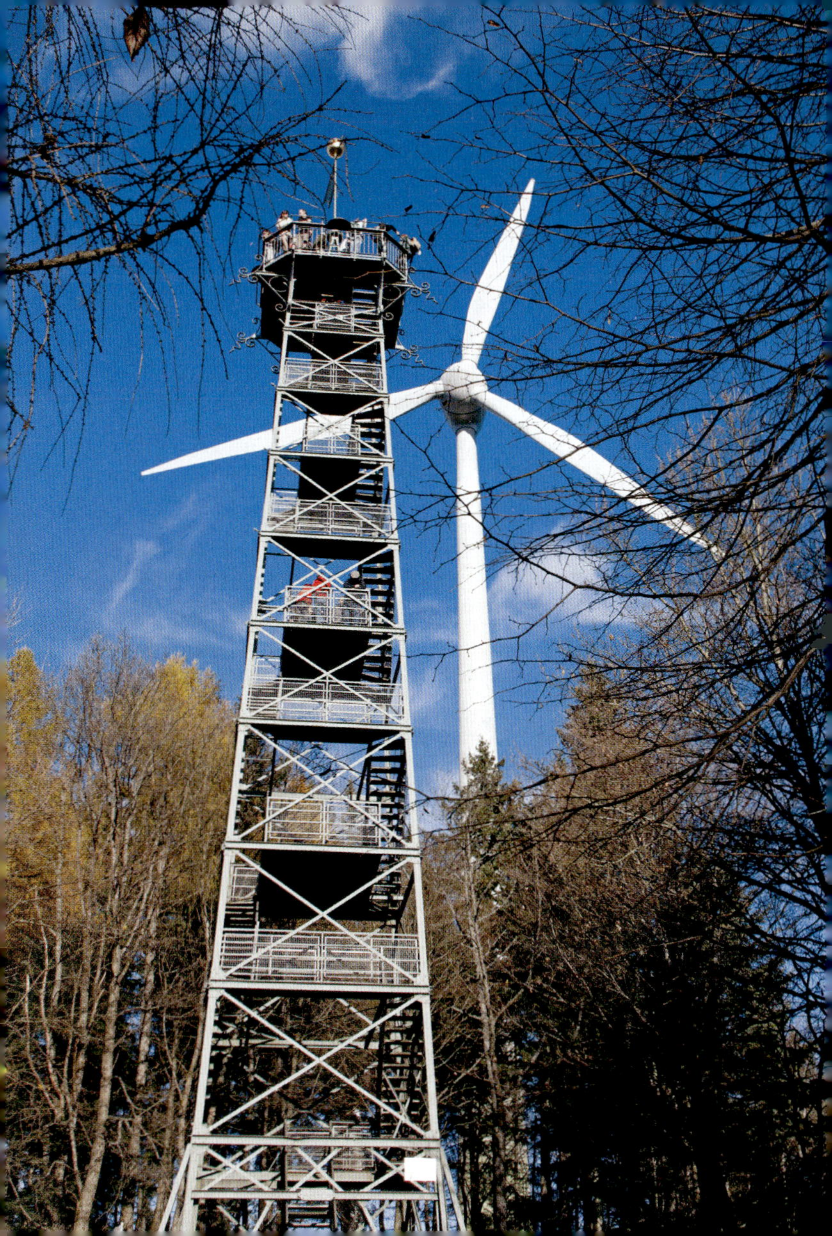

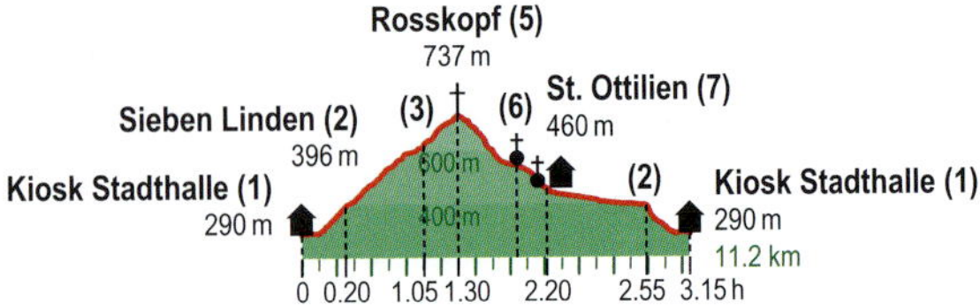


Wir überqueren die Kreuzung und folgen dem Zeichen des Kandelhöhenwegs auf einen mit Buchen bewaldeten Hang steil hinauf. An der Unteren Rosskopfstufe angekommen, schwenken wir ein paar Schritte nach links, steigen auf dem Rosskopfhaldenweg weiter aufwärts, passieren den alten Ottilienstein, einen etwa 1 m hohen Gemarkungsstein auf der rechten Seite, und gelangen zum Wegeknoten an der **Oberen Rosskopfstufe (3)**. Geradeaus sehen wir eine breite, sehr steile Schneise, die direkt zum Gipfel führt. Wir wählen die bequeme Variante, rechts neben der Rampe. Auf einem Trampelpfad geht es hier zur Verzweigung am Wegweiser **Lachen (4)**. Zu diesem Punkt werden wir nach unserem Abstecher zum Rosskopfgipfel zurückkehren und zum Gasthaus St. Ottilien nach rechts absteigen.
Zunächst aber geradeaus. Wir überqueren einen Forstweg und setzen den Aufstieg auf einem Trampelpfad fort, der kurze Zeit später wieder in den Forstweg mündet. Ihm folgen wir hinauf zum Gipfel des **Rosskopfs (5)**. Versteckt zwischen hohen Bäumen steht vor uns der stählerne Friedrichsturm. Erst wenn man die Treppe hinaufgestiegen ist und über den Baumkronen schwebt,

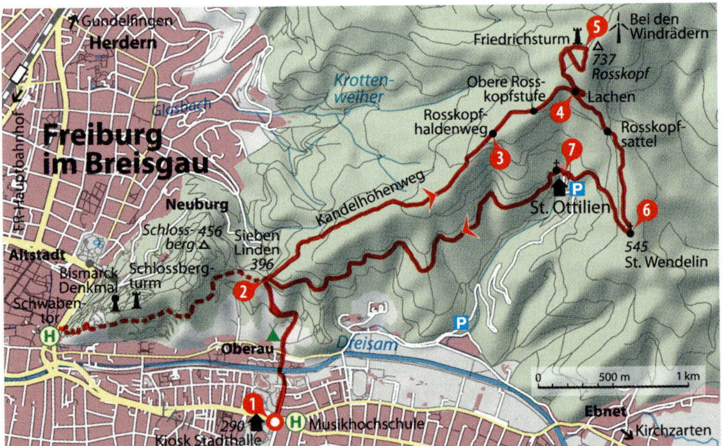

kommt man in den Genuss eines 360°-Panoramas mit Kandel, Schauinsland und Feldberg im Osten, der Rheinebene, Kaiserstuhl und Vogesen im Westen.

Für den Abstieg geht es auf dem Kandelhöhenweg zurück zum Wegweiser Lachen und nun links hinunter Richtung St. Ottilien. Wir überqueren die Wegkreuzung am **Rosskopfsattel** und folgen dem Wegweiser Richtung St. Wendelin. Achtung: Dieser Weg ist teilweise gleichzeitig Mountainbike-Trail. Das Schild »Gemeinsam Natur erleben« gilt für Biker und Wanderer. (Wer den Mountainbikern aus dem Weg gehen will, kann nach Überqueren der Kreuzung den Trampelpfad rechts hinunter nehmen. Diese Abkürzung führt zu einem Forstweg und dort rechts nach St. Ottilien hinunter.) Wir folgen dem Trail weiter abwärts und erreichen die kleine Kapelle **St. Wendelin (6)** auf einer Lichtung im Wald, 10 Min. später. Gegenüber dem Eingang zur Kapelle stoßen wir auf einen Fahrweg, dem wir nach rechts folgen. Wir überqueren den Rosskopfhaldenweg und steigen hinab zur Gaststätte **St. Ottilien (7)** mit Kastaniengarten und Kapelle.

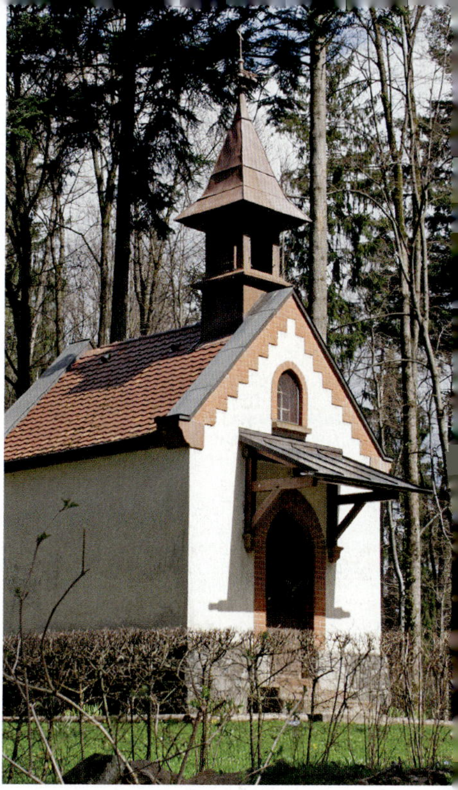

*Die St.-Wendelin-Kapelle.*

Auf dem Rückweg nach Freiburg lassen wir Gasthaus und Kapelle rechts liegen und halten uns an den Wegweiser Richtung Waldfahrweg St.-Ottilien-Hirzberg. Nur etwa 50 m weit geht es auf dieser Route bis zu einer platzartigen Wegverbreiterung, dort zweigt links ein Pfad ab, gekennzeichnet mit der Raute des Freiburg-Bodensee-Querwegs. Diesen Pfad nehmen wir, ein schöner Wegabschnitt, mehr als 30 Min. immer am Hang entlang, bis wir wieder auf den Hirzberg – St. Ottilien-Waldfahrweg stoßen. Nun nach links, am bunten Holzkreuz des Katholikentags von 1978 vorbei, bis zur Kreuzung **Sieben Linden (2)** und von dort auf der Hinwegstrecke zurück zum **Kiosk (1)** in der Nähe der Stadthalle.

# 4 Vom Waldsee zum Wasserschlössle

**1.30 Std.**

## *Kleine Runde im nördlichen Sternwaldzipfel*

*Unweit des Wiehre-Bahnhofs, eingerahmt von Fichtenbäumen, sieht man ein Gebäude am Sternwaldhang, dessen Fassade wie der Eingang zu einer Ritterburg aussieht. Tatsächlich wurde hier, vor über 100 Jahren, Freiburgs erstes, an sich unspektakuläres Wasserwerk errichtet und mit einem schmucken Sandstein-Gewand verziert. Türmchen und Portale sind dem Stadtsiegel nachempfunden. Ausgangspunkt unserer Runde ist das beliebte Waldsee-Restaurant mit Uferterrasse direkt am See.*

**Ausgangspunkt:** Parkplatz vor dem Waldsee-Restaurant, 310 m. Anfahrt mit dem Fahrrad oder Pkw über die Waldseestraße.
Mit öffentlichen Verkehrsmitteln erreicht man den Ausgangspunkt, indem man mit der Straßenbahnlinie 1 zur Haltestelle Musikhochschule fährt, dann zu Fuß durch die Mösle- und Waldseestraße bis zum Restaurant geht, Gehzeit ca. 10 Min.
**Höhenunterschied:** 140 m.
**Anforderungen:** Schattige Waldwanderung, vorwiegend auf Pfaden, teilweise mit gelber Raute markiert.
**Einkehr:** Waldsee-Restaurant (geöffnet Mo–Do ab 16 Uhr, Fr und Sa ab 12 Uhr, So ab 10 Uhr).

Ausgehend vom Eingangstor zum Waldsee-Restaurant am **Waldsee (1)** machen wir im Uhrzeigersinn eine Halbumrundung des kleinen Gewässers. Wir gehen am Bootsverleih vorbei bis zu einer Wegkreuzung, überqueren sie und folgen einem breiten Forstweg, leicht ansteigend. Nach 3 Minuten biegen wir,

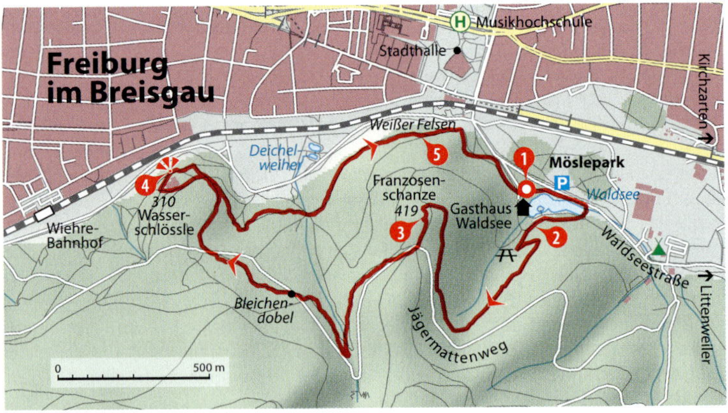

noch immer in Sichtweite des Restaurants, nach links auf einen zunächst breiten, nach wenigen Schritten aber schmaler werdenden **Pfad (2)**. Wir steigen zu einem querenden Pfad hinauf und gehen rechts weiter bis zu einem Forstweg, auf den wir geradeaus einfädeln. Er verjüngt sich zu einem Trampelpfad, der abrupt an einem erneut quer verlaufenden Pfad auf einem kleinen Erdwall endet. Nach links geht es steil über Baumwurzeln hinweg zur **Franzosenschanze (3)**. Das Plateau diente 1714 den Franzosen bei der Eroberung Freiburgs als Geschützbastion, umgeben von einem Schanzengraben. Wir überqueren das Plateau und halten uns dahinter rechts abwärts zum Knotenpunkt an der Franzosenschanze-Ost. Hier biegen wir rechts in den breiten Jägermattenweg und nach etwa 30 m erneut rechts auf einen Pfad leicht abwärts Richtung Sternwaldeck. Am Bleichendobel überqueren wir den Jägermattenweg, wenig später noch ein weiteres Mal, stets der gelben Raute folgend. Wir stoßen auf einen breiten Fahrweg. Achtung: 10 Schritte vor der Einmündung biegt rechts ein unmarkierter Pfad ab, dem wir auf unserem Rückweg zum Waldsee folgen werden. Zunächst aber auf dem Fahrweg etwa 100 m nach links bis zur Rückseite des **Wasserschlössles (4)** und auf einem Trampelpfad rechts ab, am Zaun entlang hinunter zu dessen Vorderseite. Vom Platz vor dem Schlössle hat man freien Blick über die Dächer der Wiehre. Man sieht das Münster, den Schlossberg und den Schlossbergturm.

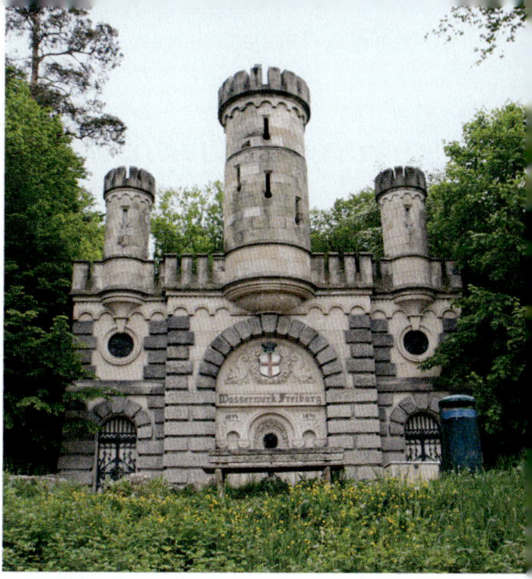


*Das Wasserschlössle.*

Vom Vorplatz, das Schlössle im Rücken, gehen wir rechts etwa 100 m weit bis zum Wegzeichen Wasserschlössle, von dort rechts hinauf, über den Fahrweg hinweg und links ab auf den zuvor entdeckten, unmarkierten Pfad. Er gabelt sich etwa 30 m vor einem Forstweg. Wir gehen geradeaus, fädeln leicht aufsteigend in den Forstweg ein und folgen ihm über eine Kreuzung hinweg im Linksbogen, die gelbe Raute vor Augen. Der Weg verschmälert sich, wir erreichen den Wegweiser am **Weißen Felsen (5)**, gehen geradeaus weiter, an einem hölzernen Pavillon vorbei bis zu einer Gabelung. Wir biegen rechts ab und sind kurz darauf wieder am **Waldsee (1)**.

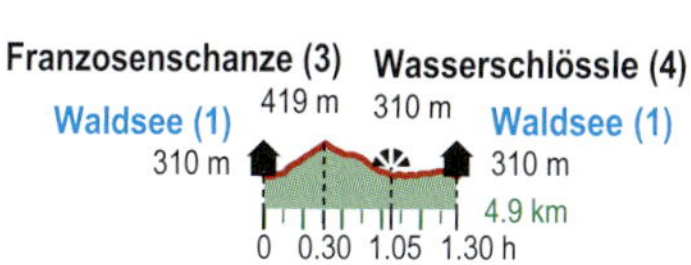

# 5 Von der Wiehre nach St. Valentin

2.00 Std.

## *Spaziergang durch den unteren Sternwald*

*Ursprünglich von zwei Waldbrüdern erbaut und als Pilgergaststätte eingerichtet, erfreut sich die kleine, idyllisch gelegene Waldgaststätte heute großer Beliebtheit bei allen Altersgruppen. Wanderer und andere Ausflügler kommen hier vor allem wegen der Pfannkuchen und Flammkuchen sowie der selbst gebackenen Kuchen her. Aber auch abendliche Wild- und Fischgerichte stehen hoch im Kurs.*

**Ausgangspunkt:** Holbeinstraße, Ecke Günterstalstraße, 290 m. Anfahrt mit der Straßenbahn, Linie 2, Haltestelle Holbeinstraße.
**Höhenunterschied:** 230 m.
**Anforderungen:** Leichter Waldspaziergang; Markierung: meist gelbe Raute.

**Einkehr:** Gasthaus St. Valentin, Günterstal (geöffnet ab 12 Uhr, So ab 11 Uhr, Mo und Di Ruhetag).
**Tipp:** WaldHaus Freiburg, Bildungs- und Informationszentrum zum Thema Wald, geöffnet März–Oktober Di–Fr 10–17 Uhr, So 12–17 Uhr mit Cafeteria.

Von der Straßenbahn-Haltestelle **Holbeinstraße (1)** in Freiburg-Wiehre, Fahrtrichtung Innenstadt, verläuft rechts neben dem überdachten Wartehäuschen ein mit einem Stahlgeländer begrenzter Trampelpfad. Wir folgen ihm, gehen ca. 30 m an der stadteinwärts führenden Fahrspur der Günterstalstraße nach rechts, überqueren sie und steigen auf einem unmarkierten Pfad in den Sternwald hinauf. Wir passieren einen links abzweigenden Pfad und erreichen einen breiten Waldweg, Teil des vom Gartenbauamt angelegten Arboretum-Wegenetzes mit beschilderten Bäumen aus aller Welt. Dort biegen wir rechts ab. An der Silberdobel-Kreuzung bleiben wir geradeaus Richtung St. Valentin, von nun an auf einem Trampelpfad mit der gelben Raute. Bei der folgenden Wegteilung wählen wir die mittlere von drei möglichen Routen. Links sehen wir das Jägerbrünnle. Wir gelangen zu einer Wegkreuzung und halten uns schräg links auf dem fast höhengleich verlaufenden Trampelpfad zum **St.-Lioba-Weg (2)**. Wir überqueren ihn, die Klosteranlage von St.-Lioba jetzt zu unserer Rechten, mit Blick in den

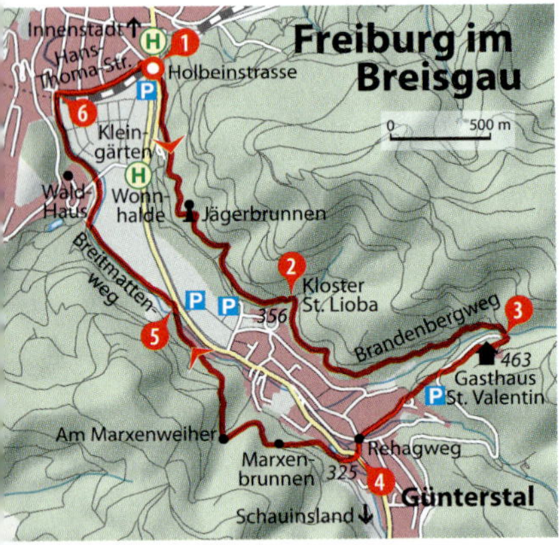

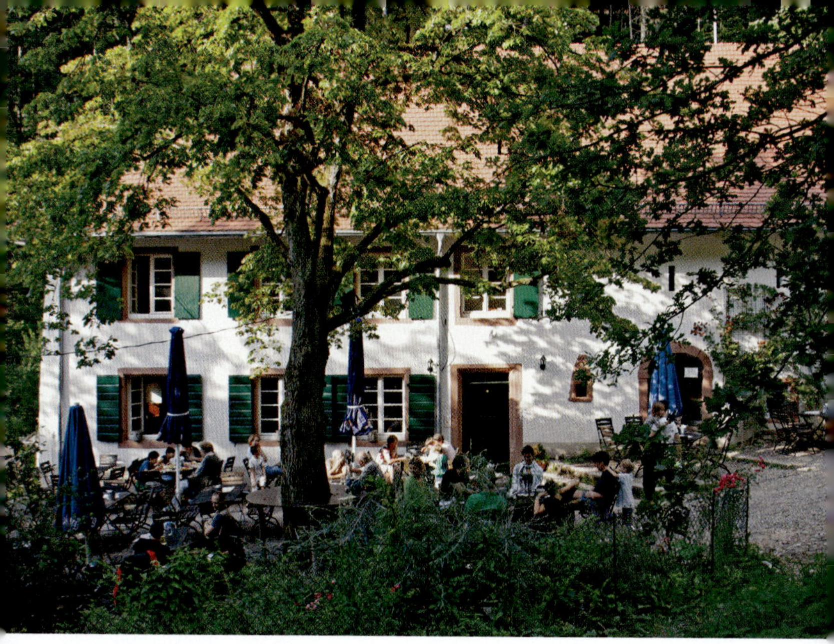

*Gasthaus St. Valentin.*

kleinen, mit Zierpflanzen geschmückten Friedhof. Günterstal stets im Blickfeld, erreichen wir den Brändenbergweg, schwenken links hinauf, bis zum St.-Lioba-Weg, dem wir nach rechts folgen, am Rande einer abfallenden Wiese entlang. Wir überqueren die Waldfahrstraße und steigen die letzten Meter hinauf zum **Gasthaus St. Valentin (3)**.

Für den Rückweg zur Wonnhalde nehmen wir die asphaltierte, zum Gasthaus führende Zufahrtsstraße hinunter bis zur Waldfahrstraße, überqueren sie und steigen in einem steilen Hohlweg hinab nach Günterstal. Am Ortsrand mündet er in den asphaltierten Rehagweg, der uns stets geradeaus weiter abwärts bis zur **Schauinslandstraße (4)** führt. Wir überqueren sie, ebenso den Bohrerbach, und halten am Wegweiser Am Vogelsang die Rich-

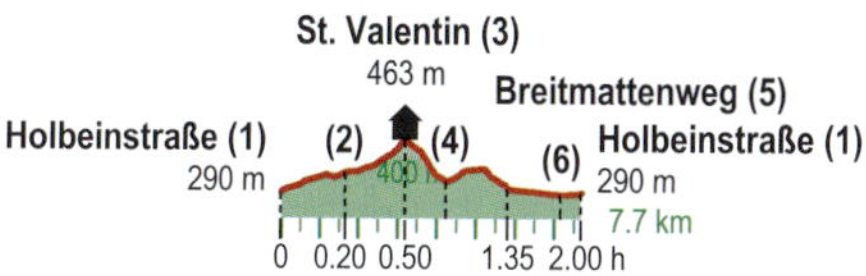

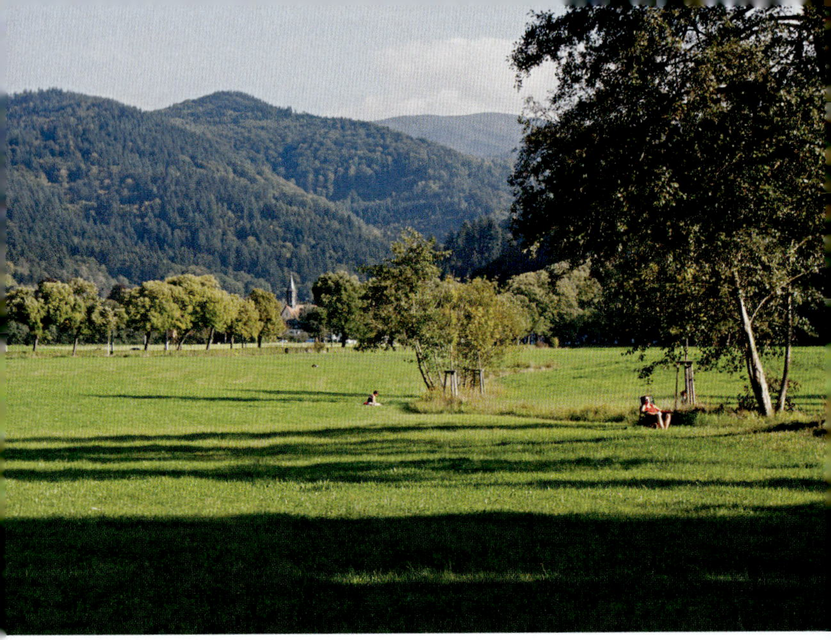

*Die Breitmatten an der Wonnhalde.*

tung Marxenbrunnen. Es geht stetig hinauf zu einem breiten Waldweg. Wir biegen rechts ab, folgen ihm knapp 10 Min. lang, am Wegweiser Marxenweiher und den rechts abfallenden Ganterwiesen vorbei bis zu einer Weggabelung. Hier zweigt links der Marxenweg ab, während wir geradeaus auf einen unmarkierten Pfad schwenken. Er führt uns am oberen Ortsrand von Günterstal mit Blick auf Kloster St. Lioba hinunter zu einem kleinen Parkplatz direkt an der Schauinslandstraße.
Dort gehen wir links weiter auf dem schmalen, asphaltierten **Breitmattenweg (5)**. Linksseitig der Bohrerbach, rechtsseitig die große Wiesenfläche der Breitmatten, bei Hochwasser ein großes Rückhaltebecken. In Sichtweite des WaldHauses (siehe Tipp) auf der linken Seite, biegen wir vor einer Brücke über den Bohrerbach rechts auf einen geschotterten Fußweg ab (wahlweise auch auf dem etwas höher gelegenen parallel verlaufenden Dammkronenweg). Wir gehen etwa 250 m weit, überqueren die angrenzende Zufahrtsstraße zum WaldHaus und gehen auf einem Fußweg am Bachufer entlang in eine Kleingartenkolonie. An der **Hans-Thoma-Straße (6)** angekommen, biegen wir rechts ab und gelangen zurück zu unserem Ausgangspunkt an der **Holbeinstraße (1)**.

3.30 Std.

# Vom Sternwaldeck über den Kybfelsen nach St. Valentin

6

***Kybfelsen zum Ersten: Aufstieg über die Schauinsland-Route***

*Eigentlich nur eine Zwischenetappe auf dem langen Weg zum Schauinsland, inzwischen aber eine feste Größe im Konditionsprogramm Freiburger Freizeitsportler. Stadtnah und in zeitlich überschaubarem Rahmen erreichbar, trifft man dort oben viele Bergläufer und Mountainbiker, die nach Feierabend noch schnell in die Lauf- oder Radschuhe schlüpfen. Der Felsklotz übt für alle gleichermaßen eine Faszination aus. Insbesondere der herrliche Ausblick über die hintereinander gestaffelten Ausläufer des Schwarzwaldes zwischen Horben und Münstertal ist zu jeder Jahreszeit einen Ausflug wert. Unsere Route führt auf dem Brombergkamm hinauf zum Felsen und an der Günterstal-Seite zur Einkehr nach St. Valentin hinunter.*

**Ausgangspunkt:** Holbeinstraße, Ecke Günterstalstraße, 290 m. Anfahrt mit der Straßenbahn, Linie 2, Haltestelle Holbeinstraße.
**Höhenunterschied:** 540 m.
**Anforderungen:** Gleichmäßiger Anstieg auf gut ausgetretenen Pfaden und Forstwegen, größtenteils schattig. Markierung: blaue Raute im Aufstieg, gelbe Raute im Abstieg.
**Einkehr:** Gasthaus St. Valentin (geöffnet tägl. ab 12 Uhr, So ab 11 Uhr, Mo und Di Ruhetag).
**Tipp:** Kräutergarten des Klosters St. Lioba, Günterstal, geöffnet tägl. 9–12 und 14.30–20 Uhr.

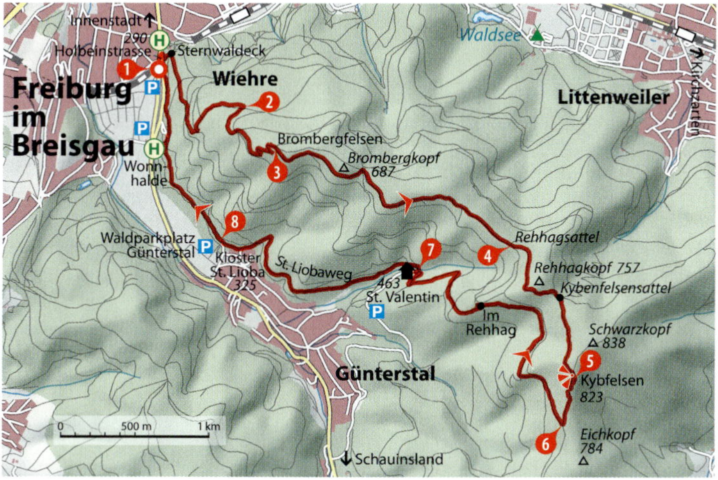

Ausgehend vom Wartehäuschen an der stadteinwärts führenden Straßenbahnspur an der Haltestelle **Holbeinstraße (1)**, überqueren wir die Bahngleise und gehen nach rechts auf einem Fußweg etwa 80 m weit am Rande der Günterstalstraße entlang. Wir kreuzen die Fahrbahn und steigen auf dem mit blauer Raute markierten Fernwanderweg Freiburg – Bonndorf Richtung Brombergsattel in den Sternwald hinauf, etwa 40 m weit, dann zweigt der Pfad nach links ab zur Wegkreuzung am Günterstäler Weg. Wir gehen geradeaus und folgen der blauen Raute auf einem Waldpfad aufwärts Richtung Schauinsland über zwei Kreuzungen hinweg bis zum Eselbackenweg. Nun ein paar Schritte auf diesem Fahrweg nach rechts, dann scharf links hoch, Richtung Rehagsattel / Sohlacker. Anfangs noch breit, verschmälert sich der Weg auf Trampelpfad-Maße, bis nach gut 400 m seit Überschreiten des Eselbackenwegs der Wegweiser **Spitzkehre (2)** auftaucht. Das Zeichen ist leicht zu übersehen, aber wichtig, da wir nun scharf rechts steil am Hang hinaufgeführt werden. Auf verwurzeltem Pfad geht es bis zum **Brombergfelsen (3)** und über den Brombergsattel hinweg mit ersten Ausblicken in Richtung Günterstal. Noch besser wird die freie Sicht im folgenden Wegabschnitt zwischen dem Wegweiser am **Rehhagsattel (4)** bis zum Kybfelsensattel. Von dort geht es durch dichten, dünnstämmigen Buchenbestand, bis plötzlich, etwas unerwartet, der massige zweiteilige **Kybfelsen (5)** vor uns auftaucht. Wir umrunden ihn und steigen an seiner Rückseite zum Gipfelplateau empor. Spärliche Mauerreste zeugen von der früheren Existenz einer Burg an dieser Stelle. Leider ist das Plateau von hochgewachsenen Bäumen umstellt, die Aussicht mager. Die genießen wir dann in vollen Zügen umso mehr von einem Felssporn, nur ein paar Schritte gegenüber dem Gipfel. Günterstal und das Hexental liegen unter uns, Horben und Freiburg sind zu sehen, sogar der Schönberg.

Unser Abstieg folgt dem Hinweisschild Richtung St. Valentin, vom Felsblock im Zickzackkurs ein paar Minuten hinunter und weiter durch den Wald. Aufgepasst: Knapp 10 Min. nach Verlassen des Kybfelsens entdecken wir einen etwa 250 cm hohen, senkrecht stehenden Baumstumpf auf der rechten Seite. Hier verlassen wir den Fernwanderweg und biegen hinter dem Baumstumpf nach rechts auf einen **unmarkierten Pfad (6)**, unser Weg nach St. Valentin. Hangabwärts gehend gelangen wir nach wenigen Minuten zu

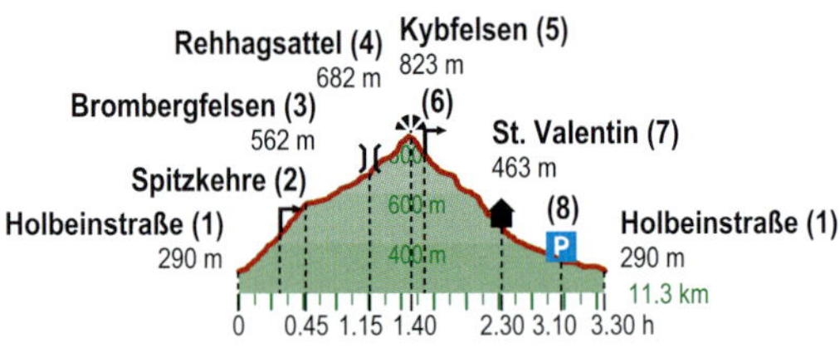

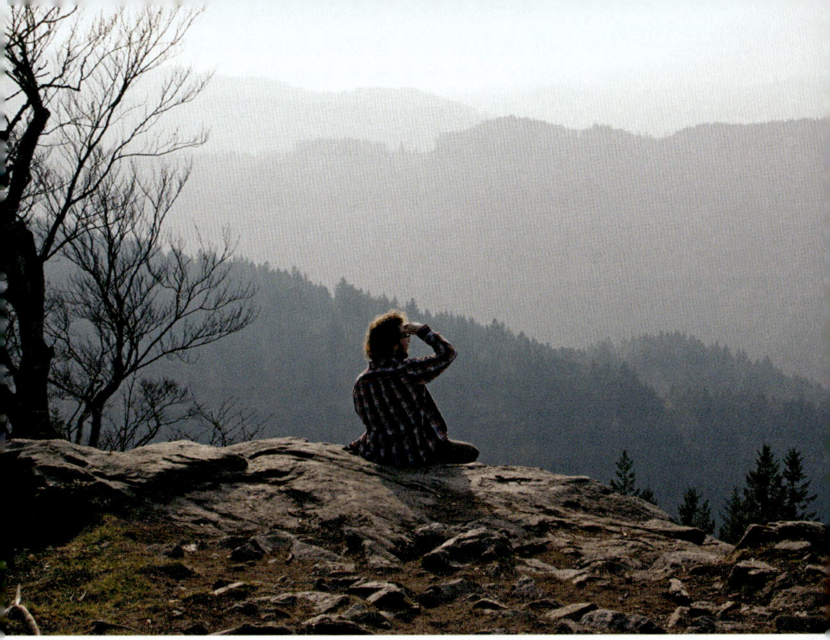

*Auf dem Kybfelsen.*

einem Fahrweg (Kybfelsenweg), überqueren ihn, halten uns kurz darauf an einer Gabelung rechts und gehen parallel zum Kybfelsenweg auf fast ebenem Gelände bis zum Abzweig am Rehhagweg. Von dort geht es scharf links abwärts, über zwei querende breite Wege hinweg, schließlich auf sehr schmalem Trampelpfad bis zur Gaststätte **St. Valentin (7)** hinunter. Das letzte Teilstück des Pfads ist nach Regenfällen rutschig, Vorsicht ist geboten.
Für unseren Rückweg, den Haupteingang der Gaststätte im Rücken, biegen wir links zur Rückseite des Gasthauses und folgen dem Wegweiser Richtung Freiburg-Wiehre. Steil abwärts zunächst, am Abzweig Brändenberg vorbei, geht es zu einer Kreuzung und geradeaus in den St.-Lioba-Weg. An einer links abfallenden Wiese entlang, gehen wir bis zu einer Weggabelung, halten uns rechts und gehen am Kloster St. Lioba vorbei hinunter zum **Waldparkplatz Günterstal (8)**. 100 m nach links geht es zum Eingang des Kloster-Kräutergartens (siehe Tipp). Für die letzte Etappe nach Freiburg wählen wir den geradeaus führenden, bequemen Auslauf auf dem Günterstäler Weg. Zwischen Waldrand und Wiese, am Grillplatz Wonnhalde und am Silberdobel vorbei gelangen wir zurück zu unserem Ausgangspunkt an der Straßenbahnhaltestelle **Holbeinstraße (1)**.

# 7 Von der Stadthalle über den Kybfelsen nach St. Barbara

**3.30 Std.**

### *Kybfelsen zum Zweiten: Aufstieg auf der Waldsee-Route*

*Erneut geht es hinauf zum Kybfelsen. Diesmal vom Freiburger Stadtteil Waldsee aus. Zwei beliebte Einkehroptionen bieten sich uns gegen Ende der Runde: das Gasthaus St. Barbara, am Waldrand gelegen, mit großer Terrasse, Ziegengehege, Bouleplatz und schönem Ausblick über Littenweiler hinweg bis zum Dreisamtal sowie das Waldsee-Restaurant, mit schöner Terrasse direkt am kleinen Waldsee gelegen.*

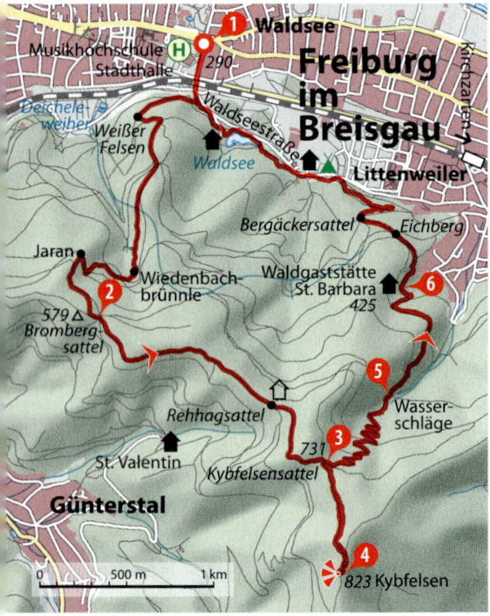


**Ausgangspunkt:** Kiosk an der Straßenbahnhaltestelle der Linie 1, Musikhochschule, Schwarzwaldstraße/Ecke Möslestraße, 290 m.
**Höhenunterschied:** 540 m.
**Anforderungen:** Die Wanderung verläuft vorwiegend auf schattigen Waldpfaden, im Anstieg teilweise steil. Markierung am Anfang und Ende gelbe Raute, im Mittelteil ab Brombergsattel blaue Raute.
**Einkehr:** Waldgasthaus St. Barbara, Littenweiler (geöffnet tägl. 15–22 Uhr, So 12–22 Uhr, Mo Ruhetag); Busses Waldcafé (geöffnet März–Okt. tägl. ab 8 Uhr); Waldsee-Restaurant an der Waldseestraße (geöffnet Mo–Do ab 16 Uhr, Fr und Sa ab 12 Uhr, So 10–22 Uhr); »Biosk«, kleiner Kiosk an der Straßenbahnhaltestelle Musikhochschule (Mo–Fr 8.30–17 Uhr, Sa und So 10–17 Uhr).

Vom **Kiosk (1)** an der Straßenbahnhaltestelle Musikhochschule, nur 100 m von der Stadthalle entfernt, gehen wir rechts durch die Möslestraße in Richtung Waldsee, überqueren die Gleise der Höllentalbahn gehen an der rechts einmündenden Waldseestraße vorbei und folgen einem Fußweg parallel zur Möslestraße bis zu einer Gabelung. Wir biegen rechts ab, Richtung Weißer Felsen in den Sternwald hinauf. An einem Holzpavillon vorbei gehen wir bis zu einer Wegverzweigung, an der wir nach links Richtung Brombergsattel aufsteigen. Nach 200 m erneut eine Verzweigung, diesmal scharf links hinauf zum Schanzenweg, einem breiten Forstweg, auf den wir nach rechts abbiegen. Wir folgen ihm bis zur Einmündung in den querenden Jägermattenweg, halten uns auf ihm ein paar Schritte nach rechts, überqueren ihn am

Wegzeichen Franzosenschanze-West und steigen Richtung Brombergfelsen auf schmalem Pfad stetig weiter durch den Wald hinauf. Am kleinen Wiedenbachbrunnen vorbei überqueren wir den Wiedenbachweg und gelangen zum Wegweiser Jaran, vom Brunnen knapp 10 Gehminuten entfernt. Das Zeichen ist leicht zu übersehen. Wir biegen scharf links ab, gehen auf dem unmarkierten Pfad zu einem Schotterweg und dort ebenfalls links weiter auf die Schauinsland-Route bis zur Wegekreuzung am **Brombergsattel (2)**. Wir überqueren die Kreuzung, steigen ein paar Schritte die steile Mountainbike-Route hinauf und folgen dem Waldweg bis zum **Kybfelsensattel (3)**, auf dem ein Weg nach links in Richtung St. Barbara abzweigt. Hier werden wir in Kürze unseren Weg fortsetzen. Zunächst aber noch gut 600 m geradeaus bis zum **Kybfelsen (4)**, die Aussicht genießen.

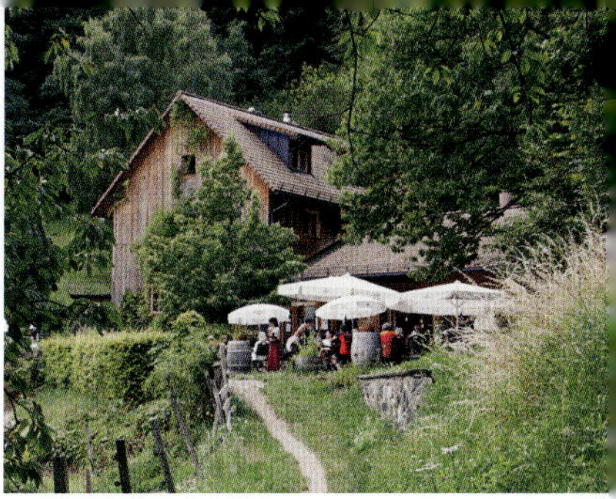

*Waldgasthaus St. Barbara.*

Wir kehren zurück zum **Kybfelsensattel (3)** und steigen rechts hinab, zunächst etwa 20 m auf dem Canadian-Mountainbike-Trail, dann links weiter in Kehren auf felsigem Pfad hinab zum Wegweiser Trotzdem. Rechts entlang gelangen wir zum kleinen Weiher **Wasserschläge (5)**, an einem Forstweg gelegen. Wir biegen nach links Richtung St. Barbara und etwa 2 Min. später nach rechts auf einen Trampelpfad am Hang hinunter zur Zufahrtsstraße zum **Gasthaus St. Barbara (6)**, das wir nach links abbiegend sogleich erreichen. Weiter abwärts gehend folgen wir einem Pfad an Wiesengelände entlang bis zu einer Gabelung an einer Forststraße. Den rechts steil abzweigenden Weg ignorieren wir. Wir bleiben auf der Forststraße und biegen hinter den drei Bauwagen des Waldkindergartens rechts ab hinunter zur Kreuzung am Wegweiser Eichberg, gehen geradeaus bis zum Bergäckersattel, dort scharf links hinunter bis zum Wegweiser am Kunzenhof und biegen links ab zur Waldsee-Straße. Wir folgen ihr links entlang, am Waldsee und am Waldsee-Restaurant vorbei zurück zum **Kiosk (1)** an der Schwarzwaldstraße.

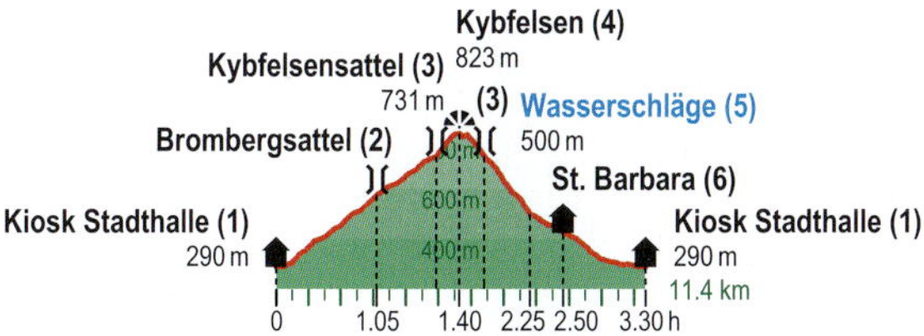

# 8 Von Littenweiler über den Schauinsland nach Oberried

**6.15 Std.**

***Aufstieg zum höchsten der Freiburger Hausberge***

*Viele Wege führen hinauf zum Schauinsland. Die klassische Route beginnt am Sternwaldeck in Freiburg-Wiehre. Wir wählen diesmal Littenweiler als Ausgangspunkt, eher ungewöhnlich, aber sehr reizvoll. Eine sportliche Herausforderung ist dieser Aufstieg, müssen doch über 1000 Höhenmeter bewältigt werden. Der Abstieg hinunter nach Oberried hingegen verspricht ausgleichende Entspannung. Er endet im Biergarten vom Gasthaus Adler.*

**Ausgangspunkt:** Bahnhof Littenweiler, 335 m. Von Freiburg Hbf. mit der RB Richtung Seebrugg/Neustadt, Haltestelle Littenweiler.
**Endpunkt:** Oberried, Gasthaus Adler, 465 m. Rückfahrt mit dem Bus, Linie 7215, bis Kirchzarten, dort umsteigen in die RB zurück nach Freiburg.
**Höhenunterschied:** 1100 m im Aufstieg, 970 m im Abstieg.
**Anforderungen:** Teils anstrengender Aufstieg auf Waldpfaden, beim Abstieg teilweise steil, größtenteils schattiger Mischwald. Markierung: gelbe Raute bis zum Kybfelsensattel, blaue Raute bis zum Schauinsland.
**Einkehr:** Rappenecker Hütte, Oberried (geöffnet Mai–Okt. Fr ab 14 Uhr, Sa und So ab 12 Uhr); Gasthaus Zum Goldenen Adler, Oberried (geöffnet ab 17.30 Uhr, So ab 12 Uhr, Mi Ruhetag).
**Varianten:** Aufstieg ab Wegweiser Ehemalige Kohlerhau Hütte links hoch, den ersten Waldweg überqueren, am zweiten Waldweg jedoch 250 m nach links statt geradeaus, die folgende Kreuzung überqueren, in den Rodelbahn-Weg einfädeln, nach 150 m scharf rechts auf einen unmarkierten Hangpfad, am Pflugfelsen vorbei 1 km weit bis zur Einmündung in die breite Mountainbike-Route gehen und an deren Rand aufwärts bis zum Wegweiser Scheitel und zum Gipfel aufsteigen. Die Gehzeit bleibt in etwa gleich. Abstieg: Statt vom Schauinsland nach Oberried abzusteigen zurück nach Freiburg mit der Schauinslandbahn. Die Gehzeit verkürzt sich um 2.15 Std.
**Hinweis:** Die Aufstiegsvariante auf der ruhigen Kappler Talseite ist nicht markiert und sollte nur von geübten Wanderern benutzt werden.

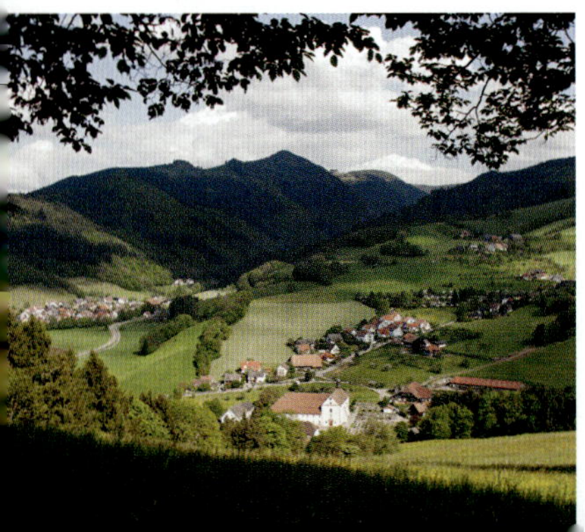

Vor dem Eingang zum **Bahnhof Littenweiler (1)** verläuft die Höllentalstraße. Vom Bahngleis kommend, folgen wir ihr nach rechts etwa 50 m bis zur Lindenmattenstraße, biegen nach links ab, gehen am Mensagebäude der Pädagogischen Hochschule vorbei, ebenso an der Einmündung des Kunzenwegs und schwenken nach rechts in die Lit-

*Blick nach Oberried und ins Zastler Tal.*

tenweiler Straße. Nach etwa 80 m entdecken wir auf der linken Seite eine schmale, zwischen Wohnhäusern steil aufsteigende Stichstraße. Wir folgen ihr. Sie endet an einer Treppenanlage, auf der wir zu einem Trampelpfad aufsteigen. Wir lassen die Wohnhäuser hinter uns, biegen nach rechts ab auf den Pfad und gehen am Wiesenrand entlang mit Blick auf Littenweiler bis zu einer Weggabelung am Wegweiser Kunzenhof. Hier halten wir uns links, aufsteigend Richtung Schauinsland. Am Wegknoten Bergäckersattel schwenken wir nach links, überqueren die Kreuzung am Wegweiser Eichberg und gehen auf einem nicht markierten Trampelpfad weiter aufwärts. Wir überqueren den breiten Eichbergweg. Auf der linken Seite sind die Bauwagen des Waldkindergartens zu sehen. Der Pfad zieht sich am Hang entlang, oberhalb des Gasthauses St. Barbara auf der linken Seite. Wir erreichen eine unmarkierte Wegkreuzung, an der wir dem geradeaus führenden Pfad weiter aufwärts folgen. Es geht zunächst noch gleichmäßig durch den Wald bergan. An zwei nacheinander folgenden Gabelungen nehmen wir jeweils den linken Abzweig. Wir stoßen auf einen Waldweg, fädeln nach links ein und biegen 2 Min. später am Wegweiser **Wasserschläge (2)** rechts ab, hinauf auf steilem, felsigem Gelände zur Wegverzweigung Trotzdem. Der Wegpunkt heißt tatsächlich so, dem Einfallsreichtum eines Wegewarts des Schwarzwaldvereins sei Dank. Nach links, noch immer auf felsigem Pfad ansteigend, sind es noch 10 Min. bis zum Höhenweg am Kybfelsensattel. Der blauen Raute folgend, biegen wir nach links ab. Unser Pfad führt am Westhang des Schwarzkopfes entlang zur Aussichtskanzel am **Kybfelsen (3)**.

Durch die Felsbrocken im Gipfelbereich steigen wir hinunter und gehen auf einem bequemen Waldweg abwärts zur Wegkreuzung am **Sohlacker (4)** mit Schutzhütte, Ruhebänken und schönem Blick ins Kappler Tal. Wir überqueren die Kreuzung, gehen nun wieder aufwärts auf schönem Waldpfad durch lockeren Buchenwald, am Horber Felsen vorbei zum Knotenpunkt **Vordere Kohlerhau (5)**.

Wir überqueren die breite Kreuzung und folgen dem Wegweiser leicht abwärts Richtung Schauinsland auf einem schmalen Pfad. Auch die Pfadkreuzung an der Ehemaligen Kohlerhauhütte wird überquert, zunächst noch

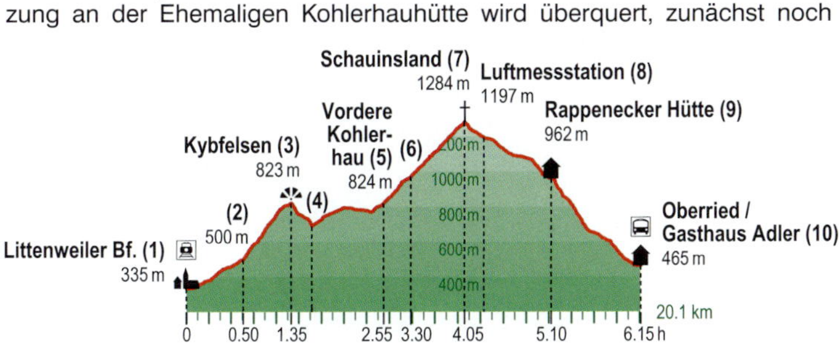

leicht abwärts gehend. Wir kreuzen den Pflugshaldeweg und steigen nun auf schöner Wegstrecke bis zu den markanten Zinnen des Stäpfelefelsens hinauf. Links am Felsmassiv vorbei setzt sich unser Weg aufwärts fort. Der Pfad beschreibt einen scharfen Rechtsknick, verläuft etwas eben am Hang entlang und mündet in einen Schotterweg, dem wir nach rechts entlang über offenes, aussichtsreiches Gelände folgen. Der Blick schweift nach Horben, ins Bohrer Tal, zu den Windrädern der Holzschlägermatte bis hin zu den Vogesen. Am **Ramselendobelweg (6)** nehmen wir den links aufwärts führenden breiten, etwas steinigen Weg durch den Wald.
Wir erreichen die Schauinslandstraße, überqueren sie einmal, nach kurzer Wegstrecke noch ein zweites Mal, und steigen auf felsigem Pfad hinauf zu einem breiten Weg, der uns rechts zum steil ins Tal abfallenden Luisenfelsen mit Ausblick zu den Gondeln der Schauinsland-Seilbahn führt. Nur wenige Schritte weiter zweigt ein Pfad links von der bisher breiten Spur ab, unser Weg aufwärts zum Berghotel, das für private

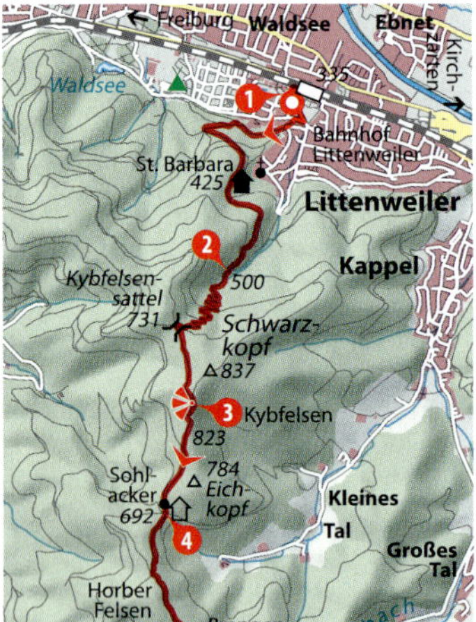
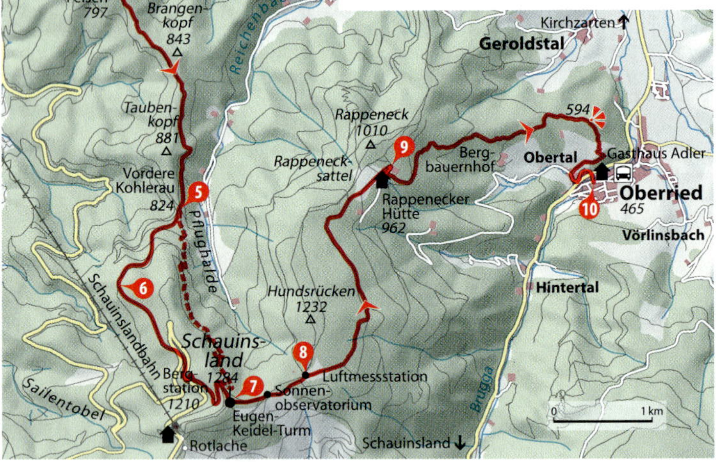

Feiern und Anlässe zur Verfügung steht. Rechts am Hotel vorbei steigen wir bis zum Wegweiser Scheitel hinauf. Rechts entlang sind es noch 200 m steil aufwärts zum Plateau auf dem Gipfel des **Schauinsland (7)**. Belohnt werden wir mit schönem Rundumblick von der Plattform des Eugen-Keidel-Turms, nach Hofsgrund hinunter, zum Feldberg hinüber, bei guter Sicht auch bis zu den Alpen. Im Westen sehen wir den Kaiserstuhl und die Vogesen.

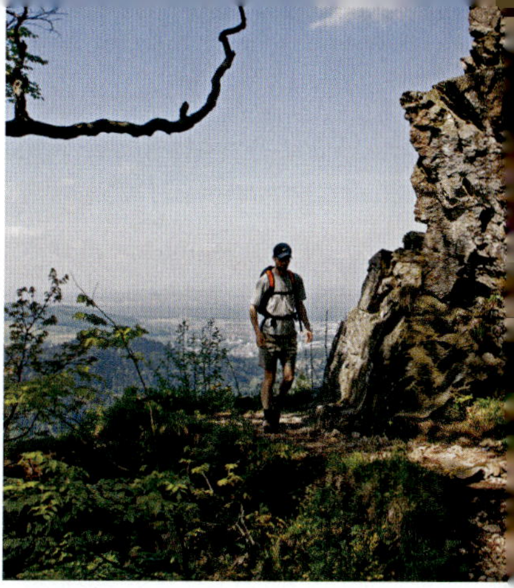

*Am Kybfelsen.*

Wieder abgestiegen, gehen wir nun Richtung Observatorium hinunter zu einer asphaltierten Fahrstraße. Wir biegen nach links Richtung Rappenecker Hof, kommen an der Einfahrt zum ehemaligen Sonnenobservatorium vorbei und erreichen die **Luftmessstation (8)** des Umweltbundesamts. Wir ignorieren die offizielle, mit gelber Raute markierte Route, die 50 m hinter dem Messgelände links abknickt, wählen stattdessen den geradeaus führenden Wegverlauf, auf einem Feldweg über die schöne Freifläche hinunter. Links und rechts des Wegs sind Weidbuchen-Haine zu bewundern. Nach 400 m ist das Ende der Lichtung erreicht. Der Weg verzweigt sich. Wir gehen geradeaus in den Wald auf einem mit Baumwurzeln bedeckten Pfad bis zum breiten Linienweg, auf den wir nach links einschwenken. Nun sind es noch gut 20 Min. durch den Wald, an einem privat genutzten Holzhaus vorbei bis zu einer Wiese linker Hand. In einer Rechtskehre gehen wir geradeaus auf dem Pfad zur **Rappenecker Hütte (9)**. Der Hof wurde 1987 als erste solarbetriebene Gaststätte in einem Pilotprojekt mit einer Fotovoltaikanlage ausgestattet.

Für den Abstieg ins Tal haben wir nun drei Möglichkeiten: nach Kirchzarten, Kappel oder Oberried. Wir wählen die Oberried-Variante. Am Parkplatz vor der Hütte entdecken wir das entsprechende Hinweisschild: gut 100 m auf der Zufahrtsstraße zur Hütte hinunter, dann links in den Wald abbiegen, steil abwärts. Zunächst nur durch Mischwald, dann, nachdem wir den Abzweig rechts zum Berghof hinter uns gelassen haben, auf offenem Kamm mit Ausblicken nach Kirchzarten und ins Oberrieder Tal. Die schönste Sicht, auch ins Zastler Tal hinein, bietet sich beim Abstieg vom Kamm bei einer Sitzbank oberhalb des Dorfes. Abschließend geht es auf einem Feldweg hinunter zum Ortsrand, dort auf der Obertalstraße nach links ins Dorf hinein und über eine Brücke bis zum Gasthaus Adler in **Oberried (10)** mit kleinem Biergarten direkt an der Bushaltestelle.

# 9 Winterwanderung auf dem Schauinsland

3.45 Std.

## *Drei Panoramarunden an einem Stück*

*Schau-ins-Land. Der Name sagt alles. Noch bis zum Anfang des 20. Jh. wurden im Innern dieses kleinen Höhenzugs am äußersten Südrand der Freiburger Gemarkung Silber, Blei und Zink abgebaut. »Erzkasten« wurde er genannt. Der Bergbau ruht, nur ein Besucherbergwerk erinnert noch an diese Zeit. Heute ist der Schauinsland ein beliebtes Ausflugsziel. Bei Inversionswetterlagen im Herbst und im Winter herrscht Hochbetrieb, besonders wenn bei klarer Sicht über das Wolkenmeer in den Tälern hinweg die Alpen zu sehen sind. Auf unserer Winterwanderung verbinden wir die drei meistbesuchten Panoramawege zu einer Gesamtroute.*

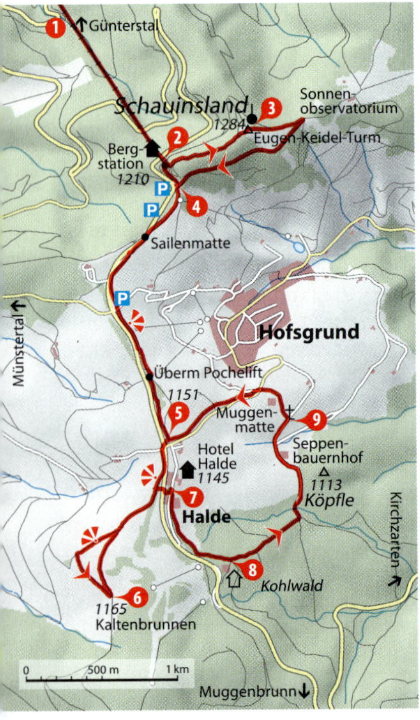


**Ausgangspunkt:** Talstation der Schauinslandbahn, 469 m, Anfahrt von Freiburg mit der Straßenbahn, Linie 2 bis Günterstal, Weiterfahrt mit dem Bus, Linie 12; von dort mit der Seilbahn zur Bergstation, 1210 m. Bei Anfahrt mit dem Pkw: Parkmöglichkeiten unterhalb der Bergstation entlang der Schauinslandstraße.
**Höhenunterschied:** 270 m.
**Anforderungen:** Alle drei Rundwege sind im Winter für Fußgänger präpariert. Auf passendes Schuhwerk ist zu achten. Bis auf einen etwas steileren Anstieg von der Silberbergstraße zur Halde insgesamt nur geringe Höhenunterschiede.
**Einkehr:** Café-Restaurant in der Bergstation der Schauinslandbahn (geöffnet Mi–So 9.30–17 Uhr)); Hotel Halde, Schauinsland-Halde (tägl. geöffnet).

Zunächst geht es von der **Talstation der Schauinslandbahn (1)** hinauf zur **Bergstation (2)**. Vom Ausgang der Bergstation gehen wir für unsere erste Runde am Rande des angrenzenden Aussichtsplateaus auf Steinstufen ein paar Schritte hinauf zum Rundweg und folgen nach links den Hinweisschildern zum Aussichtsturm. Eine Abkürzung nach gut 10 Min. Gehzeit führt

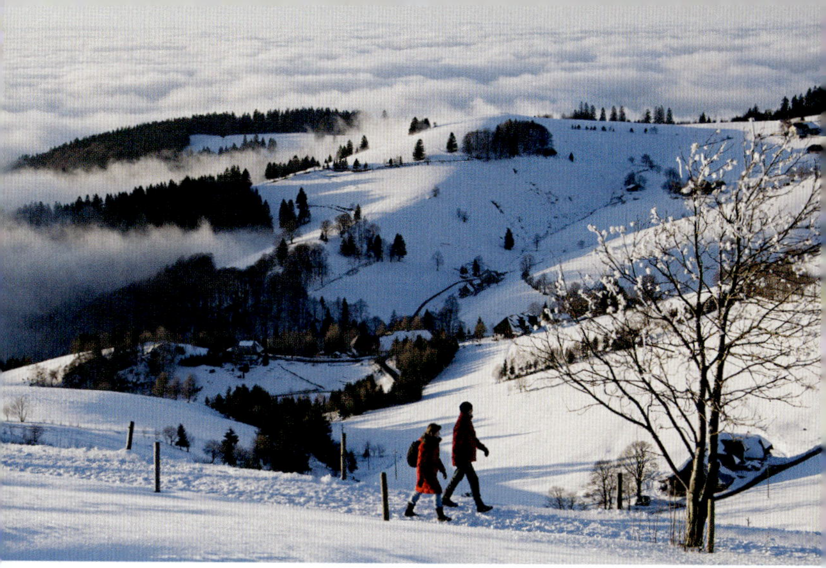

*Blick vom Kaltenbrunnen Richtung Stohren.*

rechts auf Trittstufen den Gipfelhang hinauf. Vorsicht, die Stufen können bei Minusgraden vereist sein. Auf dem **Schauinslandturm (3)** erwartet uns ein 360°-Ausblick, bei guter Sicht bis zu den Alpen. Die Runde setzen wir in Richtung Observatorium fort. Wir folgen dabei dem 2006 eingeweihten »Pfad der Sinne« mit einigen sehenswerten, aus Weißtannen geschnitzten Holzskulpturen, unter anderem einem »Windbohrer« und einem »Traumzeit-Drehstuhl«. Am Wegweiser Observatorium halten wir uns auf dem breiten Spazierweg rechts und gehen an windgebeugten Buchen vorbei Richtung **Parkplatz Bergstation (4)**. Gegenüber einer gelb gestrichenen alten Bergwerkslore schwenken wir nach links auf den aussichtsreichen Höhenweg Richtung Halde. Hofsgrund liegt im Tal zu unserer Linken. Rodel- und Ski-

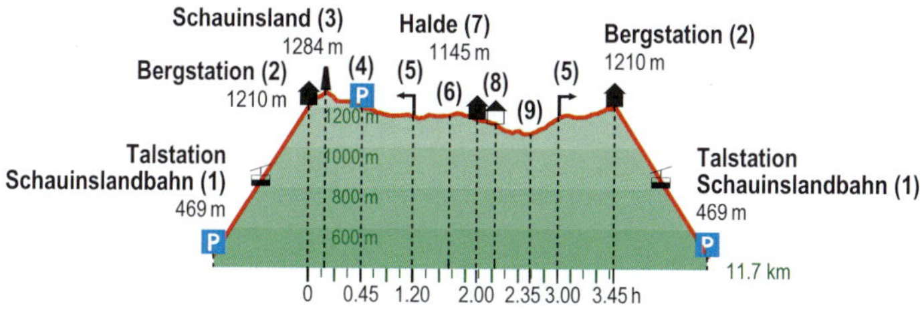

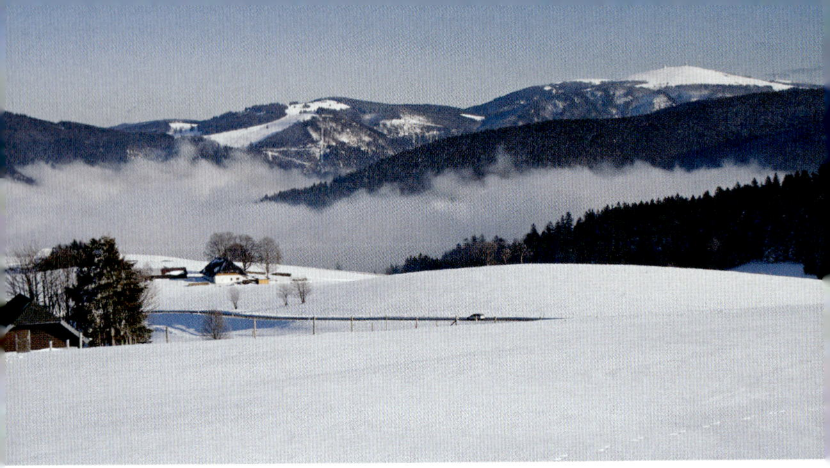

*Blick zum Feldberg.*

pisten füllen die Hänge. Bemerkenswert sind die vielen frei stehenden Weidbuchen. Wir passieren die Station Sailenmatte sowie den Poche-Lift und gelangen zur Kreuzung, an der die von Hofsgrund kommende Silberbachstraße von links auf die Schauinslandstraße stößt. An der Kreuzung schwenken wir nach rechts, überqueren die **Schauinslandstraße (5)**, und steuern gleich anschließend nach links auf einen kleinen Parkplatz zu.

Hier beginnt die zweite Runde. Sie bietet uns wunderbaren Ausblick ins Münstertal und in die Rheinebene hinunter. Zunächst fast parallel zur Schauinslandstraße laufend, entdecken wir nach gut 300 m seit Überschreiten der Kreuzung links einen Trampelpfad. Zu dieser Stelle kehren wir nach Abschluss dieser kurzen Runde zurück. Wir gehen weiter geradeaus, halten uns an der folgenden Weggabelung rechts, einem alten Holzschild Richtung Zähringer Hof folgend. Am nächsten Abzweig geht es links hinauf bis zur Weggabelung **Kaltenbrunnen (6)**.

Nun erneut nach links, zurück zu unserem Hinweg und zum Trampelpfad. Hier biegen wir rechts ab zum Hotel Halde. Wir überqueren dazu die Schauinslandstraße und finden auf der gegenüberliegenden Seite den Pfad an der Böschung hinunter zur **Halde (7)** mit Kapelle und Bushaltestelle, gut 50 m vom Hoteleingang auf der linken Seite entfernt.

Nun beginnt die dritte Runde. Wir schwenken nach rechts Richtung Kohlwald/Notschrei, überqueren die Straße und biegen nach wenigen Schritten auf den mit gelber Raute markierten Bänkleweg links ab. Er führt uns zu den etwas tiefer liegenden Langlauf-Loipen hinunter. Am Rande der Loipen entlang geht es bis zum **Kohlplatz (8)** mit Schutzhütte und Rastbänken. Von den drei vor uns liegenden Wegen nehmen wir den linken, breiten Weg in den Wald hinein, erneut parallel zu den Loipen. Nur wenige Minuten später verlassen wir diesen Abschnitt und biegen auf einen nur für Wanderer präparierten Weg nach links, leicht abwärts, der gelben Raute folgend. Das Zeichen sehen wir auch bei der folgenden Kreuzung, 5 Min. später. Auch hier links ab, über einen kleinen Bach hinweg, bis zum Waldrand, an einem Wohnhaus und dem Seppenbauernhof vorbei, jetzt auf schmalem Asphaltsträßchen. Leicht abwärts geht es an einer rechts einmündenden Straße vorbei und noch wenige Minuten weiter bis zu einem hölzernen **Wegkreuz (9)** auf der linken Seite. Direkt dahinter führt unser präparierter Pfad über die Muggenmatte links hinauf, an einem Gästehaus vorbei bis zur Silberbergstraße. Wir halten uns links und gehen am Rand der Straße hinauf bis zur Kreuzung mit der **Schauinslandstraße (5)**. Liegt der Schnee sehr hoch, folgen wir alternativ einer präparierten Wanderpiste, die parallel zur Silberbergstraße über freies Gelände aufwärts bis zur Schauinslandstraße verläuft. An der Schauinslandstraße nun rechts abbiegen; wir gehen auf der vom Hinweg bekannten Route zurück zum Parkplatz der Bergstation und geradeaus hinauf zur **Bergstation (2)**. Von dort geht es mit der Schauinslandbahn abschließend hinab zur **Talstation (1)**.

*Weidbuchen nahe Poche-Lift.*

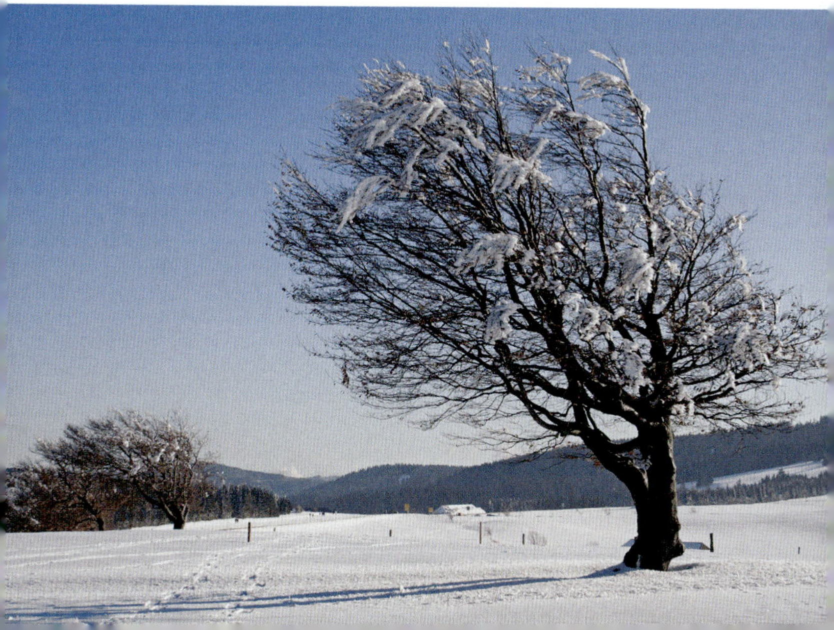

# 10 Vom Schauinsland über Horben zur Wonnhalde

**4.45 Std.**

## *Aussichtsreicher Talabstieg auf der Kaltwasserroute*

*Unter Skiläufern sehr beliebt, wenn auch wegen Schneemangels zumeist nur selten praktikabel: die Kaltwasserabfahrt, eine der wenigen langen Talabfahrten im Schwarzwald, vom Schauinsland bis zur Talstation am Bohrer. Wir folgen einem Teilabschnitt dieser Route, auf einem sonnigen Panoramaweg über die Eduardshöhe nach Horben und durch den Illenberg-Wald hinunter nach Freiburg.*

**Ausgangspunkt:** Talstation der Schauinslandbahn, 469 m, Anfahrt von Freiburg mit der Straßenbahn, Linie 2 bis Günterstal, Weiterfahrt mit dem Bus, Linie 12; von dort mit der Seilbahn zur Bergstation, 1210 m. Bei Anfahrt mit dem Pkw: Parkmöglichkeiten unterhalb der Bergstation entlang der Schauinslandstraße.
**Endpunkt:** Wonnhalde, 297 m. Rückfahrt zur Talstation mit der Straßenbahn, Linie 2.
**Höhenunterschied:** 80 m im Aufstieg, 990 m im Abstieg.
**Anforderungen:** Wanderung verläuft weitgehend nur bergab auf Wald- und Schotterwegen. Markierung: gelbe und blaue Raute.
**Einkehr:** Restaurant Bergstation (geöffnet Mi–So 9.30–17 Uhr); Eckhof (Eisdiele), Horben, nahe Geiersnest (geöffnet Mai–Oktober, 14–18 Uhr, So und Mo Ruhetag); Gasthaus zum Raben, Horben (geöffnet Do–Mo ab 18 Uhr, So auch 12–14.30 Uhr); Restaurant Dorfchalet, Horben (geöffnet Mi–Sa ab 17 Uhr, So ab 12 Uhr, Mo und Di Ruhetag); Luises Kaffeetafel im Gesundheitsresort Luisenhöhe, Langackern (geöffnet 14.30–16.30 Uhr).
**Variante:** Ab Horben (Kirche) rechts auf dem Fußweg hinunter zur Talstation der Schauinslandbahn. Rückfahrt von dort mit dem eigenen Pkw oder mit dem Bus. Die Gehzeit verkürzt sich um ca. 1.30 Std.

*Bauernhof bei Horben.*

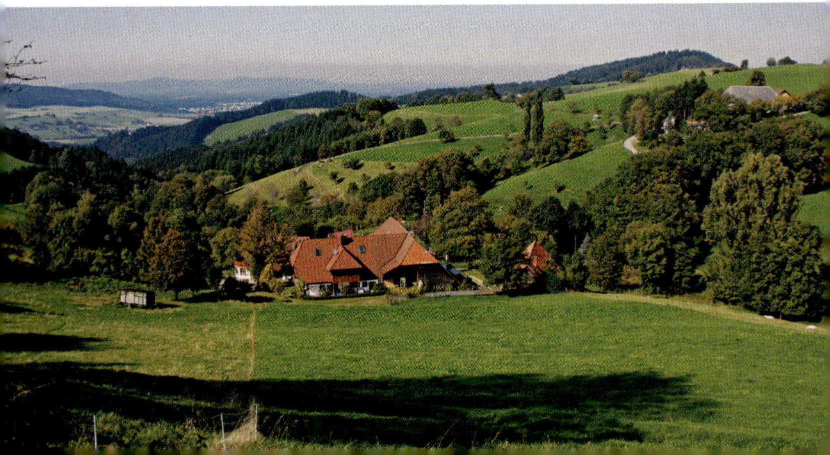

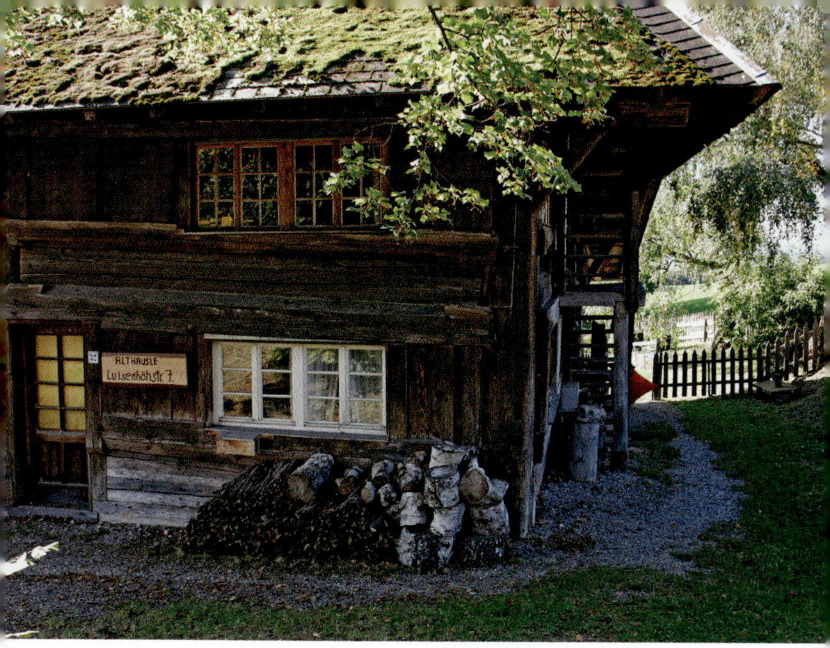


*Das »Althüsli« in Langackern.*

Zunächst geht es von der **Talstation der Schauinslandbahn (1)** hinauf zur **Bergstation (2)**. Bevor wir uns von dort auf den Abstieg nach Freiburg einrichten, noch kurz ein Abstecher zum **Schauinslandgipfel (3)**. Wir nehmen den Rundweg zum Aussichtsturm, gehen von dort im Uhrzeigersinn Richtung Observatorium und rechts weiter bis zum Wegweiser am Parkplatz Bergstation. Nun Richtung Halde links knapp 5 Min. lang bis zur Verzwei-

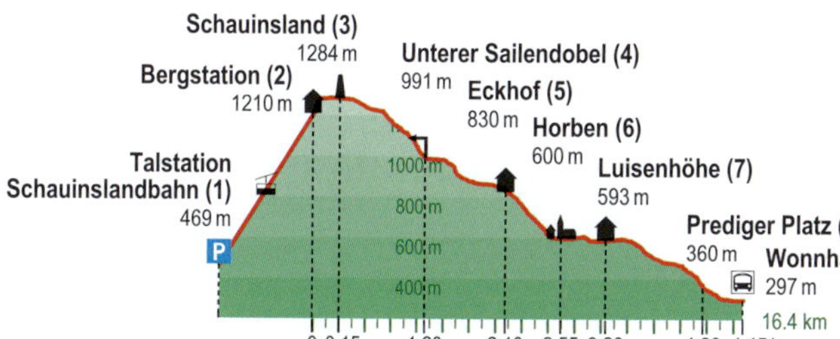

gung an der Sailenmatte. Wir biegen nach rechts ab, überqueren die Schauinslandstraße und halten uns schräg links über den angrenzenden Parkplatz hinweg, Gehrichtung: Horben/Gießhübel. Auf einem Trampelpfad geht es in den Wald hinein bis zum Abzweig rechts am Wegweiser Berggraf Richtung Horben und von dort hangabwärts hinunter zur Gießhübelstraße. Wir folgen der Straße etwa 20 Schritte nach rechts, queren sie und nehmen den Pfad zur Wegverzweigung am **Unteren Sailendobel (4)**. Wir schwenken auf den scharf nach links abzweigenden Weg Richtung Gießhübel; den geradeaus führenden Weg direkt nach Horben ignorieren wir. Auf der von uns gewählten Route erwartet uns etwas später eine prächtige Aussicht über die Eduardshöhe, die wir uns nicht entgehen lassen wollen. Auf fast ebenem Gelände geht es bis zum Wegweiser Am Kaltwasserwald an einem breiten Forstweg, auf den wir nach rechts Richtung Freiburg abbiegen. Wenig später beginnt eine schöne Panoramastrecke, die uns über die Stationen Kaltwasser, Eduardshöhe und Eckwitti bis zum Parkplatz Gerstenhalm führt. Der Schauinsland mit den beiden Windrädern an der Holzschlägermatte ist zu sehen oder Freiburgs Silhouette und weiter entfernt die Rheinebene, dahinter die Voge-

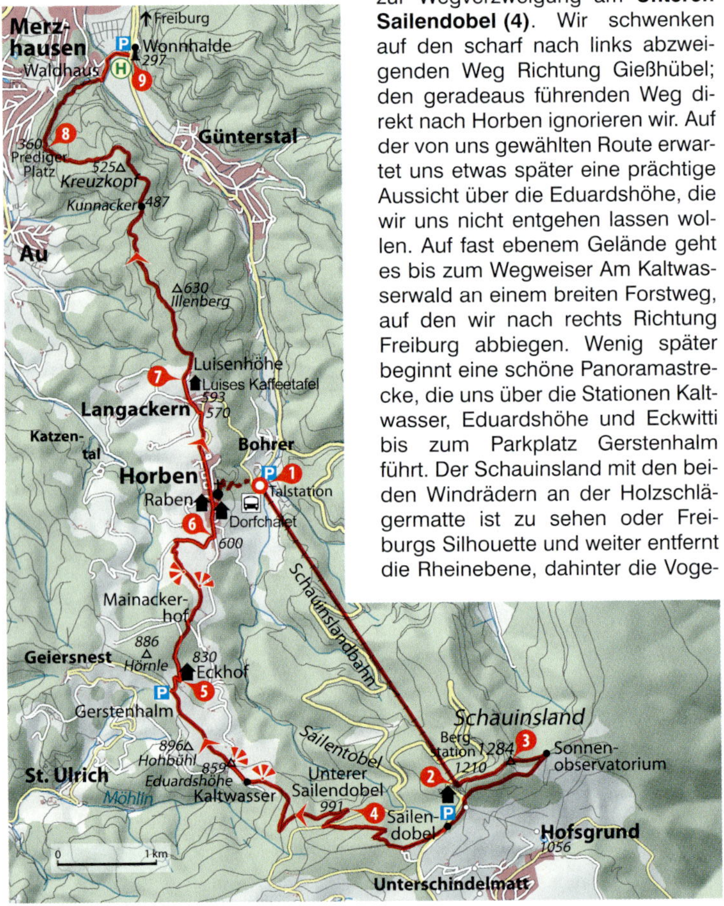

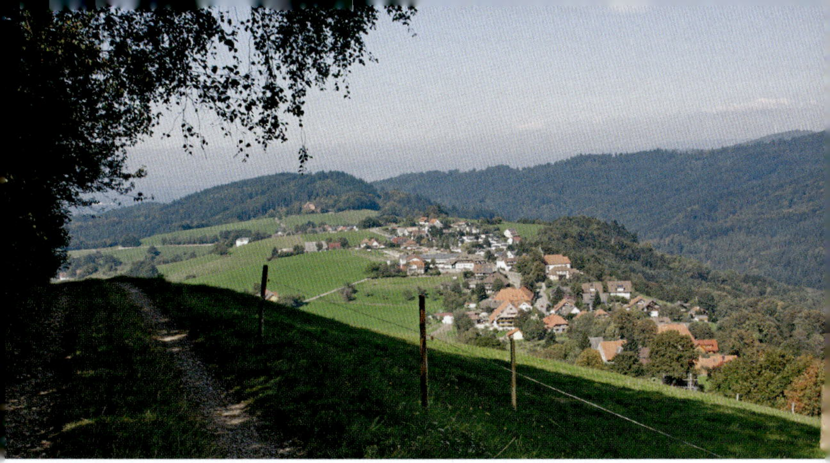
*Auf dem Weg nach Horben.*

sen. Am Parkplatz Gerstenhalm biegen wir rechts zum **Eckhof (5)** hinunter und gönnen uns dort ein paar hausgemachte Eiskugeln, wenn das Wetter es zulässt. Am Eckhof vorbei geht es auf der einspurigen Zufahrtsstraße abwärts und 10 Min. später rechts auf einem mit blauer Raute markierten Fußweg tiefer in den Wald hinein. Wir erreichen den Mainackerhof, folgen dem Sträßchen über das Hofgelände bis zu einer Rechtskurve und gehen geradeaus weiter auf einem Wiesenweg mit bester Sicht auf Horben und die angrenzenden Täler. Der schöne Abschnitt endet an einem Wirtschaftsweg, auf dem wir rechts hinunter zur Dorfstraße in **Horben (6)** gelangen.
Wir durchqueren den Ort, erreichen Langackern und biegen an der Bushaltestelle Engel links ab in die Luisenhöhenstraße. Wir folgen ihr über die Kreuzung am Dorfbrunnen hinweg zur **Luisenhöhe (7)** und gehen am gleichnamigen Hotel vorbei bis zu einer Weggabelung, an der wir nach links in den Wald Richtung Kunacker/Lorettoberg schwenken. Es geht abwärts an der Westseite des Illenbergs entlang zur Kunacker-Lichtung. Wir halten uns dort zunächst auf breitem Waldweg links und gehen nach 100 m geradeaus Richtung Prediger Platz/Merzhausen. An einigen Stellen rückt das Freiburger Münster ins Blickfeld. Am **Prediger Platz (8)** angekommen, biegen wir rechts ab Richtung WaldHaus. An der nach 30 m folgenden Gabelung halten wir uns links, gehen am Wegweiser Bei dem Rehbrunnen über die Waldstraße hinweg und folgen einem Trampelpfad hinunter zum Spielgelände an der Wonnhalde. Wir erreichen den Parkplatz am WaldHaus, gehen rechts entlang über die Bohrerbach-Brücke und sogleich dahinter links weiter an der Breitmatten-Wiese vorbei zur Straßenbahnhaltestelle **Wonnhalde (9)** an der Schauinslandstraße.

# 11 Von der Wonnhalde zur Luisenhöhe

4.00 Std.

## Aufstieg zu den sonnigen Höhen von Langackern und Horben

*Horben und Langackern gehören zu den begehrten Wohnlagen rund um Freiburg. Stadtnah, ländliche Idylle mit Pferdekoppeln und bäuerlichem Ambiente, dazu beste Sonnenlage. Unsere Wanderung hinauf zu diesem Sonnendeck führt durch den Illenwald bei Günterstal mit einem Abstecher zu Waldtraut vom Mühlwald, einer über 100-jährigen Douglasie. 66 Meter hoch, mit einem Umfang von 330 Zentimetern ist sie derzeit Deutschlands höchster Baum. Auf aussichtsreicher Strecke geht es von der Luisenhöhe in Langackern hinab ins Hexental und durch die Gemeinden Au und Merzhausen zurück nach Freiburg.*

**Ausgangspunkt:** Straßenbahnhaltestelle Wonnhalde, Linie 2, Fahrtrichtung Günterstal, 297 m.
**Höhenunterschied:** 370 m.
**Anforderungen:** Anfangs mäßig ansteigende Forstwege und Pfade, in den Ortschaften Langackern, Au und Merzhausen teils auf Asphalt. Markierung: gelbe Raute, einzelne Abschnitte auch unmarkiert.
**Einkehr:** Luises Kaffeetafel im Gesundheitsresort Luisenhöhe, Langackern (geöffnet 14.30-16.30 Uhr).

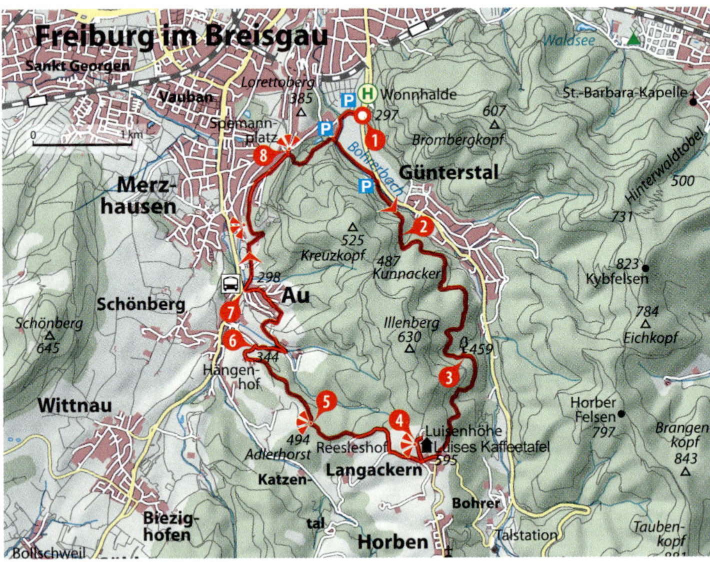

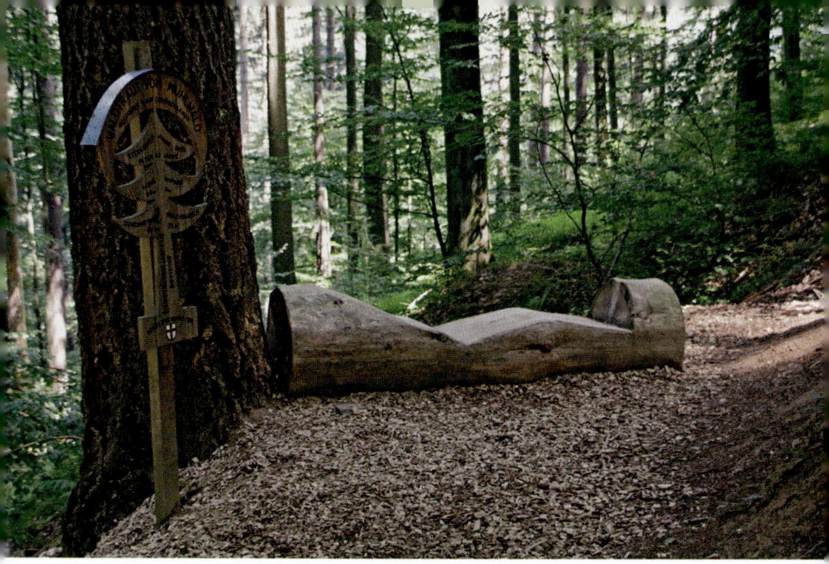

*»Liegestuhl« unter dem höchsten Baum Deutschlands.*

Die Straßenbahnhaltestelle **Wonnhalde (1)** liegt auf der linken Seite der von Freiburg nach Günterstal führenden Schauinslandstraße. Wir überqueren sie und gehen in die Wonnhaldestraße Richtung Informationszentrum Wald-Haus. Ein Damm trennt die Straße von der großen Breitmattenwiese auf der linken Seite, die als Rückhaltebecken bei Hochwasser genutzt werden kann. Wir gehen auf dem Dammkronenweg am Rande der Wiese entlang bis zum Breitmattenweg, einem asphaltierten Fuß- und Radweg, der uns links am Ufer des Bohrerbachs entlang zu einer Parkbucht an der Schauinslandstraße führt. Nach rechts geht es auf einer Holzbrücke über den Bach und gleich dahinter links in den Eisweiherweg, der uns am Ortsrand von Günterstal in den Wald hinauf zur Waldstraße führt. Auf diesen Forstweg fädeln wir nach links ein, kommen am Marxenbrunnen vorbei und erreichen den kurz hinter dem Brunnen nach rechts abzweigenden **Illenbergweg (2)**.
Wir folgen ihm, leicht ansteigend, etwa 20 Min. lang auf breiter Spur bis zu einer Weggabelung. Nach links nun leicht abwärts in den Mühlwaldweg. Gut 500 m weiter führt auf der linken Seite ein schmaler, mit Rindenmulch bedeckter Pfad ein paar Meter am Hang hinunter zu **Waldtraut (3)**, dem höchsten Baum Deutschlands. Ein als Liegestuhl geformter Holzstamm am Fuße des Baumes gehört zu den Besonderheiten an diesem Ort. Man kann sich ausstrecken, den Kopf zum Baumstamm gerichtet, und in die Baumkrone hinaufschauen.

Zurück am Mühlwaldweg geht es links abwärts etwa 5 Min. lang, bis wir rechts einen Pfad entdecken, markiert mit der gelben Raute. Wir folgen ihm auf teilweise dicht bewachsenem Steig kontinuierlich bergan bis zum Ortsrand von Langackern. Wir biegen rechts in den Junghofweg und gelangen zu einer Kreuzung am Dorfbrunnen. Man beachte das »Althüsli«, ein prächtiges, aus Holz gezimmertes Schwarzwaldhaus, direkt an der Kreuzung gelegen. Nach rechts hinauf machen wir einen Kurzabstecher zur **Luisenhöhe (4)**. Von dort hat man gute Sicht über das Hexental bis zum Schönberg, über Horben und den Schauinsland.
Zurück an der Kreuzung am Althüsli, biegen wir rechts in den Weiherackerweg und gehen bis zum Reeslehofweg, auf den wir ebenfalls nach rechts abbiegen. Er führt am Waldrand entlang, an Wiesen und Pferdeweiden vorbei, mit Blick auf die Horbener Bauernhöfe. Wir gehen etwa 10 Min. auf dieser aussichtsreichen Straße, dann zweigt rechts ein Feldweg ab. Wir folgen ihm. Er verjüngt sich kurz darauf und führt uns durch ein Waldstück hinunter bis zum **Adlerhorst (5)** am Rande einer Wiese mit Blick in Richtung Wittnau.
Rechts geht es auf einem Pfad nach Au, unsere Richtung. Der schmale Trampelpfad mündet in einen Hohlweg ein, dem wir abwärts zunächst durch den Wald, dann am Rande von landwirtschaftlich genutzten Flächen hinunter bis zu einem Schotterweg folgen, auf dem wir zu den Pferdeställen des Hängenhofs gelangen. Über das Hofgelände hinweg und rechts auf der gepflasterten Zufahrtsstraße hinunter erreichen wir die T-Kreuzung des **Hängenhofwegs (6)** mit der Waldstraße. Wir biegen rechts ab Richtung Kunacker, knapp 5 Min. später links ab in den Rüttibuck-Weg, gehen am unteren Hasgelhof vorbei und schwenken 2 Min. später nach links auf einen nicht markierten Feldweg. Er führt zwischen Obstwiesen hindurch in eine Senke hinunter und mündet in die Schönensteinstraße am Ortsrand von Au. Wir gehen bis zur Schlossbergstraße und folgen ihr links hinunter zu einem Platz mit Brunnen und Bushaltestelle in **Au (7)**, kurz bevor sie in die Hexentalstraße mündet. Hier besteht die Möglichkeit, mit dem Bus nach Freiburg zurückzukehren.
Hinter dem Brunnen biegen wir rechts in die Alte Straße. Sie führt am Sportplatz vorbei zum Ortsanfang von Merzhausen. Wir biegen rechts in den Lehhaldeweg, folgen ihm etwa 200 m aufwärts bis zu einer Verzweigung und

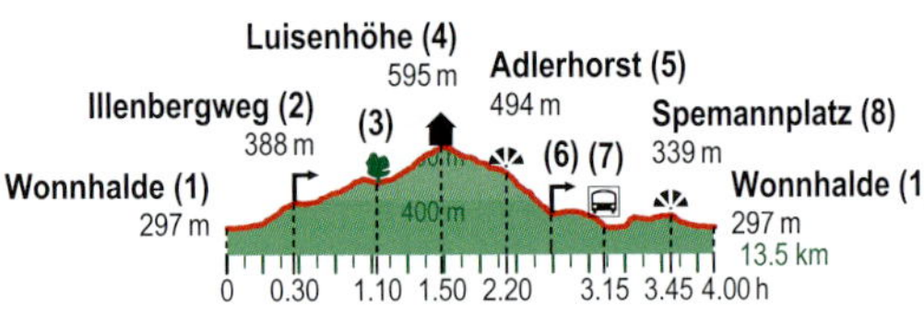

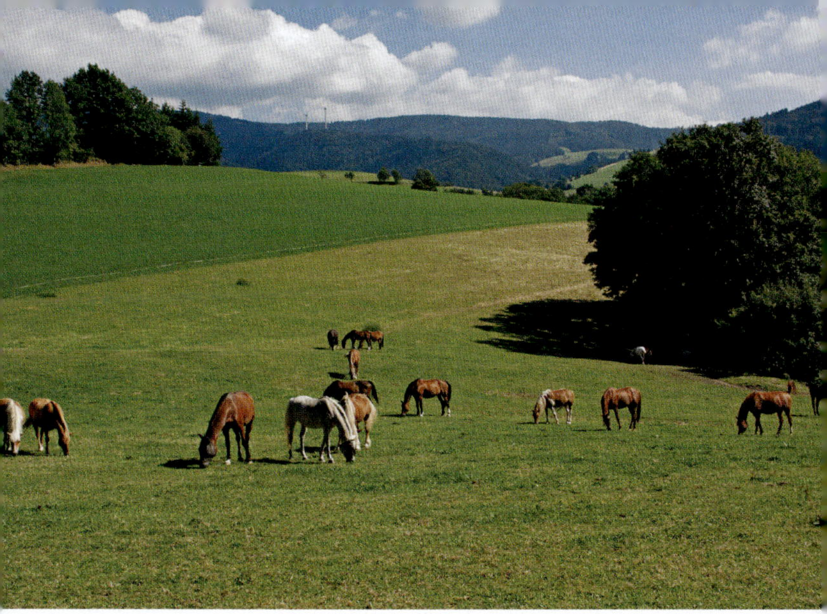

*Blick vom Reeslehofweg Richtung Schauinsland.*

schwenken links auf einen ansteigenden Wirtschaftsweg. Er führt am oberen Rand des Merzhausener Weinbergs entlang mit schönem Ausblick über den Ort bis zum Jesuitenschloss am Schönberg. Der Weg mündet in die Weinbergstraße, die uns zur Becherwaldstraße bringt. Nun geht es rechts hinauf, an der Einmündung der Kreuzsteige vorbei und ein paar Schritte dahinter rechts auf einer kurzen Holztreppe zu einem Waldpfad hinauf. Er führt uns parallel zur Becherwaldstraße zu einem Waldparkplatz. Wir überqueren den Parkplatz und sehen vor uns einen Trampelpfad, dem wir in Kürze abwärts folgen werden. Zunächst aber noch ein lohnender Kurzabstecher links zum **Spemannplatz (8)**, etwa 50 m weit. Die Sicht reicht über Haslach und St. Georgen hinweg bis zum Kaiserstuhl.

Vom Aussichtspunkt gehen wir auf demselben Weg zurück und biegen am Rande des Parkplatzes links ab auf den steilen Trampelpfad, der uns am Hang hinunter zu den Teichen des Wonnhalde-Spielgeländes führt. Wir überschreiten einen Damm zwischen den Teichen und biegen am Ende des Damms links auf einen breiten Weg, der am Parkplatz des WaldHaus-Gebäudes endet. Wir schwenken nach rechts, überqueren eine Brücke und biegen sogleich links dahinter auf die vom Hinweg bekannte Wegstrecke am Rande des Rückhaltebeckens zurück zur Straßenbahnhaltestelle **Wonnhalde (1)**.

# 12 Von Merzhausen zum Schönberg

**3.30 Std.**

## *Naherholung zwischen Buchenwald und Streuobstwiesen*

*Geologisch betrachtet gehört der Schönberg zur Vorbergzone am Übergang des Schwarzwaldgebirges zur flachen oberrheinischen Tiefebene. Seinen praktischen Wert hat er als stadtnahes, viel genutztes Spaziergelände am Eingang zum Hexental. Größtenteils von Mischwald bedeckt, bietet er auf allen Seiten herrliche Aussichtspunkte zur Schwarzwald- und Vogesen-Silhouette. Pirole, Spechte und Bussarde sind hier zu Hause, ebenso Wildschweine, Rehe und Feldhasen. Einkehren kann man im kinderfreundlich angelegten Gasthaus Schönberghof.*

**Ausgangspunkt:** Dorfplatz mit Brunnen in Merzhausen, 277 m. Anfahrt mit dem Bus ab ZOB in Freiburg, Linie 7208 Richtung Bad Krozingen, Haltestelle Merzhausen-Grüner Baum, von dort noch ca. 200 m zu Fuß am Dorfbach entlang und rechts in die Dorfstraße bis zum Dorfbrunnen. An Sonntagen auch mit der Straßenbahn Linie 3 Richtung Vauban, Haltestelle Paula-Modersohn-Platz, umsteigen in den Bürgerbus bis Merzhausen, Haltestelle Schule auf dem Dorfplatz.

**Höhenunterschied:** 430 m.

**Anforderungen:** Im Gipfelbereich Trampelpfade, teils steil, bei Regen matschig, im unteren Teil gut ausgetretene Waldwege. Markierung: gelbe Raute.

**Einkehr:** Gasthaus Schönberghof am Schönberg (geöffnet Mi–Sa ab 11.30 Uhr, So ab 11 Uhr, Mo und Di Ruhetag, außer an Feiertagen); Jesuitenschloss, Café Vikrego (geöffnet Mo–Sa 12–22 Uhr, So 12–20 Uhr).

**Hinweis:** Bei Anfahrt mit dem eigenen Pkw zum Parkplatz am Jesuitenschloss in Merzhausen verkürzt sich die Gehzeit um ca. 45 Min.

**Tipp:** Abstecher vom Schönberghof zur Ruine Schneeburg mit Ausblick nach Ebringen. Gehzeit hin und zurück rund 20 Min.; Jesuitenschloss: herrschaftliches Anwesen mit Stiftungsweingut, Kelterei, Weinprobe und -verkauf.

*Blick Richtung Freiburg und Schlossberg.*

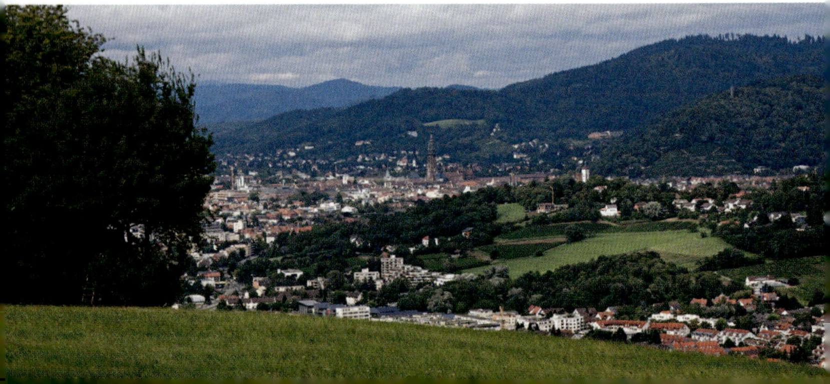

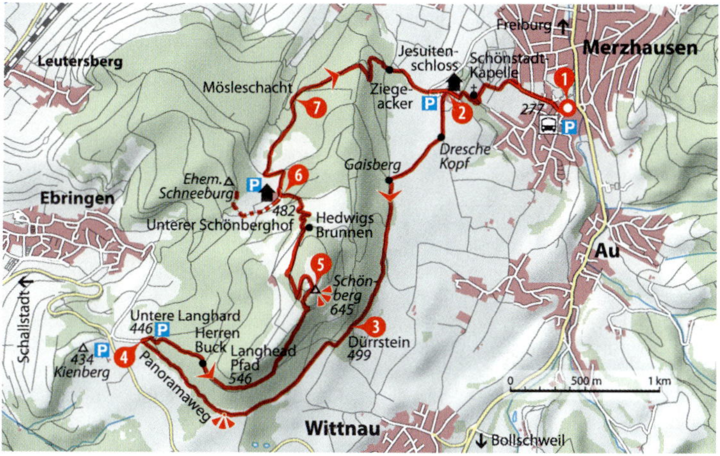


Von den vielen Wegen zum Schönberg wählen wir die Aufstiegsroute von Merzhausen aus. An der Bushaltestelle Schule auf dem Dorfplatz von **Merzhausen (1)** halten wir uns rechts und biegen in den Friedhofsweg ein, der am Rathaus, Hallenbad und Friedhof vorbeiführt. Etwa 100 m hinter dem Friedhof führt links ein schmaler Wirtschaftsweg leicht ansteigend etwa 80 m bis zu einem Abzweig nach links. Wir folgen ihm durch die Weinreben hinauf zur Schönstattkapelle. Hinter der Kapelle biegen wir scharf rechts auf einen Naturlehrpfad, auf dem wir zum **Jesuitenschloss (2)** gelangen. Durch das Hintertor betreten wir den gepflegten Innenhof des Anwesens, auf dem die Freiburger Stiftungsverwaltung ein Weingut unterhält. Vom Hof aus sind auch Restaurant und Café mit Gartenterrasse zu erreichen, geschätzt wegen der aussichtsreichen Lage mit Blick über Freiburgs Westen.
Wir schreiten durch das Haupttor hinaus und halten uns an den Stallungen entlang nach links. Auf holprigem Feldweg folgen wir dem Wegweiser Richtung Au, wenig später, am Abzweig **Dreschekopf** dem Wegweiser nach rechts Richtung Schönberg. Wir steigen zwischen Wiesen- und Ackerland auf einem Feldweg bis zum Wegweiser Gaisberg hinauf und biegen nach links ab Richtung Schönberger Hof. Auf dem nun folgenden, fast eben verlaufenden Panoramaabschnitt bieten sich schöne Talblicke nach Wittnau hinunter und hinüber zur Luisenhöhe. Viele Trampelpfade zweigen nach rechts am Hang hinauf zum Gipfel des Schönbergs. Wir ignorieren sie. Noch geht die Panoramaroute weiter, an der Kreuzung **Dürrstein (3)** geradeaus, knapp 200 m weit bis zu einer Wiese, an deren Rand sie um 90° nach rechts abknickt. Nach wenigen Schritten sehen wir das blaue Hinweisschild »Panoramaweg«. Nun

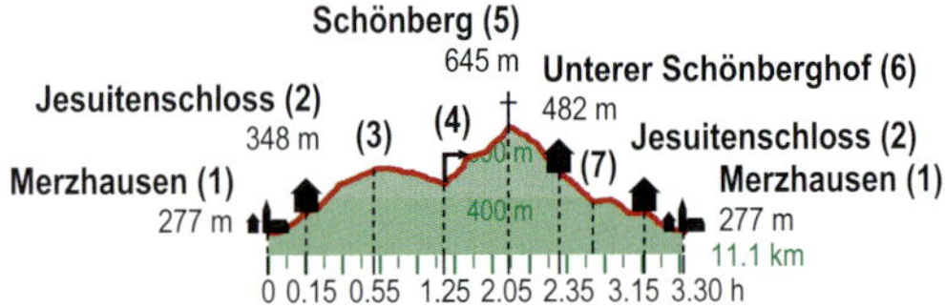


heißt es erneut um 90° abbiegen, diesmal nach links Richtung Berghauser Kapelle über offenes Wiesengelände. Der Ausblick reicht weit ins Hexental hinein und zu den Ausläufern des Schwarzwaldes hinüber. Der Panoramaweg endet am Wegweiser **Untere Langhard (4)**.

Wir biegen nach rechts auf den asphaltierten Steinackerweg, gehen gut 50 m weit bis zum Wegweiser Parkplatz am Schlauchweg und zweigen erneut rechts ab in den Wald hinein Richtung Schönberg-Gipfel. Auf einem Waldpfad geht es stetig ansteigend bis zu einem Forstweg am Herrenbuck und rechts auf dem Forstweg 10 Min. lang bis zu einem kleinen Hinweisschild auf der linken Seite, das den Aufstieg zum Schönberggipfel kennzeichnet. Auf schmaler Spur steigen wir durch den Wald, bestückt mit dicht an dicht gedrängten, dünnstämmigen Buchen. Wir gelangen zu einer Wiese, knicken an deren Ende nach links ab und stoßen auf einen großen, als Naturdenkmal gekennzeichneten Mehlbeerbaum. Rechts davor folgen wir dem Trampelweg hinauf zur Hochwiese auf dem Gipfel des **Schönbergs (5)**. Von einer Sitzbank aus erwartet uns ein schöner Ausblick ins Hexental.

*Auf dem Gipfel: Blick ins Hexental.*

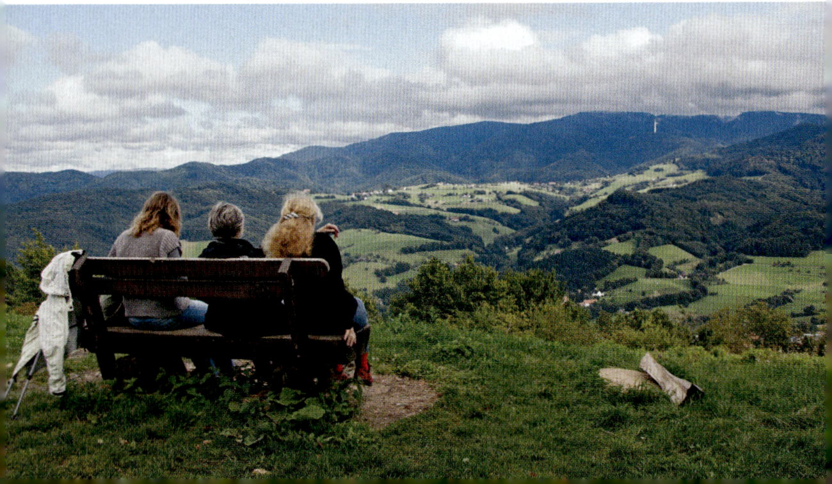

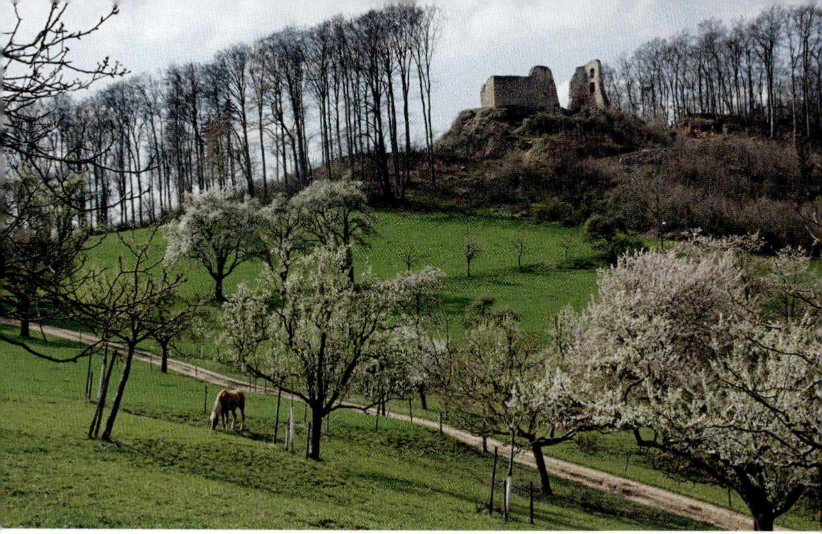

*Blick vom Schönberghof zur Ruine Schneeburg.*

Links von der Bank setzen wir unseren Weg fort. Wir gehen über die Wiese, leicht abwärts und stoßen auf eine asphaltierte Zufahrtsstraße, die zum Sendemast des Südwestrundfunks am Rande der Wiese führt. Wir passieren den Mast, gehen die Straße hinunter bis zur Kreuzung am Oberen Schönberg und biegen rechts ab auf einen Waldpfad Richtung Schönberger Hof. Am Wegweiser Hedwigsbrunnen halten wir uns links, schreiten am hölzernen Brunnentrog vorbei und steigen im Zickzackkurs zur Zufahrtsstraße am Ausflugslokal **Unterer Schönberghof (6)** hinunter.

Nach einem Zwischenstopp im Kastaniengarten halten wir uns rechts, gehen am Parkplatz des Gasthofs vorbei leicht bergab, gut 200 m weit, bis die gelbe Raute uns auf einen Abzweig nach links abknicken lässt. Noch einmal etwa 150 m, dann biegen wir rechts auf einen holprigen Pfad Richtung Mösleschacht. Von der ehemaligen Schachtanlage, in der einst in geringem Maße Eisenerze abgebaut wurden, ist nur noch der betonierte Stolleneingang übrig. Wir erreichen den **Mösleschacht (7)** kurz vor einer Wegkreuzung, an der wir uns rechts halten. Gut 5 Min. lang gehen wir auf dem nicht markierten Forstweg, bis auf der linken Seite hinter einer Rechtsbiegung die Konturen des Jesuitenschlosses zu erkennen sind. Ein auf derselben Seite abzweigender Pfad führt uns hinunter zu einem Querweg. Wir biegen nach rechts und gehen zu den Obstbaumwiesen am Ziegeracker, halten uns dort erneut rechts und gelangen zum **Jesuitenschloss (2)**. Auf der Hinwegstrecke gelangen wir zurück zum Dorfplatz von **Merzhausen (1)**.

# 13 Auf dem Hexentalrundweg von Merzhausen nach Bollschweil

**5.00 Std.**

## *Talwanderung zwischen Schwarzwald und Vorbergzone*

*Der Name Hexental hat nichts mit Hexen im Tal zu tun. Hags ist der Wortstamm, vermutlich keltischen Ursprungs. Es bedeutet so viel wie Zaun, Hecke, aktiv: Einhägsen. Damit kommt man der Sache dann schon näher. Hecken und Einzäunungen findet man im Hexental überall. Weideflächen, Pferdekoppeln und Streuobstwiesen auf sanften Hügeln bestimmen das harmonische Gesamtgefüge. Kleine Ortschaften fügen sich ein. Unsere Runde durch diese Bilderbuchlandschaft machen wir entgegen dem Uhrzeigersinn, die Sonne stets im Rücken.*

**Ausgangspunkt:** Dorfplatz in Merzhausen, 277 m. Anfahrt mit dem Bus ab ZOB in Freiburg, Linie 7208 Richtung Bad Krozingen, Haltestelle Merzhausen-Grüner Baum an der Hexentalstraße, von dort auf einem Fußweg am Dorfbach entlang ca. 200 m bis zum Dorfplatz im Ortszentrum.
**Höhenunterschied:** 420 m.
**Anforderungen:** Auf dem Hinweg vorwiegend Waldwege mit einigen Steigungen, viel Schatten; Rückweg auf asphaltierten Nebenstraßen und Schotterwegen, fast schattenlos. Markierung: gelbe Raute.
**Einkehr:** Gasthaus Bolando in Bollschweil (geöffnet Di–Sa ab 17 Uhr, So ab 12 Uhr, Mo Ruhetag); Gasthof Zum Hirschen, Wittnau (geöffnet Mi–So 12–14 Uhr und ab 18 Uhr, Mo und Di Ruhetag).

Vom Dorfplatz von **Merzhausen (1)** folgen wir der von der Hexentalstraße abzweigenden Dorfstraße rechts entlang leicht aufwärts. Sie mündet in die Weberstraße. Nach etwa 50 m biegen wir links in den Mayenrainweg. Wir gehen aufwärts, bis die Straße nach rechts abknickt, während wir geradeaus auf dem anfangs mit Beton-Rasensteinen gepflasterten Feldweg weiter aufwärtsgehen. Die gelbe Raute ist erstmals zu sehen.
Auf aussichtsreichem Kammweg gelangen wir zwischen Wiesen- und Obstbäumen hindurch bis zum Ortsrand von Au. »Am Schönberg« heißt die Straße, der wir nach links steil hinab zur **Dorfstraße (2)** folgen. Dort biegen wir rechts ab, wechseln nach wenigen Schritten die Straßenseite, gehen knapp 100 m am Dorfbach entlang und überqueren links die Brücke zu den Häusern Dorfstraße 1–7. An der Rückseite der Reihenhauszeile entlang geht es

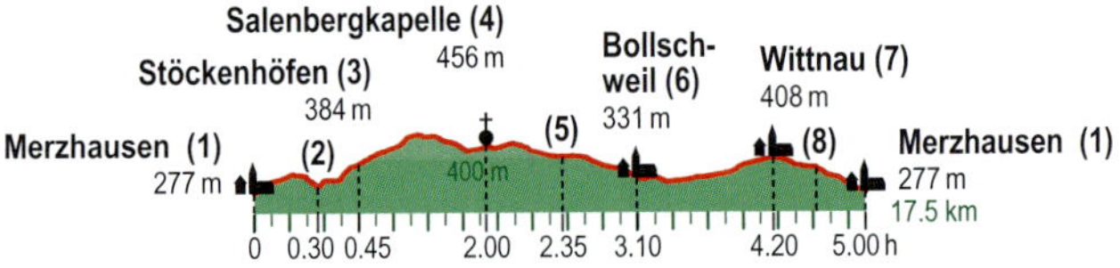

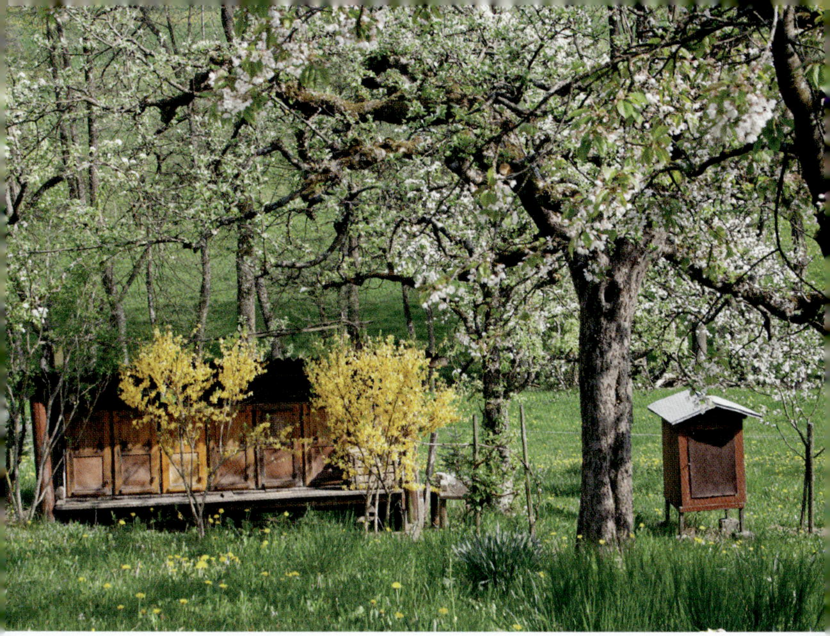

*Bienenstöcke bei Gaisbühl.*

bis zur Selzenstraße. Sie wird überquert. Wir erreichen das Schützenhaus. Links am Schützenhaus vorbei, nun steil ansteigend, gelangen wir zum Weiler **Stöckenhöfen (3)** und der AOK-Reha-Klinik. Wir gehen an der Klinik vorbei, Richtung Bollschweil, überqueren eine Kreuzung und biegen gut 200 m hinter den Stöckenhöfen, in Höhe eines hölzernen Andachtskreuzes, links ab auf einen anfangs sandbedeckten Wiesenweg Richtung Sägeloch (Holzschild). Wir überqueren nach gut 3 Min. die Wegkreuzung Bi de Sandgrub am Waldrand und folgen dem Bergschlohweg, aufwärtsgehend durch schönen Buchenwald noch stets Richtung Bollschweil. Bei der nächsten Gabelung halten wir uns links, weiterhin auf dem Bergschlohweg, gelangen zum Hüttenweg, halten uns rechts und erreichen den Wegweiser Bi de Rinn.
Nun rechts hinunter zu einem Fahrweg mit dem Hinweisschild Am Bürgle, dann nach links leicht aufwärtssteigend zum Spiel- und Picknickplatz der Gemeinde Wittnau mit angrenzendem Schützenhaus. Ein sehr schöner Panoramaabschnitt folgt. Zunächst am Schützenhaus vorbei, dann nach etwa 200 m rechts auf einen schmalen Pfad durch den Wald und am Wiesenrand entlang unter tief hängenden Ästen hindurch mit Blick auf Bietzighofen, die Rheinebene und den Schönberg. So erreichen wir den Wegweiser Dierlerain

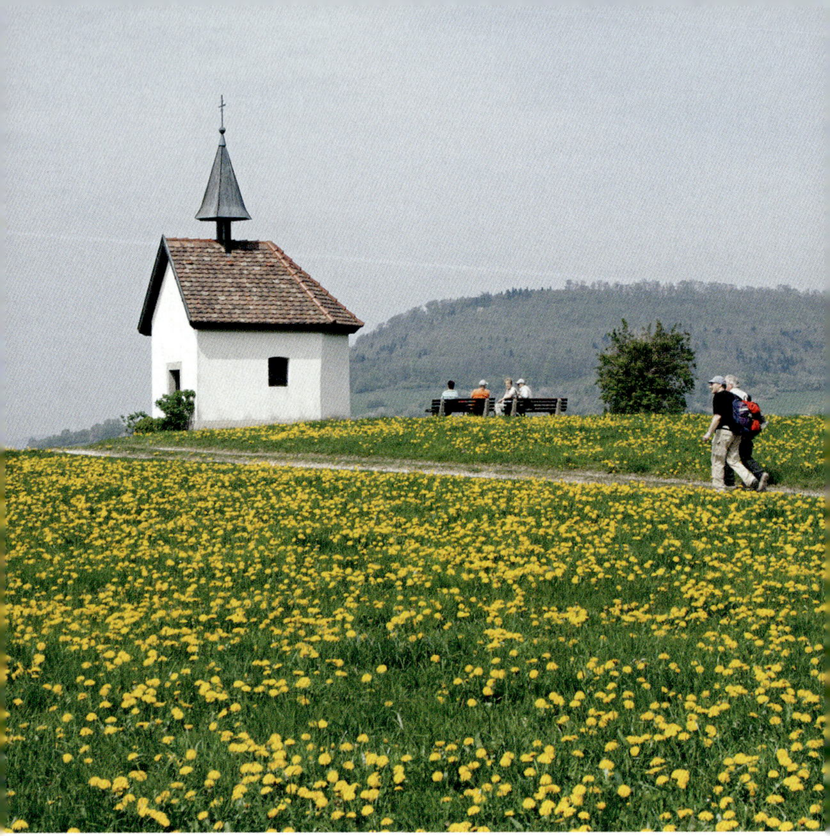

*Die Salenbergkapelle bei Sölden.*

am oberen Ortsrand von Sölden. Wir biegen rechts auf die asphaltierte Bürglestraße und nach 150 m wieder scharf links in den Mühlenweg, der uns an Schaf- und Obstwiesen vorbei zur **Salenbergkapelle (4)** führt. Die kleine, frei stehende Kapelle auf der linken Seite unseres Weges bietet einen herrlichen Ausblick ins Hexental und den Breisgau bis zur Burgruine von Staufen. Unsere Route setzen wir nun abwärts Richtung Bollschweil fort.
Wir überqueren die Kreuzung am Wegweiser Salenbergkapelle und achten auf eine Weggabelung, etwa 300 m von diesem Punkt entfernt. Links geht es hier auf einem Pfad weiter, an zwei links abzweigenden Forstwegen vorbei bis zum Wegweiser Zum Salenberg an der lang gezogenen Kurve eines

Forstwegs. Wir schwenken nach rechts, 300 m weit bis zum Abzweig Am Brunnendobel und gehen links auf einem grasbedeckten Nebenweg zur Zufahrtsstraße nach St. Ulrich hinunter, der wir links entlang etwa 100 m weit am Straßenrand folgen. Wir überqueren die Straße, ebenso den Möhlin-Bach, und erreichen den Wanderparkplatz **Langendobel (5)**.

Der Weg setzt sich nach rechts Richtung Bollschweil fort. Erneut auf einem Schotterweg geht es nun hinunter bis zur Ortsmitte von **Bollschweil (6)** mit dem Gasthaus Bolando am Dorfplatz, ein paar Meter von der Hexentalstraße (L 122) entfernt. Das von Bürgern des Dorfes genossenschaftlich geführte Gasthaus bietet Gelegenheit zur Einkehr.

Wir biegen auf der Hexentalstraße nach links, überqueren die Straße und gehen vor dem Rathaus rechts ab zur Möhlin hinunter, überqueren den Bach und steigen hinauf zum Kindergarten. Geradeaus auf dem Ölbergweg gelangen wir zum Friedhof. Die Straße knickt vor der Friedhofsmauer nach links ab, während wir geradeaus gehen, zwischen Friedhof und Spielplatz hinunter zur Langackergasse.

Wir biegen rechts ab, in Sichtweite der Bollschweiler Sportplätze auf der linken Seite. Die Straße mündet in einen Schotterweg, dem wir ab hier durch die kleinen Hexentalgemeinden zurück nach Merzhausen folgen. Zunächst durch Gaisbühl, einem Ortsteil von Sölden, schließlich 25 Min. später durch **Wittnau (7)** mit dem Gasthof Zum Hirschen im Zentrum.

Im Ort gehen wir durch die Schönbergstraße bis zum Heimbachweg hinunter, in den wir nach links abbiegen. Auf schöner Etappe mit Weitblicken bis zum Schauinsland und zur Luisenhöhe erreichen wir den Ortsrand von **Au (8)**.

Nun rechts auf die asphaltierte Straße »Am Schönberg« und links in den Ehrenmattenweg, auf dem wir durch eine Talsenke am Hauerhof vorbei zurück nach **Merzhausen (1)** gelangen.

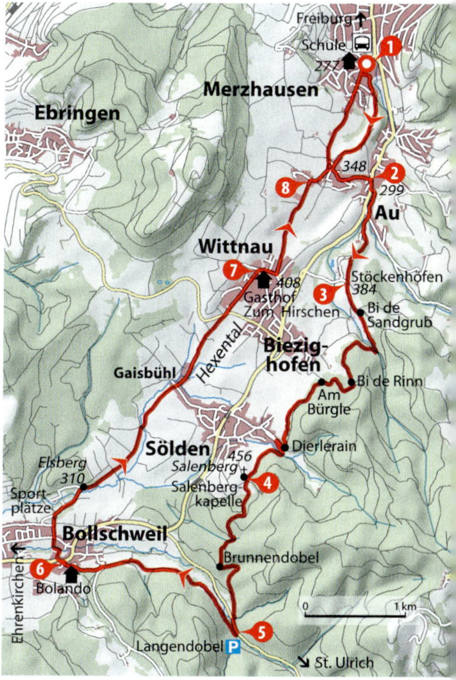

# 14 Auf dem Bettlerpfad von Merzhausen nach Staufen

**4.30 Std.**

## *Drei Etappen des historischen Fernwanderwegs im Markgräfler Land*

*Schon im Mittelalter war er eine der wichtigsten Wander- und Handelsrouten im Breisgau. Viele Bauern brachten auf dem Bettlerpfad ihre Produkte aus dem Markgräfler Land zum Markt in Freiburg. Benannt wurde der Pfad nicht nach einem der vielen Bettelmönche, die in ihren Klausen am Waldrand lebten, sondern nach einem Handwerksgesellen (sie wurden von der Bevölkerung seinerzeit auch als Bettler bezeichnet), der im strengen Winter 1870 nahe dem Hauerhof bei Au über Nacht an Unterkühlung starb. Von den insgesamt fünf Etappen dieses Fernwanderwegs zwischen Freiburg und Badenweiler begnügen wir uns mit den drei schönsten, die uns durch sehenswerte Orte, Kultur- und Naturlandschaften im Hexental führen.*

**Ausgangspunkt:** Merzhausen, Dorfplatz, 277 m, Anfahrt mit dem Bus ab ZOB in Freiburg, Linie 7208 Richtung Bad Krozingen, Haltestelle Merzhausen-Grüner Baum, von dort noch ca. 200 m zu Fuß am Dorfbach entlang und rechts in die Dorfstraße bis zum Dorfbrunnen. An Sonntagen auch mit der Straßenbahn Linie 3 Richtung Vauban, Haltestelle Paula-Modersohn-Platz, umsteigen in den Bürgerbus bis Merzhausen, Haltestelle Schule auf dem Dorfplatz.
**Endpunkt:** Staufen, 274 m. Rückfahrt nach Freiburg ab Bf. Staufen mit dem SWEG-Zug bis Bad Krozingen, dort umsteigen in die RB nach Freiburg Hbf.
**Höhenunterschied:** 300 m im Aufstieg, 300 m im Abstieg.
**Anforderungen:** Insgesamt keine besonderen Anforderungen, im Sommer auf der 1. und 2. Etappe wenig Schatten, Wegverlauf zumeist auf Schotterwegen, auf der 3. Etappe auf Wald- und Wiesenpfaden. Markierung: gelbe Route und Hinweisschild »Bettlerpfad«.
**Einkehr:** Merzhausen; Gasthof Zum Hirschen in Wittnau (geöffnet Mi–So 12–14 Uhr und ab 18 Uhr, Mo, Di Ruhetag); Gasthaus Bolando in Bollschweil (geöffnet Di–Sa ab 17 Uhr, So ab 12 Uhr, Mo Ruhetag); in Staufen zahlreiche Cafés, Biergärten, Restaurants und Gasthäuser.
**Tipp:** Bummel durch Staufens mittelalterliche Altstadt.

Unsere 1. Etappe führt von **Merzhausen (1)** nach Wittnau. Wir starten am Dorfplatz, folgen der Dorfstraße nach rechts, fädeln in die Weberstraße Richtung Wittnau ein und gehen steil aufwärts bis zum Ortsrand von Merzhausen. Auf dem geschotterten Ehrenmattenweg geht es am Hauerhof vorbei hinauf nach Au. Wir stoßen auf die Straße »Am Schönberg«, gehen rechts Richtung Wittnau und biegen am Ende einer Rechtskurve links ab in den Oberen Haimbachweg. Auf schöner Panoramastrecke gelangen wir nach **Wittnau (2)**, schwenken rechts in die Schönbergstraße und erreichen die Ortsmitte mit Kirche, Orchenhof und Gasthof Zum Hirschen im Zentrum.
Für die 2. Etappe von Wittnau bis Bollschweil gehen wir links leicht abwärts Richtung Gaisbühl. Wir überqueren eine einspurige, schmale Querstraße am Ortsausgang von Wittnau, erreichen Gaisbühl, durchqueren den Ort und ge-

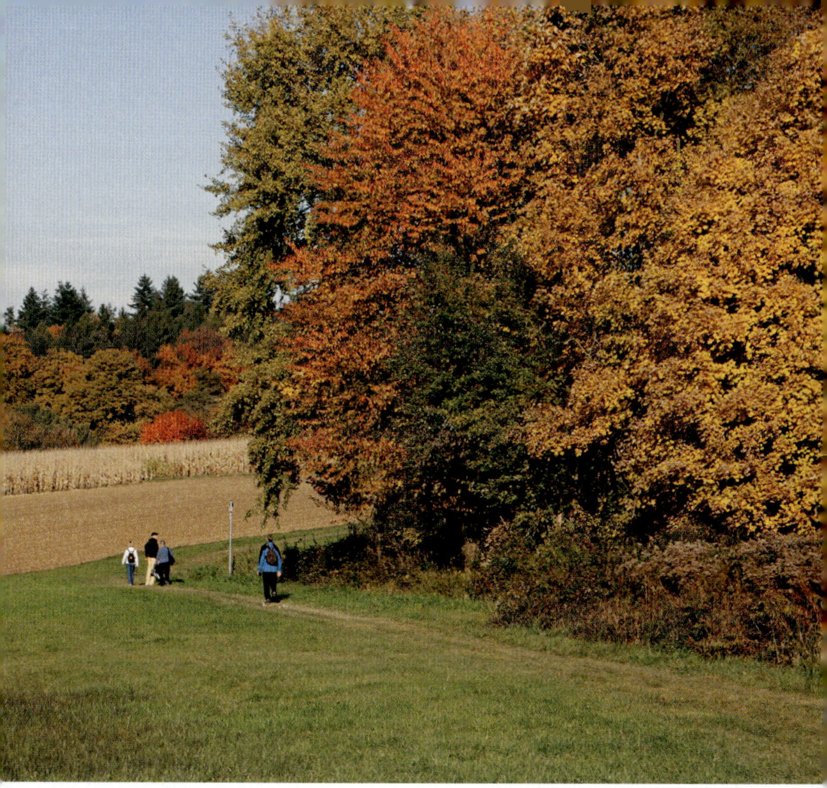

*Auf dem Bettlerpfad im Herbst.*

langen zum Ortsrand von Bollschweil. Es geht nun auf asphaltierter Straße an den Spielplätzen des Sportvereins vorbei und etwa 40 m hinter dem Klubhaus links einen Trampelpfad hinauf, der zum Friedhof von Bollschweil (mit Grabstätte der Schriftstellerin Marie Luise Kaschnitz) und zu einem Spielplatz hinaufführt. Der Pfad mündet in den Ölbergweg. Wir folgen ihm bis zur General-von-Holzing-Straße am Kindergarten, biegen nach rechts, leicht abwärtsgehend, und schwenken nach gut 400 m links in den Mühlenweg. Es sind etwa 100 m bis zu einer Rechtskurve, in der wir geradeaus über eine Brücke hinweg auf einem für Pkw gesperrten Zufahrtsweg zum **Schloss Bollschweil (3)** gelangen. Ein kurzer Abstecher nach links zum Eingangstor und zum Hofplatz lohnt sich, das barocke Anwesen war einst Wohnsitz der Dichterin Marie Luise Kaschnitz.

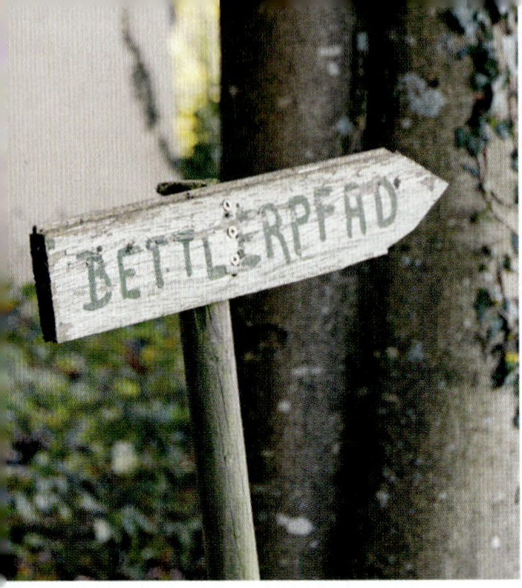


*Hinweisschild am Lehenhof.*

Die 3. Etappe unserer Tour führt nach Staufen. An der hohen Grundstücksmauer des Schlossgartens vorbei stoßen wir auf die Bollschweiler Landstraße, der wir 50 Schritte nach rechts folgen. Wir überqueren die Straße und biegen links in einen Stichweg, ab hier abwechselnd über offene, weitläufige Flure mit Wiesen und Ackerflächen oder durch Waldabschnitte mit großen Buchenbeständen. Am Hinweisschild Einsiedler halten wir uns rechts. Ein Schotterweg nimmt uns auf. Er mündet in einen asphaltierten Fahrradweg und führt uns zum Wegweiser Gütighofen, direkt an der Hexentalstraße. Nach links schwenken wir nun auf einen Feldweg hinauf zum Waldrand, überqueren die Kreuzung am Wegweiser Ring und gelangen auf einem Trampelpfad zu einem Spiel- und Grillplatz, der von der Gemeinde Ehrenkirchen unterhalten wird. Wir stoßen auf den zum Spielplatz führenden Kohlerweg, biegen nach rechts ab, gehen etwa 10 m weit bis zu einem zweispurigen Feldweg, auf den wir nach links schwenken. An Maisfeldern vorbei, überschreiten wir den Ehrenstetter Ahbach auf einer kleinen Holzbrücke. Dahinter finden wir die **Mariengrotte** auf einem kleinen, liebevoll gestalteten Platz direkt am Bachufer.

Wenig später sind wir am Wanderparkplatz Ehrenstetter Grund, überqueren ihn, gehen vorbei am Zugang links zum Schützenhaus und biegen etwa 30 m vor dem vor uns liegenden Lehenhof (hier verbrachte Karl May einst eine Nacht) schräg rechts auf einen Wiesenpfad, der zu einem weiteren Bach hinunterführt. Wir überqueren ihn, ebenso den Forstweg am **Breitwasen (4)** und die angrenzende kleine Schlucht mit dem Bachlauf des Norsinger Grunds. Auf offener Flur gelangen wir zu einem zweispurigen Feldweg, kreuzen ihn und erreichen nach einem Rechts-Links-Knick den Wegweiser Wolfsberggraben an der Waldgrenze. Wir steigen durch den Wald hinauf zur asphaltierten Fahrspur am Rothof und biegen links ab zur Kapelle **St. Gotthard (5)**. Von hier hat

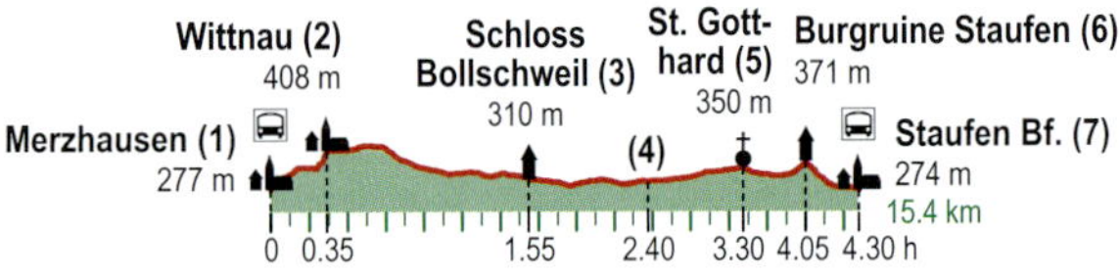

man einen Traumblick über den Breisgau und die Rheinebene.

Wir bleiben auf dem schmalen Sträßchen, machen am Wegweiser Staufen/Bötzen einen Schwenk nach rechts und gehen auf einem Fußweg durch Rebengebiet hinauf zur **Burgruine (6)** mit gut erhaltenem Treppenturm, Innenhof und schönem Ausblick in die Umgebung. Auf derselben Strecke geht es von der Burg zurück. Von den vielen Möglichkeiten, zum Bahnhof zu gelangen, wählen wir den ersten, nach dem Burgabstieg links abzweigenden Weg um den hinteren Burg-Berg herum. In der Krozinger Straße angekommen, biegen wir nach links, gehen bis zum Parkplatz Alte Post und von dort rechts ab zum Bahnhof von **Staufen (7)**.

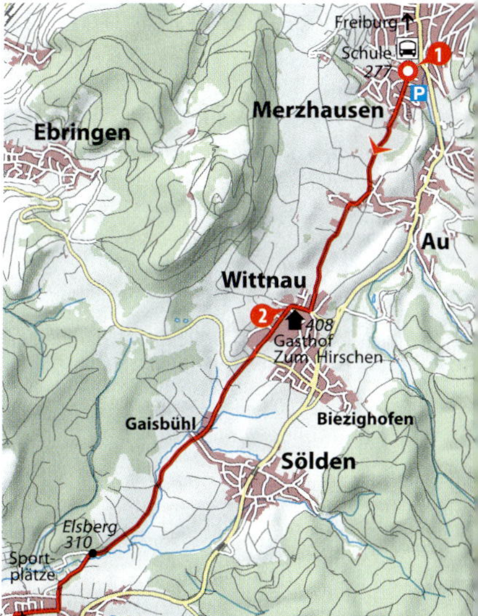


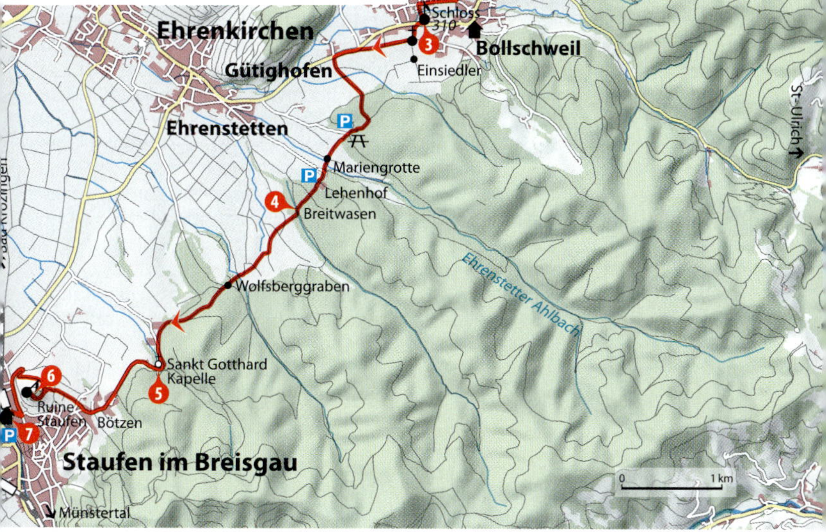

TOP 15

# Von Wittnau über Bollschweil zur Berghauser Kapelle

3.30 Std.

## *Die Kirschblüte auf den Berghauser Matten*

*Jahr für Jahr, wenn der Frühling kommt, entfalten über 100 Kirschbäume auf den Hängen der Berghauser Matten zwischen Wittnau und Ebringen einen weißen Blütenteppich. Obstwiesen werden dann zu Augenweiden. In Liegestühlen oder auf Decken ausgestreckt, lässt sich dieser Sinnestaumel am besten genießen. Mittendrin: die 1748 erbaute Berghauser Wallfahrtskapelle. Sie ist Ziel unserer nicht nur im Frühling lohnenswerten Runde.*

**Ausgangspunkt:** Wittnau, Ortsmitte vor der Kirche, 408 m. Anfahrt mit dem SBG-Bus ab Freiburg ZOB, Linie 7208, Richtung Bad Krozingen, Haltestelle Wittnau.
**Höhenunterschied:** 320 m.
**Anforderungen:** Wanderung mit nur mäßigen Steigungen, zunächst auf Schotterwegen, dann auf Forstwegen und Waldpfaden. Markierung: gelbe Raute und Wegzeichen »Panoramaweg«.
**Einkehr:** Gasthof Zum Hirschen in Wittnau (geöffnet Mi–So 12–14 Uhr und ab 18 Uhr, Mo und Di Ruhetag).
**Hinweis:** Hinweistafeln zum Verhalten im Naturschutzgebiet bitte beachten, die Obstwiesen sind nur im Bereich der Berghauser Kapelle und des markierten Wanderwegs zugänglich.

Von der Ortsmitte in **Wittnau (1)** folgen wir der mit »Bettlerpfad« gekennzeichneten Route Richtung Gaisbühl und Bollschweil. Kurz vor Bollschweil, am Fuße des **Elsbergs (2)**, geht der bisher geschotterte Weg in eine Asphaltstraße über. Nach wenigen Schritten auf festem Belag verlassen wir den Bettlerpfad und biegen rechts ab auf einen jetzt wieder geschotterten Fahrweg. Er führt uns auf ebenem Gelände am Sportplatz auf der linken Seite vorbei bis zu einer Linkskurve am unteren Rand des Kohlwalds. Wir überqueren an dieser Stelle den Schulbach und lassen den breiten, nach rechts abzweigenden Forstweg unbeachtet. Für uns maßgebend ist der schmale Kuckuckspfad, der am Hinweisschild Erster Schulbach gegenüber einem Hochsitz am Ausgang der Kurve ebenfalls rechts Richtung Berghauser Kapelle abzweigt. Wir steigen auf dem schönen Pfad durch hochstämmigen Fichten- und Buchenwald hinauf bis zu einem Forstweg und schwenken dort nach rechts etwa 300 m weit bis zum Wegzeichen **Lägersat-**

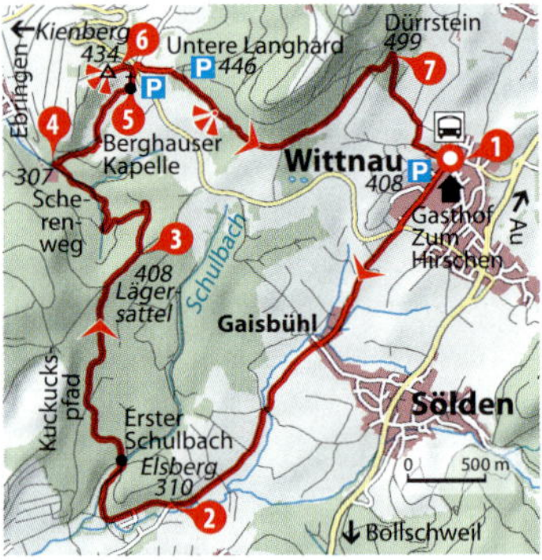

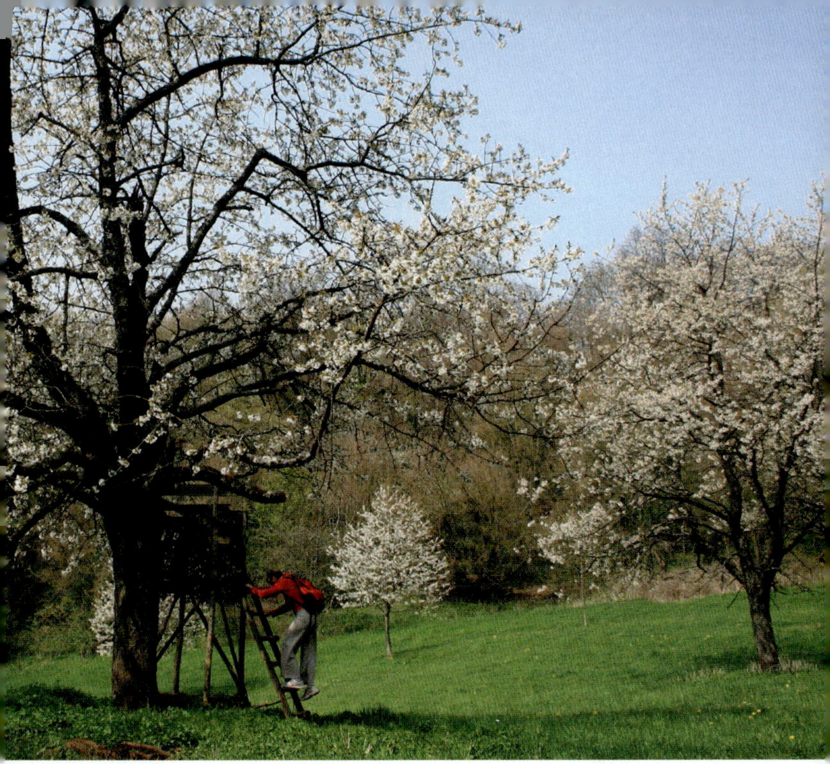

*Kleiner Hochstand auf den Berghauser Matten.*

**tel (3)**. Wir biegen nach links ab, Richtung Ebringen. Knapp 20 Min. lang geht es hinunter bis ins Naturschutzgebiet Berghauser Matten. Wir erreichen eine Wegschranke am **Scherenweg (4)**, hinter der wir scharf rechts hinauf etwa 5 Min. lang bis zu den Berghauser Obstwiesen ansteigen.

Der Pfad schlängelt sich zwischen Kirschbäumen hinauf zu einem Picknickplatz mit Wasserstelle, 50 m unterhalb der **Berghauser Kapelle (5)**. Hier kann man rasten. Einen noch schöneren Platz mit herrlicher Aussicht erreicht man, wenn man an der Kapelle links vorbei bis zum Parkplatz Berghauser Matten geht, ihn überquert und hinter einem Info-Schild auf der linken Seite einem Trampelpfad auf die Anhöhe des **Kienbergs (6)** folgt, etwa 3 Min. weit vom Parkplatz entfernt. Ein perfekter Ort, mit Ausblick über die Kirschbäume hinweg bis zum Schauinsland und zu den Windmühlen an der Holzschlägermatte.

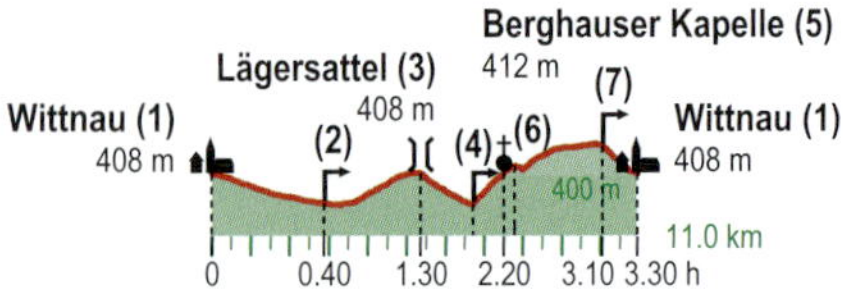


Zurück am Parkplatz halten wir uns etwas links, überqueren die angrenzende Ebringer Landstraße, gehen in die Schönbergstraße und biegen nach gut 20 m in den von rechts einmündenden Steinackerweg Richtung Gasthaus Unterer Schönberghof. Wir folgen der Straße leicht aufwärts bis zum Wegweiser Untere Langhard und biegen rechts ab auf den »Panoramaweg« Richtung Wittnau. Auf aussichtsreicher Strecke über Wiesengelände öffnet sich vor uns die gesamte Schwarzwaldsilhouette. Am **Dürrstein (7)** biegen wir nach rechts ab und wandern nach **Wittnau (1)** hinunter, zurück zu unserem Ausgangspunkt in der Dorfmitte.

*An der Berghauser Kapelle.*

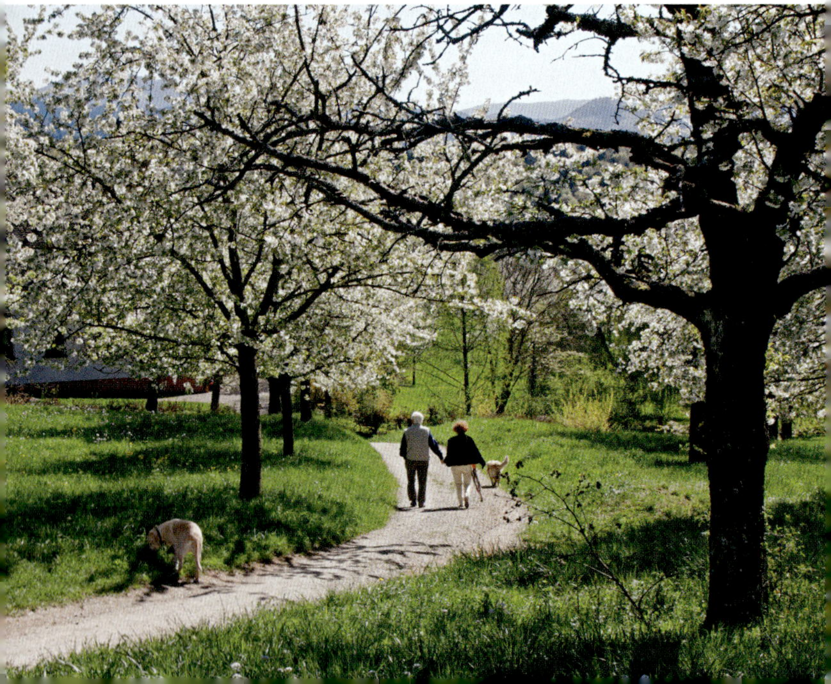

2.45 Std.

# Von St. Ulrich zur Eduardshöhe 16

**_Eckwitti, Gerstenhalm und Geiersnest_**

*St. Ulrich liegt in einer Talmulde. Vom Hexental aus nur durch eine schmale Stichstraße zu erreichen, ist die 300-Seelen-Gemeinde vom Durchgangsverkehr verschont. Eine barocke Kirche mit Zwiebeltürmen in der Ortsmitte, Bauernhöfe, verstreut an den Hängen verteilt, dazwischen Vieh- und Pferdeweiden: Der Schwarzwald von seiner schönsten Seite. Unser Rundweg führt von der Kirche hinauf zur Eduardshöhe und zum Gerstenhalmkamm. Aussichtsreiche Plätze mit Sonnenbänken sind uns sicher.*

**Ausgangspunkt:** St. Ulrich, Parkplatz neben dem Gemeindehaus, 571 m. Anfahrt mit dem Bus ab Freiburg ZOB, Linie 7208 Richtung Bad Krozingen, Haltestelle: St. Ulrich (nur werktags).
**Höhenunterschied:** 330 m.
**Anforderungen:** Die Wanderung verläuft vorwiegend auf bequemen Wald- und Schotterwegen, auf der Eduardshöhe gibt es keinen Schatten. Markierung: gelbe Raute; einzelne Wegabschnitte auf dem St.-Ulrich-Rundweg.
**Einkehr:** Gasthaus Zum Rössle, St. Ulrich (geöffnet Mi–Fr ab 17 Uhr, Sa–So ab 11 Uhr, Mo, Di Ruhetag); Wanderheim Berglusthaus (nur kalte Getränke, geöffnet nur Sa und So 14–17 Uhr); Schweighof, Geiersnest (geöffnet Mo ab 16 Uhr, So ab 14 Uhr); Heinehof, nicht direkt am Weg, siehe Variante (geöffnet Mo, Do, Fr und Sa. ab 16 Uhr, So ab 12 Uhr).
**Variante:** Ab Wegweiser Schweighof auf dem Fahrweg links hinab Richtung St. Ulrich, am ersten Abzweig rechts vorbei und knapp 150 m weiter an der folgenden Gabelung links weiter durch den Wald zum Heinehof und hinab nach St. Ulrich (Gehzeit um 30 Min. länger).

Vom Parkplatz neben dem Gemeindehaus in **St. Ulrich (1)** sind es die Hauptstraße hinauf nur ein paar Schritte bis zum Gasthaus Rössle. Vor dem Gasthaus gehen wir rechts Richtung Kohlerhof über die Möhlinbrücke zur Klosterkirche hinauf, lassen Kirche und Friedhof links liegen und folgen der gelbe Raute auf steilem, aussichtsreichem Weg hinauf bis zur Verzweigung an der **Winterberghütte (2)**. Dort biegen wir scharf links ab Richtung Berglusthaus, gehen erneut auf schönem Hangweg mit Blick ins Tal hinunter nach St. Ulrich und hinüber zum Gegenhang mit den Bauernhöfen und Wohnhäusern von Geiersnest, jetzt leicht abwärtslaufend. Wieder im Tal stoßen wir auf den Winterbergparkplatz und einen breiten Waldweg, dem wir nach rechts folgen. Nur 100 m weiter schwenken wir nach links in den Kohlwaldweg, gelangen auf breiter Spur aufwärts zu einem Picknickplatz auf der linken Sei-

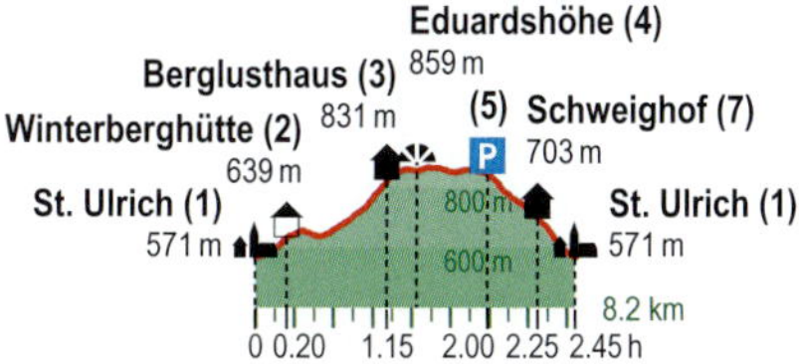

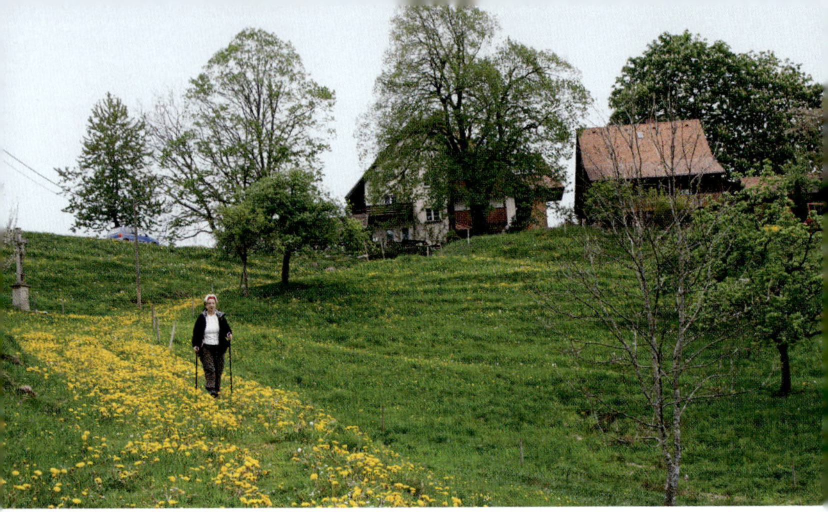

*Am Schweighof.*

te und in Kehren bis zu einer einspurigen Asphaltstraße. Noch vor Betreten der Straße biegen wir scharf rechts auf einen weiteren Waldweg Richtung Wanderheim Berglusthaus. Stetig ansteigend, erreichen wir freies Wiesengelände und schließlich die Terrasse vor dem **Berglusthaus (3)**. Auf Treppenstufen gelangen wir zu einem Sträßchen oberhalb der Berghütte, halten uns rechts und erreichen die Kreuzung auf der **Eduardshöhe (4)**. Die ruhige Hochebene besticht mit Aussicht zum Schauinsland und zu den Windmühlen an der Holzschlägermatte.

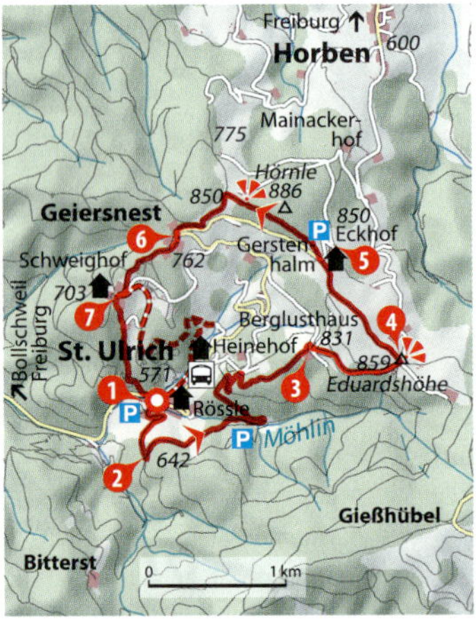


Wir biegen nach links und gehen auf aussichtsreicher Strecke Richtung Paulihof bis zum Wanderparkplatz Gerstenhalm. Von den beiden nach rechts abzweigenden Wegen nehmen wir den zweiten, leicht aufwärts führenden Bergwaldweg in Richtung Paulihof / St. Ulrich, der uns durch ein Waldstück hindurch zum Wegweiser **Gerstenhalm (5)** führt, mit schönem Ausblick über

Horben bis hinunter nach Freiburg. Wir biegen nun nach links Richtung St. Ulrich ab und folgen der Schotterpiste hinunter bis zu einer lang gezogenen Linkskurve. Mittendrin, etwa 50 m von der Einmündung in die Zufahrtsstraße zum Gerstenhalm-Parkplatz, biegen wir rechts auf einen Feldweg und nur 20 m weiter sogleich links ab auf einen Wiesenweg zwischen Kuhweiden hindurch. Er führt uns hinab zum Ortseingang von **Geiersnest (6)**.
Auf der schmalen asphaltierten Dorfstraße gehen wir geradeaus, am Wegweiser Paulihof vorbei, bis die Straße in einen Schotterweg übergeht. Sogleich gelangen wir zu einer Weggabel, an der wir uns rechts halten. Es geht durch ein kurzes Waldstück hindurch zu einem Wirtschaftsweg hinunter und rechts weiter über freies Gelände zum **Schweighof (7)**.
Für den Rückweg nach St. Ulrich haben wir die Wahl. Links auf der Schotterstraße hinunter (siehe Variante) oder rechts über das Hofgelände hinweg und gegenüber der kleinen, mit Natursteinen gefassten Terrasse des Gasthofs links hinunter auf einem Wiesenweg. Wir wählen diese Variante, etwas unauffällig mit einem an einem Baum befestigten Holzschild markiert. Wir passieren ein mit schwarzen Dachschindeln gedecktes Wohnhaus, linker Hand ist ein kleiner Teich zu sehen, und gehen geradeaus bis zum folgenden zweiten Wohnhaus. Auf einem Feldweg rechts am Haus vorbei und an der folgenden Weggabelung links haltend steigen wir am Rande einer Viehweide steil hinunter bis zur Hauptstraße von **St. Ulrich (1)**. Wir folgen ihr nach links zurück zum Parkplatz.

*Ausblick zum Geiersnest und zum Gerstenhalmkamm.*

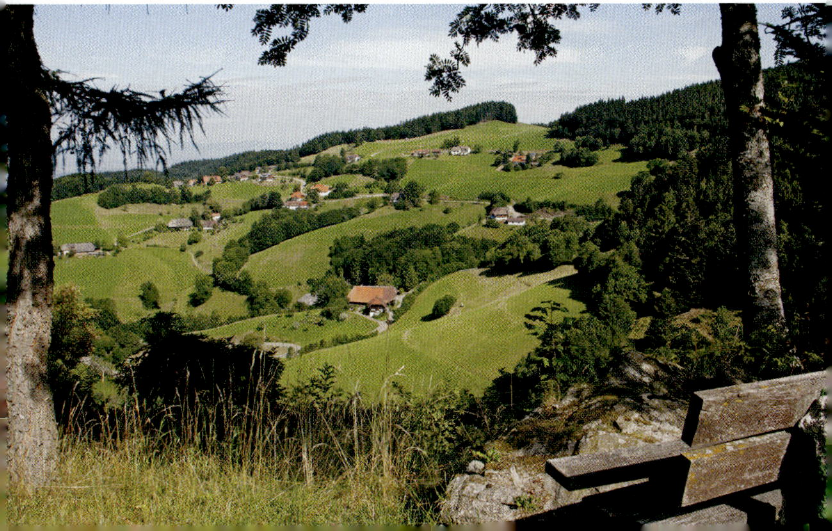

# 17 Von Staufen zum Castellberg

**3.45 Std.**

### *Ausflug zu den Markgräfler Weinbergen*

*Das Markgräfler Wiwegli führt auf 4 Etappen von Weil am Rhein bis Freiburg durch die Weinberge und Winzerdörfer im Markgräfler Land. Überall dort, wo die Ausläufer des Schwarzwaldes zur Rheinebene abfallen, in Süd- und Westlagen, wurden die Hänge mit Reben bestockt, beste Voraussetzungen für gute Weine. Unsere Tour führt durch das Weinbaugebiet zwischen Staufen, Ballrechten und Dottingen auf einem Teilstück dieses Wanderwegs. Besonders im Herbst lohnt sich die Runde: Neuer Süßer steht zum Ausschank bereit, frische Trauben werden entlang des Wegs angeboten. Einkehren können wir in zwei Straußenwirtschaften.*

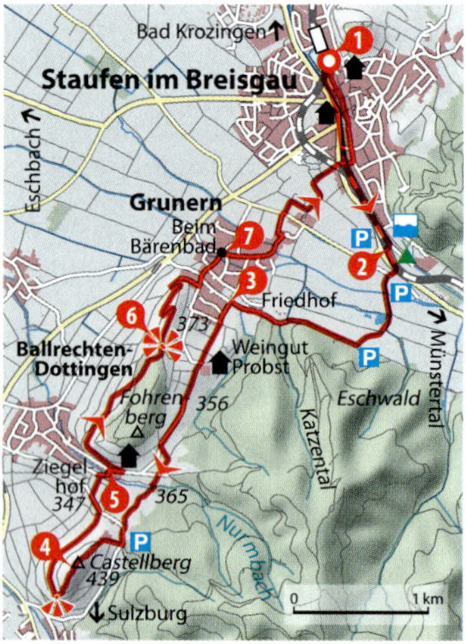


**Ausgangspunkt:** Bahnhof in Staufen, 274 m. Anfahrt von Freiburg Hbf., mit der RB bis Bad Krozingen, umsteigen in die RB nach Münstertal, Haltestelle Staufen Bf. Bei Anfahrt mit dem Pkw: Parkplatz Post nahe dem Bahnhof.
**Höhenunterschied:** 240 m.
**Anforderungen:** Zumeist einfache Wanderung auf Wald- und Wirtschaftswegen, auf dem Bettlerpfad und auf dem Castellberg auf gut ausgetretenen Pfaden, Markierung teils gelbe Raute, teils Markierung des Markgräfler Wiwegli (rote Raute mit gelber Traube auf weißem Grund).
**Einkehr:** Weingut und Strauße Probst (ehem. Schleifsteinhof), Grunern (geöffnet Di–So ab 12 Uhr, Mo Ruhetag); Ziegelhof-Strauße, Ballrechten-Dottingen (geöffnet Di–Sa ab 17 Uhr, Sa ab 12 Uhr, Mo Ruhetag); in Staufen große Auswahl an Gasthäusern und Cafés, u. a. Café Decker (tägl. geöffnet).

Vom Bahnhofsvorplatz in **Staufen (1)** gehen wir auf der Bahnhofstraße ein paar Schritte in Fahrtrichtung Münstertal, biegen rechts in die Grünmattenstraße ein, überqueren die Gleise am beschrankten Bahnübergang und entdecken gleich dahinter auf der linken Seite einen mit gelber Raute markierten Fußweg, dem wir am Stadtsee vorbei zu einer Platanenallee folgen. Erneut überqueren wir die Gleise und stoßen auf die Straße Im Grün, auf der wir nach rechts in die Altstadt abbiegen. Am Café Decker in der Fußgängerzone halten wir uns erneut rechts, überqueren auf der Fußgängerbrücke den Neumagen

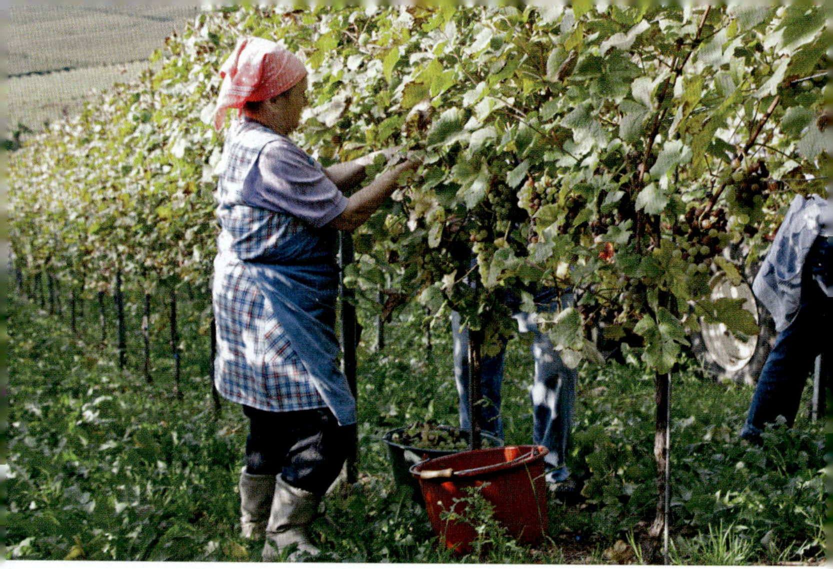

*Weinlese in den Reben bei Ballrechten-Dottingen.*

und biegen dahinter links ab Richtung Schwimmbad. Nun immer am Ufer des Neumagen entlang stadtauswärts bis zum Parkplatz des Schwimmbads, etwa 50 m vom Eingang zum **Campingplatz (2)** entfernt. Hier folgen wir der Zufahrtsstraße zum Campingplatz nach rechts, überqueren die Gleise der Münstertalbahn und schwenken nach links auf den Fahrradweg Richtung Münstertal parallel zur Landstraße. Nach 3 Min. überqueren wir auch sie. Auf einem Trampelpfad gelangen wir zu einem asphaltierten Wirtschaftsweg, halten uns dort links und überqueren die Kreuzung an den Nonnenmacher Teichen.
Bei der nach gut 120 m folgenden Gabelung halten wir uns rechts, lassen den kurz darauf folgenden Abzweig rechts unberücksichtigt und gelangen zu einem geschotterten Querweg am unteren Hang des Katzenstuhlberges. Links eine Wiese mit Findlingen, zu einem keltischen Kreis angeordnet, gegenüber ein Wanderparkplatz mit Grillstelle. Um nach Grunern zu gelangen, biegen wir rechts ab auf den Querweg und gehen am Waldrand entlang mit schönem Ausblick nach Staufen und zum Schlossberg. Am Friedhof in **Grunern (3)** angekommen, geht es links in die Altenbergstraße, bis sie sich am Ortsende gabelt. Hier nun links Richtung Castellberg und nach wenigen Schritten in den rechts abzweigenden Feldweg (Bettlerpfad) steil hinauf zum Weingut Probst, bestens gelegen zwischen Rebhängen und Schafweiden mit schönem Ausblick auf Grunern, Staufen und das Hinterland. Unsere Route folgt nun einem geschotterten Wirtschaftsweg am Rande des Katzentals entlang bis zu einer

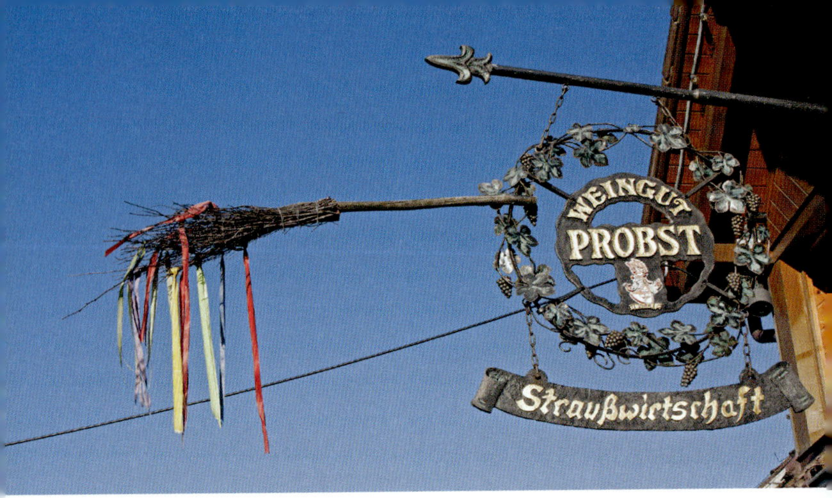


*Die erste Einkehr-Option.*

Verzweigung auf einer Anhöhe. Links hinunter, gut 30 Schritte weit, dann wieder links auf einem Trampelpfad über die Brunnmatten hinweg und durch die Reben hinunter zum Häcklerbach. Von dort steigen wir über eine Wiesenfläche hinauf, jetzt schon den Castellberg vor Augen. Wir stoßen auf eine schmale Straße und folgen ihr links hinauf zur Wegkreuzung am Wanderparkplatz Castellberg. Hier empfiehlt sich ein Schwenk nach links zur **»Gerichtslaube«**, einer aus einem Weißtannenstumpf vom Bildhauer Thomas Rees geschaffenen Holzskulptur mit vielen skurrilen Fabelwesen und Symbolen. Unser Weg führt nun rechts entlang durch den Wald zum Gipfel des **Castellbergs (4)** mit kleinem Aussichtsturm und Fernsicht bis zur Rheinebene. Dem Keltenwegle, einem Pfad mit Hinweistafeln zur Castellberg-Geschichte, folgen wir links am Turm vorbei und in kleinen Windungen hinunter bis zur sonnigen Südseite des Castellbergs mit Ausblick über den Ortsrand von Sulzburg. Wir stoßen auf einen geschotterten Fußweg, überqueren ihn und steigen auf einem langen Treppenlauf aus gelben Sandstein-Quadern den steilen Weinhang hinunter bis zu einem mit roten Ziegeln gedeckten Pavillon. Sitzbänke bieten darunter eine geschützte Rastmöglichkeit. Am unteren Ende der Treppe biegen wir nach rechts auf einen weiteren, geschotterten Weg, den wir schon bald als das Markgräfler Wiwegli identifizieren. Wir gehen durch die Rebhänge bis zu einer Kreuzung mit einer Picknickbank auf der linken Seite, überqueren sie und gehen auf einem Wirtschaftsweg leicht abwärts Richtung Ballrechten-Dottingen. Nach 100 m schwenkt die Route nach rechts durch die Reben, am folgenden Wirtschaftsweg wieder links und gleich darauf erneut rechts ab in die **Ziegelhofstraße** am Ortsrand von **Ballrechten (5)**.

Am gleichnamigen Wegweiser biegen wir rechts auf eine Querstraße und gelangen zum Weingut Löffler mit der dazugehörigen Ziegelhofstrauße auf der rechten Seite. Von dort noch 50 Schritte leicht aufwärts, dann scharf links ab, dem Markgräfler Wiwegli-Zeichen Richtung Grunern folgend. An den Hängen des Fohrenbergs entlang geht es zunächst auf einem asphaltierten Wirtschaftsweg aufwärts, bis dieser nach gut 100 m nach rechts abdreht. Wir gehen geradeaus, erreichen einen schönen Aussichtspunkt über Ballrechten mit überdachter Schutzhütte auf der linken Seite und gehen von dort wieder leicht abwärts bis zu einer Kreuzung mit einem quer verlaufenden, asphaltierten Wirtschaftsweg.
Hier biegen wir rechts ab, verlassen das Wiwegli, gelangen zu einem etwa 2 m hohen Steinkreuz auf der linken Seite am Waldrand und gehen an der kurz darauf folgenden Rechtsabbiegung vorbei geradeaus auf einem Holzabfuhrweg weiter in den Wald hinein. Er endet nach wenigen Minuten stumpf. In Gehrichtung setzen wir die Route auf einem Trampelpfad fort, dem wir noch einmal kurz ansteigend folgen, bis er aus dem Wald austritt und vor einem Staketenzaun eines Gartengrundstücks nach links abknickt. Wir folgen ihm und sind sogleich auf der Höhe des **Fohrenberg (6)** angelangt. Ein prächtiger Ausblick: Vor uns präsentiert sich eine herrliche Kulisse mit Rheinebene, Vogesen und Schwarzwald.
Wir stoßen auf einen geschotterten Wirtschaftsweg und biegen nach links ab. Nach drei Kehren stößt unsere Route wieder auf das Markgräfler Wiwegli, auf dem wir nach rechts einfädeln und kurz darauf nach **Grunern** gelangen. Im Ort geht es links in den Brunnstubeweg und weiter in den Storchenweg bis zur querenden Dorfstraße mit ehemaligem, jetzt zum Wohnhaus umgebauten **Landgasthaus Bärenbad (7)**, Kastanienbaum und Brunnen. Wir gehen rechts durch die Dorfstraße, passieren das Hinweisschild Beim Bärenbad (hier noch nicht links nach Staufen abbiegen), am alten Rathaus und dem Weingut Köpfer vorbei (man beachte die denkmalgeschützte älteste Weinpresse Deutschlands am Straßenrand) bis zur Kirche. 30 m dahinter, in einer Rechtskurve links ab auf den Fahrradweg Richtung Staufen. Wir verlassen Grunern, überqueren eine schmale Nebenstraße und folgen den Hinweisschildern nach Staufen zwischen Weide- und Ackerflächen hindurch, am Gymnasium rechts vorbei, über die Bahngleise und die Landstraße nach Münstertal hinweg bis zum Schießrainsteg über den Neumagen, dort über die Fußgängerbrücke und schließlich links ab am Ufer entlang zurück zur Altstadt und zum Bahnhof von **Staufen (1)**.

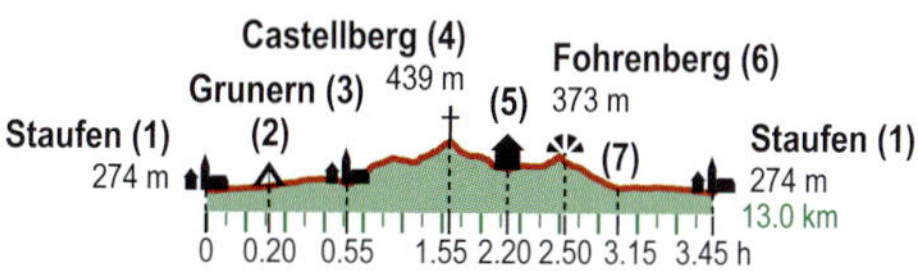

# 18 Vom Schauinsland über den Sonnhaldeberg nach Staufen

**4.45 Std.**

## Aussichtsreiche Kammwanderung vom Schwarzwald ins Markgräfler Land

*Eine Streckentour, die sich besonders im Frühjahr lohnt: Auf dem Schauinsland ist es noch kühl, Schneereste liegen an manchen Stellen, 1000 Meter tiefer in Staufen blühen die Obstbäume und der Jasmin. Aber auch in den anderen Jahreszeiten erwarten uns auf dieser Tour schöne Aussichten in die Oberrheinebene, zum Belchen und zu den Hügeln des Schweizer Jura. Ziel unserer Wanderung ist die bei Touristen beliebte Kleinstadt Staufen, am Neumagen gelegen, beschaulich, von überschaubarer Größe, mit autofreien Gassen, Cafés und Läden.*

**Ausgangspunkt:** Hotel Halde auf dem Schauinsland, 1145 m. Anfahrt von Freiburg mit der RB Richtung Seebrugg/Neustadt, Haltestelle Kirchzarten. Umsteigen in den Bus Nr. 7215 Richtung Todtnau, Haltestelle Halde.
**Endpunkt:** Staufen, 274 m. Rückfahrt mit der SBG-Bahn nach Bad Krozingen, dort umsteigen in die RB Richtung Offenburg, Haltestelle Freiburg Hbf.
**Höhenunterschied:** 100 m im Aufstieg, 970 m im Abstieg.
**Anforderungen:** Vorwiegend bequemer Talgang, zumeist auf gut eingelaufenen Waldpfaden, einige Teilstücke steil, im Bereich der Etzenbacher Höhe felsig, Markierung: gelbe Raute.
**Einkehr:** Hotel Halde am Ausgangspunkt (tägl. geöffnet); Gasthaus Gießhübel am Storen (geöffnet Do–Mo 11–21 Uhr, Di und Mi Ruhetag); Gasthaus zum Kohler (geöffnet Mi–So 11–18 Uhr, Mo und Di Ruhetag) nahe von Sonnhaldeberg (nicht direkt am Weg; die Gehzeit verlängert sich um 15 Min.). In Staufen große Auswahl an Gasthäusern, Cafés und Restaurants, u. a. Café Decker am Neumagen.

Von der Bushaltestelle gegenüber dem **Hotel Halde (1)** gehen wir nach links auf der Hotelzufahrt in Richtung Schauinslandturm, überqueren die Silberbergstraße und folgen dem Fußweg am rechten Straßenrand der Schauinslandstraße bis zur Wegverzweigung am Poche-Lift. Wir biegen nach links Richtung Farnacker/Kohlerhof, überqueren die Schauinslandstraße und gehen auf einem Wirtschaftsweg zum Oberen Schindelmatthof hinunter. Am Hof geht es vorbei, hinter den Stallungen links in den Langfeldweg und auf einem Feldweg weiter über Bergwiesen hinunter zum Unteren Schindelmatthof. Dort am Stallgebäude nun rechts vorbei, über das Hofgelände und auf einem Weideweg mit schönem Ausblick auf das Stohren- und das Münstertal hinunter zur Landstraße am Farnacker.
Hier biegen wir nach links ab und stoßen auf eine Querstraße, nur 50 m entfernt. Gegenüber der Einmündung liegt das Gasthaus am **Gießhübel (2)**. Wir folgen der Straße nach rechts, gehen am Straßenrand entlang, etwa

*Am »Alten Schloss« bei Staufen.*

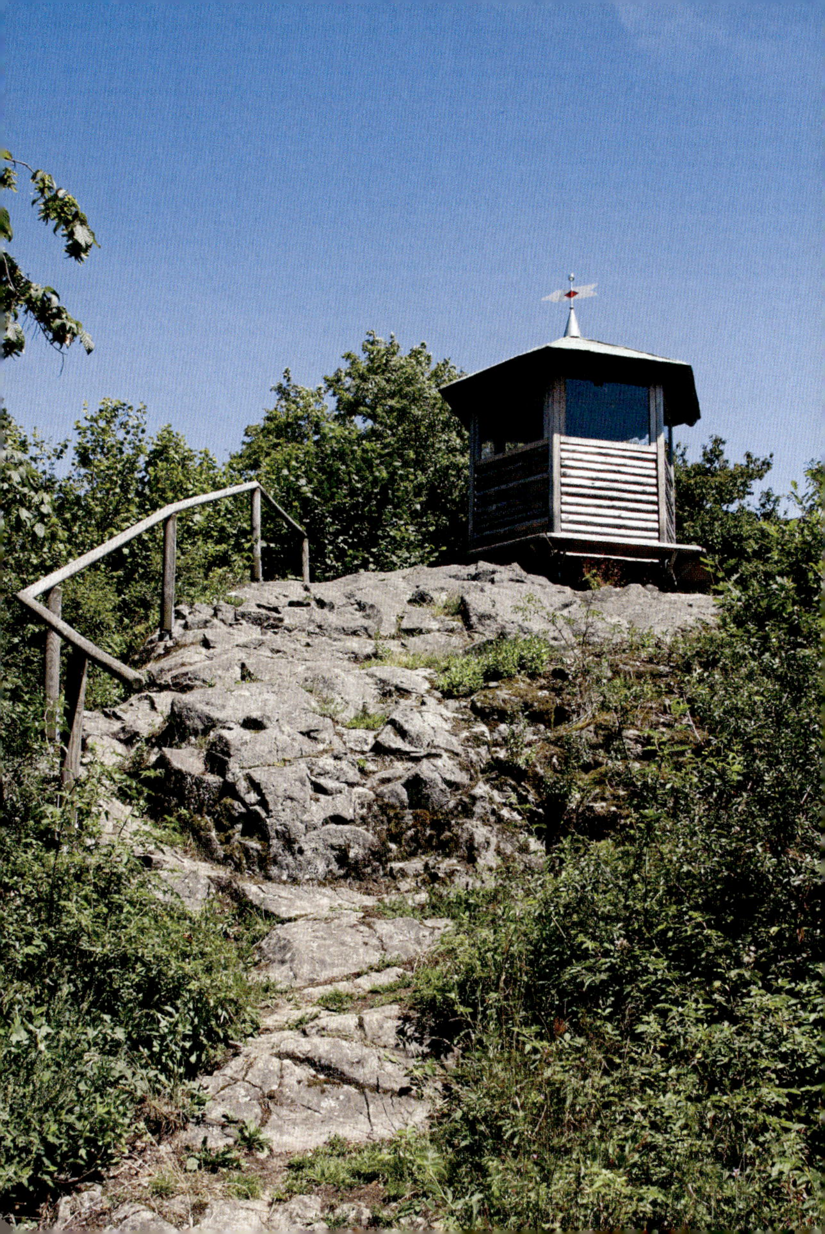

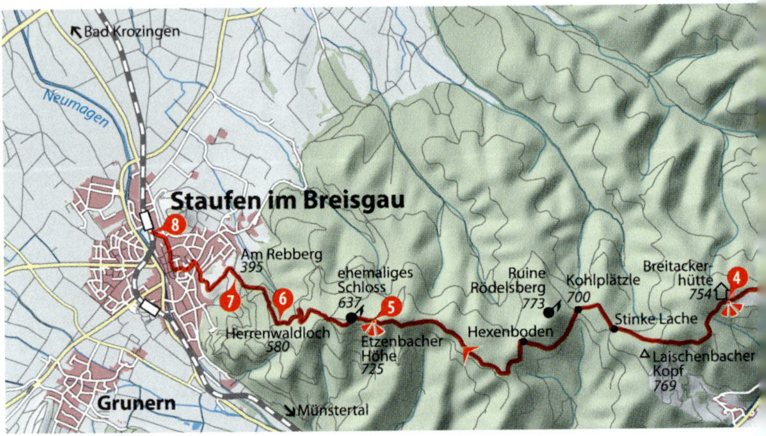


200 m weit bis zu einem Bildstock und dem Wegweiser Am Gießhübel, dem wir nach links Richtung Staufen auf einem Feldweg folgen. Er gabelt sich wenig später, wir halten uns links, erreichen die Verzweigung am Stutz und gehen geradeaus auf einem aussichtsreichen Wiesenweg bis zu einem kleinen Waldstück. Knapp 20 Min. lang gehen wir auf steinigem, steilem Pfad bergab, bis zu einer Kreuzung mit einer Sitzbank auf der linken Seite und Ausblick zum Münstertal. Geradeaus, weniger anstrengend nun, aber noch stets im Wald, verläuft der Weg bis zu einer Alm am Wegweiser Sonnhaldeeckle. Wer einkehren möchte, biegt nach rechts hinab zu den Kohlerhöfen (Von dort führt oberhalb des Hauses ein Weg wieder hinauf zum Wegzeichen Gstiehlberg auf unserer Route). Wir gehen geradeaus auf einem Wiesenpfad hinauf zum **Sonnhaldeberg (3)**. Dort erwartet uns eine herrliche Fernsicht bis weit in die Rheinebene, zum Belchen, aber auch zum Schönberg und in die Freiburger Bucht. Auf einem Picknickplatz kann man Rast machen.

Von der Anhöhe hinunter geht es an einer langen Reihe weit ausladender, dickstämmiger Weidbuchen vorbei bis zur Kreuzung auf dem Sattel am Gstiehlberg. Wir gehen geradeaus, noch einmal kurz aufwärts, dann gemächlich bergab auf einem Pfad am Wiesenrand entlang. Auf der linken Seite immer wieder Ausblicke nach Münstertal, auch ins Stampftal hinein. Wir erreichen die **Breitackerhütte (4)** mit Sicht auf die steile Nordflanke des Belchen und gehen ab hier eine gute Stunde lang durch den Wald, im Wechsel auf Forstwegen und Trampelpfaden, ohne nennenswerte Aussichtspunkte auf der Strecke, stets mit der gelben Raute als Orientierungshilfe. An der Verzweigung Breitacker gehen wir geradeaus, ein Holzlagerplatz 5 Min. später

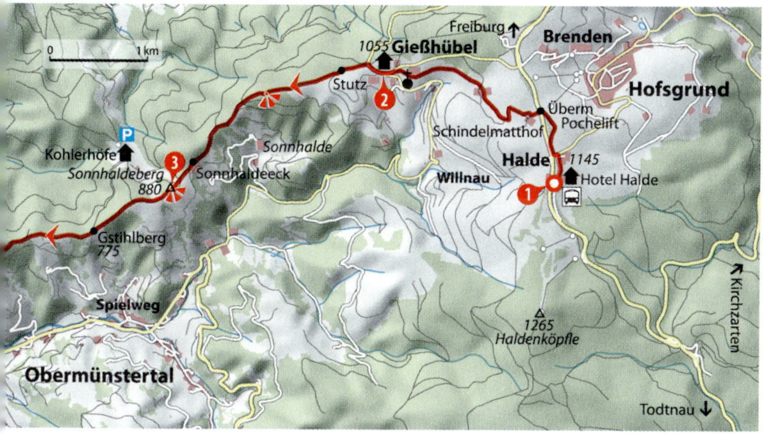


wird überquert, die gleich anschließende Kreuzung ebenfalls. Auf einem Trampelpfad geht es zum Laitschenbacher Kopf, weiter zur Kreuzung an der Stinke Lache und dort Richtung Etzenbacher Höhe rechts auf einem Pfad bis zur Kreuzung am **Kohlplätzle**.

Zwei Routen nach Staufen stehen nun zur Wahl: geradeaus 7 km, nach links 5,5 km. Wir wählen die kürzere Strecke, biegen links in den Thiloweg ein, folgen ihm gut 200 m bis zur Gabelung Unter der Ruine Rödelsberg und schwenken rechts hinauf in den Lattfelsenweg. Bei der folgenden Gabelung halten wir uns rechts, leicht ansteigend in den Hexenbuckelweg, der uns 40 m weiter zum Wegweiser am Hexenboden führt. Nach rechts ist ein Trampelpfad zu den Resten der Rödelsburg ausgeschildert (etwa 400 m weit). Wir lassen den Abstecher unbeachtet, halten uns an den Hinweis Richtung Staufen und Etzenbacher Höhe, schräg links fortlaufend. Der Weg bleibt noch eine Zeit lang breit, verjüngt sich dann aber zu einem Trampelpfad. Auf

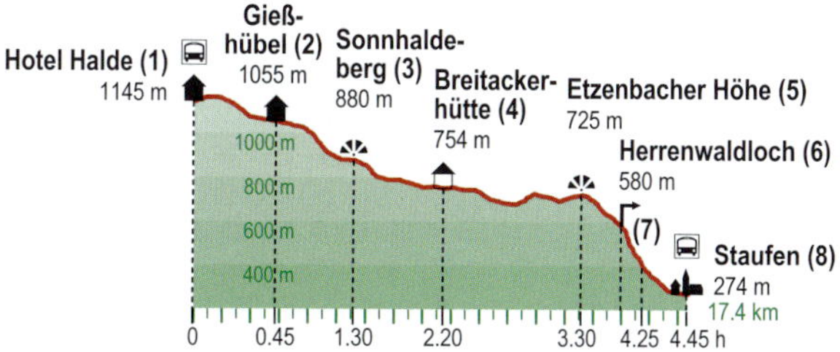

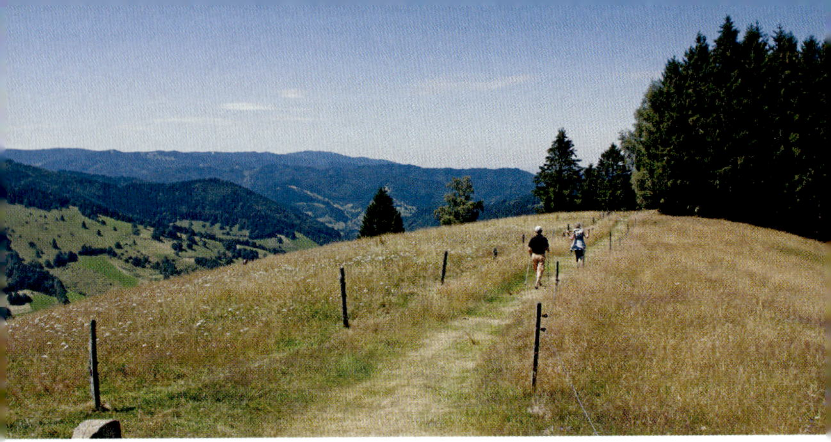

*Auf dem Sonnhaldeberg.*

dem geht es gut 10 Min. lang durch dunklen Fichtenwald auf teilweise geröligem Untergrund bis zu einer Gabelung an einem Bildstock. Wir nehmen den rechten Abzweig und gehen erneut etwa 10 Min. lang, bis wir felsiges Gelände und die Aussichtskanzel auf der **Etzenbacher Höhe (5)** erreichen. Noch einmal ein toller Blick zum Castellberg, zum Belchen, zum Blauen, in die Rheinebene und zum Schweizer Jura.
Der Felsenweg führt nun leicht bergab, bis wir erneut vor einer Gabelung stehen bleiben. Wir folgen dem rechts aufsteigenden Pfad über Felsbrocken hinweg zu einem hölzernen Pavillon. Auf dem Felssporn stand früher das »Alte Schloss«, von dem wenig bekannt und nichts mehr übrig ist. Vom Pavillon geht es steil hinunter zur Wegkreuzung am Josefle. Wir überqueren sie und gehen Richtung Staufen in langen Kehren bis zur Verzweigung am **Herrenwaldloch (6)**. Dort rechts entlang zum Roten Berg, weiter zum Schützenplatz und rechts hinunter Richtung Burgruine zum Wegzeichen **Am Rebberg (7)**. Der Pfad endet hier an einem Wirtschaftsweg zwischen Wald und Weinhängen. Über die Reben hinweg ein schöner Ausblick zur Burgruine und zum flachen Ackerland in der Rheinebene.
Auf dem Wirtschaftsweg biegen wir nach rechts, etwa 150 m weit bis zu einer Gabelung. Wir verlassen hier die gelb markierte Route, biegen links auf einen Rebenweg, der den Blick über die Dächer Staufens freigibt. Er mündet in eine Wohnstraße am Ortsrand von Staufen. Wir halten uns rechts, biegen an der folgenden Gabelung links in den Strenzleweg hinein, gehen am nächsten Querweg etwa 30 Schritte rechts hoch und links in die St. Johannisgasse. An der St. Martin Kirche vorbei gelangen wir in die Altstadt von Staufen, biegen in die Hauptstraße rechts ab zum Parkplatz Alte Post und erreichen von dort aus den Bahnhof von **Staufen (8)**.

3.30 Std.

# Von Stampf zum Wiedener Eck

19

### Aufstieg zur Passhöhe am Fuße des Belchen

*Vom Münstertäler Ortsteil Spielweg führt eine Sackgasse durch ein schmales Seitental hinauf zur Stampf-Siedlung und zur Stampfbach-Schlucht. Eine abgeschiedene Welt, nur selten verschlägt es Besucher hierhin. Ganz am Ende der Straße beginnt unsere Rundwanderung, die uns zum Felsplateau der ehemaligen Scharfenstein-Burg führt und zu einem aussichtsreichen Panoramaabschnitt des Westwegs mit Fernsicht bis zum Hotzenwald, bei gutem Wetter bis zu den Alpen. Der Rückweg verläuft durch die Stampfbachschlucht.*

**Ausgangspunkt:** Stampf, 682 m. Anfahrt mit dem Pkw über Münstertal / Spielweg durch die Untere Gasse bis zum Ortsende von Stampf, gegenüber Haus Nr. 9 den Stampfbach queren, 30 m hinter der Brücke am linken Seitenstreifen parken. Direktanfahrt mit dem Bus ist nicht möglich.
Bei Anfahrt mit öffentlichen Verkehrsmitteln von Freiburg bis Bad Krozingen mit der Bahn, umsteigen in die SWEG-Bahn nach Münstertal. Dort am Bf. umsteigen in den Sutter-Bus, Linie 291 Richtung Wiedener Eck, Haltestelle Spielweg. Die Gehzeit verlängert sich durch den zusätzlichen Fußweg von Spielweg nach Stampf um ca. 1.15 Std. Letzte Rückfahrt von Spielweg an Sa/So um 16.42 Uhr. Alternativ am Wiedener Eck starten.
**Höhenunterschied:** 570 m.
**Anforderungen:** Teils anstrengender Anstieg zum Scharfenstein auf moosbedeckten Pfaden, im übrigen Teil auf Forstwegen und Waldpfaden, in der Stampfbachschlucht Rutschgefahr bei Nässe. Markierung: blaue Raute und rote Raute auf weißem Grund (Westweg). Der Weg verläuft in Teillängen auf dem mit Infotafeln bestückten Ritterpfad.
**Einkehr:** Berghotel Wiedener Eck mit Biergarten (geöffnet ab 12 Uhr, Mo und Di Ruhetag).
**Tipp:** Bienenkundemuseum am Spielweg im Münstertal.

Von der schmalen Parkbucht in **Stampf (1)** am Ufer des Stampfbachs gehen wir gut 150 m auf der Straße zurück bis zum Wegweiser Stampf, bei dem wir vor einem kleinen hölzernen Ziegenstall rechts auf einen Feldweg Richtung Wiedener Eck abbiegen. Der steile Weg ist mit blauer Raute markiert. Wir überqueren die von Motorradfahrern geschätzte Passstraße zwischen Spielweg und Wiedener Eck, steigen weiter an und erreichen einen breiten Querweg, auf dem wir nach

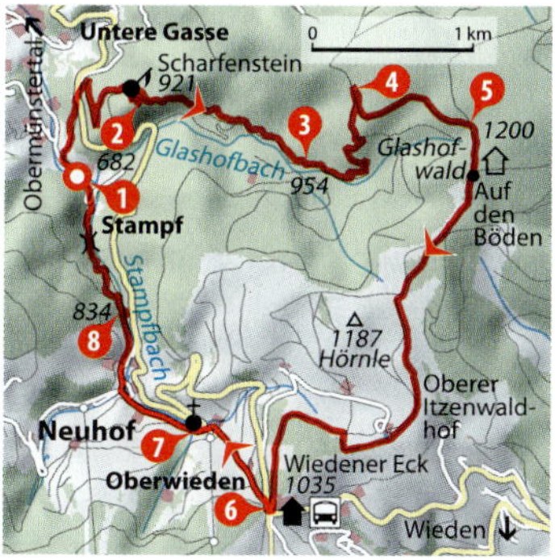

rechts schwenken (Wegzeichen hier nur aus der entgegengesetzten Richtung sichtbar). Knapp 300 m weiter setzen wir die Route auf einem schmalen Steig fort, der nach links über bemooste Steine und Baumwurzeln hinweg stetig aufwärtsführt. Wir überqueren einen weiteren Forstweg und gelangen zu einem schmalen Sattel, auf dem ein Schild nach rechts den Pfad zum Gipfel des **Scharfenstein (2)** ausweist. Wir folgen dem Hinweis und sind wenige Minuten später bei einem Felssporn, auf dem einst eine vermutlich von Raubrittern erbaute kleine Burg errichtet war, die aber bereits im 14. Jh. geschliffen wurde. Das Areal ist mit einem Holzgeländer gesichert, der Ausblick reicht hinunter zu den felsigen Abhängen entlang der Passstraße zum Wiedener Eck. Eine Infotafel informiert über historische Zusammenhänge. Wir kehren zurück zum Sattel. Nun geht es geradeaus weiter auf dem steil zur Straße abfallenden Hang durch den Glashofwald. Wir überqueren eine Lichtung und erreichen einen Forstweg, auf den wir nach links abbiegen, weiter ansteigend. Rechts unter uns, in einiger Entfernung rauscht der Glashofbach, ein Nebenfluss des Stampfbachs. Bei einer Wegverzweigung bleiben wir auf dem geradeaus führenden **Dr. Herbert Falk Weg (3)**, Richtung »Auf den Böden«. Wir erreichen nach knapp 10 Min. eine Linkskehre, hinter der wir rechts aufwärts auf einen Trampelpfad abbiegen. Im Zickzack werden wir knapp 15 Min. lang durch schönen Buchenwald hindurch zu einem Forstweg geführt und setzen dort nach links abbiegend den Weg fort, jetzt auf fast ebenem Terrain. Nach 5 Gehminuten taucht ein Schild auf, das nach rechts Richtung Notschrei und »Auf den Böden« weist. Wir bleiben noch etwa 50 m auf dem Forstweg, erst dann folgt dieser **Abzweig (4)**. Wir folgen ihm.
Die Etappe zieht sich etwa 20 Min. hinauf bis zur T-Kreuzung **Glashofwald (5)** am Westweg. Wir schwenken nach rechts und erreichen kurz darauf die Wegverzweigung Auf den Böden, ausgestattet mit Schutzhütte und Grillstelle. Nun geradeaus, auf bequemem Weg am Rande einer Wiese entlang zunächst bis zum Waldende, dann auf schmalem Pfad, von Weidezäunen eingegrenzt, über offenes Panoramagelände. Bei guter Sicht sind die Alpen zu sehen. Rechts liegt die grasbedeckte Kuppe des Hörnle, in der Senke ist der Obere Itzenwaldhof zu sehen. Zwischen windgebeugten Weidbuchen hindurch, gehen wir zum Hof hinunter, an ihm vorbei und durch ein klei-

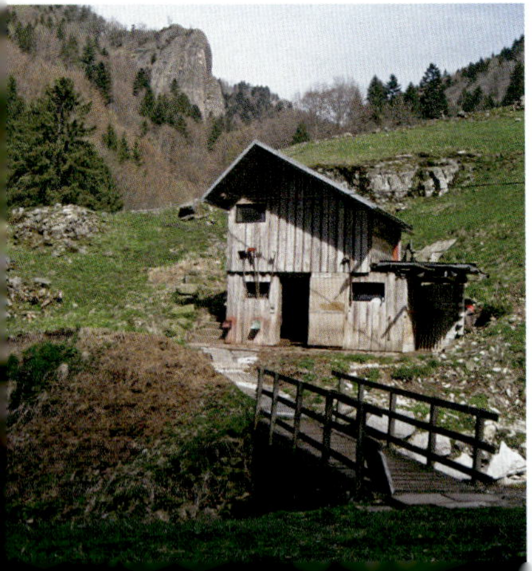

*Im Stampftal, im Hintergrund: der Scharfensteinfels.*

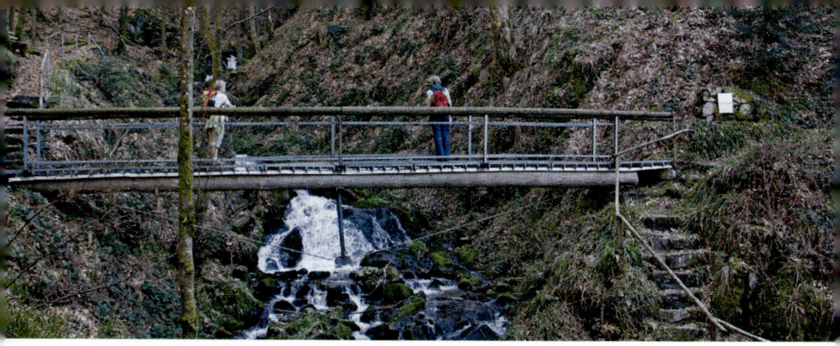

*Brücke über den Stampfbach.*

nes Waldstück hindurch bis zu einem Schotterweg, nahe dem Mittleren Itzenwaldhof. Nach links abbiegend werden wir ohne Schwierigkeiten zur Passhöhe und zum Berghotel am **Wiedener Eck (6)** hinabgeführt.
Für unseren Rückweg überqueren wir die Straße vor dem Gasthaus und entdecken das Wiedener-Eck-Tor, ein kleines, aus Rundhölzern konstruiertes Bauwerk, an dessen Torwänden Schautafeln den Verlauf des Westwegs von Pforzheim bis Basel dokumentieren. Rechts neben dem Tor folgen wir dem Hinweisschild nach Neuhof und biegen dazu nach etwa 20 m von der Hauptstraße links ab auf einen schmalen asphaltierten Wirtschaftsweg mit starkem Gefälle zum geschlossenen **Gasthaus Neuhof (7)**. Dort stoßen wir auf die Passstraße, die von Münstertal hinauf zum Wiedener Eck führt, folgen ihr etwa 20 m am Straßenrand entlang abwärts und biegen links ab, erneut einem schmalen Sträßchen abwärts folgend Richtung Zufahrt Breitnau. An der Verzweigung in Unterneuhof halten wir uns rechts und gehen an der folgenden Kreuzung geradeaus in den größtenteils geschotterten Baldenweg Richtung Stampfbachwasserfall. Am Wegzeichen **Beim Wasserfall (8)** nun nach rechts auf den Stampfbachpfad und am Rande des Baches hinunter in die Schlucht. Am Wasserfall angekommen, überqueren wir auf einer Stahlbrücke den Bach und steigen an deren Ende rechts auf Steinstufen hinab zum unteren Bachlauf. Schon bald danach ist das Wasserreservoir von **Stampf (1)** erreicht und wenig später unser Ausgangspunkt.

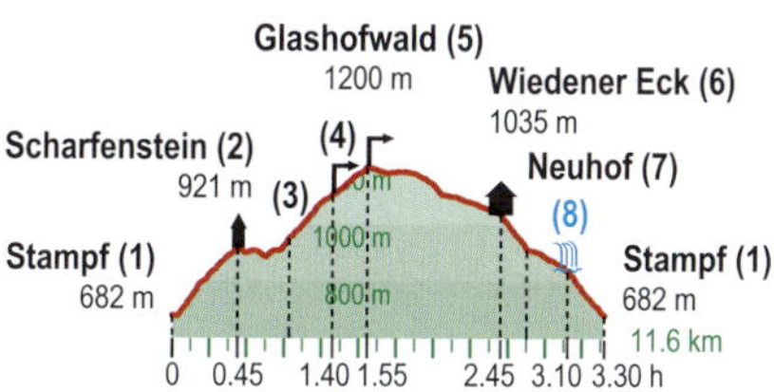

# 20 Von Münstertal-Neumühle zum Belchen

**6.30 Std.**

**Anstrengender Aufstieg zum schönsten Panoramaberg des Schwarzwalds**

*Der Belchen (keltisch: der Strahlende) ist mit 1414 Metern Höhe der vierthöchste Berg im Schwarzwald. Autofrei, nur durch eine Seilbahn, mit dem Mountainbike oder zu Fuß zu erreichen, ist seine kahle Kuppe prädestiniert für die wohl schönste Rundumsicht im Schwarzwald. Der Blick reicht bis zu den höchsten Punkten des Schweizer Jura, bei idealen Wetterlagen zu den Alpen mit Eiger, Mönch und Jungfrau. Im Westen sind die flache Oberrheinische Tiefebene und das französische Elsass zu sehen, Freiburg ist zu erkennen, ebenso der Feldberg. Wir erreichen den Gipfel auf einer steilen Aufstiegsroute auf der Nordwest-Seite des Bergmassivs.*

**Ausgangspunkt:** Wanderparkplatz Neumühle, 410 m. Anfahrt mit dem Pkw über Münstertal Richtung Münsterhalden. Der Parkplatz liegt an der Rotenbuck-Straße in Neumühle gegenüber dem Muldenweg. Bei Anfahrt mit dem ÖPNV von Freiburg bis Bad Krozingen mit der RB Richtung Basel/Badischer Bahnhof, umsteigen in den SWEG-Zug nach Münstertal, Bf. Untermünstertal, dort umsteigen in den Regionalbus 291 Richtung Wiedener Eck (Belchen-Bus), Haltestelle Rotenbuck. Rückfahrt mit dem Zug ab Münstertal Bf., Fußweg von Rotenbuck dorthin ca. 30 Min. Gehzeit, kein Busverkehr.
**Höhenunterschied:** 1040 m.

**Anforderungen:** Gute Kondition und Ausdauer ist erforderlich, Aufstieg durch Waldgebiete etappenweise sehr steil, im Gipfelbereich schattenlos, Markierung: im Aufstieg mit blauer Raute.
**Einkehr:** Gasthaus Belchenhaus auf dem Belchen (geöffnet tägl. ab 10 Uhr); Bergwerkstüble am Besucherbergwerk Teufelsgrund (geöffnet tägl. ab 11 Uhr, Mo und Di Ruhetag); Landgasthaus Neumühle (Mo Ruhetag).
**Tipp:** Besuchsbergwerk Teufelsgrund (besuchsbergwerk-teufelsgrund.de); Kaltwasserhof (Schwarzwaldhaus von 1902), Besichtigung nach Vereinbarung (schwarzwaldhaus-muenstertal.de).

Vom **Wanderparkplatz (1)** gegenüber dem Muldenweg in **Neumühle** gehen wir etwa 150 m Richtung Münsterhalden bis zur Bushaltestelle Rotenbuck. Wir biegen links in den Langeckweg und folgen der blauen Raute Richtung Belchen. Das Sträßchen führt am Landgasthaus Langeck vorbei und geht in Höhe des Langeckhofs in einen Schotterweg über, der nach gut 15 Min. nach rechts abdreht, während wir weiter geradeaus gehen. Der Weg verjüngt sich nach 50 m zu einem kontinuierlich ansteigenden Waldpfad. Wir machen einen Rechtsschwenk, überqueren einen Bach und stoßen auf den breiten Belchenweg, den wir Richtung »Stangenbodenhütte über Langeckweide« nach rechts orientieren. Kurz darauf ist die Langeck-Schutzhütte erreicht. Über die davorliegende **Langecker Weide (2)** öffnet sich die herrliche Aussicht hinunter nach Mulden und nach Untermünstertal. Rechts an der Hütte vorbei, weiter aufsteigend, erreichen wir einen Forstweg auf einer

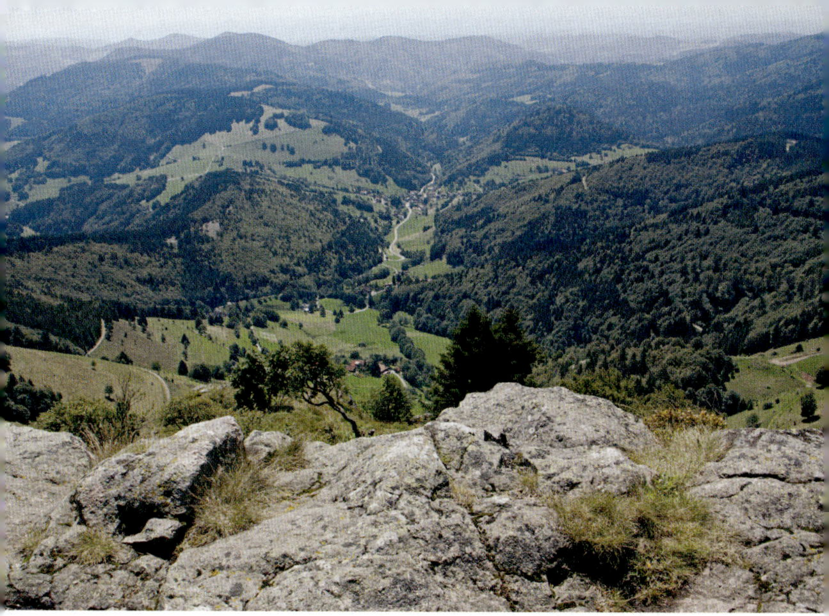

*Blick vom Rapsfelsen Richtung Neuenweg.*

Lichtung, überqueren ihn Richtung Hohkelchsattel und nehmen an der nach 10 m folgenden Weggabelung den schmalen, nach links abknickenden Pfad. Die blaue Raute ist etwas erhöht an einem Baumstamm befestigt. Sie führt uns durch dichten Wald bis zu einer Wegkreuzung, von hier auf dem breiten Forstweg etwa 20 m nach links und sogleich wieder rechts weiter aufwärts. (Wahlweise kann man an der Kreuzung auch die sehr steile, etwa

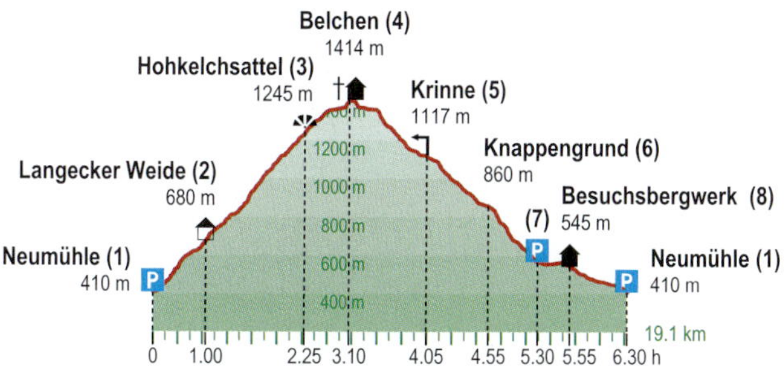

15 Min. dauernde Abkürzung auf dem Hohkelchweg nehmen.) Unsere Route knickt nach gut 200 m auf einen rechts abzweigenden Pfad ab, nimmt nach weiteren etwa 500 m Gehstrecke den von rechts einmündenden Hohkelchweg mit auf und führt in kleinen Kehren durch weiterhin steiles Gelände bis zum Wegweiser am **Feuersteinfelsen**, umgeben von bemoosten Geröllhalden. Die Steigung lässt nach, wir überqueren kurze Geröllfelder mit Ausblicken nach rechts ins Wiesental, passieren das Hohkelchbrünnele mit Wassertrog und Sitzbank und steigen in Kehren hinauf zum **Hohkelchsattel (3)**, einer lang gestreckten Wiesenfläche, die wir durch eine Eisenpforte betreten. Ein schöner Platz für einen Zwischenstopp mit Ausblick nach Neuenweg hinunter.

Links geht es weiter im Schlussanstieg zum Belchengipfel. Der Weg verläuft auf einem verwurzelten Pfad, zwischen Heidekrautbüschen hindurch, an dürren, mit Bartflechten behangenen Fichtenbäumen vorbei zunächst zum Rapsfelsen, einem markanten Felssporn mit Ausblick ins Neuenwegtal und weiter zum Wegweiser »Wiesentalblick«. Scharf links abknickend folgen wir dem Belchenrundweg zur Nordseite des Bergmassivs zum »Münstertalblick«. Der Pfad gabelt sich anschließend und führt uns rechts aufsteigend zum Gipfelkreuz des **Belchen (4)** hinauf. Die Aussicht ist grandios. Viele Besucher versammeln sich hier oben, die meisten sind mit der Gondel angereist.

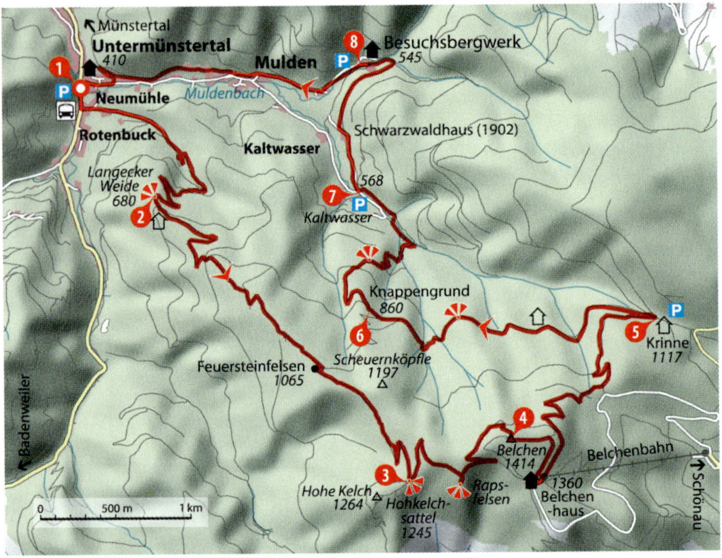

Auf dem Gipfelweg gehen wir links hinab zum **Gasthaus Belchenhaus**. Für unseren Abstieg folgen wir von der Terrasse des Gasthauses aus nach links dem Westweg Richtung Krinne / Wiedener Eck. Zunächst an der Bergstation der Belchen-Seilbahn links vorbei, führt der Pfad an der Nordostflanke des Belchen durch wildes, felsiges Gelände hinunter zum Wegweiser **Krinne (5)**. Immer wieder bieten sich schöne Ausblicke ins Münstertal.

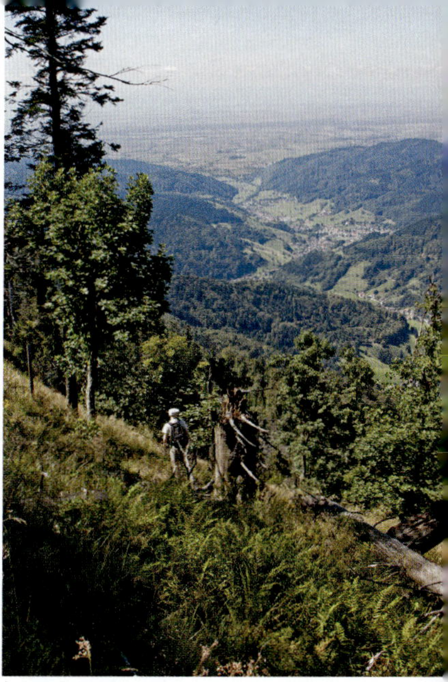

*Abstieg zur Krinne.*

An der Krinne zweigen nach links zwei Waldwege ab, von denen der am weitesten links liegende Weg Richtung Untermünstertal / Knappengrund führt. Dort entlang setzen wir den Abstieg ins Tal fort. Die Route ist mit gelber Raute markiert. Sie verläuft gemächlich abwärts bis zum Wegweiser **Knappengrund (6)**. Wir passieren ihn und gehen noch 50 m geradeaus bis zu einem Trampelpfad, der rechts hangabwärts Richtung Kaltwasser führt. Wir biegen hier ab, überqueren wenig später einen Holzabfuhrweg und erreichen gleich dahinter eine Lichtung mit Blick ins Muldental. Wir lassen die Lichtung hinter uns und treten wieder in den Wald ein. Achtung: Etwa 100 m nach Wiedereintritt müssen wir links auf einen Pfad abbiegen, der uns weiter in Kehren abwärtsführt. Wir überschreiten einen Bach in einem Geröllfeld und gelangen zu einem Fahrweg hinunter, überqueren ihn und gelangen schließlich auf einem Schotterweg zum Wanderparkplatz in **Kaltwasser (7)**.

Eine schmale Straße führt von dort rechts ab zu einer Verzweigung, nur 30 m vom Parkplatz entfernt. Wir gehen geradeaus Richtung Besuchsbergwerk. Ein paar Minuten später haben wir den Kaltwasserhof erreicht, 2001 bekannt geworden als Drehort für eine Fernsehserie über das harte Leben im Schwarzwald von 1902. Auf schönem Wiesenweg geht es nun zum **Besuchsbergwerk (8)** am Teufelsgrund und von dort etwa 1 km auf der Straße zurück Richtung Neumühle. Am Wegweiser Mulden biegen wir noch einmal rechts in das Sträßchen Am Eichwald. Es mündet in einen Pfad, der zum Hochbehälter von **Neumühle** führt. Dort schließlich links ab und zurück zu unserem **Wanderparkplatz (1)**.

# 21 Von Gottenheim nach Waltershofen

**3.00 Std.**

### *Tuniberg I: auf der Rebhisli-Route*

*Alljährlich am Himmelfahrtstag laden Winzer und Winzergenossenschaft aus Gottenheim zur »Gottemer Rebhisli Tour«. Auf der beliebten kleinen Wanderung durch die Rebflure des nördlichen Tuniberg-Geländes werden Weinproben mit badischem Vesper geboten. Der Rundweg ist gut ausgeschildert und auch außerhalb der Festzeit Spaziergängern zugänglich. Wir folgen ihm anfangs, erweitern die Runde dann aber bis Waltershofen, um noch einige schöne Aussichtspunkte an der Ost- und Westflanke des kleinen Hochplateaus anzusteuern.*

**Ausgangspunkt:** Bahnhof Gottenheim, 193 m, Anfahrt von Freiburg Hbf. mit der BSB Richtung Breisach, Haltestelle Gottenheim.
**Höhenunterschied:** 150 m.

**Anforderungen:** Einfache Wanderung, unterwegs wenig Schatten, Markierung: gelbe Raute und Hinweisschild der Rebhisli-Tour.
**Einkehr:** Keine.

Vom Bahnhof in **Gottenheim (1)** gehen wir durch die Bahnhofstraße etwa 100 m weit, bis sie auf die Hauptstraße in Ortsmitte stößt. Wir halten uns links (Hinweisschild: Rebhisli-Rundweg/Tuniberg-Ostweg), erreichen wenig später das Rathaus, biegen hinter dem Gebäude rechts in die Rathausstraße und steigen hinauf zur Kirche St. Stefan. An der Kirche vorbei und auf schmaler Straße links hinauf, gelangen wir zum Friedhof. Wir lassen ihn rechts liegen,

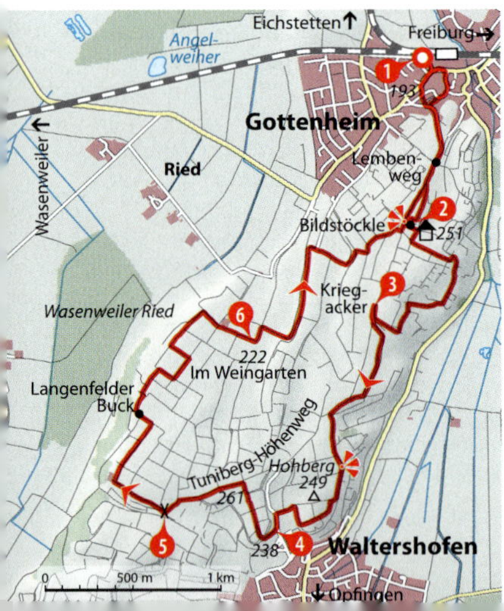


gehen geradeaus weiter, nun bergab, und stoßen auf einen Hohlweg, auf dem wir nach rechts zu den Rebfluren des Tuniberggeländes abbiegen. Die Wegkreuzung am Lembenweg wird überquert, 100 m weiter ein Hinweis zur Rebhisli-Tour, nach links in die Reben. Auf zweispurigem Feldweg geht es zwischen kleinen Obst- und Weinbau-Parzellen hindurch zu einer begrünten **Aussichtsterrasse (2)** mit einem hölzernen Pavillon als Orientierung. Rechts am Pavillon vorbei führen uns Steinstufen hinab zum Lembenweg, auf dem wir nach links zur Wegkreuzung Am Rebstöckl abbiegen. Wir folgen der gel-

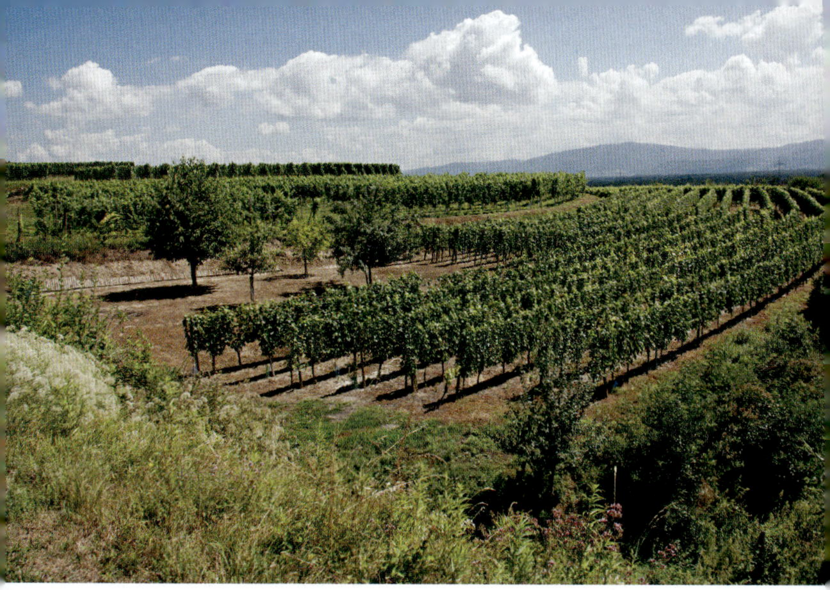

*Der Tuniberg: Freiburgs »Weingarten«.*

ben Raute links ab Richtung Waltershofen, überqueren die folgende Kreuzung nach 80 m und gehen durch einen Hohlweg hinab zur Ostflanke des Tunibergs. Das Gelände fällt auf der linken Seite fast 30 m tief zu den angrenzenden Getreide-, Obst- und Gemüsefeldern ab, ein idealer Höhenunterschied für den Ausblick nach Freiburg und zu den Schwarzwaldhöhen. Bei **Kriegacker (3)** stoßen wir auf den asphaltierten Tuniberg-Höhenweg, auf dem wir scharf nach links abbiegen, erneut Richtung Waltershofen. 100 m weiter erneut links ab, noch immer an der Ostflanke des Tunibergs entlang. Die Wegbeschaffenheit wechselt zwischen Schotter-, Gras- und Asphaltbelag, der Ausblick nach Freiburg bleibt unverändert schön. Erneut gelangen wir auf den Höhenweg. An dieser Stelle verlassen wir die Rebhisli-Route, die geradeaus führt, und biegen links ab, Richtung Waltershofen. Nach etwa 100 m führt uns die gelbe Raute wieder nach links zu den Reben- und Getreidefeldern am Ortsrand von **Waltershofen (4)**. Wir kommen an eine Nebenstraße, biegen links ab, erreichen die Straße Zum Rebberg, biegen erneut links ab und schwenken kurz vor dem Ortsschild rechts auf einen unmarkierten Asphaltweg. Wir folgen ihm hinauf zur Wegkreuzung am ebenfalls asphaltierten Tuniberg-Höhenweg. Wir halten uns links und gehen bis zu einer Wegkreuzung mit hölzerner Orientierungstafel auf der rechten Seite, überqueren die Kreuzung und entdecken nach weiteren knapp 100 m Stre-

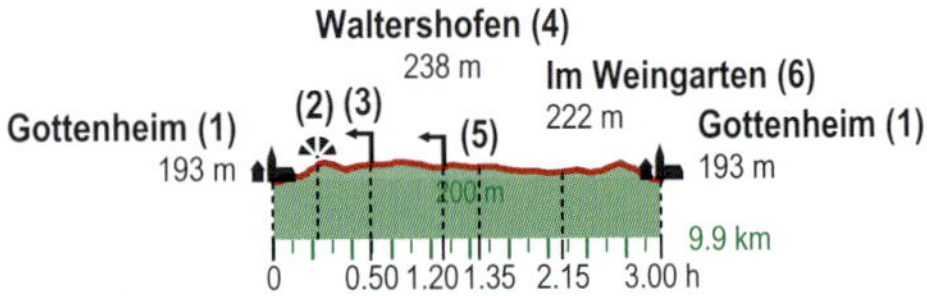


cke ein **Wegkreuz (5)**, etwas erhöht auf einer Böschung ebenfalls auf der rechten Seite. Die gelbe Raute führt uns nun rechts am Wegkreuz vorbei, auf schmalen Trittstufen die etwa 3 m hohe Böschung hinauf zu einer höher gelegenen Rebflur. Etwa 300 m weit gehen wir stets am Rande der Flur auf einem Wiesenweg, bis er nach rechts abknickt und sich durch die Rebenlandschaft fortsetzt. Die gelbe Raute ist ab jetzt einziges Orientierungszeichen. Nun geht es an der Westflanke des Tunibergs entlang mit schönen Ausblicken zu den Vogesen, zum Kaiserstuhl und hinunter zu den Gemüsefeldern im Wasenweiler Ried. Am Langenfelder Buck stoßen wir auf den Burgunderpfad, dem wir nach rechts Richtung Gottenheim folgen. Immer wieder knickt die Route durch die Reben ab, bis wir eine schmale Straße und daran angrenzend ein Hofgebäude erreichen. Wir folgen der Straße nach rechts, an einer Kirschbaumplantage vorbei zur Verzweigung **Im Weingarten (6)**, biegen links und nur 2 Min. später hinter einer Nussbaumwiese wieder nach rechts ab. Leicht ansteigend erreichen wir wieder ein höher gelegenes Plateau. Am Wegweiser Vogelsteig verlassen wir den Burgunder Pfad, der nach rechts abknickt, und gehen geradeaus auf dem Wiesenweg weiter. Die gelbe Raute führt uns wieder zur beschilderten Rebhisli-Tour und mit ihr zur Kreuzung Am Rebstöckl, an der wir links abbiegen. Wir entdecken die vom Hinweg bekannte Aussichtsterrasse auf der rechten Seite und gehen durch den ebenfalls vertrauten Hohlweg zurück nach Gottenheim. An der Kirche diesmal links vorbei, über den mit Bänken gesäumten Vorplatz, auf einer Treppe hinunter zur Hauptstraße. Von dort finden wir den Rückweg zum Bahnhof von **Gottenheim (1)**.

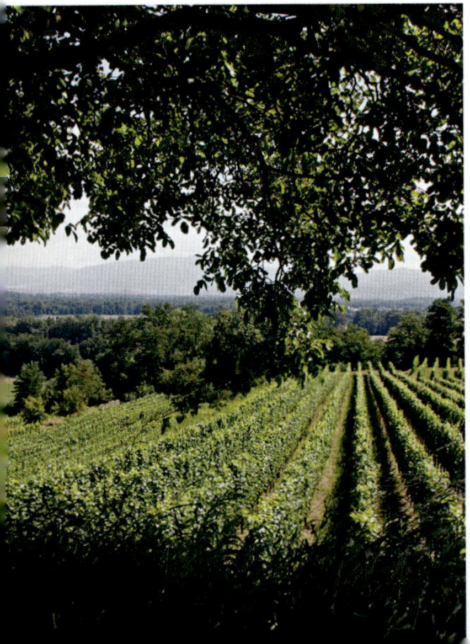

*Rebflur nahe Waltershofen.*

3.00 Std.

# Von Merdingen zum Attilafelsen 22

## *Tuniberg II: Spaziergang auf dem Burgunderpfad*

*Ausgangspunkt dieser Panoramarunde ist die kleine Wein- und Spargelgemeinde Merdingen. Altes Rathaus, Barockkirche und Gasthof Sonne harmonieren farblich abgestimmt in der schmucken Ortsmitte. Zunächst geht es auf einem aussichtsreichen Streckenabschnitt des Burgunderpfads nach Niederrimsingen bis zum Attilafelsen. Kein spektakulärer Felsbrocken erwartet uns hier, auch kein Hinweis auf den Hunnenkönig. Entstanden ist der Name wohl aus einem Winzerscherz in den 1940er-Jahren. Gehalten hat er sich bis heute und gilt bei Weinkennern als einprägsame Bezeichnung für eine besondere Weinlage. Auf dem Rückweg durchqueren wir die Opfinger Rebflure.*

**Ausgangspunkt:** Merdingen, Ortsmitte am Stockbrunnen, 200 m. Anfahrt von Freiburg Hbf. mit der Straßenbahn, Linie 1, Richtung Landwasser, ab der Haltestelle Paduaallee Bus Nr. 31 Richtung Breisach bis Merdingen / Sonne.
**Höhenunterschied:** 160 m.
**Anforderungen:** Einfache Wanderung auf Schotter, Rebflur- und Wirtschaftswegen, schattenlos. Markierung: gelbe Raute und bordeauxrotes Hinweisschild für den Burgunderpfad.
**Einkehr:** In Merdingen verschiedene Einkehrmöglichkeiten (nicht direkt am Weg), u. a. Gasthaus Keller und Café Restaurant Bar Dialekt; Griestal-Strauße (geöffnet Mitte März–Ende Okt., Mo–Fr ab 17 Uhr, Sa ab 15 Uhr, So ab 12 Uhr).

Vom **Stockbrunnen** in der Ortsmitte **Merdingens (1)** überqueren wir die Hauptstraße und gehen zwischen Gasthaus Sonne und Altem Rathaus hindurch in die Kirchgasse. Wir folgen der Straße und der Route des Burgunderpfads an der Barockkirche vorbei über eine Wegkreuzung hinweg und von dort noch etwa 80 m weit, bis die Straße einen Linksbogen beschreibt, während wir rechts auf einen asphaltierten Wirtschaftsweg schwenken. Er führt an Kleingärten, Obst- und Gemüsefeldern vorbei zu einer weiteren Gabelung. Von den zwei Möglichkeiten, von hier aus zum Attilafelsen zu gelangen, wählen wir den links aufsteigenden Hohlweg, weiterhin dem Hinweisschild des Burgunderpfads folgend. Der Hohlweg endet an der Wegspinne **Brensental (2)** auf dem Tunibergplateau.

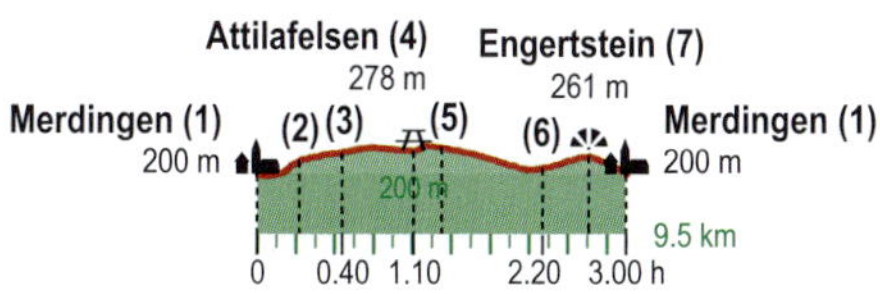

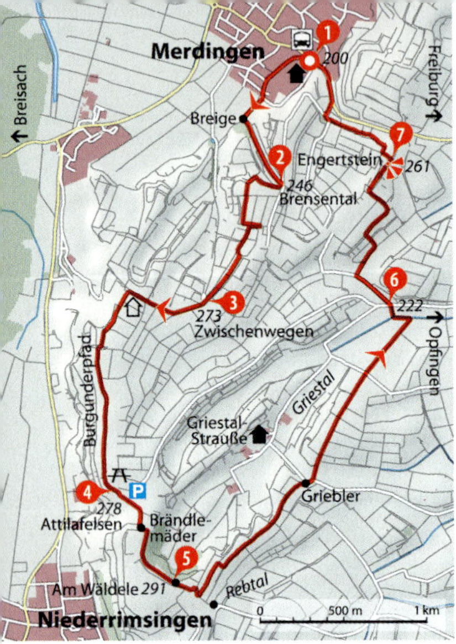


Wir setzen unsere Tour auf dem zweiten, nach rechts leicht ansteigenden, anfangs asphaltierten, etwas später grasbedeckten Wirtschaftsweg fort, der zur Westflanke des Tuniberg-Geländes führt. Von hier aus bieten sich schöne Ausblicke zum Kaiserstuhl. Den ersten beschilderten Aussichtspunkt erreichen wir nach 150 m Wegstrecke. Die Route knickt hier nach links ab, verläuft etwa 50 m am Rande des Tableaus entlang und knickt erneut nach links ab, diesmal etwa 250 m weit durch die Reben. Erneut geht es scharf nach links. Achtung: Nur 30 m nach dem Knick folgen wir einem schmalen Trampelpfad eine Böschung hinunter zu einer asphaltierten Kreuzung von Wirtschaftswegen. Wir überqueren sie und folgen der gelben Raute auf dem linken der beiden geradeaus führenden Wege leicht aufwärts. Er knickt nach kurzer Zeit vor einer hohen Böschung nach rechts ab. An einem Weinberghäuschen machen wir kurz Halt. »Scheint am St. Urbanstag die Sonne, so gerät der Wein zur Wonne« lesen wir. Anschließend erreichen wir die Kreuzung an den **Zwischenwegen (3)**, überqueren sie, fädeln in einen querenden Wirtschaftsweg nach rechts ein und gelangen leicht aufsteigend zu einer weiteren Wegkreuzung. An der linken Seite eine Picknickbank, ein Schutzdach und ein betonierter Wassertrog, rechts eine Laube. Wir überqueren auch diese Kreuzung und biegen nach 10 Schritten links auf einen Feldweg. Es folgt ein schöner, 20 Min. andauernder Streckenteil, ruhig, abgelegen, mit Aussicht hinunter zum Rheingraben und einem bunten Patchwork von Acker-, Wiesen- und Getreidefeldern. Auch der Rimsinger Baggersee rückt ins Blickfeld. Nach den ersten 5 Minuten auf diesem Streckenabschnitt muss man allerdings achtgeben: Die Route setzt sich nach rechts über eine Böschung fort und überquert anschließend eine kleine Asphaltstraße. Wir erreichen die Wegkreuzung am großen Grill- und Spielplatz **Attilafelsen (4)**.

Noch immer auf dem Burgunderpfad, gehen wir geradeaus Richtung Ehrentrudiskapelle. Nach etwa 200 m folgen wir einem mit Steinstufen und Holzgeländer gesicherten Pfad nach links, die Böschung hinauf zum Hinweisschild Brändlemäder an einem Querweg. Hier verlassen wir den Burgunderpfad, unser Ziel ist die Ostseite des Tunibergs. Wir biegen dazu nach links und nach 20 m wieder nach rechts ab Richtung Rebtal / Griestal. 5 Minuten lang geht es an einem Waldstück vorbei bis zum Wegweiser **Am Wäldele (5)**.

Wir ignorieren den mit gelber Raute markierten Abzweig nach links zum Griestal und bleiben noch gut 200 m auf dem Hauptweg Richtung Munzingen. Zunächst an einem rechts einmündenden Wirtschaftsweg, kurz darauf an einem in einer Rechtskurve links abzweigenden Feldweg vorbei, biegen wir am nächstfolgenden Feldweg links ab. Grund des kleinen Umwegs: der herrliche Ausblick nach Freiburg und zu den Schwarzwald-Bergen. Stets auf dem Hauptweg, zwischen den Reben hindurch erfassen wir bald darauf an einer Wegkreuzung die mit gelber Raute markierte Griestal-Route wieder. Zwei Wege führen geradeaus weiter. Wir wählen den linken, zweispurigen Feldweg. Auf ihm erreichen wir den Wegweiser Griebler mit dem Abzweig links zur Griestal-Straße (300 m). Geradeaus nun bis zur folgenden Griestal-Kreuzung. Auch hier geradeaus weiter bis zu einem asphaltierten **Fahrweg (6)**. Wir überqueren ihn und gehen auf einem schmalen Wirtschaftsweg knapp 300 m weit, biegen rechts ab auf einen Nebenweg und steigen an Erdbeer- und Spargelfeldern vorbei zu einem Höhenweg hinauf, dem wir nach rechts folgen. Er endet an der Wegverzweigung **Engertstein (7)** mit erneut schönem Ausblick nach Freiburg.

Wir halten uns links, gehen etwa 60 m weit, über einen kleinen Buckel hinweg, dann rechts hinunter mitten durch die Rebflur bis zu einem Wirtschaftsweg. Nun nach rechts bis zur Köfflerkapelle, direkt an der Hauptstraße gelegen, und schließlich zurück nach **Merdingen (1)**.

*Im Brensental.*

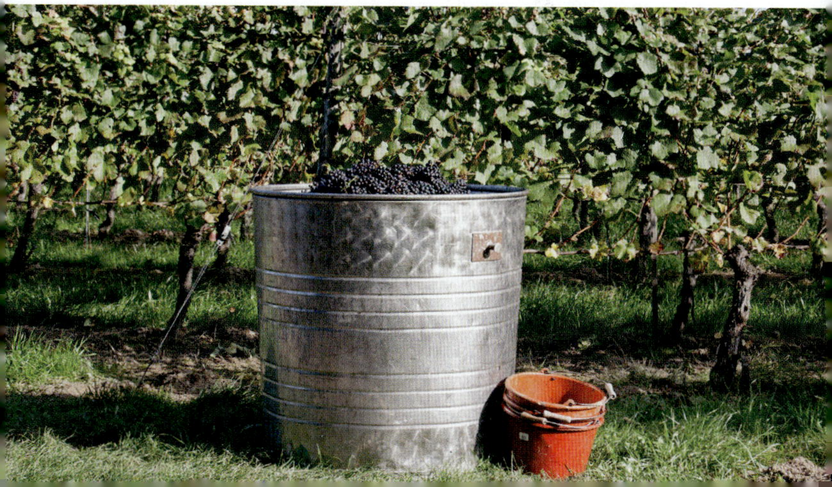

# 23 Von Wasenweiler ins Liliental

**3.15 Std.**

## *Auf dem Steinkauzpfad am Südrand des Kaiserstuhls*

*Das Liliental mit seiner Vielfalt an heimischen und nicht heimischen Baumarten ist Ziel unserer Wanderung. Die hier vorgestellte Route dorthin wird eher selten begangen. Bei den beiden Einkehrmöglichkeiten unterwegs kann man allerdings über Besuchermangel nicht klagen.*

**Ausgangspunkt:** Bahnhof Wasenweiler, 191 m, Anfahrt von Freiburg Hbf. mit der BSB Richtung Breisach, Haltestelle Wasenweiler.
**Höhenunterschied:** 360 m.
**Anforderungen:** Zumeist markierte Themenpfade (Steinkauzpfad und Knabenkrautpfad) sowie in den Reben Löss- und Wirtschaftswege.
**Einkehr:** Gasthaus Sonne in Wasenweiler (geöffnet Di–So 11–14 Uhr und ab 17 Uhr, Mo Ruhetag); Gasthaus Lilie im Liliental (geöffnet Mi–So 11–18 Uhr, Mo und Di Ruhetag); Martinshof-Schenke (geöffnet 2. März–23. Dez. tägl. ab 12 Uhr, So ab 10.30 Uhr).
**Hinweis:** Bei Anfahrt mit dem Pkw kann man in Wasenweiler am Dorfbrunnen von der Oberen Dorfstraße rechts in den Kaiserstuhlweg abbiegen, dem im Tourenteil beschriebenen Weg etwa 300 m aufwärts folgen und dort am Straßenrand parken (die Gehzeit verkürzt sich um ca. 30 Min.).

*Kleiner Weiher im Liliental.*

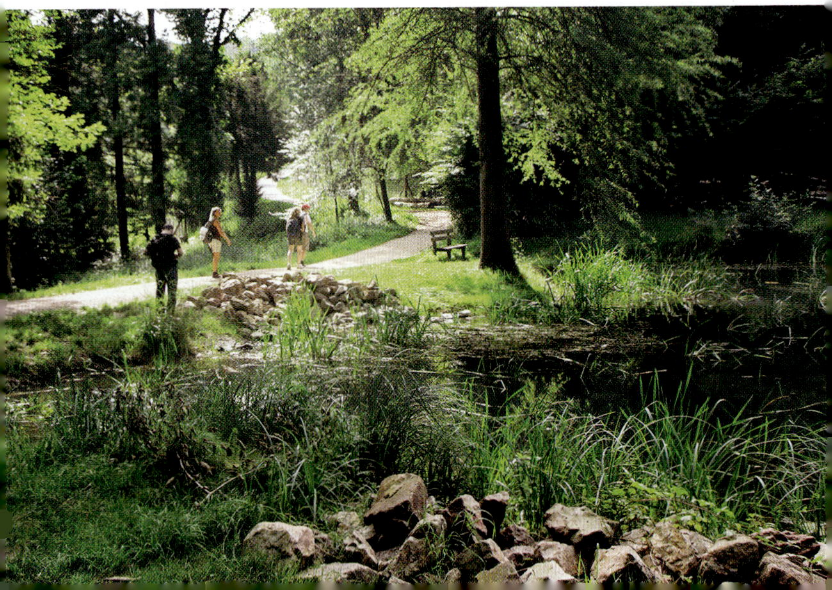

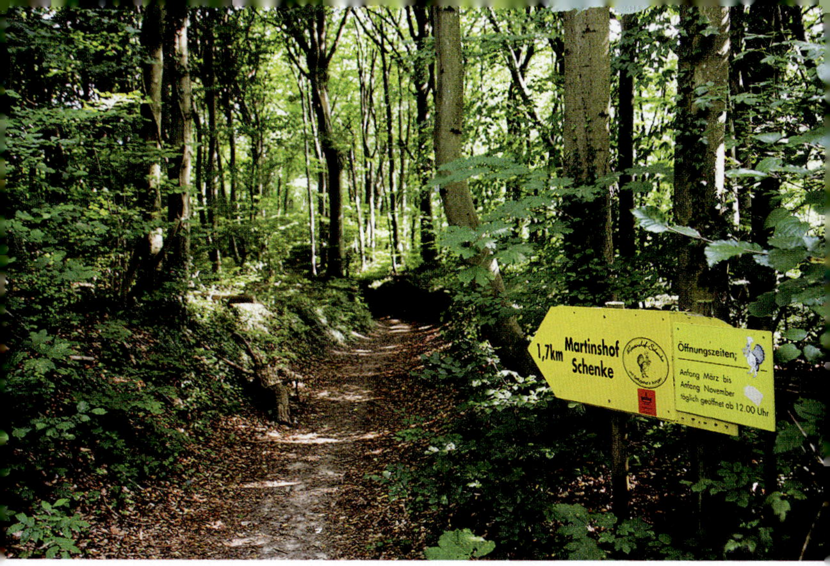


*Abzweig am Unteren Wetzentalweg.*

Vom Bahnhof in **Wasenweiler (1)** folgen wir dem Hinweisschild »Steinkauzweg«, das uns zunächst gegenüber dem ehemaligen Bahnhofsgebäude Richtung Liliental durch den Schachenweg und die Merdinger Straße zur Ortsmitte führt. An der Unteren Hauptstraße biegen wir nach links ab und überqueren die Straße nach ein paar Schritten an einer Fußgängerampel. Am Storchenbrunnen vorbei gehen wir auf dem asphaltierten Kaiserstuhlweg aufwärts Richtung Lindenplatz / Liliental und fädeln in den weiter aufwärts führenden Abschnitt der Burgunderstaße ein. Vor der nach wenigen Minuten folgenden Linkskurve biegen wir rechts ab auf einen Trampelpfad. Durch eine enge Lössschlucht geht es hinauf bis zum grasbedeckten **Lindenplatz (2)**. Nun sind wir in den Reben.

Wir biegen sogleich nach rechts auf einen Wirtschaftsweg ab, schwenken nach 3 Minuten erneut nach rechts und folgen dem Hinweisschild »Panoramaweg« durch die Rebterrassen. Rechts öffnet sich der Blick über Wasen-

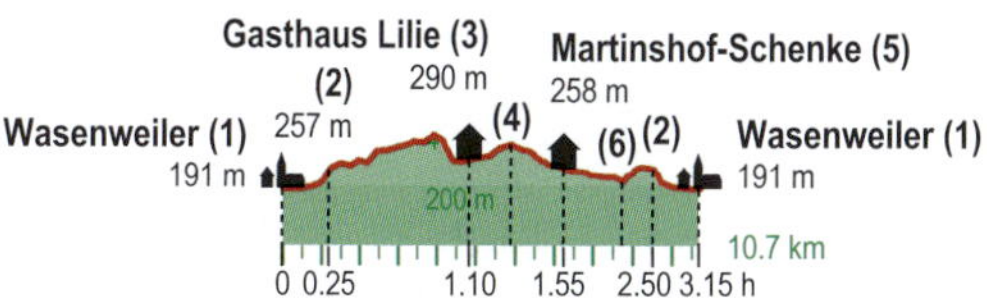

weiler und Gottenheim. Knapp 10 Minuten später verzweigt sich der Weg. Wir halten uns links und biegen schon nach gut 40 Metern scharf links ins Dickicht auf einen Trampelpfad ab. Achtung: Dieser Abzweig ist leicht zu übersehen! Durch eine Lössschlucht geht es ein kurzes Stück hinauf zu einer Verzweigung mit asphaltierten Wirtschaftswegen. Wir gehen geradeaus weiter, lassen die links und zwei rechts abzweigende Wege unbeachtet und steigen weiter auf. Der Asphaltweg endet kurz darauf und geht in einen zweispurigen Feldweg über. Fortan haben wir freie Sicht nach rechts über das Wasenweiler Ried hinweg bis zu den Schwarzwaldhöhen. Wir bleiben stets auf dem Hauptweg, lassen den Abzweig links am Kastanienplatz unbeachtet und erreichen den Wegweiser am Gagenhart. An dieser Stelle gehen wir geradeaus weiter und verlassen damit den Steinkauzweg, der rechts nach Bötzingen abzweigt. Der Weg verläuft nun ein paar Minuten leicht abwärts bis zu einem Wegweiser, ebenfalls mit der Bezeichnung Gagenhart gekennzeichnet. Hier biegen wir links auf den Knabenkrautpfad Richtung Lenzenberg ab und gehen auf einem Trampelpfad steil hinunter ins Liliental, an einem Fischweiher vorbei, bis zum großen Platz mit Brunnen vor dem **Gasthaus Lilie (3)**.
Wir halten uns Richtung Sauwasen / Lenzenberg und folgen dem breiten Spazierweg, der links am Gasthaus vorbei bis zur Kreuzung am Hüttenweg führt. Wir biegen nach links ab und gehen auf dem breiten Weg an den Or-

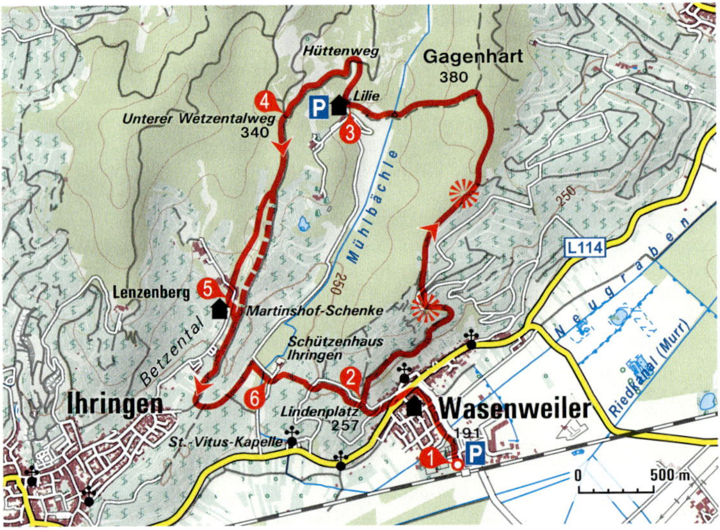

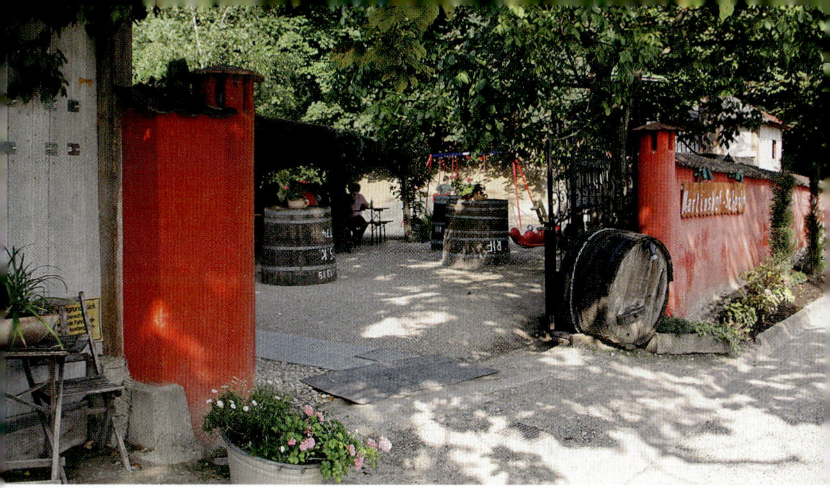

*Eingang zur Martinshof-Schenke.*

chideenwiesen auf beiden Seiten entlang bis zu einem Umspannturm am **Unteren Wetzentalweg (4)**. Kurz hinter dem Turm biegen wir links Richtung Martinshof-Schenke (Holzschild) und Lenzenberg ab. Durch einen Lösshohlweg geht es im Buchenwald hinab bis zum Waldende. Hier beginnt wieder Rebenland. Der markierte Weg führt nun zwar geradeaus weiter hinab Richtung Ihringen (wer auf den Abstecher zur Martinshof-Schenke verzichten möchte, nimmt diese Route), wir biegen jedoch scharf rechts ab, gehen ein paar Schritte an den Reben entlang und folgen einem gelben Holzpfeil zu einem Pfad, der uns einen Hang hinunter wieder in bewaldetes Gelände führt. Ein zuvor rechts abzweigender Pfad bleibt unbeachtet. Der Weg endet im Sauwasental an der Maierbrunnenstraße. Zahlreiche Gänsegehege auf der rechten Seite gehören den Betreibern der **Martinshof-Schenke (5)**, unseres Etappenziels auf der linken Seite.
Hinter der Schenke, ebenfalls links, führt der Weg nun kurz hinauf zum Wegweiser Stalleck-Gasse und von dort nach rechts abwärts Richtung Bahnhof Ihringen und Wasenweiler. Am Wegweiser Vordere Eck halten wir uns links, stoßen auf die Lilientalstraße und biegen rechts ab. Wir folgen ihr etwa 200 m weit bis zu einer Rechtskurve, in der wir nach links in die Einfahrt zum **Schützenhaus (6)** schwenken. Rechts von der Einfahrt folgen wir einem Wiesenweg Richtung Wasenweiler und biegen nach wenigen Schritten rechts auf einem Trampelpfad wieder in die Reben hinauf. Auf einer schönen Panoramastrecke mit Ausblick bis zum Gipfel des Blauen erreichen wir den **Lindenplatz (2)** und gehen auf bekannter Route durch den Lösshohlweg geradeaus hinunter zurück zum Bahnhof von **Wasenweiler (1)**.

# 24 Von Oberbergen über den Badberg zur Katharinenkapelle

3.15 Std.

### *Das Wiesen-Biotop im Herzen des Kaiserstuhls*

*Kaum ein Ort im Kaiserstuhl wird im Frühjahr so gern besucht wie der Badberg im Naturschutzgebiet Haselschacher Buck. Hunderte Spaziergänger aus Freiburg und Umgebung füllen dann die Trampelpfade auf den baumlosen, grasbedeckten Kuppen, um die ersten warmen Tage des Jahres in der Sonne zu genießen. Auf den Magerwiesen dieses einzigartigen Biotops entdeckt man Affenknabenkraut, Küchenschellen und Anemonen zwischen den Gräsern, der Blick schweift in die Ferne über die Weinberge hinweg in die Rheinebene und zu den Vogesen.*

**Ausgangspunkt:** Oberbergen, Wanderparkplatz Mondhalde am Ortseingang, von Altvogtsburg kommend, 263 m. Anfahrt von Freiburg mit der BSB bis Gottenheim, weiter mit dem Zug nach Bötzingen, dann Bus Nr. 295 Richtung Vogtsburg, Haltestelle Oberbergen/Badbergstraße.
**Höhenunterschied:** 380 m.
**Anforderungen:** Anfangs steiler Anstieg zum Badberg, in der Folge einfache Wanderung auf Wald- und Wiesenpfaden, auf dem Badberg-Gelände schattenlos. Markierung: Hinweisschilder Themenpfade (Badberg-, Neunlinden- und Katharinenpfad), gelbe Raute.
**Einkehr:** Kiosk an der Katharinenkapelle (geöffnet in der Wandersaison Sa und So); Vogelstrauße, Oberbergen (nicht direkt am Weg); Gasthaus Rebstock, Oberbergen (nicht direkt am Weg).

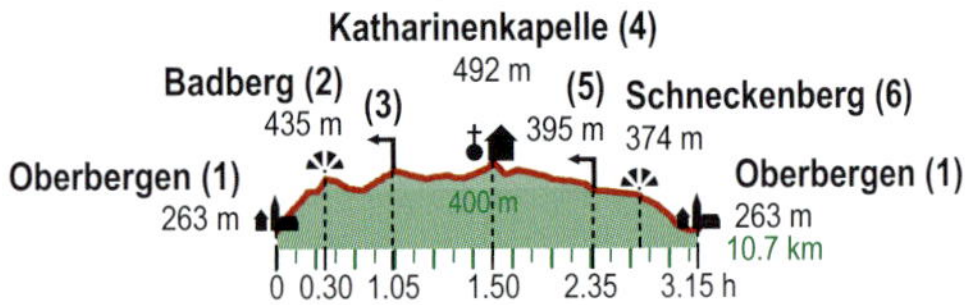


Vom Wanderparkplatz an der Mondhalde am Ortsrand von **Oberbergen (1)** steigen wir in kurzen Kehren auf ausgeschilderter Route steil hinauf zum Gelände des Badbergs, zunächst auf gepflastertem Weg durch die Reben, in der Folge auf Trampelpfaden über offene Wiesen- und Rasenflächen. Die höchste Erhebung, der **Badberg (2)** selbst, ist in der Abfolge der Kuppen nur durch ein kleines Hinweisschild auszumachen. Zu beiden Seiten der Route präsentiert sich die Kaiserstuhl-typische Kulturlandschaft mit terrassierten Rebhängen, Obstbaumparzellen und Schafweiden. Oberbergen ist rückseitig im Tal zu sehen, Schelingen, später auch, etwas versteckt, Altvogtsburg. Der Pfad zieht sich über den Badbergkamm hinab zum Picknickplatz am Schelinger Kreuz und verläuft geradeaus weiter, nun leicht ansteigend am Rande der Haselschacher Buck entlang bis zur Verzweigung an

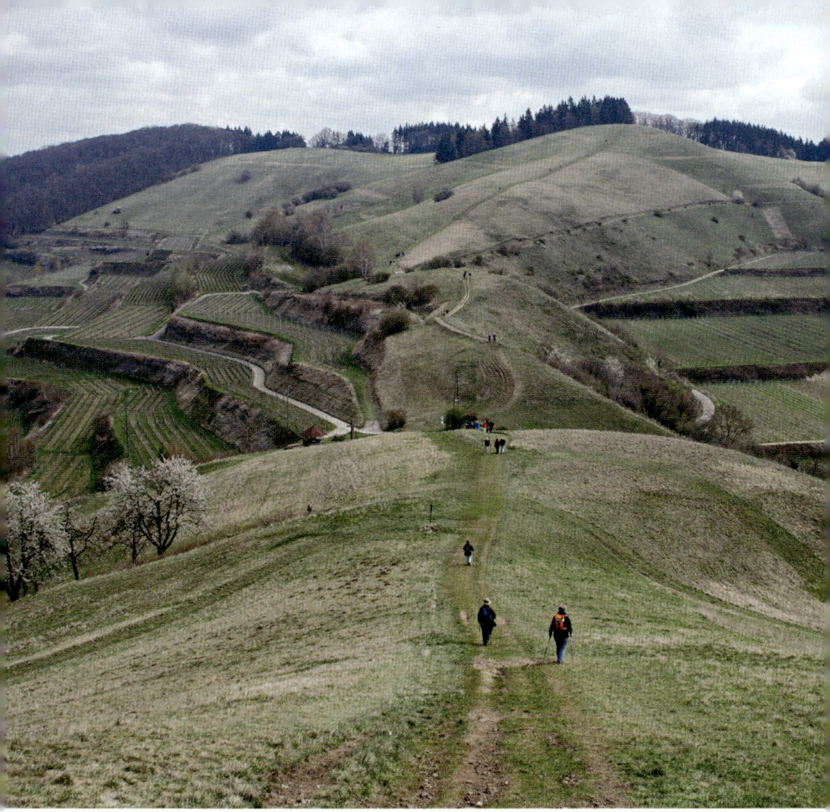

*Auf dem Badbergkamm Richtung Degenmatten.*

den Schofmatten. Hier halten wir uns schräg links Richtung Katharinenkapelle. An den **Degenmatten (3)** biegen wir links ab und folgen dem Neunlindenpfad, abwechselnd über sonnige Wiesenflächen und durch schattigen Buchenwald. Wir überqueren die Landstraße am Bahlinger Eck und erreichen 2 Min. später eine Weggabelung. Die aussichtsreichere Route führt nach links, die schattige Waldroute nach rechts weiter. Beide fügen sich 10 Min. später am Obergrub-Wegweiser wieder zusammen. Wir wählen die links abzweigende Variante, erreichen Obergrub und gehen das letzte Stück des Wegs durch den Wald steil hinauf zur **Katharinenkapelle (4)** auf dem Katharinenberg. Rastbänke und Picknicktische sind aufgestellt, ein Kiosk ist an Wochenenden geöffnet.

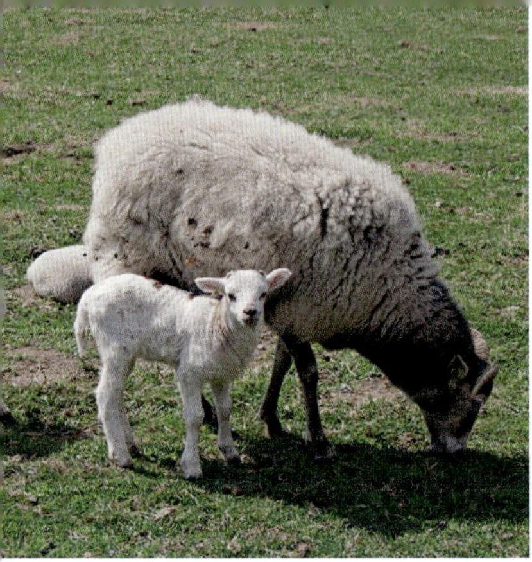

Auf der Schelinger Weide.

Wir setzen unsere Runde nach links fort, weiterhin auf einem Pfad steil abwärts durch den Wald, und gelangen zur Schelinger Viehweide, auf der ganzjährig Schafe, Ziegen und Rinder gehalten werden. Am Rande der Wiese, begrenzt durch einen Weidezaun, führt unser Weg leicht ansteigend bis zum Aussichtspunkt mit Pavillon am Staffelberg und von dort steil hinab zum Wegweiser am **Lochacker (5)**. Hier scharf links ab Richtung Oberbergen, am Abzweig Bruderplatz vorbei bis zur Weggabelung am **Schneckenberg (6)**, einem herrlichen Aussichts- und Picknickplatz mit Blick auf die Badberghügel und die unter uns liegenden Dächer von Oberbergen. Das Hinweisschild zum Mondhaldeparkplatz weist nach links. Wir folgen ihm auf einem Wirtschaftsweg abwärts, nehmen nach gut 600 m eine Abkürzung auf dem scharf rechts nach **Oberbergen (1)** führenden Smaragdeidechsenweg und gelangen im Ort durch die Furtmattenstraße zurück zum Wanderparkplatz an der Mondhalde.

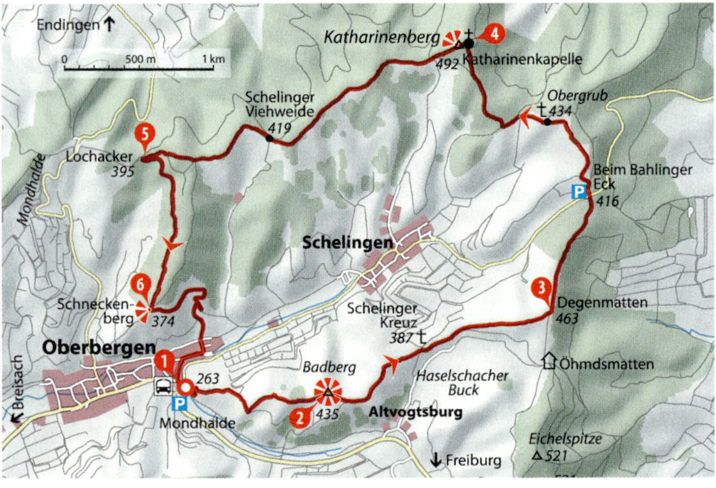

4.15 Std.

# Von Oberbergen über den Totenkopf ins Liliental

25 TOP

**Botanische Raritäten auf abwechslungsreicher Kaiserstuhlrunde**

*Das forstliche Versuchsgelände Liliental, unweit von Ihringen und Wasenweiler im Innern des Kaiserstuhls gelegen, beheimatet eine einzigartige Sammlung seltener Baum- und Straucharten aus aller Welt. Griechische Tannen, amerikanische Tulpenbäume und Lotospflaumen sind ebenso vertreten wie heimische Baumarten und Wildobstgewächse. Vor allem aber der große Bestand an Mammutbäumen und über 20 verschiedene Orchideenarten sorgen alljährlich in der Blütezeit, zwischen April und Juni, für regen Publikumsverkehr. Das Liliental ist Ziel unserer Runde. Auf dem Hinweg noch ein Abstecher zum Neunlindenturm am Totenkopf-Gipfel, auf dem Rückweg zu den Wildblumenwiesen am Badberg.*

**Ausgangspunkt:** Oberbergen, Wanderparkplatz Mondhalde, 263 m. Anfahrt von Freiburg mit der BSB bis Gottenheim, weiter mit dem Zug nach Bötzingen, dann Bus Nr. 295 Richtung Vogtsburg, Haltestelle Oberbergen/Badbergstraße.
**Höhenunterschied:** 550 m.
**Anforderungen:** Anstrengender Anstieg bis zum Neunlindenturm, im übrigen Teil der Wanderung bequeme Waldpfade, Hohl- und Forstwege. Markierung: vorwiegend gelbe Raute und teilweise Hinweisschilder der Kaiserstühler Themenpfade (Badbergpfad, Knabenkrautpfad).
**Einkehr:** Gasthaus Lilie im Liliental (geöffnet Mi–So 11–18 Uhr, Mo und Di Ruhetag).

Der Wanderparkplatz an der Mondhalde in **Oberbergen (1)** liegt an der Kreisstraße nach Bahlingen, nur 50 m von der Einmündung in die Landstraße L 115 zwischen Altvogtsburg und Oberbergen entfernt. Wir folgen ihr bis zur Landstraße und gehen etwa 300 m nach rechts am Straßenrand entlang bis zur Bushaltestelle Badbergstraße am Ortsanfang von Oberbergen. Wir überqueren die Fahrbahn und steigen nach links auf einem Wirtschaftsweg steil hinauf Richtung Neunlindenturm. Schon nach wenigen Minuten öffnet sich der herrliche Blick rechts über

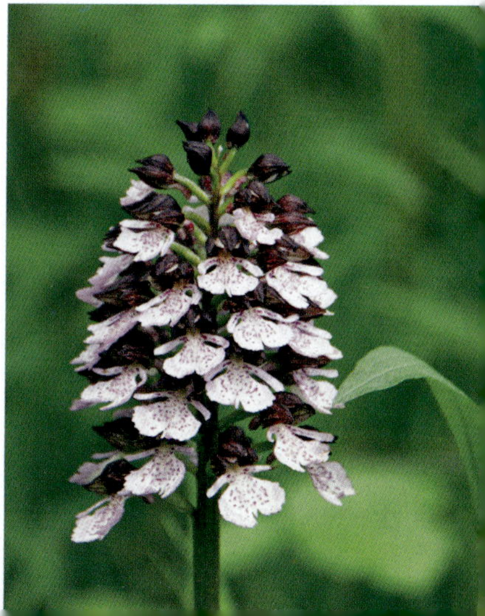

*Purpur-Knabenkraut.*

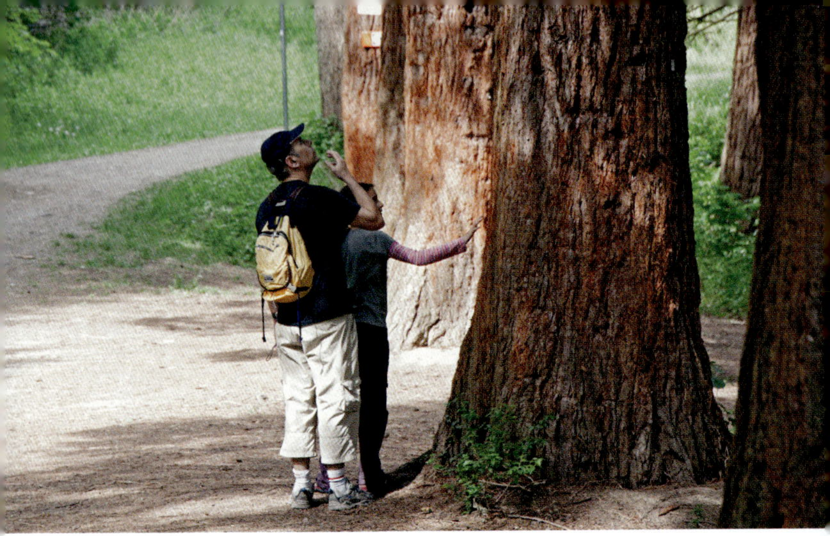

*Mammutbäume am Sautalweg.*

die Weinfelder bis zu den Vogesen. Wir erreichen den Wegweiser Am Obertor und gehen geradeaus durch das Rebengelände, stets auf die gelbe Raute achtend, bis zur Kreuzung **Dreieckiger Bannstein (2)** am Waldrand. Wir überqueren die Kreuzung und halten uns an dem nach 50 m folgenden Wegweiser Beim Dreieckigen Bannstein Richtung Neunlindenturm. Auf holprigem Waldweg aufwärts sind es etwa 400 m, bis uns die gelbe Raute kurz vor einer Rechtskurve scharf links über Steinstufen auf einen Trampelpfad leitet. Achtung: Man übersieht diesen Abzweig sehr leicht!

Der Pfad führt uns im Zickzack steil hinauf zu einer asphaltierten Straße, der wir links entlang folgen. Sie endet am eingezäunten Areal des Fernmeldeturms auf dem Gipfel des Totenkopfs, der höchsten Erhebung im Kaiserstuhl. Das Gelände ist für die Öffentlichkeit nicht zugänglich. Wenige Schritte vor Erreichen des Eisentores am Eingang schwenken wir deshalb erneut nach links auf einen Feldweg, umgehen den Gipfel und gelangen zur Wegkreuzung »Beim Neunlindenturm«. Unsere Route werden wir in ein paar Minuten geradeaus Richtung Liliental fortsetzen. Zunächst aber noch ein Abstecher zum **Neunlindenturm (3)**, nach links, etwa 200 m weit. Von der Turmplattform wird ein prächtiger Rundblick über die alte Vulkanlandschaft des Kaiserstuhls geboten, der Tuniberg ist zu erkennen, der Schwarzwaldkamm und die Breisgauebene.

Wir kehren zurück zur Kreuzung, biegen nun nach links ab, passieren am Adlerhorstsattel den nach rechts abzweigenden Weg Richtung Bickensohl, kurz darauf den ebenfalls nach rechts abzweigenden Herrenweg und halten uns bei der folgenden Weggabelung links, weiterhin Richtung Liliental. Auf breitem Forstweg, wahlweise parallel dazu auf einem Trampelpfad linksseitig, kommen wir an der Adlernesthütte vorbei und stoßen auf den Adlernestweg, auf den wir nach rechts abbiegen. Wir passieren den rechts abzweigenden Lenzenbergweg und machen gut 300 m dahinter, bei einem langen, flach liegenden Baumstumpf, einen Schwenk nach links zu einem schmalen, sehenswerten Lösshohlweg, der parallel zum Adlernestweg verläuft. Beide Wege stoßen nach kurzer Zeit, wieder vereint, auf den

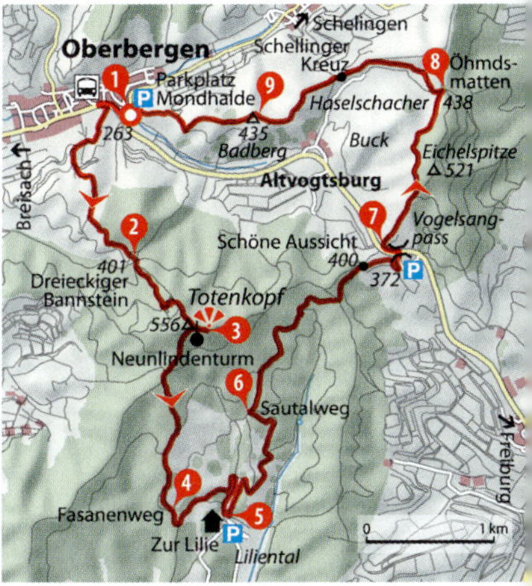


**Fasanenweg (4)**. Wir biegen nach rechts ab Richtung Gasthof Lilie und gelangen, einer Linkskurve folgend, an einem Trafohäuschen vorbei zum Wegenetz des Liliental-Parks. Orchideenwiesen gleich am Anfang, Streuobstgehölze und Blauglockenbäume folgen. Infotafeln geben Aufschluss über die Vegetation. An der Kreuzung Hüttenweg halten wir uns rechts und sind nach wenigen Minuten am **Gasthaus Zur Lilie (5)** angekommen, mit Terrasse, schönem Brunnen sowie angrenzendem Spielplatz.

Auf dem zweiten Teil unserer Runde wollen wir zum Mammutbaum-Wald am Nordrand des Parks. Dazu gehen wir vom Brunnen aus rechts am Gasthof vorbei und nach wenigen Schritten am Gebäude des Forstamts links vorbei. Wir folgen den Hinweisschildern zu Pfad 1 und Pfad 2 auf einen Trampelpfad zum Parkgelände. Leicht ansteigend, zwischen beschilderten Baumexoten hindurch, schwenkt der Pfad nach knapp 5 Min. nach links, während wir auf einer Treppe geradeaus zu einem etwa 3 m höher gelegenen Spazierweg gelangen. Er ist mit der gelben Raute markiert. Wir schwenken nach rechts und stoßen 2 Min. später auf eine Weggabelung in Höhe eines Picknickplatzes auf der rechten Seite. Wir folgen dem geradeausführenden Weg (Pfad 2),

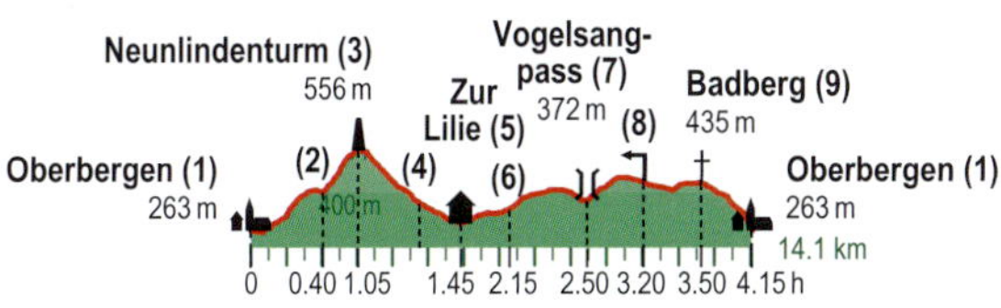

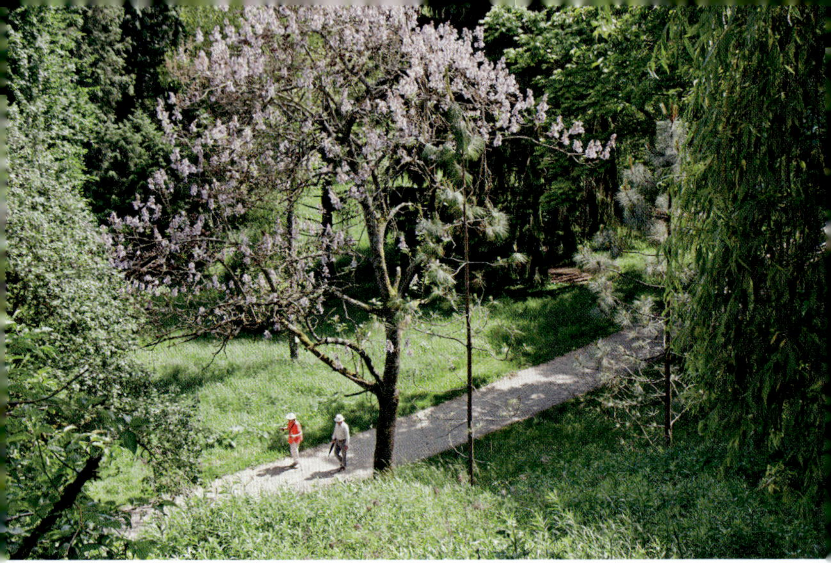

*Blauglockenbaum im Lilientalpark.*

der uns nun an einem nach rechts abfallenden Hang an einer Wildapfelwiese entlang bis zu einer weiteren Gabelung in Höhe eines Eschenhains führt. Hier halten wir uns links. Wenig später stehen wir inmitten des kleinen Waldstücks mit hochstämmigen, dicht an dicht wachsenden Mammutbäumen. Zwischen den Baumriesen hindurch gelangen wir zum **Sautalweg (6)**, auf den wir nach rechts abbiegen. 15 m weiter entdecken wir auf der linken Seite einen Trampelpfad, nur mit einem Nordic-Walking-Symbol gekennzeichnet. Wir folgen ihm durch die »Romantische Hohlgasse« Richtung Vogelsangpass. Der Lösspfad endet am Hundskehlweg, auf dem wir nach rechts einfädeln. Gut 20 Min. lang bleiben wir auf diesem breiten Forstweg, biegen am Wegweiser an der Hasenbeinmatte links ab, gelangen zur Kreuzung Schöne Aussicht und folgen von dort nach rechts dem Neunlindenpfad zum **Vogelsangpass (7)** hinunter.
Nach Überqueren der Landstraße steigen wir vom Pass zu den Wildblumenwiesen am Haselschacher Buck hinauf und gehen Richtung Eichelspitze und Katharinenkapelle mit freiem Ausblick nach Westen zu den Badbergkuppen und den kleinen Kaiserstuhlgemeinden. Am Wegweiser **Öhmdsmatten (8)** biegen wir nach links auf den Badbergpfad, der uns oberhalb eines gepflasterten Weinbergwegs zum Schelinger Kreuz und über die Kreuzung hinweg auf dem Rücken des **Badbergs (9)** zurück zum Parkplatz Mondhalde in **Oberbergen (1)** führt.

2.30 Std.

# Rund um Bickensohl 26

## *Kleine Wanderung auf dem Lösshohlwege-Pfad*

*Viele der Lössgassen am Kaiserstuhl wurden im Zuge der Flurbereinigung in den 1960er- und 1970er-Jahren zerstört. Großterrassen entstanden, die eine möglichst wirtschaftliche Nutzung der Rebflächen gewährleisten sollten. Die noch verbliebenen Lösshohlwege wurden glücklicherweise unter Naturschutz gestellt. Einige besonders schöne, darunter die etwa 300 Meter lange Eichgasse, finden wir in der Umgebung von Bickensohl. Der kleine, versteckt im Eschbachtal gelegene Ort ist Ausgangspunkt unserer Entdeckungsrunde.*

**Ausgangspunkt:** Bickensohl, Bushaltestelle Im Riedgarten, 264 m, Busanbindung von Breisach nur Mo–Fr: von Freiburg Hbf. mit der BSB nach Breisach, dort umsteigen in den Bus Nr. 104 nach Bickensohl, Haltestelle Riedgarten. Bei Anfahrt mit dem Pkw von Oberrotweil kommend,100 m nach dem Ortsschild in die Nebenstraße Im Riedgarten abbiegen und in der Nähe der Bushaltestelle parken (im Ortszentrum sind Parkmöglichkeiten rar).
**Höhenunterschied:** 230 m.
**Anforderungen:** Bequeme Wanderung auf Wald-, Wirtschafts- und Wiesenwegen, nur kurze Steilanstiege. Markierung mit dem Hinweisschild zum Lösshohlwege-Pfad.
**Einkehr:** Landhotel Rebstock, Bickensohl (geöffnet Mo–Fr ab 17.30 Uhr, Sa und So ab 12 Uhr, Mi Ruhetag).

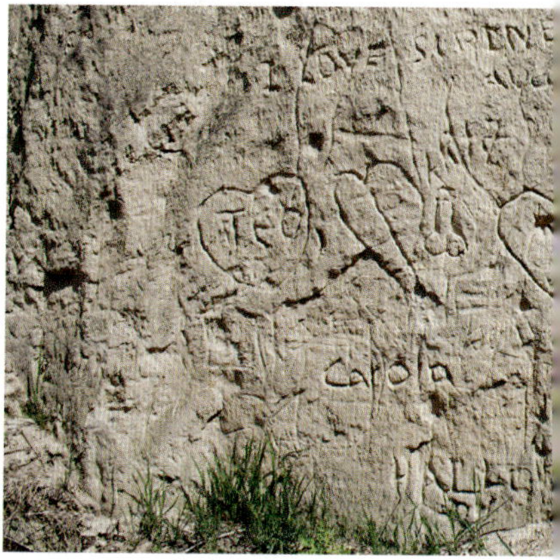

*Lösswand in der Eichgasse.*

Der Lösshohlwege-Pfad von Bickensohl ist gut ausgeschildert. Wir folgen ihm entgegen dem Uhrzeigersinn und bewahren uns den Höhepunkt der Runde, die Eichgasse, bis zum Schluss auf. Von der Bushaltestelle Im Riedgarten in **Bickensohl (1)** gehen wir durch die gleichnamige Straße etwa 150 m ortsauswärts Richtung Oberrotweil, bis sie nach rechts abknickt, während wir nach links auf einen zu einem Pferdestall führenden Wirtschaftsweg schwenken. Wir folgen ihm etwa 3 Min. lang, überqueren den kleinen Eschbach, und steigen nach links auf einem Wiesenweg hinauf zur Wegekreuzung am Hönig. Wir überqueren sie, halten uns Richtung Blachengasse und gelangen zu den Terrassen auf dem Roggenberg. Mit schönem Ausblick zu den Obstgärten im etwas tiefer gelegenen Ellenbachtal geht es sogleich wie-

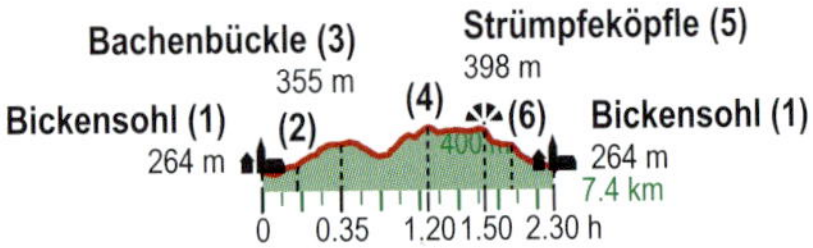


der hinunter zur Achkarrer Straße. Wir überqueren sie und finden uns in der **Blachengasse (2)** wieder, dem ersten Hohlweg auf unserer Runde. Er ist mit Rasensteinen gegen Erosion gepflastert und wird von den Winzern noch als Verbindungsweg zu den Rebfluren am Bitzenberg genutzt. Wir erreichen ein kleines Plateau am Wingstel-Wegweiser auf der rechten Seite mit einer Picknickbank und schöner Sicht bis Oberrotweil und zum Vogesenkamm. Weiter geht es geradeaus durch die Reben, nun häufig den Funkturm auf dem Totenkopfgipfel vor Augen.

Am Wegeknoten **Bachenbückle (3)** gehen wir rechts weiter, aufwärts, an einem Wanderparkplatz vorbei bis zum Wegweiser am Rischbühl. Links zweigt ein schmaler, unscheinbarer Trampelpfad ab, dem wir in den Wald hinunter folgen. Er verengt sich zu einem weiteren Hohlweg, schattig und laubbedeckt. Die Böschungen sind mit hohen Buchen bewachsen. Wir gelangen zum Festplatz vor der Ensentalhütte, überqueren ihn, gehen ein Stück den Zufahrtsweg hinunter und schwenken auf einen Wiesenweg schräg rechts hinauf. Er führt an Rebstöcken vorbei zu einer schmalen Rampe mit Geländer. Wir steigen hinab zu ein paar Wohnhäusern in den **Obermatten** am Ortsrand von Bickensohl und von dort am gleichlautenden Wegweiser auf einem Wirtschaftsweg rechts hinauf zum Halbuck und zu einem weiteren Wirtschaftsweg, dem wir ebenfalls nach rechts Richtung Adlerhorstsattel bis zum **Rossläger (4)** im Wald folgen. Wir biegen nach links, gehen bis zum Dachsbuck, biegen erneut links auf offenes Rebengelände und gelangen zum Aussichtspunkt **Strümpfeköpfle (5)** mit überdachtem Picknickplatz und bestem Blick über die Rebterrassen von Bickensohl, die Rheinebene und die Vogesen.

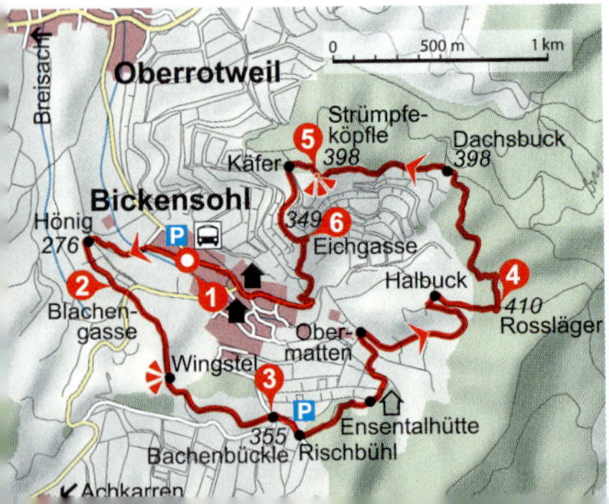


Steil geht es anschließend hinunter zum Wegweiser Käfer, links weiter Richtung Eichgasse, an Arnos Hütte vorbei und auf dem nach wenigen Schritten folgenden Querweg erneut nach links knapp 4 Min. lang bis zum Wegweiser Geise. Nun scharf nach rechts auf einen grasbedeckten Feldweg zum oberen Eingang in die **Eichgasse (6)**, nur ein paar Meter vom Geise-Abzweig entfernt. Zunächst sind die Bö-

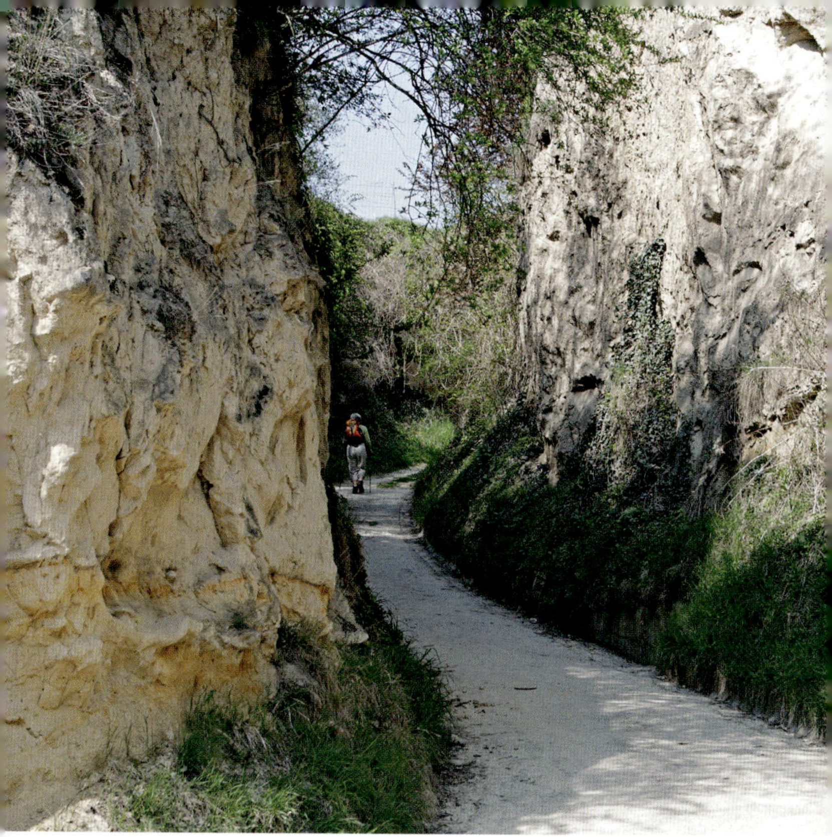

*In der Eichgasse.*

schungen noch dicht bewachsen, dann tritt der reine Löss zum Vorschein, mit immer steileren Seitenwänden, am Ende bis zu 10 m hoch. Wir entdecken Lösshöhlen, die früher oft als Lagerstätte genutzt wurden, und kleine Löcher in den Wänden, in denen sich Goldwespen verkriechen. Überall sieht man von Menschenhand in die weiche Oberfläche der Lösswände eingeritzte Gravuren. Am unteren Ende der Eichgasse angekommen, biegen wir rechts ab in die Hohlgasse, hinunter zur Ortsmitte und schließlich rechts durch die Neunlindenstraße, an der Winzergenossenschaft Bickensohl vorbei, zurück zum Ausgangspunkt an der Bushaltestelle Im Riedgarten in **Bickensohl (1)**.

# 27 Oberrotweil – Achkarren – Bickensohl

**4.15 Std.**

## *Rundwanderung auf Kaiserstühler Themenpfaden*

*Etwa 140 Kilometer lang ist das Wegenetz der Kaiserstühler Themenpfade. Tiere, Pflanzen und kulturelle Stätten standen für die Namensgebung Pate. Farbige Hinweisschilder markieren die einzelnen Streckentouren, über 120 Informationstafeln bieten Wissenswertes über Fauna, Flora und Kultur. Teilstrecken von dreien dieser Pfade (Wiedehopf-, Knabenkraut- und Bienenfresserpfad) kombinieren wir auf unserem Rundweg zu einer Tour, bei der wir, ausgehend von Oberrotweil, die Winzerorte Achkarren und Bickensohl streifen.*

**Ausgangspunkt:** Oberrotweil, Bahnhof, 206 m. Anfahrt werktags von Freiburg Hbf. mit der BSB nach Breisach, Weiterfahrt mit der SWEG-Bahn bis Oberrotweil, Bahnhof; samstags mit der BSB nach March/Hugstetten, von dort mit dem Bus nach Oberrotweil. Sonntags von Freiburg Hbf. mit der BSB nach Gottenheim, Weiterfahrt mit dem Bus nach Oberrotweil, Haltestelle Post, von dort noch 200 m zu Fuß zum Bahnhof.

**Höhenunterschied:** 370 m.

**Anforderungen:** Wanderung mit wechselnden Wegqualitäten, zumeist auf Waldpfaden, Wirtschaftswegen und grasbedeckten Feldwegen. Markierung: farbige Hinweisschilder der Themenpfade und gelbe Raute.

**Einkehr:** Unterwegs keine. In Oberrotweil mehrere Gasthäuser, u. a. Gasthaus Bären neben der Johanniskirche (geöffnet Mi–So ab 12 Uhr, Mo und Di Ruhetag).

Vom kleinen, am Westrand von **Oberrotweil (1)** gelegenen Bahnhof starten wir unsere Tour auf dem Wiedehopfpfad, dem ersten der drei Themenpfade unserer Runde. Wir folgen dem gleichlautenden Wegweiser, gehen links etwa 50 m bis zur Bahnhofstraße (L 115) und rechts am Straßenrand entlang Richtung Ortsmitte, an der Winzergenossenschaft vorbei bis zu einer kleinen Kapelle. Dahinter biegen wir rechts in den Kirchweg und nach wenigen Schritten links ab auf einen schönen Hohlweg, leicht ansteigend, zu den Rebfluren an der Schießgass. Der Weg setzt sich über die Station Bildstöckle bis zur Kreuzung am **Katzenstein (2)** fort und führt uns anschließend Richtung Schneckenberg weiter. Abwechselnd über offenes Gelände und durch kleine Waldabschnitte durchstreifen wir in leichtem Auf und Ab das Naturschutzgebiet Ebnet. Breisach ist von vielen Punkten aus in der Ferne zu erkennen. Wir erreichen die Wegverzweigung Am Schneckenberg, biegen rechts ab Richtung Schlossberg/Achkarren und folgen am **Hofacker Kreuz** dem Wirtschaftsweg nach rechts, ebenfalls Richtung Schlossberg. Gut 200 m vom Hofacker Kreuz entfernt steigen wir scharf links auf einem Trampelpfad Richtung »Lourdes-Grotte« einen Hang hinauf. Hier verlassen wir kurz den Wiedehopfpfad, der Gipfel des Schlossbergs ist unser Ziel. Wir passieren die Lourdesgrotte, mit einer kleinen, in einer Felsnische platzier-

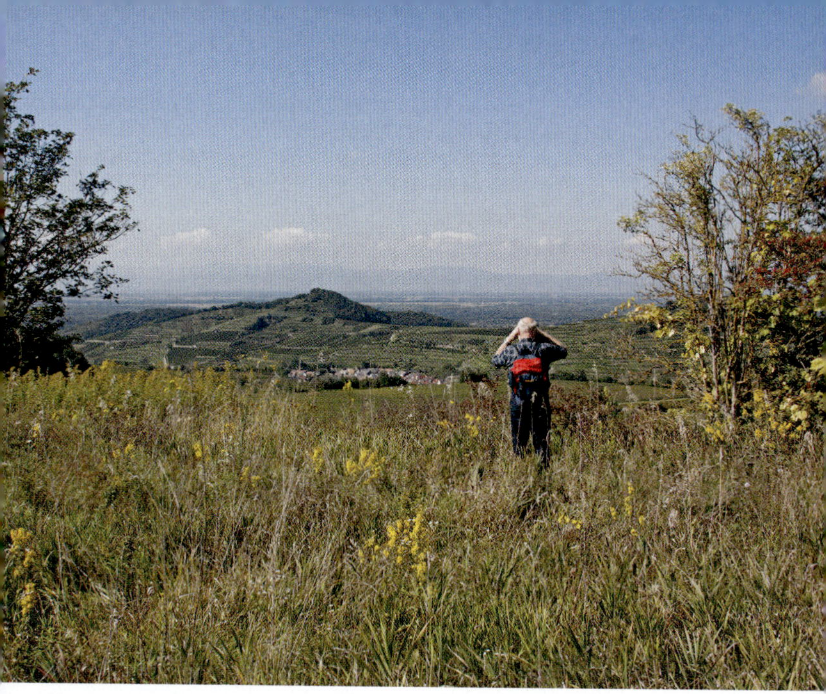

*Ausblick zum Schlossberg bei Achkarren.*

ten Marienstatue, und sind wenige Minuten später auf dem **Schlossberg (3)** angelangt, etwa 150 m höher gelegen als der benachbarte Winzerort Achkarren. Ein überdachter Sitzplatz, ein paar Mauerreste der mittelalterlichen Burg Höhingen und ein schöner Ausblick über Achkarren bis nach Breisach und über die Rheinebene erwarten uns.
Vom Gipfel geht es nun zunächst Richtung Achkarren-Kirche, an der folgenden Wegverzweigung rechts Richtung Hofacker und bei der unmittelbar danach folgenden Verzweigung nach links zum Wiedehopfpfad Richtung Ritterfelsen. Der Weg verläuft steil am Südhang des Schlossbergs hinunter, an

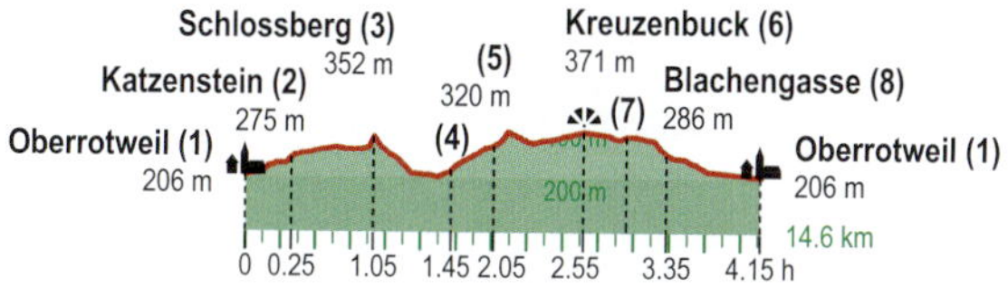

Flaumeichen vorbei bis zu einem alten Steinbruch, in dem das Material für die Burg Höhingen geschlagen wurde. Am Wegweiser Hinterschloss biegen wir scharf links auf einen schattigen Waldpfad Richtung Büchsenberg, halten uns an der folgenden Verzweigung Am Römerweg links Richtung Sommertal und gelangen zur Landstraße hinunter, die Achkarren mit seinem auswärtsliegenden Bahnhof verbindet. Wir überqueren die Straße und steigen zur Kreuzung am **Galgenbühl (4)** am Rande eines kleinen Waldstücks empor. Erneut verlassen wir den Wiedehopfpfad, der nach rechts abbiegt, bleiben geradeaus und folgen den Hinweisen zum »Böhmisch Berg Kreuz«. Dort angekommen, biegen wir links ab Richtung Blankenhornsberg, gehen über eine Kuppe hinweg und halten uns nach wenigen Schritten erneut links, aufsteigend, zunächst zum Kohlplatz und kurz darauf zum **Hochbuck (5)**.
Hier stoßen wir auf den Knabenkrautpfad, der sich auf 21 km Länge von Breisach durch das Liliental bis nach Bötzingen schlängelt. Wir folgen ihm nach links Richtung Kreuzenbuck und gelangen auf schönem Waldpfad durch ei-

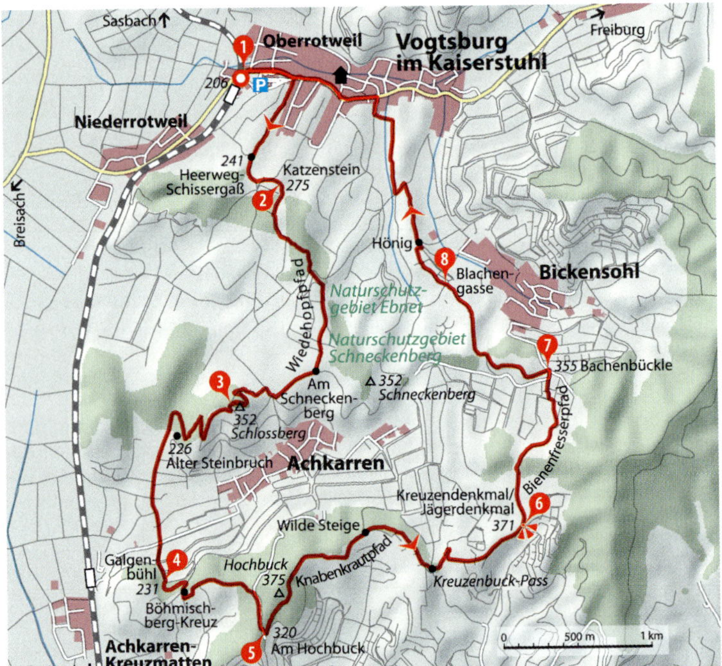

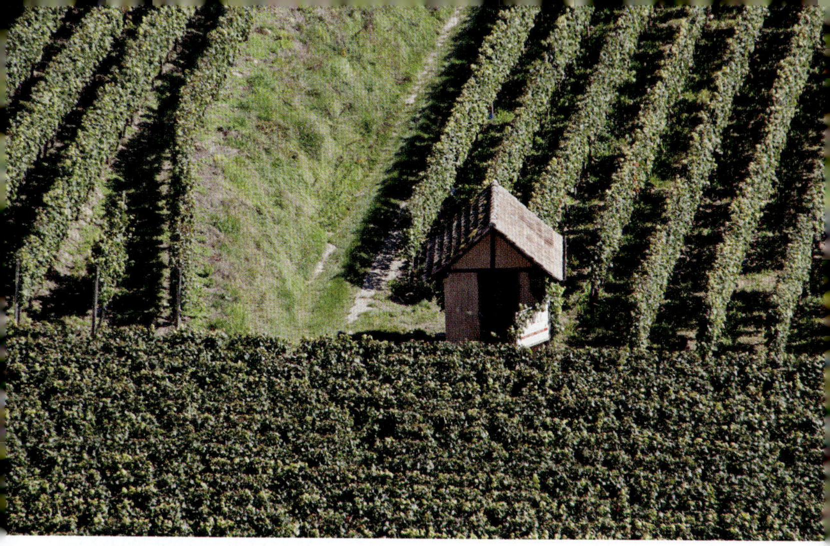

*Reben an der Wilden Steige.*

nen Buchenwald hindurch zu den sonnigen Rebterrassen der Ihringer Winzer. Die Fernsicht reicht bis Freiburg. An der Wilden Steige vorbei geht es nun zum Kreuzenbuckpass. Wir überqueren die Passstraße und steigen auf aussichtsreicher Strecke zum **Kreuzenbuck (6)** hinauf, auf dem sich unsere Route mit dem Bienenfresserpfad kreuzt. Er verläuft von Ihringen bis hinauf nach Königschaffhausen. Etwas erhöht, auf der rechten Seite des Weges gibt es einen schönen Aussichtsplatz mit einer Sitzbank unter schattigen Bäumen. Wir folgen dem Bienenfresserpfad nach links Richtung Bickensohl und erreichen die Wegverzweigung **Bachenbückle (7)** mit Ausblick auf den kleinen Winzerort Bickensohl. Schräg links setzen wir die Runde zum Schiebebuck fort, gehen durch die sich anschließende **Blachengasse (8)**, einem langen Lösshohlweg, hinunter zur Achkarrer Landstraße und auf der gegenüberliegenden Straßenseite wieder hinauf zu den Rebterrassen auf dem Roggenberg. Am Wegweiser Hönig wenden wir uns scharf links Richtung Ellenbuch. Auch dies ist im unteren Teil ein Lösshohlweg, der an einem asphaltierten Wirtschaftsweg endet. Wir biegen nach links und 200 m weiter, am Wegzeichen Ellenbuch, nach rechts ab Richtung Johanniskirche/Oberrotweil. Gut 20 m vor diesem Abzweig entdeckt man eine etwas versteckte, begehbare Lösshöhle, ebenfalls auf der rechten Seite. Wir erreichen die Ellenbuchstraße am Ortsrand von Oberrotweil, biegen nach rechts zur Hauptstraße und folgen ihr nach links durch die Ortsmitte, an der Johanniskirche vorbei zurück zum Bahnhof von **Oberrotweil (1)**.

TOP **28**

# Auf dem Kaiserstuhlpfad von Endingen nach Ihringen

**6.30 Std.**

## Die Nord-Süd-Durchquerung des Kaiserstuhls

*Seit Frühjahr 2010 zählt der Kaiserstuhlpfad zu den mit dem Gütesiegel »Qualitätsweg Wanderbares Deutschland« zertifizierten Wanderwegen. Die Besonderheiten des Pfades, seine naturbelassene Wegbeschaffenheit mit hohem Anteil an Löss- und Rebflurwegen, viele Aussichtspunkte, die abwechslungsreiche Landschaft und gute Wegmarkierungen gehörten zu den positiv bewerteten Kriterien der Jury. Wir folgen auf dieser Tagestour dem Wegverlauf in voller Länge. Abkürzungen sind möglich.*

**Ausgangspunkt:** Bahnhof Endingen, 186 m. Anfahrt von Freiburg mit der BSB Richtung Breisach, Haltestelle Gottenheim, umsteigen in den SWEG-Zug nach Endingen, Bahnhof.
**Endpunkt:** Ihringen Bahnhof, 196 m. Rückfahrt mit dem Zug nach Endingen.
**Höhenunterschied:** 740 m im Aufstieg, 730 m im Abstieg.
**Anforderungen:** Wegverlauf auf Wald- und Lösspfaden sowie Reb- und Wirtschaftswegen, im Sommer streckenweise heiß; Markierung: Emblem des Kaiserstuhlpfads (auf Hinweisschildern des Schwarzwaldvereins geklebt, Größe: etwa 4 x 6 cm).
**Einkehr:** Kiosk an der Katharinenkapelle; Landhotel Rebstock, Bickensohl (geöffnet Di ab 17.30 Uhr, Mi und Do ab 14 Uhr, Fr–So ab 11.30 Uhr, Mo Ruhetag); Gasthaus Lenzenberg bei Ihringen (geöffnet Feb.–Okt., Fr–Mo 11–18 Uhr, Di, Mi und Do Ruhetag).
**Variante:** Ab Adlerhorstsattel direkt nach Ihringen auf dem Neunlindenpfad, zum Lenzenberg und weiter nach Ihringen, die Gehzeit verkürzt sich um ca. 1.15 Std.
**Tipp:** Historische Altstadt von Endingen.

Die 1. Etappe unserer Wanderung führt von **Endingen (1)** zum Katharinenberg. Vom Bahnhof, die Gleise im Rücken, gehen wir links ein paar Schritte auf der Karl-Lösch-Straße, dann rechts durch das St. Jakobsgässli, am Bürgeramt vorbei und durch eine kurze Fußgängergasse zur Hauptstraße in der Endinger Altstadt. Rechts ist das Königschaffhauser Stadttor zu sehen, das letzte gut erhaltene von einst vier Stadttoren. Wir biegen nach links und kurz darauf nach rechts ab, über den Marktplatz hinweg, am alten Rathaus und der St.-Martin-Kirche vorbei bis zur Stollbruckstraße. Wir folgen ihr rechts

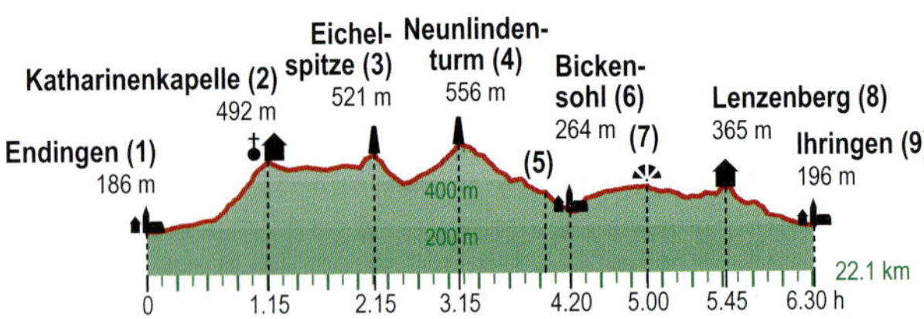

entlang bis zur Kreuzung Bahlinger Weg/Konrad-Adenauer-Straße, überqueren sie und gehen auf dem gegenüber einmündenden Freiburger Weg auf der rechten Seite zu einer Infotafel, auf der der Wegverlauf des Kaiserstuhl- und des Neunlindenpfads abgebildet sind. Gleich hinter der Tafel biegen wir rechts in den Augustaweg, passieren die Marienkapelle auf der linken Seite und gehen auf einem Fußweg geradeaus zur Wohnstraße Im Erle, während der Augustaweg nach rechts abknickt. Wir fädeln geradeaus auf die Straße ein, gehen an Endingens Freizeitgelände mit Tennis- und Minigolfplatz entlang, passieren die Zufahrt zum Freizeitgelände und den **Erleweiher** auf der linken Seite. Gleich hinter dem Teich verlassen wir die Straße und biegen links auf einen Trampelpfad Richtung Bahlinger Eck. Der Pfad führt quer über eine mit großen Platanen bepflanzte Grünfläche. Ein weiterer kleiner Weiher ist auf der rechten Seite zu sehen. Nun geht es auf einem sehr schönen von Kastanien gesäumten Spazierweg durch die Feuchtwiesen des Erletals. Am Hinweisschild Beim Erleloch biegen wir rechts ab auf einen Pfad Richtung Katharinenkapelle, schlängeln uns zunächst in Serpentinen durch lichten Buchenwald aufwärts und gelangen schließlich auf Forstwegen über die Stationen Holzplatz, Neuer Weg und Seilnachtkreuz zur **Katharinenkapelle (2)** auf dem Katharinenberg.

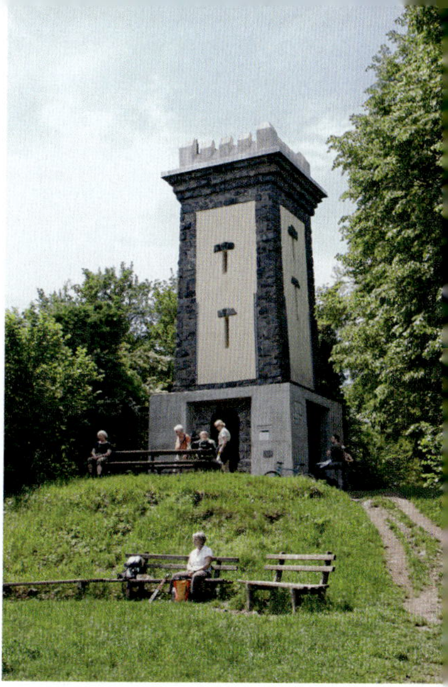

*Der Neunlindenturm.*

Die 2. Etappe unserer Tour führt von der Katharinenkapelle zur Eichelspitze. Wir gehen zunächst ein paar Schritte auf demselben Weg zurück bis zum Wegweiser Bei der Katharinenkapelle, von dort geradeaus, anfangs etwas steil, kurz darauf aber wieder angenehm leicht bergab Richtung Eichelspitzturm. Ein schöner Wegabschnitt, teilweise durch Buchenwald, teilweise über offene Wiesenflächen mit Ausblick über die Weinbauterrassen und die bewaldeten Hänge von Schelingen. Wir überqueren die Bahlinger Landstraße und erreichen die Trockenrasengebiete der Badbergregion. Am Wegpunkt Öhmdsmatten leiten wir unseren Abstecher zur Eichelturmspitze ein. Wir biegen dazu nach links und gleich nach 20 Schritten wieder nach rechts ab, gehen an der Robert-Meier-Schutzhütte vorbei und auf dem mit roter Schran-

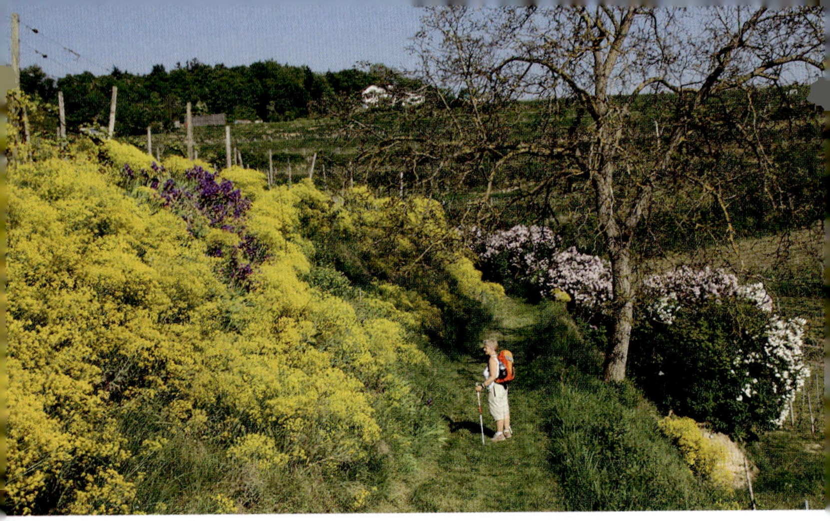

*Auf dem Weg zum Gasthaus Lenzenberg.*

ke für Fahrzeuge gesperrten Forstweg hinauf zur **Eichelspitze (3)**. Von der fast 30 m hohen, über die Baumkronen ragenden Plattform des Turms hat man einen herrlichen Ausblick zur Rheinebene, nach Eichstätten und zu den kleinen Kaiserstuhlgemeinden. Wer den Aufstieg zur Eichelspitze umgehen möchte, geht bei Öhmdsmatten geradeaus und stößt kurz danach wieder auf die Hauptroute.

Die 3. Etappe der Tour führt zum Neunlindenturm am Totenkopf-Gipfel. Zunächst auf steilem, verwurzeltem Pfad hinunter zum Neunlindenpfad, dort angekommen links weiter über die Wiesen am Haselschacher Buck zum Vogelsangpass hinunter und nach Überqueren der Bötzinger Landstraße auf der anderen Seite wieder hinauf zum Wegeknoten Schöne Aussicht. In der Ferne, Blickrichtung Osten, sind deutlich die Wohnhäuser von Freiburgs westlichen Stadtteilen zu sehen. Von den fünf Wegen, die an der Schönen Aussicht zusammentreffen, wählen wir den zweiten von links Richtung **Neunlindenturm (4)**. Wir erreichen ihn nach steilem, anstrengendem Aufstieg. Auch hier lohnt sich der Gang nach oben, denn erneut haben wir von der Turmplattform ringsum freie Sicht über die Vulkanlandschaft des Kaiserstuhls.

Die 4. Etappe bringt uns nach Bickensohl. 200 m hinter dem Neunlindenturm biegen wir an der Wegkreuzung Beim Neunlindenturm nach links Richtung Adlerhorstsattel. Wir erreichen den gleichlautenden Wegweiser nach etwa 400 m leichten bergabs an einer Verzweigung. Wem die Gesamtstrecke des Kaiserstuhlpfads zu lang ist, der bleibt nun geradeaus auf dem Neunlindenpfad bis nach Ihringen. Wir biegen hingegen scharf rechts auf einen Forstweg Richtung Bickensohl. Bevor er in eine asphaltierte Straße mündet, entdecken wir auf der linken Seite eine Leitplanke und links daneben die gelbe Raute, die uns auf einen Trampelpfad weiter abwärts in den Buchenwald führt, ohne dass wir die Straße betreten müssen. Der Pfad endet am Dachsbuck und führt am Rande der Bickensohler Rebterrassen leicht aufwärts zum Aussichtspunkt **Strümpfeköpfle**, von dort wieder hinab zum Abzweig Käfer und nach links Richtung Eichgasse. An Arnos Hütte vorbei stoßen wir auf das Wegzeichen **Geise (5)**, an dem wir scharf rechts zum oberen Einstieg der Eichgasse gelangen. Der mehr als

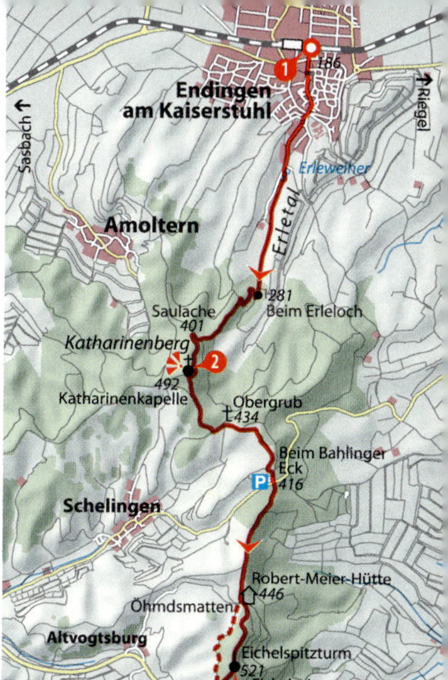


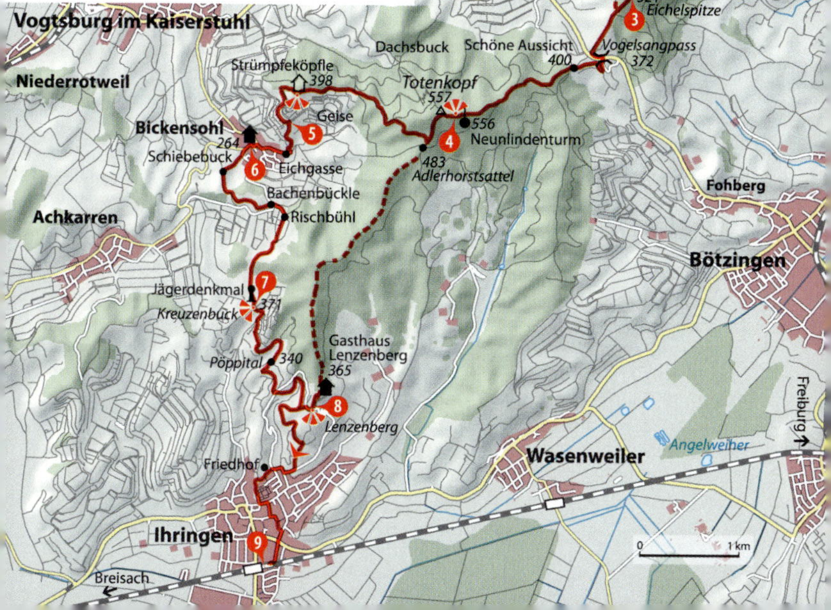

300 m lange Lösshohlweg ist ein Höhepunkt der Bickensohl-Etappe. Die Ortsmitte von **Bickensohl (6)** erreichen wir, nachdem wir aus der Eichgasse rechts durch die Hohlgasse zur Achkarrer Straße gelangen.
Die 5. Etappe führt nun von Bickensohl über den Lenzenberg bis nach Ihringen. Auf der Achkarrer Straße geht es nach links aus Bickensohl hinaus, an Kirche und Rathaus vorbei, bis die Straße nach rechts abknickt. Wir gehen geradeaus auf einem Rasenpflasterweg steil hinauf Richtung Kreuzenbuck. Am Wegweiser Schiebebuck halten wir uns links, passieren den Aussichtsplatz am Wingstel und gelangen zum Wegeknoten am Bachenbückle. Wir gehen geradeaus, an einem Wanderparkplatz vorbei bis zum Wegweiser am Ritschbühl und biegen nach rechts ab Richtung Lenzenberg. 15 Min. brauchen wir von hier durch die Rebenlandschaft bis zur Wegverzweigung am **Kreuzenbuck (7)**. Etwas erhöht auf der Böschung steht hier unter einer kleinen Baumgruppe eine Sitzbank mit schöner Aussicht über die Ihringer Weinberge.
Von den beiden links abzweigenden Wirtschaftswegen folgen wir dem zweiten, abwärtsführenden Weg Richtung Gasthaus Lenzenberg. Nach etwa 1 km Wegstrecke ist das Hinweisschild Pöbital erreicht. An der kurz darauf folgenden Gabelung geht es links auf den Knabenkrautpfad, der uns durch die Reben zu einer Straße führt, auf der man mit dem Pkw links entlang zum Gasthaus Lenzenberg gelangt. Wir folgen der Straße in diese Richtung etwa 30 m weit, biegen dann nach rechts auf einen Wiesenpfad und erreichen wenig später den Wegweiser Am Lenzenberg. Von hier sind es noch gut 300 m links hinauf zur **Gaststätte Lenzenberg (8)**. Auch für diesen Abstecher lohnt sich die Mühe. Das Lokal mit Kleintiergehege, Spielplatz, großer Freifläche und großartigem Ausblick ist eines der beliebtesten Ausflugsziele im Kaiserstuhl.
Wir kehren zurück zum Wegweiser Am Lenzenberg, gehen geradeaus weiter, folgen den gelben Rauten zur Oberen Dullahütte und biegen wenig später in einen sehr schmalen, dunklen Hohlweg auf der rechten Seite. Der mit Steinstufen gefestigte, mit stählernem Handlauf gesicherte Pfad wurde in früheren Jahren als Lenzenbergaufstieg genutzt. Wir überqueren einen kleinen Platz am Wendelineck und steigen weiter hinab durch eine ebenso schmale Klamm, die an einer asphaltierten Straße am Ortsrand von Ihringen endet. Rechts entlang stoßen wir auf eine Querstraße, biegen erneut nach rechts ab, leicht aufwärts, etwa 50 m weit, und gehen links weiter bis zum Wegzeichen Schlichten. Wir halten uns rechts, passieren den Friedhof und erreichen die Ihringer Hauptstraße. Dort halten wir uns links, biegen nach wenigen Schritten rechts in den Schulweg und am Wegweiser Hinterhöf links auf einen Fußweg. Nun noch an einem Schulsportgelände vorbei, über den angrenzenden Parkplatz hinweg bis zur Scherkhofer Straße, dann schließlich rechts entlang bis zum Bahnhof von **Ihringen (9)**.

*Der obere Einstieg in die Eichgasse.*

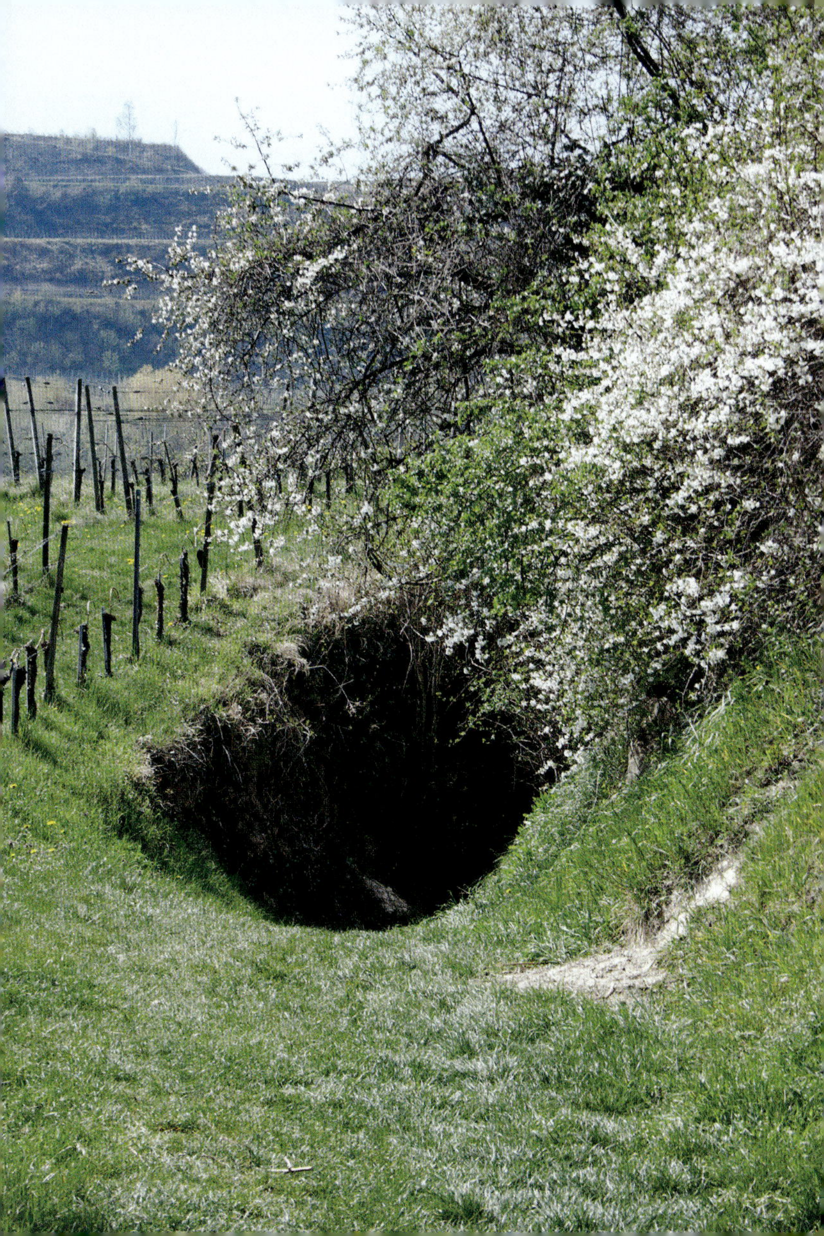

# 29 Rund um Burkheim

2.45 Std.

## Durch die Auenlandschaft zwischen Rhein und Kaiserstuhl

*Von Breisach im Süden bis Offenburg im Norden erstreckt sich eine einzigartige Auenlandschaft entlang der deutschen Seite des Rheins. In dem von vielen Wasserläufen des Altrheins durchzogenen Landstrich, durch einen Damm vom schiffbaren Teil des Rheins getrennt, konnte sich über Jahre eine artenreiche Flora und Fauna entwickeln. Besucher entdecken diese Welt zumeist mit dem Fahrrad oder im Ruderboot, wir machen es mit einer Wanderung auf verschlungenen Pfaden. Ausgangspunkt der Tour ist Burkheim. Der kleine Ort am Rande des Kaiserstuhls gefällt durch seinen mittelalterlich geprägten Ortskern mit Bürger- und Fachwerkhäusern, Stadttor und Schlossruine.*

**Ausgangspunkt:** Wanderparkplatz Im Bündle, Burkheim, 218 m. Anfahrt mit dem Pkw auf der L 113 nach Burkheim, in die Winzerstraße abbiegen und vor dem Stadttor rechts durch die Bündlegasse zum Parkplatz am oberen Ortsrand. Bei Anfahrt mit ÖPNV: Von Freiburg mit der BSB, Richtung Breisach, in Gottenheim umsteigen in den SWEG – Zug Richtung Endingen, in Bötzingen Bf. umsteigen in den Bus 295 bis Burkheim Mühlenstraße, von dort zu Fuß noch ca. 10 Min. bis zum Parkplatz.

**Höhenunterschied:** 120 m.

**Anforderungen:** Wanderung nur anfangs mit leichten Steigungen in den Burkheimer Rebfluren, in den Rheinauen zumeist auf ebenem Gelände auf Waldwegen. Im Sommer an Mückenschutz denken! Markierung: vorwiegend gelbe Raute.

**Einkehr:** In Burkheim verschiedene Gasthäuser und Cafés.

**Tipp:** Bummel durch den mittelalterlichen Ortskern von Burkheim, Kräuterhof im Plonweg nahe der Hänfer Brücke.

Vom Wanderparkplatz am oberen Ortsrand von **Burkheim (1)** folgen wir dem grünen Hinweisschild des Wiedehopfpfads durch die Reben Richtung Ruine Sponeck, unserem ersten Ziel. Der gepflasterte Weg führt zunächst zu einem Pavillon mit Blick über Burkheim und die Schlossruine, von dort weiter zur Rheinhalde mit Blick über die Auenwälder des Rheins und zwischen den Reben hindurch zu einem weiteren hölzernen Pavillon mit Blick hinüber nach Frankreich. Wir folgen dem Pfad abwärts durch den Wald zum Habersattel und links weiter zum Wegekreuz Am Erlacher. Zwei unterschiedliche Routen führen von hier aus zum gleichen Ziel. Wir wählen die links abzweigende, abwechslungsreichere Variante, die uns an einem Steilhang entlang bis zur Wegverzweigung am Humberg und links hinunter zur **Ruine Sponeck (2)** führt. Die im 13. Jh. auf dem Gelände eines spätantiken Kastells errichtete Burg diente lange Zeit zur Überwachung des Fährverkehrs über den Rhein. Ein nach altem Vorbild restaurierter Turm ist heute zu sehen, ein Kräutergarten und die Mauerreste der alten Kastellanlage. Das Anwesen ist in Privatbesitz, deshalb nur nach Anmeldung zu besichtigen.

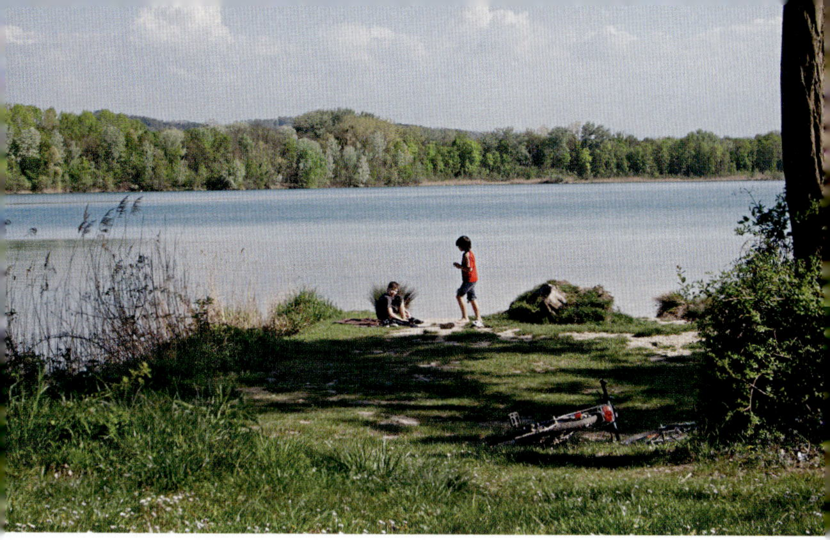

*Am Burkheimer Badesee.*

Wir stoßen auf den Parkplatz Sponeck und biegen nach links auf den geschotterten Fahrradweg, der in die Rheinauen-Landschaft führt. Wir ignorieren nach 50 m den nach rechts mit gelber Raute markierten Fußweg über eine Brücke und gelangen etwa 5 Min. später zum Wegweiser Schlosskopfgrund. Hier verlassen wir den Fahrradweg, biegen rechts ab Richtung Rheinstadion und gelangen über eine hölzerne Brücke zu einem lauschigen Plätzchen mit Angelteichen, die wir entgegen dem Uhrzeigersinn umrunden.

An der Kreuzung **Am Märle (3)** nehmen wir den Forstweg nach rechts, weiterhin Richtung Rheinstadion. Der Weg führt durch eine Öffnung im Hochwasserdamm und dahinter nach links weiter. Wir verlassen ihn allerdings nach weiteren etwa 100 m und biegen nach rechts auf einer schmalen stählernen Fußgängerbrücke über einen der Rheinarme hinweg. Ein Trampelpfad nimmt uns auf, am Sportplatz vorbei bis zu einem Schotterweg. Wir wenden uns nach links, gelangen sogleich zur großen Freifläche vor der Gaststätte des Rheinstadions, halten uns rechts und gehen direkt auf den **Rheindamm (4)** zu, dessen Krone wir auf Treppenstufen erreichen. Rechts ist das eingezäunte

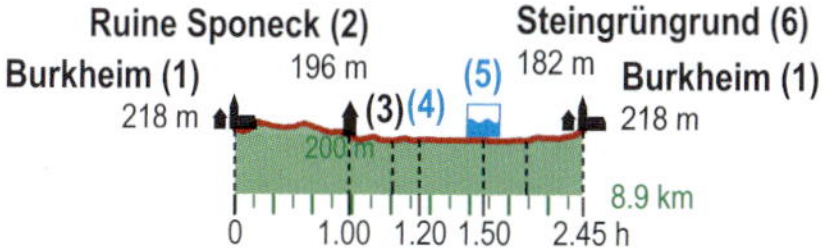

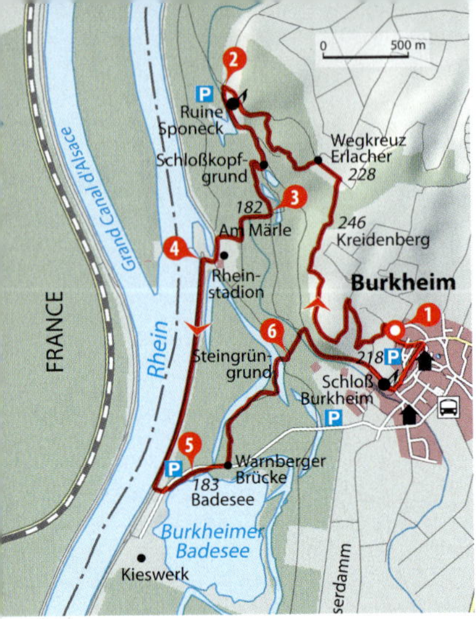


Gelände des zu Frankreich gehörenden Wehrs Marckolsheim zu sehen. Wir schwenken auf der Dammkrone nach links, gehen am Bootshafen des Nautic Clubs von Burkheim vorbei etwa 20 Min. lang bis zum weißen Poller Nr. 4. Wir steigen vom Rheindamm nach links auf Treppenstufen zu einer schmalen Brücke hinunter, überqueren auch hier einen der vielen Altrheinarme und stoßen auf die Zufahrtsstraße zum Kieswerk, dessen Schiffsverladestation in etwa 100 m Entfernung zu sehen ist.

Wir überqueren die Straße, und schon stehen wir auf der Liegewiese am **Burkheimer Badesee (5)**. Auf einen Trampelpfad gehen wir links am See entlang bis zum hinteren Ende der Liegewiese. Linksseitig verläuft die Badesee-Zufahrtsstraße, auf die wir nach rechts einfädeln. Nach etwa 80 m ist der Wegweiser Wamberger Brücke erreicht. Gegenüber, auf der linken Straßenseite, sehen wir einen Trampelpfad, der uns Richtung Burkheim durch das Naturschutzgebiet Rappennestgießen führen wird. Ein schöner Pfad durch die Auenlandschaft. In den Uferzonen des Altrheins nisten Schwäne und Enten; Reiher sind hier ebenfalls zu Hause. Der Pfad endet am **Steingrüngrund (6)** an einem Schotterweg. Wir überqueren ihn und folgen einem Fahrweg zum Klärwerk, zu sehen auf der linken Seite. Gegenüber, auf einer Wiese am Rande des Fahrwegs ein Skulpturengarten, bestückt mit skurrilen Objekten aus alten Metallteilen. Wir folgen dem Fahrweg noch bis zu einem querenden Schotterweg, biegen nach rechts ab und sind 10 Min. später wieder am Ortsrand von Burkheim mit Blick auf die **Schlossruine** angelangt. An der Hänfer Brücke wenden wir uns nach links in die mit Kopfsteinen gepflasterte Lazarus-von-Schwendi-Straße, die uns durch die alte Mittelstadt und das Ortszentrum hindurch bis zum Stadttor führt. Dort angekommen geht es links in die Gasse Am Kirchberg hinauf und zurück zum Wanderparkplatz am Ortsrand von **Burkheim (1)**.

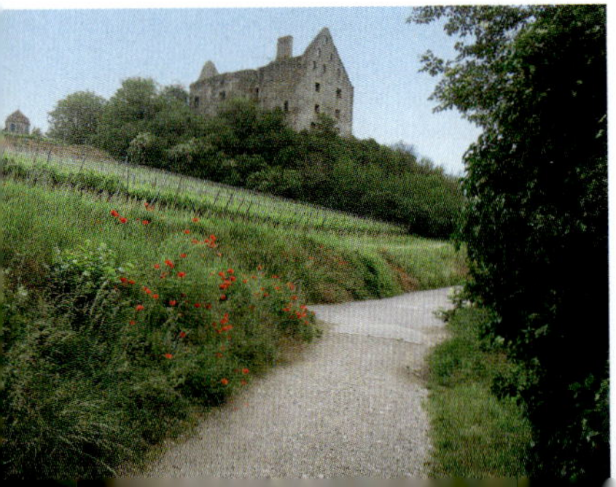

*Blick auf die Ruine Schloss Burkheim.*

2.30 Std.

# Von Sasbach zum Limberg

30

## *Wanderung im deutsch-französischen Grenzgebiet*

*1977 ließ die Gemeinde Sasbach auf ihrem Terrain am nordwestlichen Rand des Kaiserstuhls einen Wissenschaftlichen Lehrpfad einrichten. Geologische und archäologische Besonderheiten rund um den Limberg wurden illustriert, Infotafeln über Fauna und Flora aufgestellt, teilweise sogar in französischer Sprache. Viele der Tafeln sind inzwischen verblasst, auch wenn sich am wissenswerten Gehalt der Runde nichts geändert hat. Wir erweitern die Lehrpfad-Runde noch mit einem Schlenker am Rheinufer entlang.*

**Ausgangspunkt:** Sasbach Bf., 182 m. Anfahrt von Freiburg Hbf., werktags mit der RB bis Riegel, umsteigen in den Bus Nr. 102 nach Sasbach, sonntags RB bis Riegel, umsteigen in den SWEG-Zug bis Sasbach, samstags: mit der BSB nach Gottenheim, dort umsteigen in den SWEG-Zug nach Endingen, umsteigen in den Bus Nr. 105 bis Sasbach Bahnhof.
**Höhenunterschied:** 140 m.
**Anforderungen:** Leichte Wanderung auf Wald- und Wirtschaftswegen, Markierung: gelbe Raute.
**Einkehr:** Gasthaus zur Limburg, Sasbach, am Rhein (geöffnet Mi–So 11.30–14 Uhr und ab 17.30 Uhr, Mo und Di Ruhetag); Gasthaus Bürgerstube am Bahnhof in Sasbach (tägl. geöffnet ab 10 Uhr, Di und Mi Ruhetag); Kiosk zur Limburg (in der warmen Saison täglich geöffnet).
**Hinweis:** Bei Anfahrt mit dem Pkw empfiehlt sich das Parken direkt am Friedhof von Sasbach, zu erreichen von der Marckolsheimer Straße Richtung Frankreich am Ortsende von Sasbach links ab in die Stichstraße Am Damm. Dort parken. Die Gehzeit verkürzt sich auf diese Weise um ca. 15 Min.

*Blick zum Rhein.*

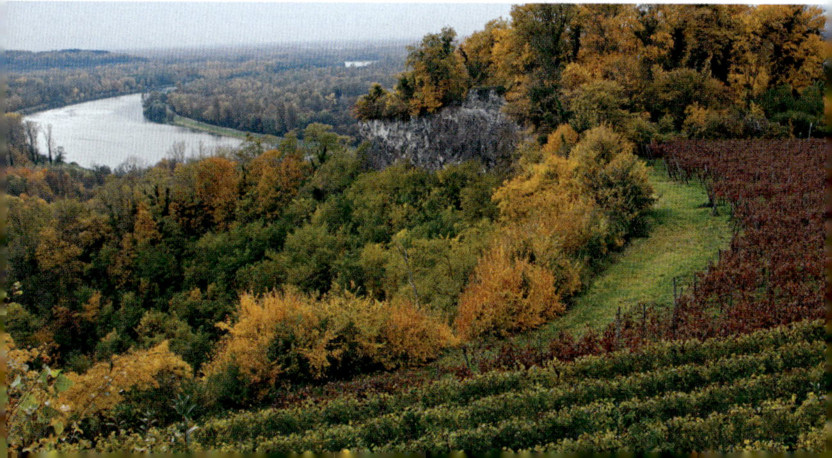

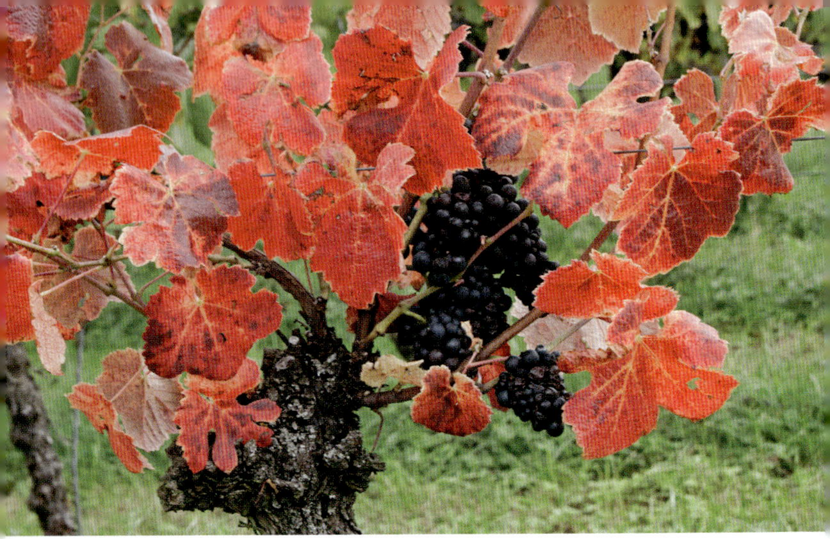

*Sasbachs Reben im Herbst.*

Vom Bahnhof in **Sasbach (1)** gehen wir auf der Hauptstraße stadteinwärts, am Rathaus vorbei bis zur Ortsmitte. Wir biegen rechts in die Marckolsheimer Straße, die zum Grenzübergang nach Frankreich führt. Direkt links neben der Straßeneinmündung liegt der kleine St.-Martin-Platz vor der Schule. Wir überschreiten den Platz, gehen durch die Hintergasse Richtung Badesee, biegen gegenüber dem Hauptzugang zum Gelände der St.-Martin-Kirche rechts ab, vor dem Eingang zum **Friedhof (2)** ebenfalls rechts ab und gehen auf der Stichstraße Am Damm am Friedhof-Parkplatz vorbei wieder zur Marckolsheimer Straße. Links neben der Straße verläuft parallel ein Fußweg, dem wir etwa 150 m weit abwärts folgen. Wir biegen nach links in den Rheinwald, überqueren eine schmale Brücke, halten uns an der folgenden Gabelung links und gelangen zum kleinen, ruhig gelegenen Sasbacher Badesee. Wir gehen rechts an seinem Ufer entlang, bis sich der Weg erneut nach rechts in den Wald fortsetzt. Nach wenigen Metern biegen wir an einer Weggabelung nach links. Über einen Hochwasserdamm und einen Altrhein-

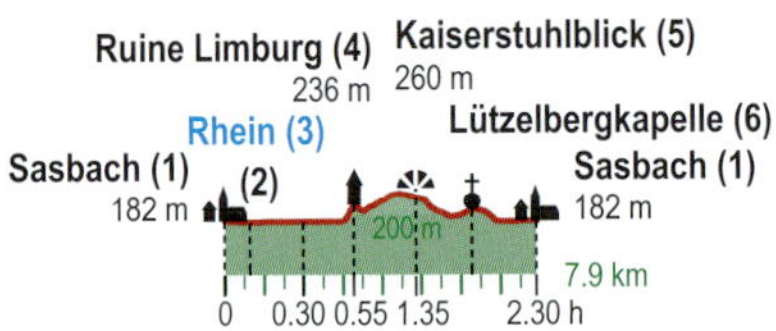

arm hinweg stoßen wir auf einen breiten Forstweg, biegen nach links und nach 50 m wieder nach rechts auf einen Pfad, der zum Ufer des **Rheins (3)** führt. Gut möglich, dass wir an dieser Stelle ein paar Jollen des Sasbacher Segelclubs auf dem Wasser entdecken.

Wir gehen auf dem Uferdamm nach rechts bis zum **Gasthaus Limburg**, mit Gartenwirtschaft und kleinem Kiosk, an der Marckolsheimer Straße gelegen, nur einen Steinwurf von der französischen Grenze entfernt. Wir folgen der Straße nach links und wechseln kurz vor dem alten Zollgebäude auf einem Zebrastreifen zur gegenüberliegenden Seite. Dort ist eine große Infotafel zum Wissenschaftlichen Lehrpfad aufgestellt. Er beginnt an dieser Stelle. In kurzen Kehren geht es am Westhang des Limberg hinauf zur Wegkreuzung am Limberggraben, geradeaus weiter und auf schmalem Pfad hinauf zum Gelände der **Ruine Limburg (4)**, etwa 40 m über dem Rhein gelegen. Die Entstehungszeit der Burg ist nicht geklärt, vermutlich diente sie zur Überwachung des Rheinübergangs. Nur wenige Mauerreste sind erhalten. Belohnt wird der Aufstieg mit schöner Aussicht über den Rhein und zum französischen Ufer hinüber.

Durch einen gemauerten Torbogen geht es vom Aussichtsplateau auf Stufen hinab zu einem Pfad. Dort gehen wir links weiter, bleiben an der folgenden Wegverzweigung auf der geradeaus leicht abwärtsführenden Route und halten uns an der nächsten Gabelung rechts. Der Weg verläuft gut 10 Min. lang durch den Keltenwald. Am gleichnamigen Wegzeichen verlassen wir die schattigen Gefilde und biegen rechts ab zu den Weinhängen rund um Sasbach. Die Kurzabstecher rechts zum Vogesenblick, kurz darauf links zum **Kaiserstuhlblick (5)** sind ausgeschildert. Letzterer lohnt sich besonders. Wieder auf dem Hauptweg, geht es nach links und nach gut 50 m rechts abwärts in ein Waldstück hinein. An der folgenden Gabelung links, den Hinweisschildern Richtung Sasbach folgend. Gut 5 Min. später, kurz vor Einmündung des Weges in die Marckolsheimer Straße, biegen wir links ab und folgen der gelben Raute durch die Reben hinauf zur **Lützelbergkapelle (6)**. Von dort steigen wir schließlich auf dem Stationenweg hinunter nach Sasbach, folgen der Straße Im Weingarten, biegen nach links in die Limburgstraße und nach wenigen Schritten rechts in die Habsburgerstraße, die zur Ortsmitte führt. Von dort geht es auf der Hauptstraße zurück zum Bahnhof in **Sasbach (1)**.

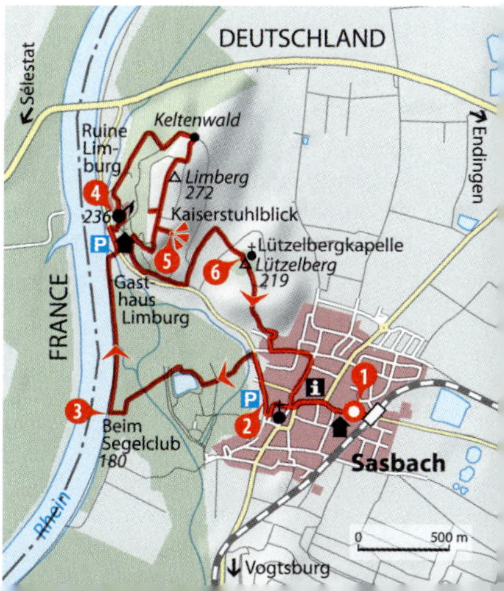

TOP **31**

# Von Wildtal über den Rosskopf zur Zähringer Burg

**4.15 Std.**

***Abwechslungsreiche Runde an Freiburgs nördlicher Gemarkungsgrenze***

*Die Zähringer Herzöge waren fleißige Burgenbauer. Zwischen 1070 und 1218 sollen sie im gesamten Breisgaugebiet über 30 Anlagen errichtet haben. Noch bevor sie sich auf dem Schlossberg dauerhaft niederließen, hatten sie sich auch eine kleine Burg außerhalb der Freiburger Gemarkungsgrenze bauen lassen. Sie ist Ziel unserer Wanderung. Gut erhalten ist ein Rundturm der alten Anlage, in dessen Innern man auf einer Holztreppe zu einer Aussichtsplattform hinaufsteigen kann. Beste Blicke über Freiburg und die Rheinebene sind garantiert.*

**Ausgangspunkt:** Wildtal, Dorfbrunnen, 258 m. Anfahrt mit der Straßenbahn Linie 4 Richtung Zähringen bis Endhaltestelle Gundelfinger Straße, dort umsteigen in den Bus, Linie 15, Richtung Obermatten / Wildtal.
**Höhenunterschied:** 570 m.
**Anforderungen:** Zumeist gemäßigte Steigungen, beim Abstieg vom Rosskopf etwas steil, Markierung anfangs mit dem Symbol des Breisgauer Weinwanderwegs (rote Raute mit grüner Traube), gelbe Raute des Schwarzwaldvereins und Kandel-Höhenweg (weißes K auf roter Raute).
**Einkehr:** In Wildtal Restaurant Sonne (derzeit ohne Pächter, Stand: Juli 2024) und Gasthaus Kandelblick (geöffnet Mi–Sa ab 17 Uhr, So 11–14 Uhr und ab 17 Uhr, Mo und Di Ruhetag); Waldrestaurant Zähringer Burg (geöffnet Mi–Fr ab 17 Uhr, Sa, So ab 12 Uhr, Mo und Di Ruhetag).
**Hinweis:** Im Rosskopfgebiet sind viele Mountainbiker unterwegs. Ohne gegenseitigen Respekt kommt man an vielen Stellen nicht aneinander vorbei.

Wir starten am Dorfbrunnen in der Ortsmitte von **Wildtal (1)**, Ecke Talstraße / Gundelfinger Weg. Zunächst gehen wir auf dem Fußgängerweg am rechten Rand der Straße entlang gut 150 m in Richtung Gundelfingen bis zur Bushaltestelle Sonnenwiese. Neben dem Wartehäuschen zweigt links ein Fußweg ab, markiert mit der Raute des Breisgauer Weinwanderwegs. Wir folgen ihm zwischen Wohnhäusern und Gärten hindurch bis zur Straße Am Rebhang, biegen nach links, gehen ein kurzes Stück leicht aufwärts und schwenken rechts in den Weiherweg. Er führt uns an Kleingärten und Rebstöcken vorbei aufwärts bis zum Wegweiser Am Rebberg. Hier schwenken

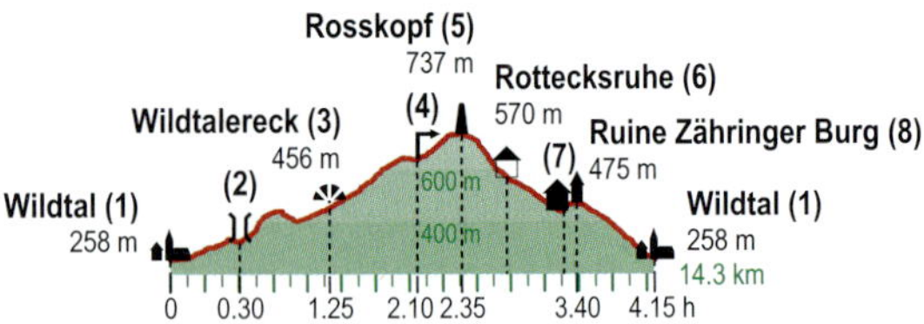

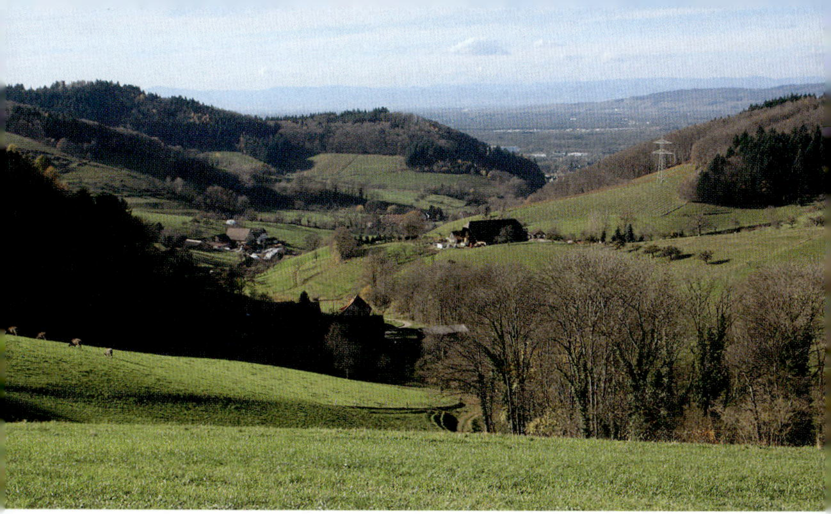

*Blick vom Leheneck Richtung Heuweiler.*

wir nach rechts. Am Waldrand entlang mit Blick über den Rebhang zur Rechten geht es zunächst leicht aufwärts, dann auf nahezu ebenem Gelände immer geradeaus bis zum Sattel am **Leheneck (2)**. Von der Freifläche hat man einen schönen Ausblick ins Heuweiler Tal und nach Wildtal hinunter. Wir folgen der Beschilderung geradeaus Richtung Wildtaler Eck, erreichen den Wald und gehen am Waldrand auf einem Feldweg aufwärts. Der Weg schwenkt alsbald rechts in den Wald hinein. Wir steigen weiter steil aufwärts, unterqueren eine Hochspannungsleitung und erreichen eine Gabelung, bei der wir den linken, schmalen Pfad wählen. Auf der linken Seite schweift der Blick über eine Weide hinweg bis zum Kaiserstuhl. An der Wegverzweigung Berghäusle biegen wir nach rechts ab und steigen auf abwechslungsreicher Strecke zum **Wildtalereck (3)** hinauf. Ähnlich wie das Leheneck ist dieser Punkt sehr schön auf einer Wiesenfläche mit Blick auf Freiburg gelegen. Eine Sitzbank unter einer uralten, naturdenkmalgeschützten Esskastanie ist als Orientierungspunkt nicht zu übersehen.
Wir setzen den Weg fort, verlassen das Wiesengelände, passieren eine Schutzhütte und tauchen in den Wald ein. Wir achten auf die gelbe Raute, die uns durch den Wald hinauf Richtung Rosskopf führt. Zumeist auf angenehm naturbelassenem Waldpfad, zuletzt ein Stück auf einem breiteren Forstweg geht es bis zum Wegweiser am Hornbühlweg. Nun nach rechts auf einen Trampelpfad, der am Wegeknoten **Ochsenlager (4)** endet. Wir biegen nach rechts auf den Kandel-Höhenweg, erreichen den mit Holzlatten eingefassten Aussichtsplatz auf dem Martinsfelsen und wenig später die Weg-

kreuzung am Wegweiser Bei den Windrädern. Nach unserem Abstecher zum Rosskopf (hin und zurück etwa 10 Min.) werden wir hier zurückkehren und rechts abbiegen. Zunächst aber geradeaus zum Friedrichsturm auf dem **Rosskopf (5)**. Von der Plattform auf dem Turm erwartet uns herrliche Sicht über Freiburg hinweg zum Kaiserstuhl und in die Breisgauer Bucht.
Auf demselben Weg zurück, wahlweise auch auf dem parallel verlaufenden breiten Wartungsweg für die Windräder, biegen wir beim vorgenannten Wegweiser links ab Richtung Zähringer Burg, verlassen diese Route aber schon nach 40 m und biegen links ab auf einen zweispurigen Feldweg, der zu einem der Windräder führt. Auf der Freifläche vor dem Windrad entdecken wir auf der linken Seite einen schmalen Trampelpfad, dem wir in den Wald abwärts folgen. Wir überqueren nacheinander zwei Forstwege, bleiben an der folgenden Kreuzung mit einem anderen Trampelpfad geradeaus und erreichen einen weiteren breiten Forstweg, auf dem wir nach rechts eingefädelt sogleich die Wegkreuzung an der **Rottecksruhe (6)** erreichen. Wir verlassen die markierte Route des Schwarzwaldvereins, der den Wanderer rechts Richtung Zähringer Burg abbiegen lässt. Zunächst bleiben wir geradeaus auf

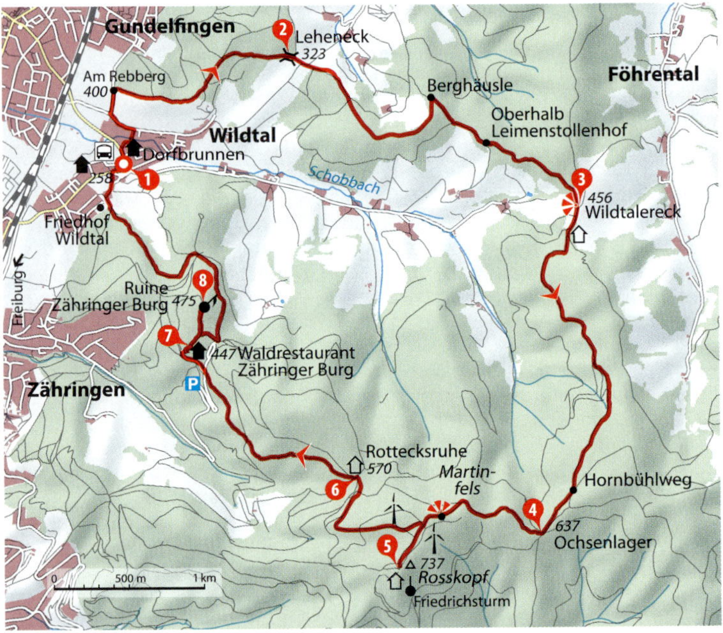

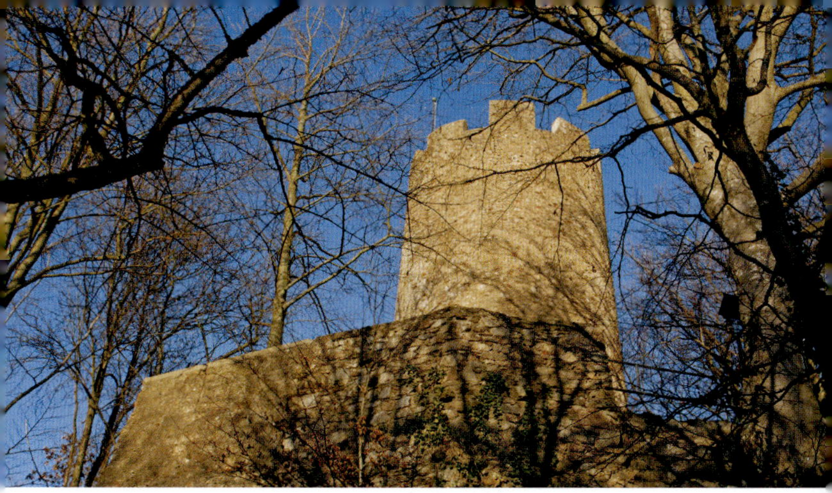

*Rundturm der Zähringer Burg.*

einem Waldweg, dann, etwa 50 m von der Kreuzung entfernt, biegen wir links auf einen schmalen, unmarkierten Pfad ab, der am Rande eines überwachsenen Hohlwegs abwärts führt. Viele Mountainbiker sind in dieser Gegend unterwegs. Aber auch auf unserem Pfad gilt: »Die Natur gemeinsam genießen.« Wir erreichen eine Wegkreuzung, überqueren sie, überqueren kurz darauf ebenfalls einen Forstweg und gelangen schließlich zum Wanderparkplatz Schlosshäuser Süd. Von hier sind es noch knapp 300 m geradeaus auf asphaltierter Straße zum **Waldrestaurant Zähringer Burg (7)**, einem viel besuchten Ausflugslokal mit Terrasse und Kinderspielplatz.
Links neben dem Haupteingang zum Gasthaus führt unser Weg zur Ruine der Zähringer Burg hinauf. Achtung: Gut 5 Min. nach Verlassen des Gasthauses sehen wir einen rechts abzweigenden breiten Weg, auf den wir nach unserem Abstecher zur Burg abbiegen müssen. Zunächst aber an diesem Abzweig vorbei, hinauf zu den Ausgrabungsresten einer frühen alemannischen Siedlungsanlage und dem gut erhaltenen Rundturm der **Zähringer Burg (8)**.
Nach Besichtigung des Turmbauwerks gehen wir auf derselben Strecke zurück zum Abzweig, biegen nach links hinunter zum Wegweiser Schlosshäuser Nord und schwenken erneut nach links Richtung Wildtal-Friedhof auf einen Waldpfad, der 10 Min. später an einer Kreuzung endet. Wir überqueren sie und biegen 10 Schritte weiter links ab auf die Wildtal-Route, erreichen den Friedhof am Ortsrand von Wildtal und überschreiten das Gelände des Mursthofs mit Pferdeställen und -weiden. Schließlich ist die Talstraße erreicht, auf der wir nach rechts abbiegen und zum Dorfbrunnen von **Wildtal (1)** zurückkehren.

# 32 Von Glottertal zum Wildtaler Eck

**3.30 Std.**

***Zu den Schwarzwaldhöfen im Föhrental***

*Weitaus ruhiger als im emsigen Glottertal ist es im benachbarten Föhrental. Die Straße dorthin endet stumpf am Talende kurz vor dem Fahrländerhof. Kein Durchgangsverkehr stört die Idylle. Verstreut liegen die Bauernhöfe am Weg und an den Hängen, umgeben von Streuobstwiesen und Viehweiden. Wir durchqueren das Tal auf unserem Weg zum Aussichtspunkt am Wildtaler Eck.*

**Ausgangspunkt:** Glottertal, Ortsmitte, 304 m. Von Freiburg Hbf. mit der BSB nach Denzlingen, umsteigen in den Bus, Nr. 7205 Richtung St. Peter, Haltestelle Glottertal/Engel. Parkmöglichkeiten bei Anfahrt mit dem Pkw links neben dem Hotel Hirschen im Rathausweg oder in der Leimeneckstraße.
**Höhenunterschied:** 400 m.
**Anforderungen:** Wald- und Wiesenwege, mäßige Steigungen im Anstieg zum Wildtalereck, Markierung: gelbe Raute.
**Einkehr:** Unterwegs keine; in Glottertal große Auswahl an Gasthäusern.

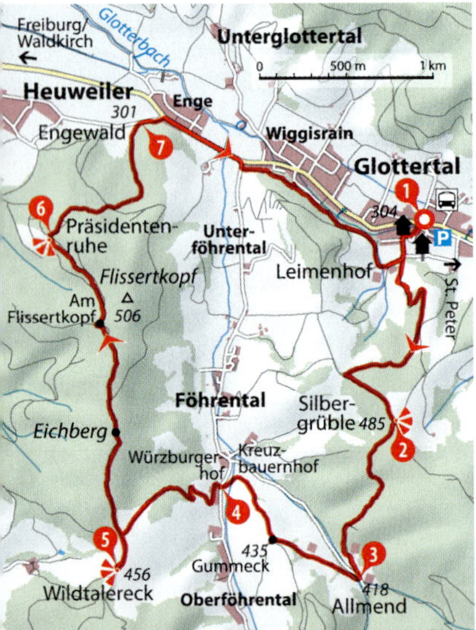


Startpunkt unserer Wanderung ist die Ortsmitte von **Glottertal (1)** mit dem Gebäude-Ensemble von Kirche, Gasthaus Engel und Hotel Hirschen. Ein paar Schritte vor der Bushaltestelle in Fahrtrichtung St. Peter, gegenüber dem Gasthaus Engel, überqueren wir den Glotterbach und gehen auf das Hotel Hirschen zu. Rechts am Hotel vorbei folgen wir der Leimeneckstraße, lassen die letzten Wohnhäuser von Glottertal hinter uns und biegen in Sichtweite des Leimenhofs links ab Richtung Silbergrüble. Auf einem steil ansteigenden Feldweg geht es am Leimenhof vorbei, stetig aufwärts, abwechselnd durch kurze Waldstücke oder an Viehwiesen entlang bis zum Wegweiser Langenbach. Wir biegen links ab auf einen schönen Waldpfad Richtung Allmend bis zur Wegverzweigung am **Silbergrüble (2)**. Auf der linken Seite ist der Blick frei bis zum Kandel.

Wir halten uns rechts und gehen fortan abwärts auf einem Trampelpfad durch einen dunklen, von niedrigen Baumkronen geschlossenen Buchenwald. Am Ende der Strecke ist **Allmend (3)** erreicht, eine kleine Siedlung am oberen Ende des

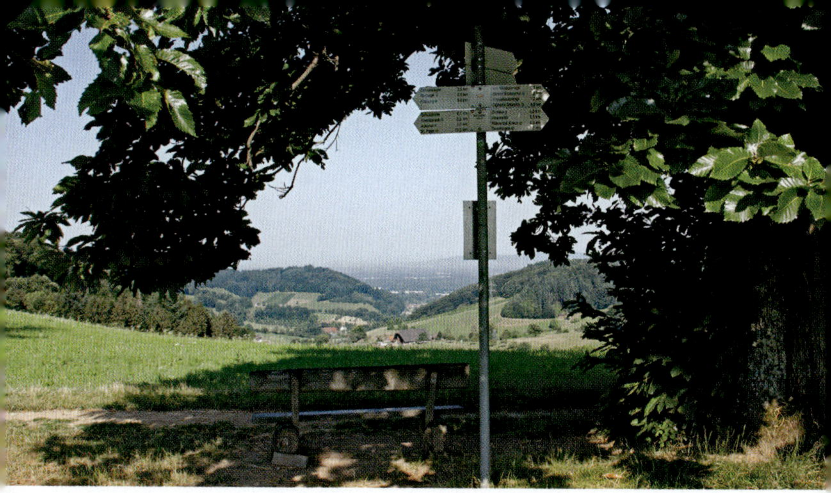

*Am Wildtaler Eck.*

Föhrentals. Noch kurz 20 Schritte links hoch, dann hinter einem Hofgebäude rechts ab Richtung Kreuzbauernhof. Ein Wiesenweg nimmt uns auf. Er mündet in einen Schotterweg, dem wir nach links aufsteigend folgen. An einem kleinen alten Schwarzwaldhaus vorbei geht es zum Aussichtspunkt am **Gummeck** mit schönem Blick hinunter zu den Höfen im Föhrental. Nach kurzer Rast nehmen wir rechts den Wiesenweg über die Vieh- und Obstwiesen steil hinunter zum **Würzburgerhof (4)**, direkt an der schmalen Föhrentalstraße gelegen. Zusammen mit dem Kreuzbauernhof etwas weiter rechts, ebenfalls an der Straße gelegen, und dem Kapellenhof, etwas weiter entfernt talabwärts am Hang zu sehen, sowie einer kleinen Kapelle unterhalb des Kapellenhofs bildet er die Kernsiedlung im **Föhrental**.
Wir überqueren die Straße. Rechts an den Stallungen des Würzburgerhofs vorbei gehen wir Richtung Wildtaler Eck und an der Rückseite des Hofes auf einem Feldweg aufwärts. Am Wegrand stehen viele Esskastanien. Grüne Wiesen prägen das Landschaftsbild, je mehr wir uns dem Wildtaler Eck nähern. Wir erreichen am Wegweiser Am Wildtaler Eck einen quer verlaufenden Pfad, dem wir sogleich nach rechts Richtung Heuweiler folgen werden.

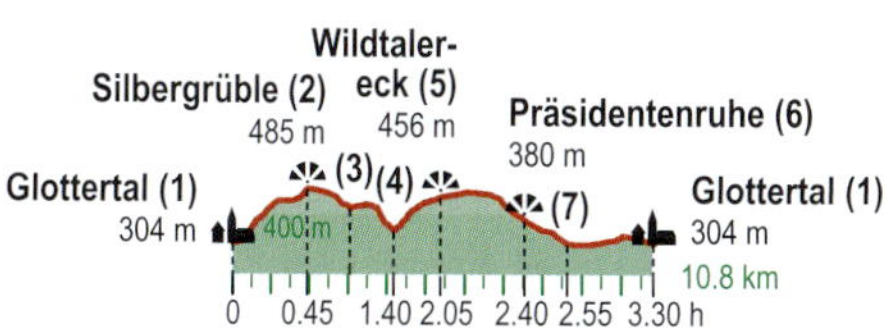

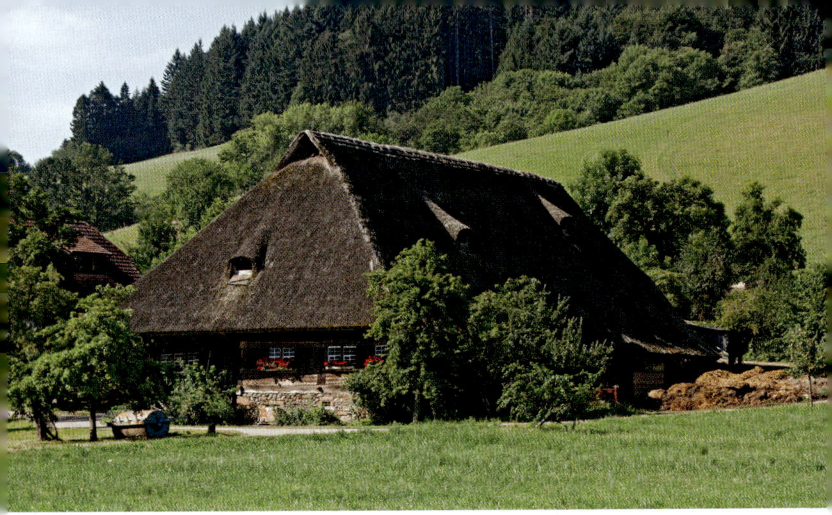

*Der Flammhof im Glottertal.*

Zuvor ein Kurzabstecher nach links, etwa 200 m weit zur großen Esskastanie am **Wildtalereck (5)** mit einer Sitzbank und bester Aussicht nach Freiburg. Zurück zu unserem Wegweiser, geht es nun geradeaus in den Wald hinein, leicht abwärts zur Gabelung am Eichberg, dann links Richtung Heuweiler und an der folgenden Gabelung bei Ferdinands Ruhe ebenfalls links. Wir lassen den folgenden Abzweig nach Heuweiler unberücksichtigt, bleiben am Wegweiser Am Flissertkopf geradeaus und gelangen schließlich zur Lichtung an der **Präsidentenruhe (6)**. Zur Linken ein Rebhang, zur Rechten Sitzbänke für den schönen Blick über die Reben hinweg in die Rheinebene.
Hinter den Bänken entdecken wir einen Pfad, dem wir durch den Wald Richtung Föhrentaler Kreuz bis zu einem Forstweg folgen. Wir fädeln nach rechts ein, biegen sogleich am Wegweiser Am Flissertwald links hinunter zum Wegweiser am **Engewald (7)** und gelangen zur Landstraße nach Glottertal. Ohne sie zu überqueren, bleiben wir auf einem Trampelpfad am rechten Straßenrand, gehen ca. 400 m weit bis zur Einmündung der Straße ins Föhrental, biegen rechts ab Richtung Föhrental und nach gut 20 m links ab auf einen Pfad, an der Rückseite des Gasthofs Kreuz vorbei in Richtung Glottertal / Ortsmitte. Ein selten begangener Weg, der uns am Waldrand bis zur asphaltierten Straße Am Wiggisrain führt und an vielen Stellen Ausblicke auf die gegenüberliegenden Rebhänge des Roten Bur gewährt. Vom Wiggisrain biegen wir nach links auf die Straße und gelangen am Leimenhof vorbei auf bekannter Strecke zurück zum Startpunkt in der Ortsmitte von **Glottertal (1)**.

2.00 Std.

# Kleine Weinbergrunde in Unterglottertal

33

## *In den Reben zwischen Glotterbach und Eichberg*

*Bundesweit hoch im Kurs liegt der Ferien- und Erholungsort Glottertal, nur 9 Kilometer Luftlinie von Freiburg entfernt. Insbesondere Gäste aus dem Westen der Republik zieht es hierher. Die Serie »Schwarzwaldklinik« ist längst zu Ende, der Durchgangsverkehr nach St. Peter alles andere als erholsam, sie kommen trotzdem, denn Glottertal trumpft mit seinen Weinbergen – die bis zu 500 Meter hohen Lagen zählen zu Deutschlands steilsten und höchstgelegenen – und seiner guten Ausgangslage für Ausflüge in die höher gelegenen Schwarzwaldregionen oder in die Rheinebene und nach Freiburg. Unsere aussichtsreiche kleine Runde durch Unterglottertal führt zu den sonnigen Reblagen am Südhang des Eichbergs.*

**Ausgangspunkt:** Glottertal, Parkplatz am Schwimmbad, 348 m. Von Freiburg Hbf. mit der BSB nach Denzlingen, umsteigen in den Bus, Nr. 7205 Richtung St. Peter, Haltestelle Glottertal, Sonne. Von dort noch 200 m zum Ausgangspunkt.
**Höhenunterschied:** 220 m.
**Anforderungen:** Anfangs leichte Steigung auf dem Eichbergweg, in der Folge bequeme Wanderung auf Forst- und Spazierwegen, Markierung: gelbe Raute.
**Einkehr:** Gasthaus Sonne in Glottertal am Schwimmbad (geöffnet Mo und Di, 12–14.30 Uhr und ab 17 Uhr, Fr, Sa und So ab 12 Uhr, Mi und Do Ruhetag); Gasthaus / Pension Eichberg (geöffnet Mi–So 7.30–10 und ab 17 Uhr, Mo und Di Ruhetag).

Biegt man von der Glottertäler Talstraße auf den Parkplatz zum Schwimmbad in **Glottertal (1)** ab, stößt man direkt auf eine hölzerne Infotafel mit einer Übersichtskarte der Wanderrouten in der Umgebung. Vor der Tafel biegen wir rechts zum hinteren Ende des Parkplatzes, gehen hinter dem Minigolfplatz links zur Verzweigung am Winzerpfad hinauf und auf dem Pfad rechts weiter bis zum Wegweiser Sonnenbühl an der Zufahrtsstraße zur Rehaklinik Glotterbad. Wir schwenken scharf links in den schmalen, asphaltierten Eichbergweg Richtung Eichbergwald und folgen der Straße steil aufwärts zu einem Abzweig, an dem wir uns links Richtung Schlosswaldeck halten. 2 Min. später machen wir einen ersten Zwischenstopp für den schönen Ausblick über Glottertal und den gegenüberliegenden Rosskopf-Kamm. Noch schöner wird die Aussicht, nachdem wir ein kurzes Waldstück hinter uns gelassen haben.

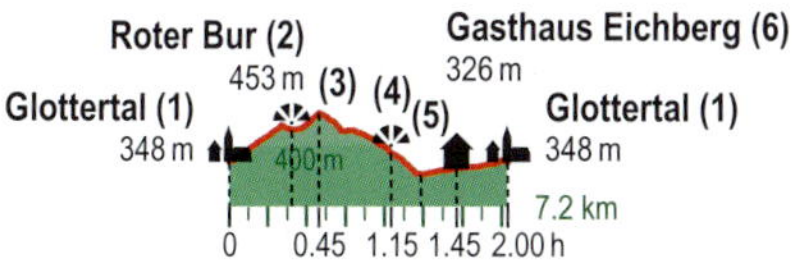

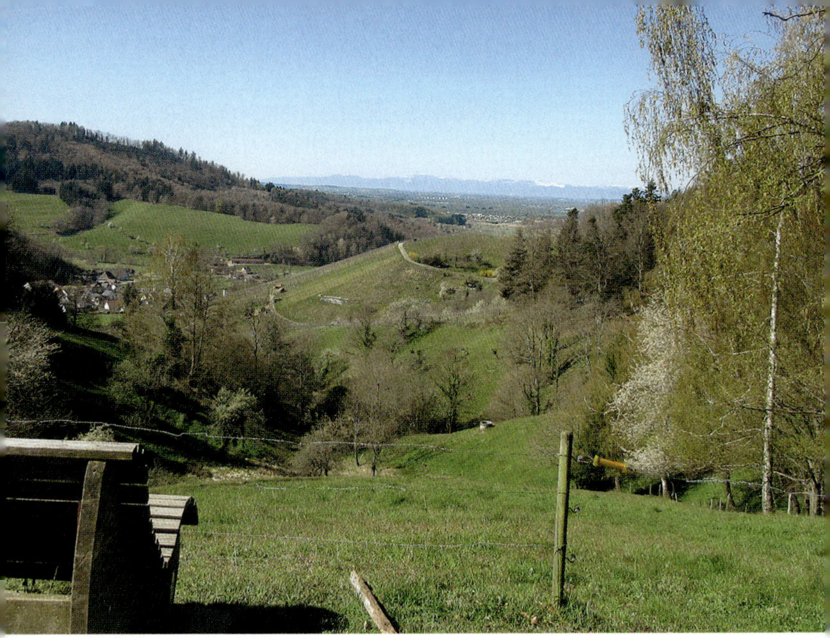

*Blick über die Rheinebene bis zu den Vogesen.*

Der steile, sonnige Hang zu unseren Füßen mit den Reblagen **Roter Bur (2)** ist Garant für ausgezeichnete Spätburgunder und Grauburgunder Weine. Wir folgen einem Forstweg in den Buchenwald, gehen am Wegweiser Rinzberg vorbei und gelangen zum Wegweiser **Unterm Fuchsfelsen (3)**. Leicht abwärts geht es nun zu einem aussichtsreichen Taleinschnitt mit Hangwiese am Schlossdobel. Am Abzweig Stockacker bleiben wir auf dem Hauptweg geradeaus Richtung Schlosswaldeck und erreichen kurz darauf einen **Aussichtsplatz (4)** mit Blick über die Rheinebene, zum Kaiserstuhl und zu den Vogesen.

Nun ins Tal hinunter zu den Wohnhäusern im Ortsteil **Schlosshof (5)**. Am gleichnamigen Wegweiser führt uns die gelbe Raute links auf einen Spazierpfad zwischen Streuobstwiesen und Pferdekoppeln zurück Richtung Glotterbad. Wir gehen am

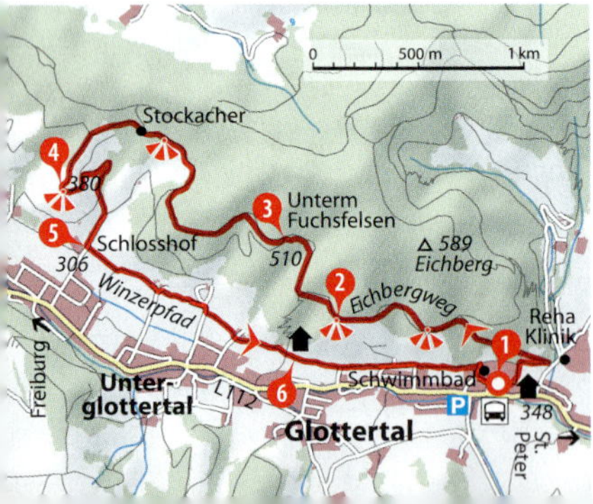

Fuß der Rebhänge entlang, am schönen alten Lindinger Hof auf der linken Seite vorbei, passieren Friedhof, Sportplatz und den Parkplatz zum **Gasthaus Eichberg (6)**, gelangen schließlich zum Wegweiser Schwimmbad und biegen rechts ab zu dessen Eingangsgebäude. Gleich um die Ecke, rechts vom Eingang, sind wir in wenigen Minuten wieder am Schwimmbad-Parkplatz in **Glottertal (1)** angekommen.

*Picknickhütte in den Reben.*

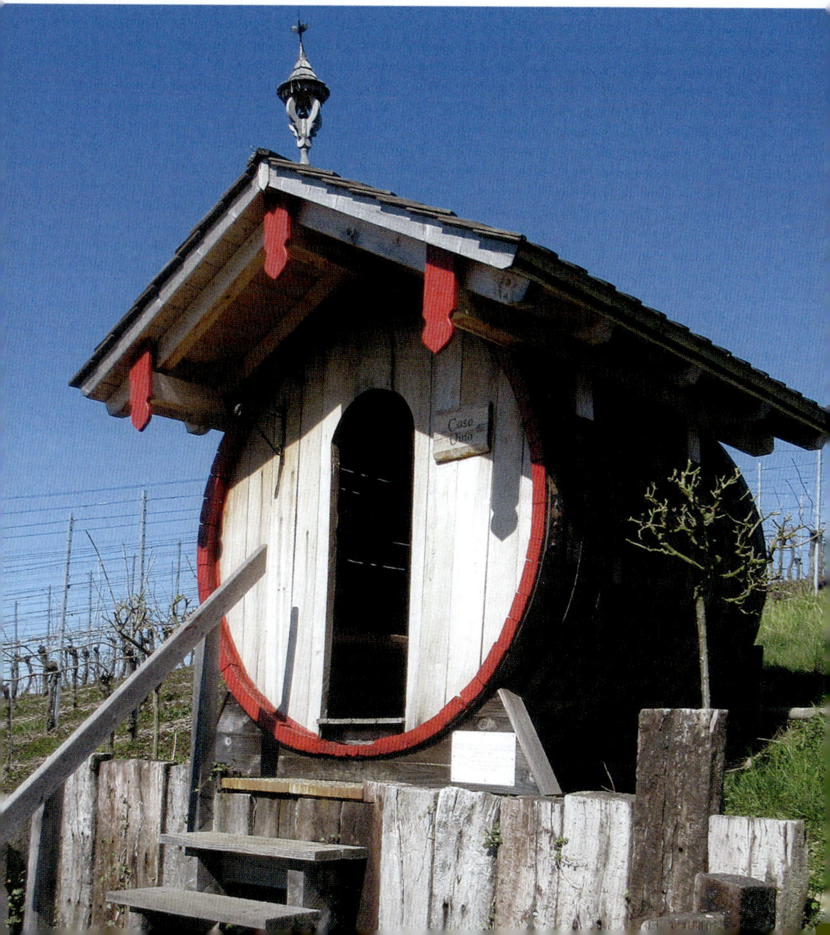

# 34 Von Glottertal über den Kranzkopf zum Kandel

**5.45 Std.**

## *Abwechslungsreiche Bergwanderung zwischen Glotter- und Elztal*

*Ein Klassiker mit über 900 Metern Höhenunterschied. Die Tour verläuft auf einem Höhenweg, der sich aus dem Suggental nahe Denzlingen bis zum Kandel hinaufzieht. Waldkirchs Hausberg ist mit 1242 Metern Höhe nur um 40 Meter niedriger als der Schauinsland, damit der höchste Berg im Mittleren Schwarzwald. Der Aufstieg aus dem Glottertal zum Höhenweg und zum Gipfel ist zwar anstrengend, gleichwohl aber abwechslungsreich und kurzweilig. Einmal geschafft, ist der Rückweg auf aussichtsreicher Strecke um Vieles einfacher.*

**Ausgangspunkt:** Glottertal, Parkplatz vor dem Freibad, 348 m. Von Freiburg Hbf. mit der BSB nach Denzlingen, umsteigen in den Bus, Nr. 7205 Richtung St. Peter, Haltestelle Glottertal, Sonne.
**Höhenunterschied:** 920 m.
**Anforderungen:** Anstieg auf Waldpfaden, teils steil, teils über Baumwurzeln, Ausdauer nörig. Abstieg über Forst- und Wirtschaftswege, Markierung: gelbe und blaue Raute, Hinweisschild des Zweitälersteigs (grüne Raute mit rotem Herz).

**Einkehr:** Gasthaus Sonne in Glottertal (geöffnet Mo und Di 12–14.30 Uhr und ab 17 Uhr, Fr, Sa und So ab 12 Uhr, Mi und Do Ruhetag); Haberstrohs Vesperstube und Strauße in Glottertal (geöffnet Mi–Fr ab 17 Uhr, Sa ab 16 Uhr, So ab 12 Uhr, Mo u. Di Ruhetag); Bergwelt Kandel (geöffnet Di–So 11–17 Uhr, Mo Ruhetag, Kiosk nur bei gutem Wetter); Gummenhofhütte (geöffnet Mo–Sa 12–18 Uhr, So 10–18 Uhr, Di und Mi Ruhetag, bei Regen geschlossen).

Vom Parkplatz vor dem Schwimmbadgelände in **Glottertal (1)** gehen wir nach rechts am Minigolfplatz vorbei, wenden uns hinter dem Gelände nach links hinauf zum Winzerpfad und erneut rechts weiter bis zum Wegweiser Sonnenbühl an der Zufahrt zur Reha-Klinik Glotterbad. Wir folgen der Straße nach links, etwa 70 m weit, gehen an der links aufwärts führenden Zufahrt zur Thure von Uexküll-Klinik (ehemals Schwarzwaldklinik) vorbei und biegen in die 10 m weiter ebenfalls nach links abzweigende, häufig mit einer Schranke für Durchgangsverkehr geschlossene Zufahrt zum Pferdehof. Nach gut 200 m entdecken wir links einen Trampelpfad, der uns zu einem Bach hinunterleitet. Wir überqueren ihn und steigen hinauf zur Uexküll-Klinik. Das Klinikgelände wird nicht betreten.
Wir bleiben auf dem Pfad, gehen an der Klinik vorbei hinauf zu einer asphaltierten Straße und biegen rechts ab. Am Ende der Straße folgen wir einem Pfad, der rechts an den Garagen eines Wohnhauses vorbei in Serpentinen hinauf in den Wald führt. Einige Male ergeben sich schöne Ausblicke zurück ins Glottertal. Wir halten Kurs auf den Luser, biegen am Wegweiser Badwald links auf den Viktor-von-Scheffel-Weg und erreichen nach steilem Schlussanstieg und bisher ca. 1 Std. Gehzeit den mit blauer Raute markierten Höhenweg am **Luser (2)**. Eine Picknickbank bietet Gelegenheit zur Rast.

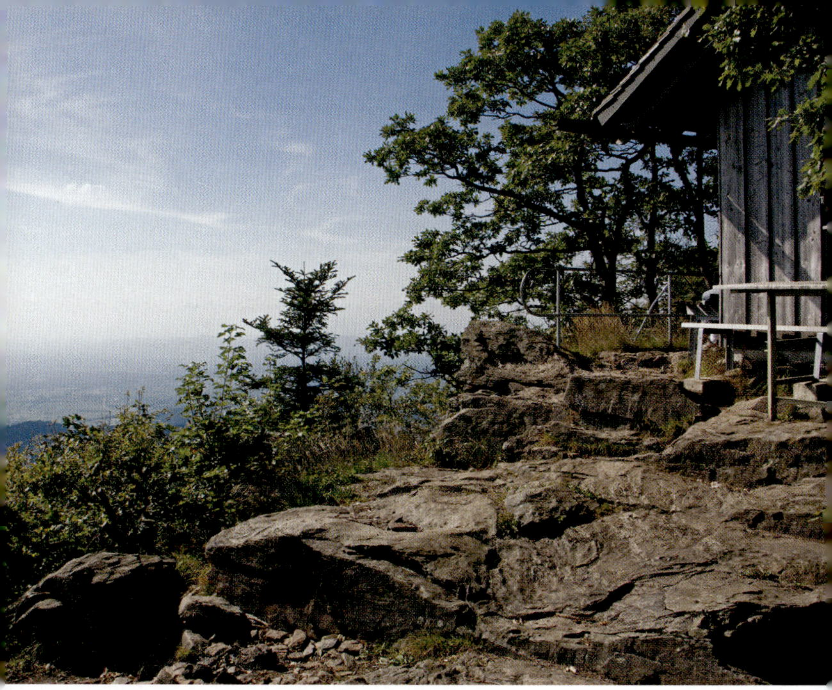

*An der Thomashütte auf dem Kleinen Kandelfelsen.*

Wir folgen dem Höhenweg rechts entlang durch abwechslungsreichen Mischwald, stetig aufwärts auf einem lang gezogenen Grat zwischen Glotter- und Elztal. **Am Kranzkopf (3)** nehmen wir die aus Waldkirch von links ankommende Zweitälersteig-Route auf. Ein Kurzabstecher, etwa 20 m zurück

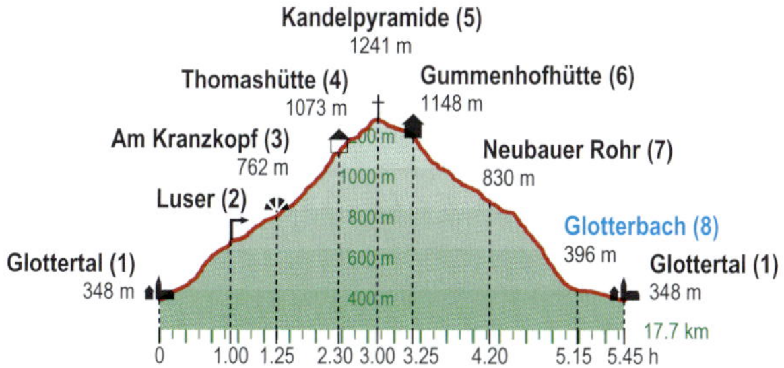

auf diesem Weg lohnt sich. Von einer Sitzbank aus bietet sich eine prächtige Aussicht ins Elztal. Auf dem Höhenweg geht es nun, über die Wegkreuzung am Gullerkopf hinweg, auf einem Forstweg weiter bis zur Verzweigung am Moosbühl und von dort rechts auf einem Pfad Richtung Kandel, jetzt auf teils felsigem und verwurzeltem Gelände.

Wir erreichen den Kleinen Kandelfelsen und nach ein paar Schritten zur Oberseite des Felsmassivs die wunderbar gelegene **Thomashütte (4)**. Sie bietet eine Top-Aussicht ins Glottertal und zur Rheinebene hinunter. Auch der Feldberg ist zu sehen. Wir verlassen die Thomashütte, gehen weiter durch dicht bewaldetes Gelände aufwärts bis zum Hoschgetkreuz und schwenken links Richtung Kandelpyramide. Wir erreichen sie 15 Min. später, im letzten Wegabschnitt über offenes Wiesengelände. Der kleine Aussichtspavillon auf der **Kandelpyramide (5)** ist über ein paar Steinstufen zugänglich und bietet schönen Rundumblick über das Kandelgelände.

Die Pyramide lassen wir hinter uns und gehen auf einem viel begangenen Spazierweg zur Bergwelt Kandel hinunter. Als Abstiegsvariante zurück ins Glottertal wählen wir die Route über die Gummenhofhütte. Vom Berghotel gehen wir zunächst knapp 100 m zurück Richtung Kandelpyramide und biegen an einem mit vielen Wegweisern bestückten Pfahl nach links ab Richtung Kreuzacker/Sägendobel. Kurzzeitig bleiben wir auf dem Kandelhöhenweg, der uns über Wiesengelände zum Wegweiser am Kreuzacker und links weiter zum Wegweiser am Kaibloch-Parkplatz führt. Hier biegen wir nach rechts und steigen über schöne Bergwiesen hinunter zur **Gummenhofhütte (6)**. Von der Terrasse vor der Hütte zweigt links ein Feldweg Richtung Glottertal ab. Wir folgen ihm abwärtsgehend auf aussichtsreicher Strecke am Gummenhof vorbei in Links-Rechts-Kehren zur Wegverzweigung Oberhalb Dilgerhäusle. Wir bleiben geradeaus auf der Route Richtung Neubauer Ebel. Am Dilgerhäusle und am Weberhäusle vorbei, auf inzwischen asphal-

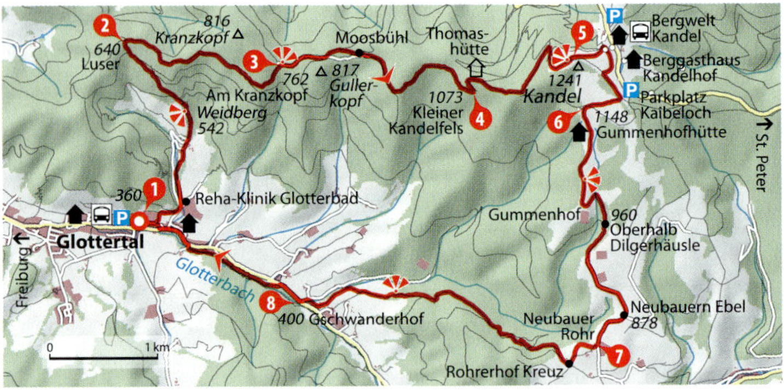

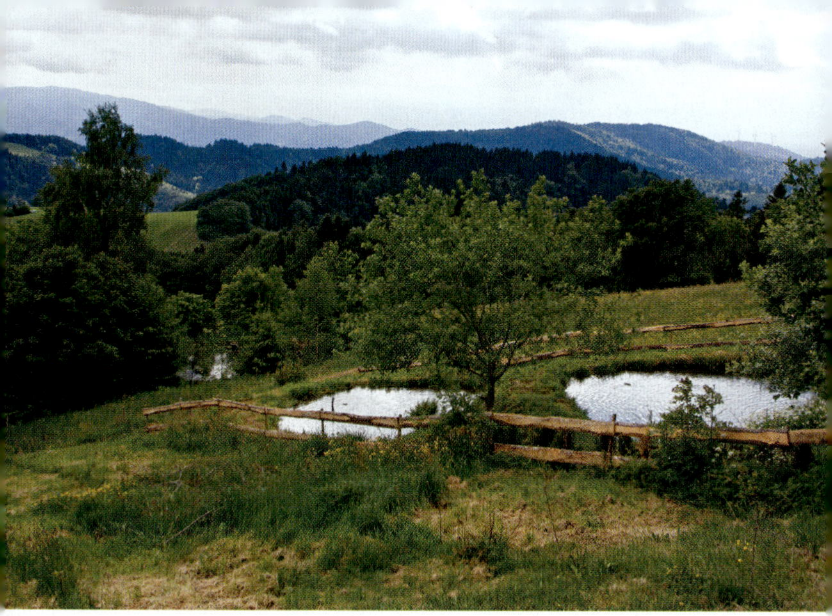

*Brandweiher nahe Weberhäusle.*

tiertem aussichtsreichem Panoramaweg, passieren wir den Linksabzweig zum Neubauern Ebel, gehen auf den Hof des **Neubauern Rohr (7)** zu und schwenken kurz vor Erreichen des Hofs nach rechts auf einen Feldweg Richtung Oberglottertal. An der Rohrhof-Kreuzung biegen wir rechts ab, ebenso nach etwa 100 m am Wegweiser Alter Rohrweg. Ein Trampelpfad führt stetig bergab durch den Wald, nur mit der gelben Raute als Orientierung. Gut 30 Minuten später ist eine große Wiese erreicht, über die hinweg der Blick nach Glottertal schweift. Am linken Rand der Wiese gehen wir hinunter zum Gschwander-Bauernhof und stoßen kurz darauf auf die T-Kreuzung am Stöcklebächle. Von hier sind es nur noch 100 m links hinunter zur Glottertal-Straße, der wir gut 400 m nach rechts bis zur Bushaltestelle Gschwandersäge folgen. Wir überqueren die Straße, auch den angrenzenden **Glotterbach (8)** und gehen auf einem schönen Trampelpfad an dessen linkem Ufer entlang zurück nach Glottertal.
Noch einmal queren wir die Straße an der Glotterrainbrücke, erreichen den Ort, die Haberstroh Strauße und den Parkplatz des Wirtshaus Sonne auf der rechten Seite. Wir überqueren ihn, stoßen auf das Gelände des Minigolfplatzes und gehen auf vertrautem Weg zurück zum Parkplatz vor dem Schwimmbad von **Glottertal (1)**.

# 35 Vom Kleinen zum Großen Kandelfelsen

1.45 Std.

## Rundwanderung auf dem höchsten Berg des Mittleren Schwarzwalds

*In der Walpurgisnacht vom 30. April auf den 1. Mai 1981 stürzt ein »Teufelskanzel« genannter Felsbrocken am oberen Kandelfelsen in die Tiefe und hinterlässt eine 200 Meter lange Geröllspur im Wald. Es scheint sich zu bestätigen, was schon immer in Sagen und märchenhaften Geschichten überliefert wurde: der Kandel – ein Hexenberg, heißt es, Versteck des Teufels, Wohnsitz von bösen Geistern. Wer sich für Geschichten und Kandelsagen interessiert, wird bei seinem Spaziergang gut bedient: Auf 2 Meter hohen Stelen ist alles Wissenswerte nachzulesen, bebildert und mit Comicfiguren illustriert. Wer sich sportlich betätigen möchte, ist am Kandel ebenfalls richtig: Drachenflieger nutzen eine Absprungrampe direkt neben dem Kandel-Hotel, Gleitschirmspringer einen steilen Wiesenhang, um zum Flug ins Elztal abzuheben. Bei Kletterern stehen die Wände des Kandelfelsens auch ohne Teufelskanzel hoch im Kurs.*

**Ausgangspunkt:** Parkplatz neben der Gaststätte Bergwelt Kandel, 1241 m, Anfahrt mit dem Zug von Freiburg Hbf., nach Waldkirch, dort umsteigen in den Bus Nr. 7273 zum Kandel, Haltestelle Kandelhotel. Rückfahrt wahlweise mit dem Bus Nr. 7205 nach St. Peter, umsteigen in den Bus Nr. 7216 nach Kirchzarten, dort umsteigen in den Zug nach Freiburg oder mit dem Bus Nr. 7205 durchgehend bis zum Bahnhof in Denzlingen, dort umsteigen in die BSB nach Freiburg.
**Höhenunterschied:** 240 m.

**Anforderungen:** Die Wanderung verläuft auf Waldpfaden, im Gebiet des Großen Kandelfelsen teilweise steil und felsig, Markierung: rote Raute des Kandelhöhenwegs sowie blaue und gelbe Raute.
**Einkehr:** Bergwelt Kandel (geöffnet Di–So 11–17 Uhr, Mo Ruhetag, Kiosk nur bei gutem Wetter); Berggasthaus Kandelhof, etwa 100 m abseits der Route (geöffnet Mo–Sa 12–18 Uhr, So 10–18 Uhr, Di und Mi Ruhetag); Gummenhofhütte (geöffnet Mo–Sa 12–18 Uhr, So 10–18 Uhr, Di und Mi Ruhetag, bei Regen geschlossen).

Vom großen Parkplatz an der **Bergwelt Kandel (1)** gehen wir links am Hotel vorbei Richtung Gipfelpyramide. Etwa 100 m hinter dem Hotel folgen wir

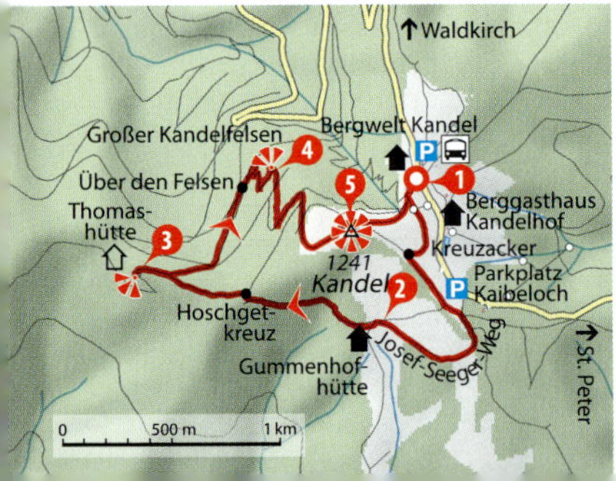


dem Kandelhöhenweg nach links Richtung Sägendobel. Über eine Bergwiese hinweg geht es zum Kreuzacker, dort erneut links weiter über die Hochebene, vorbei am Wegweiser am Kaibeloch-Parkplatz bis zum Wegweiser Rohrallmend. Wir stoßen auf einen Fahrweg, folgen ihm nach rechts, passieren den nach etwa 50 m links abzweigenden Kandelhöhenweg und gelan-

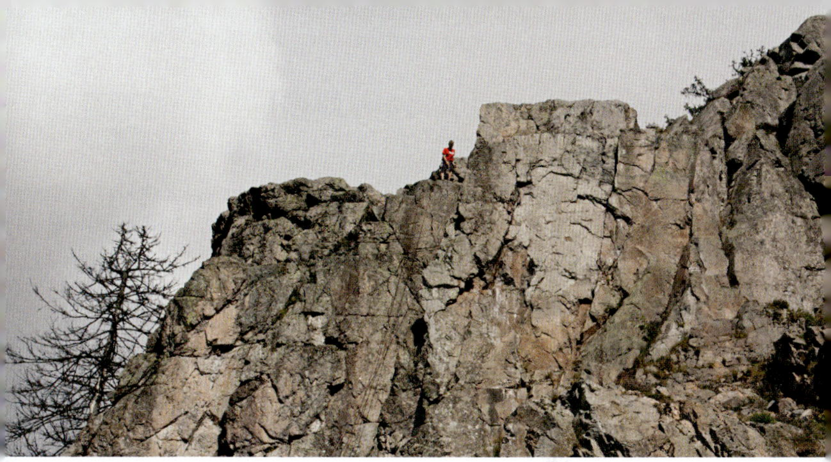

*Am Großen Kandelfelsen.*

gen auf dem Fahrweg kurz darauf zur **Gummenhofhütte (2)**. Die Hütte lassen wir links liegen, gehen geradeaus auf einem Feldweg abwärts in den Wald bis zum Hoschgetkreuz und zur Verzweigung am Wegweiser Bei der Thomashütte. Nach rechts werden wir in ein paar Minuten den Weg fortsetzen. Zuvor noch 200 m geradeaus auf felsigem Pfad zur Thomashütte, auf dem markanten **Kleinen Kandelfelsen (3)** gelegen, mit herrlicher Fernsicht zum Feldberg und ins Glottertal. Wir kehren auf demselbem Weg zurück zum Abzweig Bei der Thomashütte, biegen links ab, anfangs abwärtsgehend, über einen Querweg hinweg und anschließend auf einem Pfad nach rechts abzweigend, im Zickzack hinauf zum **Großen Kandelfelsen (4)**. Kurze Stichpfade führen an mehreren Stellen zu den Kletterwänden. Wir erreichen den oberen Teil des Felsblocks, von dem aus man ins Tal bis hinunter nach Waldkirch schauen kann.
Nun zur **Kandelpyramide (5)**. Wir verlassen das bewaldete Gebiet und erreichen sie, einen auf steinernem Sockel ruhenden Aussichtspavillon. Von der Pyramide geht es schließlich auf breitem Schotterweg zurück zum Ausgangspunkt an der **Bergwelt Kandel (1)**.

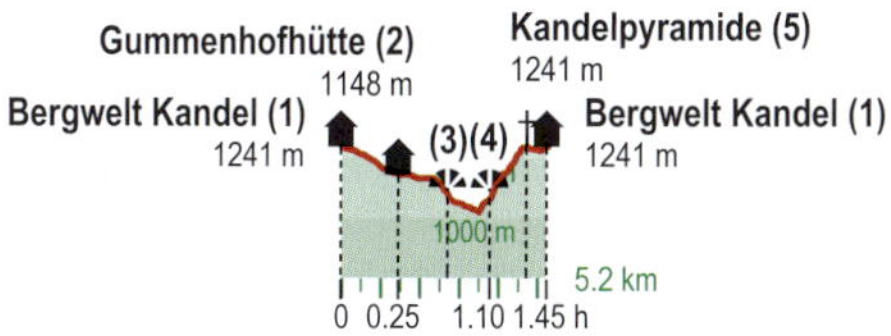

TOP **36**

# Von Waldkirch über den Kandel nach St. Peter

**6.00 Std.**

## *Anstrengend und vielfältig: die erste Etappe des Zweitälersteigs*

*2011 eingeweiht, als Qualitätsweg ausgezeichnet, beginnt der Zweitälersteig zwischen Elz- und Simonswälder Tal gleich mit einer schweren Etappe. Über 1000 Höhenmeter sind zu bewältigen auf der neu ausgeschilderten Route von Waldkirch hinauf zum Kandel. Anfangs folgt der Steig dem ebenfalls noch jungen Sinnesweg, der vom Stadtrainsee hinauf zum Baumkronenweg führt. Eine gelungene Kombination. Am Kandel endet die erste Etappe des Zweitälersteigs. Wir steigen von dort noch auf herrlicher Panoramastrecke hinab nach St. Peter.*

**Ausgangspunkt:** Waldkirch Bahnhof, 265 m, Anfahrt von Freiburg mit der BSB Richtung Elzach, Haltestelle Waldkirch Bahnhof.
**Endpunkt:** St. Peter, 712 m. Rückfahrt ab Zähringer Eck mit dem Bus 7216 nach Kirchzarten Bahnhof, dort umsteigen in die RB nach Freiburg Hbf.
**Höhenunterschied:** 1100 m im Aufstieg, 550 m im Abstieg.
**Anforderungen:** Kräftiger Anstieg bis zum Kandel vorwiegend auf Waldpfaden, teilweise über felsiges Gelände. Abstieg nach St. Peter teils auf Feldwegen, teils auf schmalen Straßen, Markierung: Aufstieg: grüne Raute mit rotem Herzen des Zweitälersteigs, Abstieg: rote Raute mit weißem K (Kandelhöhenweg) und gelbe Raute.
**Einkehr:** Kiosk am Eingang zum Baumkronenweg (geöffnet April bis Anfang November tägl. 11–18.30 Uhr); Berggasthaus Kandelhof, etwa 100 m von der Bushaltestelle entfernt (geöffnet Mo–Sa 12–18 Uhr, So 10–18 Uhr, Di und Mi Ruhetag). In St. Peter große Auswahl an Gasthäusern.
**Tipp:** Möglichst früh von Freiburg aufbrechen. Der Sinnesweg in Waldkirch bietet kurzweilige Unterhaltung über Themen aus der Natur. Für den Baumkronenweg selbst wird Eintrittsgeld erhoben (baumkronenweg-waldkirch.de).

Vom Bahnhof in **Waldkirch (1)** gehen wir Richtung Naturerlebnispark und Stadtrainsee geradeaus durch die auf das Bahnhofsgebäude zuführende Adenauer Straße bis zur Kreuzung mit der Freiburger Straße. Wir überqueren sie und gehen durch die Freie Straße, links an der Kirche vorbei bis zur rechts einmündenden Goethestraße. Hier biegen wir ab. Das Freizeitgelände am Stadtrainsee ist nicht weit entfernt. Wir passieren das Restaurant Stadtrainsee auf der linken Seite und sehen gleich dahinter einen Kletter-Spielplatz des Waldkircher Naturerlebnisparks. Zwischen Restaurant und Spielplatz führt links eine Zulieferstraße zur Hirschen-Brauerei und parallel ein Fußweg Richtung Baumkronenweg hinauf zum kleinen Schwarzwaldzoo. Wir folgen dem Fußweg, lassen den Schwarzwaldzoo links liegen, gelangen zum Waldrand und zu einem von zwei dicken Baumstämmen eingefassten Infoschild. Sinnesweg – die Natur spielerisch erforschen – ist das Motto für den nun folgenden Wegabschnitt, ein didaktisch gut aufgebauter

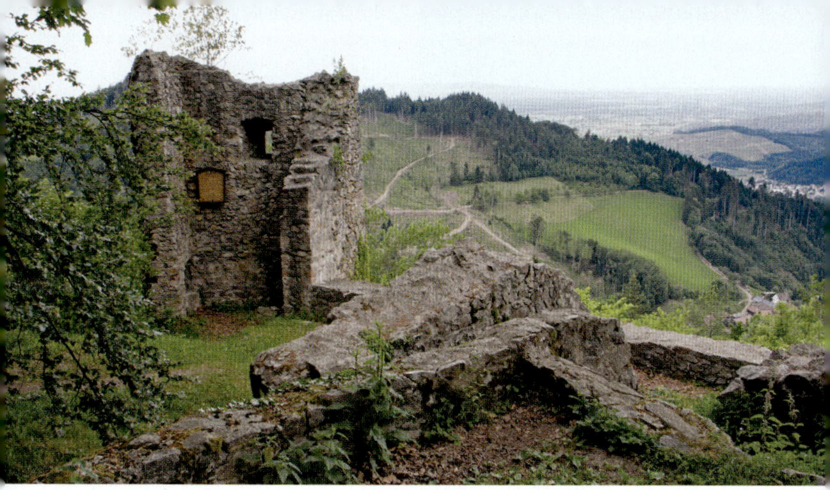

*Ruine Schwarzenburg.*

Erlebnispfad, 800 m lang, hinauf zum Baumkronenweg, einem der Höhepunkte des Naturerlebnisparks. Hier taucht auch die grüne Raute des Zweitälersteigs auf, dem wir links hinauf auf abwechslungsreichem Pfad stetig bergauf bis zum Platz vor dem eingezäunten Gelände des **Baumkronenwegs (2)** folgen.

Von nun an wird es stiller. Wir achten auf unser Wegzeichen, dem wir auf einem Forstweg nach links folgen, leicht abwärtsgehend. Wir halten uns bei der Kreuzung am Föhrenbühl links und gewinnen wieder an Höhe. Es geht bergan Richtung Kandel/Ruine Schwarzenburg bis zum Forstweg am **Kienzleebel**. Wir biegen rechts ab und gehen auf einem Forstweg gemächlich aufwärts mit schöner Aussicht zum Kandelfelsen und zum Berghotel auf dem Kandel. Bei der Kreuzung an der Schwarzenberg-Schutzhütte machen wir einen Kurzabstecher nach rechts zur **Ruine Schwarzenburg (3)**. Von

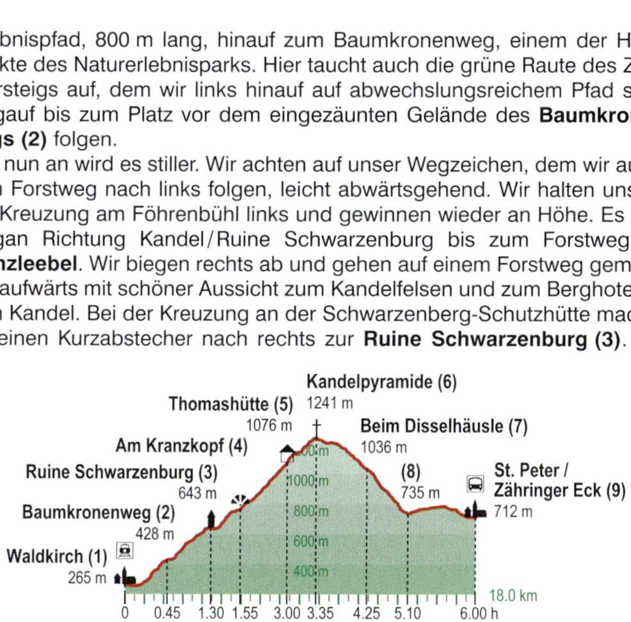

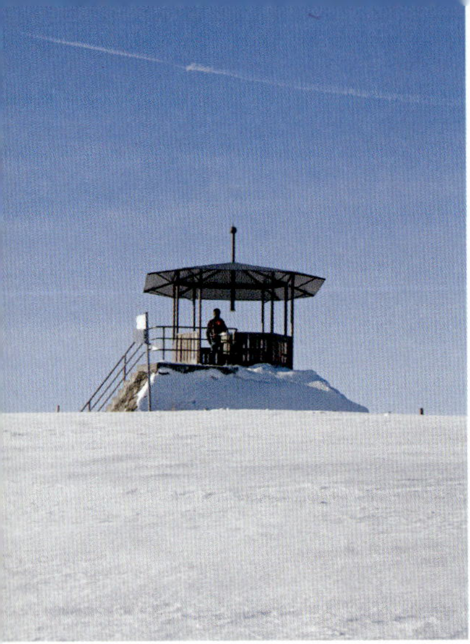

*Die Kandelpyramide.*

dort hat man gute Sicht ins Elz- und ins Rheintal hinunter.
Vom Abstecher zurück, gehen wir nun an der Kreuzung geradeaus, rechts an der Schwarzenberghütte vorbei Richtung Kranzkopf. Durch Buchenwald, streckenweise steil bergan, stoßen wir auf den Höhenweg **Am Kranzkopf (4)**. Kurz vor der Einmündung genießt man von einer Sitzbank erneut die schöne Aussicht ins Elztal. Auf dem Höhenweg halten wir uns links und gehen auf dem Kamm zwischen Elz- und Glottertal bis zur **Thomashütte (5)** auf dem Kleinen Kandelfelsen. Ein erstklassiger Rastplatz mit Ausblick ins Glottertal. Wir steigen weiter auf felsigem Gelände bis zum Hoschgetkreuz, biegen nach links ab und beginnen unseren Schlussanstieg zur Gipfelpyramide auf dem **Kandel (6)**. Wenig später erreichen wir die Gaststätte Bergwelt Kandel für einen Zwischenstopp. Von dort gehen wir etwa 100 m zurück Richtung Kandelpyramide und schwenken hinter dem Parkplatz links auf den Kandelhöhenweg Richtung St. Peter. Am Wegweiser Kreuzacker biegen wir nach links, gehen über die Wiese bis zur Einmündung in einen Forstweg am Rohrallmend, halten uns rechts Richtung Sägendobel, etwa 50 m weit, und schwenken nach links auf einen Waldpfad abwärts durch lichten Buchenwald. Die rote Raute des Kandelhöhenwegs ist unsere Orientierung.
Wir gelangen zum Wegweiser Am Kandelberg, treten nun aus dem Wald hinaus und gehen geradeaus durch ein Drehkreuz auf eine weite Wiesenfläche. Am Rande der Wiese gehen wir auf schöner Strecke zwischen alten Weidbuchen hinab zur Verzweigung **Beim Disselhäusle (7)**. Wir verlassen den Kandelhöhenweg an dieser Stelle und gehen geradeaus weiter auf aussichtsreicher Strecke Richtung St. Peter. Linker Hand sind die Windmühlen der Plattenhöhe zu sehen, rechter Hand der Feldberg und der Schauinsland. An der Kreuzung am Brandeck bleiben wir erneut geradeaus auf dem mit »steil« gekennzeichneten Feldweg Richtung Sägendobel. Etwas steil ist auf dieser Etappe aber nur die kurze Wegstrecke vom Felsenhof bis zum Holzsägewerk in **Sägendobel (8)** hinunter. Die Gemeinde besteht aus einer Handvoll Häusern, im Zentrum ein kleines Holzsägewerk. Wir biegen in Sichtweite der Säge rechts auf die Dorfstraße, steigen hinauf zur Kandel-

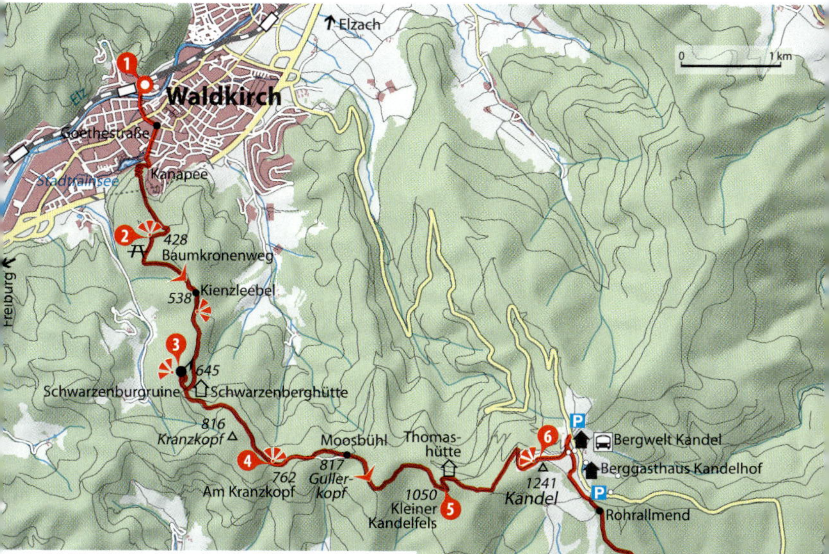


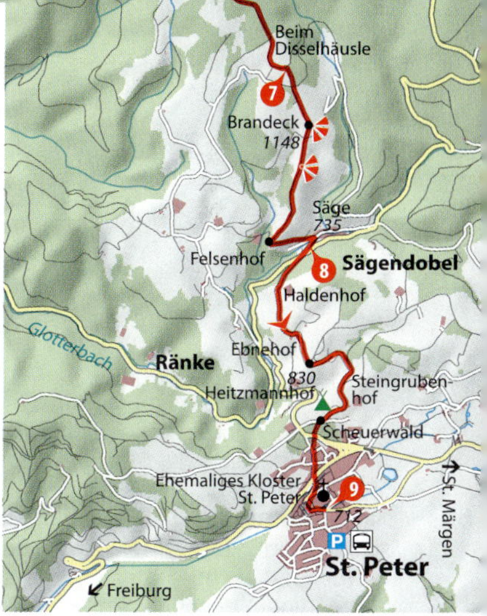


straße, überqueren sie und folgen dem asphaltierten Haldenweg am Haldenhof und am Elmehof vorbei bis zum Heitzmannhof. Man achte hier auf das kleine, 1832 erbaute Mühlenhaus mit schönem Reetdach auf der linken Seite. Leicht abwärts verläuft die Straße nun hinunter zum Steingrubenhof und am dazugehörigen Campingplatz mit Waldcafé entlang bis zum Abzweig links durch den kleinen Scheuerwald. Hier biegen wir ab, überqueren die Landstraße nach St. Märgen und finden unseren Weg zur Ortsmitte von **St. Peter (9)** mit Klosterhof und Klosterkirche. Von dort sind es nur ein paar Minuten zum angrenzenden Bertoldsplatz und zum Busparkplatz am Zähringer Eck.

# 37 Auf dem Vierburgenweg von Waldkirch nach Emmendingen

**4.30 Std.**

***Ein schöner Ausflug ins Mittelalter***

*Der Vierburgenweg verläuft von Waldkirch nach Kenzingen. Auf über 30 km Wanderstrecke sind die Ruinen der Kastelburg bei Waldkirch, die Emmendinger Hochburg, Ruine Landeck bei Mundingen und die Ruine Lichteneck bei Kenzingen zu entdecken. Als Gesamtstrecke für einen Tagesausflug etwas lang, beschränken wir uns auf das beliebte Teilstück zwischen Waldkirch und Emmendingen. Die Tour führt zu den beiden erstgenannten Burgruinen, der Kastelburg aus dem 13. Jh. und der Hochburg aus dem 11. Jh. Gegen Ende unserer Wanderung bietet der 48 m hohe Eichbergturm einen weiten Ausblick über die Rheinebene bis zu den Vogesen und hinüber zum gesamten Schwarzwaldkamm zwischen Belchen und Kandel.*

**Ausgangspunkt:** Waldkirch Bahnhof, 265 m, Anfahrt von Freiburg mit der BSB Richtung Elzach, Haltestelle Waldkirch / Bahnhof.
**Endpunkt:** Emmendingen Bahnhof, 200 m. Rückfahrt mit der RB nach Waldkirch und Freiburg Hbf.
**Höhenunterschied:** 380 m im Aufstieg, 440 m im Abstieg.
**Anforderungen:** Vorwiegend Wald- und Schotterwege, teilweise auf asphaltierten Nebenstraßen, Markierung: rote Raute mit weißem K (Kandelhöhenweg), Wegzeichen Zweitälersteig und gelbe Raute mit dem Hinweis: Vierburgenweg.
**Einkehr:** Reichenbächler Hof, Sexau (vorübergehend geschlossen, Juli 2024). In Emmendingen verschiedene Gasthäuser, Restaurants und Cafés.
**Tipp:** Mittelalterliches Burgfest mit Rittern, Landsknechten und Handwerkern auf der Emmendinger Hochburg im September.

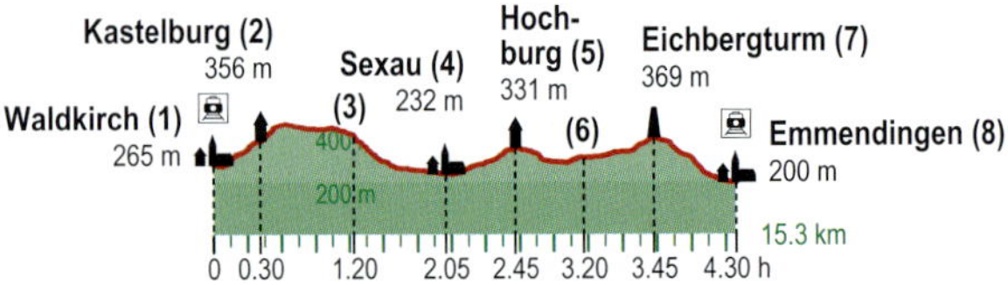


Wir treten aus dem Bahnhofsgebäude in **Waldkirch (1)** und gehen parallel zu den Bahngleisen rechts am Straßenrand entlang Richtung BDH-Klinik. Unser Weg führt über die Bahngleise, verläuft an der Einmündung des Max-Barth-Wegs vorbei und mündet in den Heitererweg, leicht ansteigend. Am Ende einer Reihenhauszeile zweigt rechts ein Stichweg ab, markiert mit dem Symbol des Kandelhöhenwegs. Er führt uns zu einem Wanderparkplatz, den wir links liegen lassen, und endet stumpf an einer Schranke. Ab hier beginnt der für Kinder angelegte Ritterweg, auf dem abwechselnd die beiden aus Holzstämmen geschnitzten Ritter Malterer und Ritter von Sulz von ihrem abwechslungsreichen Leben im Mittelalter erzählen. Die Geschichten sind auf Edelstahlblechen eingraviert. Der Weg endet an der Ruine der **Kastelburg (2)**, zu deren Burghof mit Turm und Befestigungsmauer eine gut erhaltene Holzbrücke über den Burggraben führt. Belohnt wird der Aufstieg mit herrlichem Ausblick über die Dächer von Waldkirch und hinüber zum Kandel. Vom Burghof gehen wir zurück zur Holzbrücke, überqueren sie erneut und setzen unsere Burgentour nur wenige Meter hinter einer hölzernen Infotafel auf der rechten Seite auf einem Trampelpfad fort, markiert mit dem Zeichen des Kandelhöhenwegs und des Zweitälersteigs.

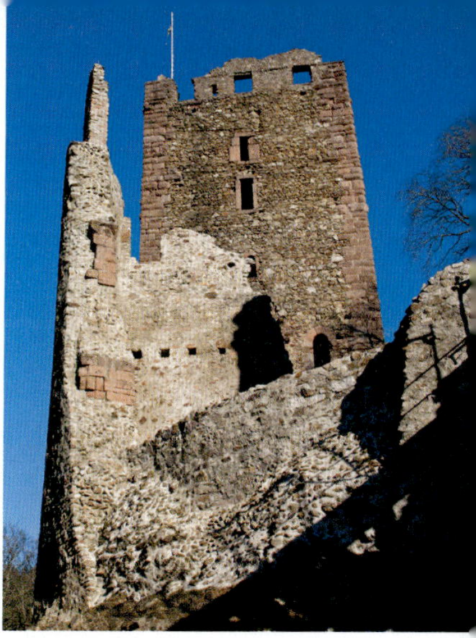

*Ruine Kastelburg.*

Es geht in den Wald hinein bis zu einem breiten Schotterweg, auf dem wir scharf links abbiegen und etwa 40 m steil hoch zum Wegweiser am TV-Umsetzer gehen. Wir biegen hier nach rechts auf einen Pfad ab, aufwärts, und nach etwa 30 m an einer Weggabelung links auf einen weiteren schmalen Pfad, auf dem wir durch abwechslungsreichen Mischwald zur Kreuzung am Waldkircher Haseneckle gelangen. Wir überqueren sie, halten uns 20 Schritte später auf einem breiten Waldweg links und gehen anfangs am Rande einer abfallenden Wiese entlang, in der Folge durch lichten Mischwald bis zur Wegverzweigung Tannenwiese. Wir schwenken nach rechts leicht abwärtsgehend und gehen am Wegweiser Langenmoosweg vorbei, erneut durch offenes Gelände mit Wiesenflächen auf der rechten Seite, bis zum **Sexauer Haseneckle (3)**.

Hier verlassen wir den Zweitälersteig. Wir zweigen links ab auf einen schmalen Pfad Richtung Sexau-Dorf, überschreiten einen Querweg, halten uns am folgenden Schotterweg rechts, treten aus dem Wald hinaus und schwenken nach rechts auf eine schmale asphaltierte Straße, auf der wir an einem großen Bauernhof vorbei zur Wegkreuzung am **Reichenbächle** gelangen. Auf der linken Seite, etwa 100 m entfernt, liegt der gleichnamige Gasthof mit großer Sonnenterrasse. Unsere Route führt geradeaus zwischen Rebhängen und grünen Wiesen nach **Sexau (4)**.

Auf der Hauptstraße halten wir uns links, schwenken vor dem Figurenbrunnen am ehemaligen Rathaus nach rechts ins Wassergässle und folgen dem Straßenverlauf leicht aufwärts bis zum Breitenbach, den wir auf einer Brücke

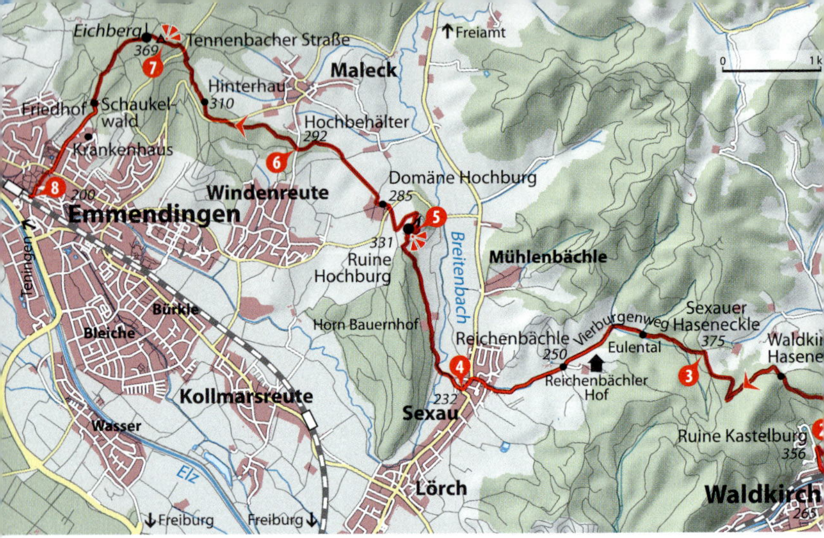


überqueren. An der gleich hinter der Brücke folgenden Wegverzweigung halten wir uns rechts, gehen links am Hornbauernhof vorbei und gelangen auf der anschließenden schönen Panoramastrecke mit Blick ins Sexauer Tal hinauf zur **Hochburg (5)**, der wohl am besten erhaltenen Burganlage im Breisgau. Eine Stahltreppe führt durch die mächtige Burgmauer und ein angrenzendes Gewölbe hindurch zum äußeren Befestigungsring. Das Innere der Burg betreten wir durch eine Schlupftür neben dem schweren, hölzernen Haupttor. Stählerne Laufstege, halb verfallene Rittersäle und Steintreppen lassen der Fantasie nun großen Spielraum. Hinzu kommt ein schöner Ausblick ins Sexauer Tal. Zurück zum Vorplatz am Haupttor geht es rechts weiter hinunter zur **Domäne Hochburg**, einem ökologisch geführten Bioland- und Schulbauernhof mit Hofladen.

Wir überqueren eine Landstraße und den angrenzenden Parkplatz der Domäne, stoßen auf ein schmales Sträßchen, dem wir links entlang an den Stallungen vorbei folgen, etwa 150 m weit, knicken vor einer hölzernen Scheune rechts ab und schwenken wenige Schritte später nach links auf einen Schotterweg. (Ist die Domäne für den Publikumsverkehr geöffnet, kann man wahlweise auch geradeaus durch das Tor über den Hof gehen, an den Tiergehegen und -ställen entlang bis zum hinteren Ende des Geländes und dort wieder rechts auf den Vierburgenweg abbiegen.)

Auf der nun folgenden Strecke bieten sich schöne Ausblicke nach Windenreute zur Linken und Malek zur Rechten. Wir überqueren die Langgasse, halten uns Richtung Eichbergturm und folgen dem leicht ansteigenden Schotterweg in den Wald. Kurz darauf gabelt sich der Weg. Wir gehen links weiter

bis zum Wegweiser **Hochbehälter Windenreute (6)** an einer Landstraße. Wir überqueren die Straße, folgen einem Trampelpfad rechts durch den Buchenwald, überqueren erneut eine Landstraße und nehmen auf der gegenüberliegenden Seite einen Trampelpfad auf, der ein Stück dem Straßenverlauf nach links folgt, bevor er an einem breiten Waldweg am Wegweiser Hinterhau endet. Wir biegen nach rechts ab. Steil geht es hinunter bis zu einem Querweg und rechts ansteigend weiter bis zum Wegweiser Schlegelhof. Wir nehmen den Pfad rechts und folgen dem Hinweis zum Eichbergturm, noch gut 500 m von hier entfernt. Es geht aufwärts durch den Wald. Erneut eine Gabelung, beide Pfade sind möglich. Sie führen zu einem breiten Forstweg. Er wird überquert, kurz danach auch die Tennenbacher Straße. Wir erreichen eine Wegspinne, halten uns schräg links, den Hinweisschildern auf breitem Weg folgend, und gelangen schließlich zum **Eichbergturm (7)**, umgeben von dichtem Baumbestand. Man schwebt dort oben etwa 10 m über den Baumkronen und genießt die Fernsicht über den Breisgau.
Wieder zurück auf dem Waldboden, halten wir uns vom Turm aus links und gehen abwärts Richtung Emmendingen bis zu einem Schotterweg, dem wir nach links folgen. Wir überqueren die nacheinander folgenden Kreuzungen am Eichbergweg und am Grenzstein, erreichen die Weggabel am Schaukelwald und biegen scharf links ab hinunter zum Waldspielplatz. Wir lassen ihn links liegen und gehen auf der Zufahrtsstraße zum Spielgelände am Krankenhaus vorbei durch die Gartenstraße bis zum Zentrum von Emmendingen. Wir überqueren die Hebelstraße, gehen durch die Fußgängerzone, über den Marktplatz und finden den Weg zum Bahnhof von **Emmendingen (8)**.

*Steg auf der Ruine Hochburg.*

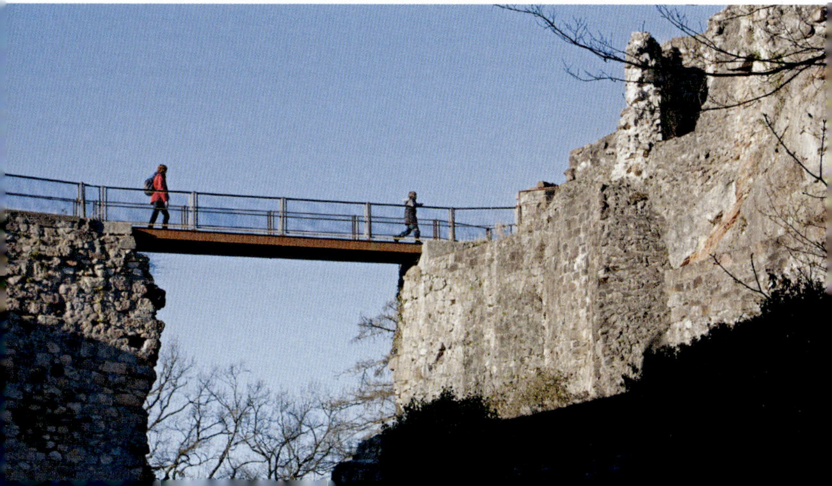

# 38 Von Freiamt-Sägplatz über Tennenbach nach Mußbach

**4.15 Std.**

## *Sanfte Hügel, Wald und Flur*

*Freiamt ist eine Welt für sich. Abseits der viel besuchten Wanderrouten im Hochschwarzwald und Kaiserstuhl punktet die Gegend nördlich von Emmendingen mit viel Ruhe und Gelassenheit. Unsere Runde führt durch Freiamts flach gewellte Hügellandschaft mit Viehweiden, Obstbäumen und Bauernhöfen. Ausgehend vom kleinen Ortsteil Sägplatz gelangen wir zur einst bedeutenden Klosteranlage der Zisterzienser im Tennebacher Tal, von der heute nur noch eine frühgotische Kapelle übrig ist.*

**Ausgangspunkt:** Freiamt Sägplatz, Wanderparkplatz, 348 m. Anfahrt von Freiburg mit der RB bis Emmendingen, ab Emmendingen mit dem Bus Richtung Freiamt Kurhaus, Haltestelle Freiamt Sägplatz. Rückfahrt mit dem Bus Nr. 231 nach Kollmarsreute, dort umsteigen in den Zug nach Freiburg.
**Höhenunterschied:** 300 m.
**Anforderungen:** Bequeme Wanderung vorwiegend auf Waldwegen und kleinen Asphaltstraßen, Markierung: gelbe Raute.
**Einkehr:** Gasthaus Engel, Tennenbach (geöffnet Mo und Di 11.30–14 Uhr und 17–22 Uhr, Fr, Sa und So ab 11.30 Uhr, Mi und Do Ruhetag); Gasthaus Zur Krone, Mußbach (geöffnet Mo und Fr ab 17.30 Uhr, Sa und So 12–14 Uhr und ab 17.30 Uhr, Di, Mi und Do Ruhetag); Gasthaus Zur Waldlust, Freiamt-Sägplatz (geöffnet Do–Sa ab 17 Uhr, So ab 10.30 Uhr, Mo, Di und Mi Ruhetag).

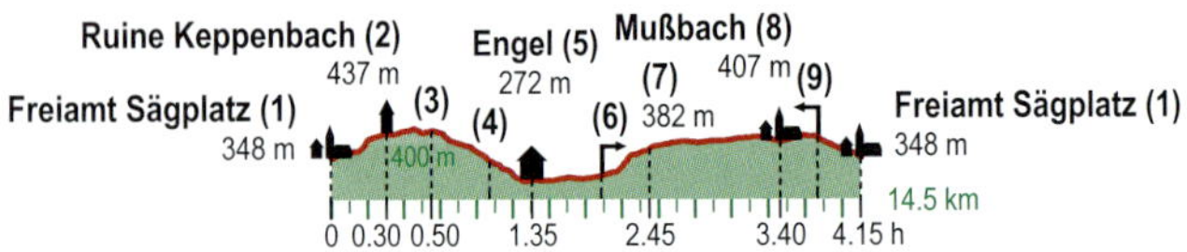


Vom Wanderparkplatz im Freiamter Ortsteil **Sägplatz (1)** gehen wir nach rechts, an der Hauptstraße entlang, auf das Bürgermeisteramt zu, untergebracht in einem historischen Gebäude mit barockem Treppengiebel. Wir überqueren in der Kurve vor dem Amt die Straße und fädeln in die von links einmündende Nebenstraße, die nach Mußbach und Ottoschwanden führt. Nur wenige Meter, dann geht es über den Schweizerlochbach nach links zum Schlosswaldweg und dort ebenfalls sogleich links ab Richtung Ruine Keppenbach. Nach etwa 300 m verzweigt sich der Weg. Wir halten uns links, der gelben Raute folgend, und biegen an der Weggabel Sägplatz / Keppenburgweg rechts auf einen breiten Waldweg. 5 Min. später biegen wir scharf links auf einen Pfad am Hang hinauf zur **Ruine Keppenbach (2)**. Die Grundmauern der alten Burganlage aus dem 13. Jh. stehen noch, die Mauerkronen sind gesichert und geglättet, sodass man auf ihnen herumklettern kann.

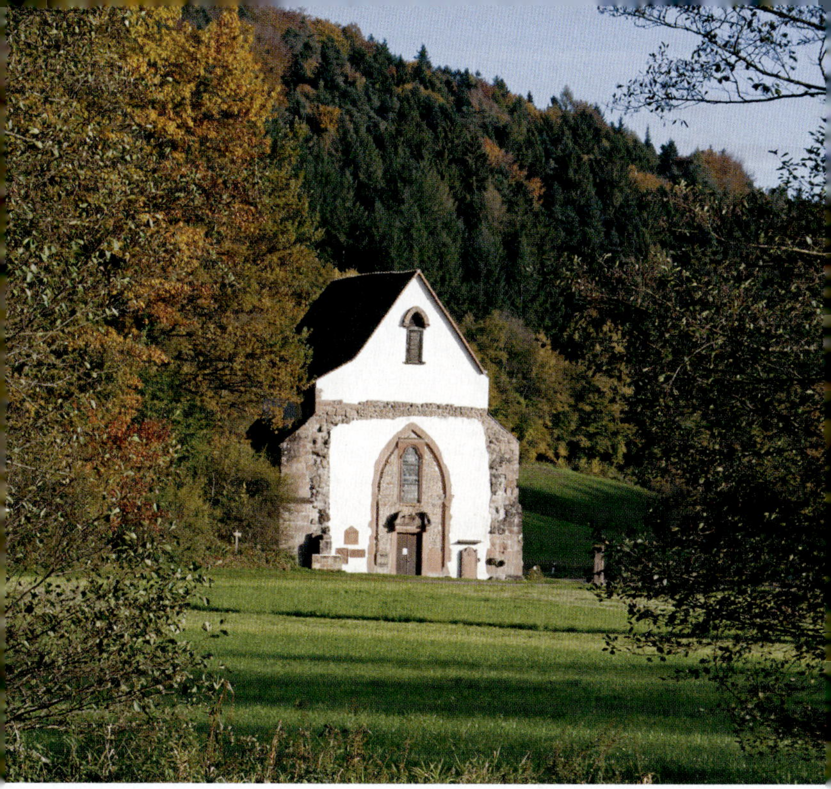

*Die Tennenbacher Kapelle.*

Wir setzen unsere Route fort und stoßen knapp 500 m nach Verlassen der Burg auf einen Querweg, auf den wir nach links abbiegen. Achtung: Nicht geradeaus auf den Feldweg gehen, die gelbe Raute ist etwas irritierend angebracht! Wir erreichen den Wegweiser am Läger, werfen noch einen Blick nach links ins Reichenbacher Tal, halten uns in einem Rechtsbogen auf dem Hauptweg und stoßen auf eine Nebenstraße am aussichtsreichen Wegpunkt **Am Glasig (3)**. Links geht es nun Richtung Tennenbach und nach 40 m auf der schmalen Straße rechts zum Kühlehof hinunter Richtung Soldatengräber. Wir passieren den Hof, gehen auf einem Feldweg leicht abwärts zwischen Streuobstwiesen hindurch in den Wald und in Rechts- und Linkskehren hinunter zu einem 3-Wege-Knoten bestückt mit zwei Mammutbäumen am Wegrand.

Wir biegen nach rechts und gelangen zu den **Soldatengräbern (4)**, einer Gedenkstätte für die im Jahr 1814 im Freiheitskampf gefallenen Soldaten. Am Denkmal und einigen mit einem schlichten Grabstein gekennzeichneten Gräbern rechts vorbei, folgen wir einem Trampelpfad durch eine Senke zu einem breiten Waldweg, auf den wir nach links einlenken. Unterwegs entdecken wir die einst höchste Douglasie Baden-Württembergs, lassen den Wald hinter uns und stoßen auf die Tennenbacher Landstraße. Dort halten wir uns links. Die Tennenbacher Kapelle ist auf einer Wiese in etwa 100 m Entfernung auf der linken Seite zu sehen.

Wir überqueren eine Straßenkreuzung und gehen am Tennenbacher Wanderparkplatz vorbei Richtung Emmendingen. Einen Steinwurf entfernt, auf der linken Seite, liegt der Gasthof Engel. Von der Einfahrt zum **Engel (5)** sind es noch 2 Min. bis zum rechts abzweigenden, mit der blauen Raute markierten Langauweg. Wir folgen ihm. Wieder im Wald, geht es auf fast ebener Strecke bis zur Kreuzung am **Petersgraben (6)** und scharf rechts weiter in den Amsenbuckweg. Wir überqueren das Aubächle, gehen an der folgenden Gabelung links hoch und achten auf die gelbe Raute, die uns gut 5 Min. später auf einen Pfad nach links schwenken lässt. Durch den Wald hindurch, dann stoßen wir auf eine asphaltierte Straße auf einer offenen Hochebene. Ein paar Schritte nach links, dann ist der **Amsenhof (7)**, ehem. Stilzerfritz, erreicht.

Für die Fortsetzung unserer Route folgen wir der zum Hofgelände führenden Zufahrtsstraße bis zu einer Kreuzung, an der eine Straße links zum Lehen- und rechts zum Huttenhof führt. Wir entdecken einen Wegweiser hinter einer

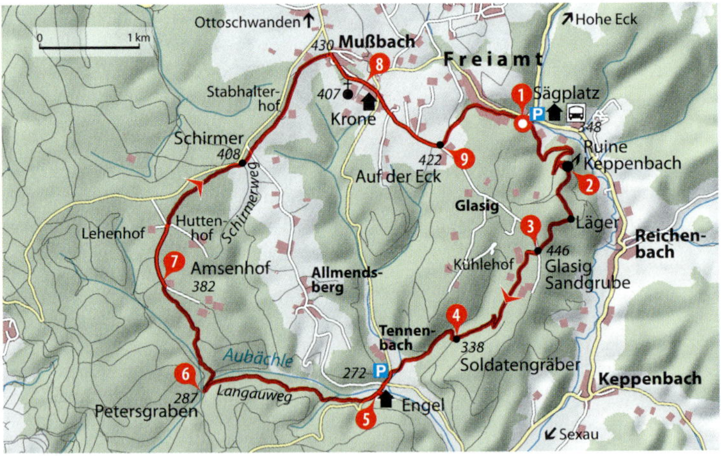

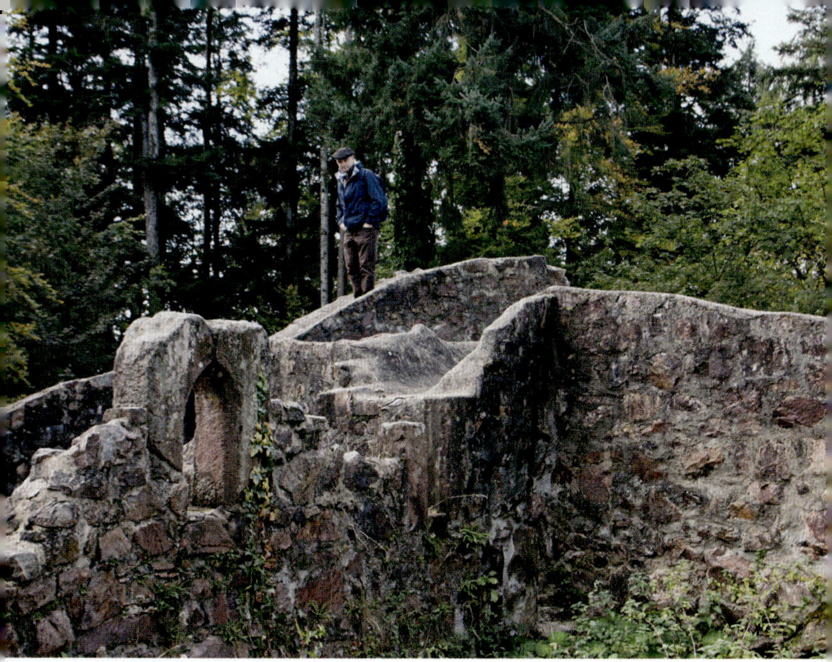

*Ruine Keppenbach.*

Sitzbank direkt an der Kreuzung, der uns geradeaus Richtung Schirmer/Oberschwanden auf einen schmalen Pfad in den Wald führt. Am Schirmerweg angekommen, biegen wir kurz nach links, und nur wenige Meter von der Einmündung in die Landecker Kreisstraße entfernt rechts in einen Seitenweg. Erneut sind es nur wenige Schritte, an einem Wohnhaus vorbei, dann links über die Wiese, leicht ansteigend. Mit Blick auf Mußbach und das Grünland rechts neben uns erreichen wir den Stabhalterhof, schließlich Mußbach-Siedlung. Hier folgen wir der Straße rechts entlang zur Kirche von **Mußbach (8)**, gehen durch den Ort hindurch, an der links abzweigenden Straße zum Sägplatz und am Gasthaus Krone vorbei, halten uns an der folgenden Straßengabelung links, noch vor der Tankstelle auf der linken Seite, und gehen aufwärts aus dem Ort hinaus Richtung Glasig.

Noch einmal bieten sich schöne Aussichten zu den Schwarzwaldbergen. In der kleinen Siedlung **Auf der Eck (9)** biegen wir nach links auf einen Feldweg Richtung Sägplatz, halten uns an der Gabelung am Schweizer Loch geradeaus, gehen noch einmal durch ein Waldgebiet und erreichen schließlich unseren Ausgangspunkt am **Sägplatz (1)**.

# 39 Von Bleibach über den Schillinger Berg nach Waldkirch

7.15 Std.

## *Schwarzwaldblick auf Freiamts Panoramawegen*

*Seit 2001 erzeugen die Windräder auf dem Schillinger Berg ökologisch sauberen Strom. Freiamt hat schon früh die Zeichen der Zeit erkannt und den windreichen zweithöchsten Hügel der Gemeinde mit einigen Anlagen bestückt. Der Aufstieg von Bleibach dort hinauf ist zunächst Voraussetzung für den eigentlichen Höhepunkt dieser Wanderung: die lang gezogene, abwechslungsreiche Panoramastrecke bergab bis Waldkirch, ein prächtiger Wegabschnitt des Kandelhöhenwegs mit Fernsicht zum Schwarzwaldkamm, zum Kaiserstuhl und zu den Vogesen. Zwischenstation machen wir in der stets gut besuchten Gaststätte Zum Gscheid an der Straße zwischen Freiamt und Gutach oder im gar nicht weit entfernten Gasthof Linde am Lindenbühl.*

**Ausgangspunkt:** Bleibach Bahnhof, 300 m. Anfahrt von Freiburg Hbf. mit der BSB Richtung Elzach, Haltestelle Bleibach Bahnhof.
**Endpunkt:** Waldkirch, Bahnhof, 265 m. Rückfahrt mit den Zügen der BSB nach Freiburg Hbf.
**Höhenunterschied:** 620 m im Aufstieg, 650 m im Abstieg.
**Anforderungen:** Anstieg zum Schillinger Berg zumeist mäßig steil, vorwiegend im Wald, ab Schillinger Berg bequem abwärts, vorwiegend auf geschotterten Wegen. Gute Kondition wegen der Weglänge empfehlenswert, Markierung: blaue Raute beim Anstieg, ab Hohe Eck am Schillinger Berg: rote Raute mit weißem K (Kandelhöhenweg).
**Einkehr:** In Bleibach; Gasthaus Zum Gscheid an der Straße nach Freiamt (geöffnet Mi–Do ab 17 Uhr, Sa ab 14 Uhr, So ab 10 Uhr, Mo und Di Ruhetag); Berggasthof Linde, Obersexau, ca. 100 m vom Weg entfernt (geöffnet tägl. ab 11.30 Uhr). In Waldkirch große Auswahl an Gasthäusern.

Vom Bahnhof in **Bleibach (1)** folgen wir der Bahnhofstraße links entlang bis zur Dorfstraße, biegen auch hier nach links ab, gehen unter der Bahnlinie hindurch und gelangen zur viel befahrenen B 294 am Eingang des Ortes. Wir halten uns ein paar Schritte auf dem Fahrradweg nach rechts, überqueren die Straße am Wegweiser Schießbrückle und folgen einem einspurigen asphaltierten Fahrweg, der zum Heitzmann-Bauernhof am Fuße des Eulenwalds führt. Wir überqueren die Elz und biegen am Ende der anschließenden Linkskurve auf einen zweispurigen Waldweg, der mit blauer Raute gekennzeichnet ist. Unser Aufstieg zum Hohen Eck am Schillinger Berg beginnt hier. Nach etwa 20 Min. zweigt rechts ein Trampelpfad ab. Wir folgen ihm eine kurze Passage lang steil bergauf. Nur 2 Min. lang, dann überqueren wir einen Feldweg und gelangen zu einem etwas höher gelegenen breiten Forstweg, auf den wir geradeaus weiter aufwärts einfädeln. Wir achten stets auf die blaue Raute, zweigen an einer Gabelung rechts ab, steigen zu einer weiteren Gabelung empor und biegen erneut rechts ab. Der Abzweig ist

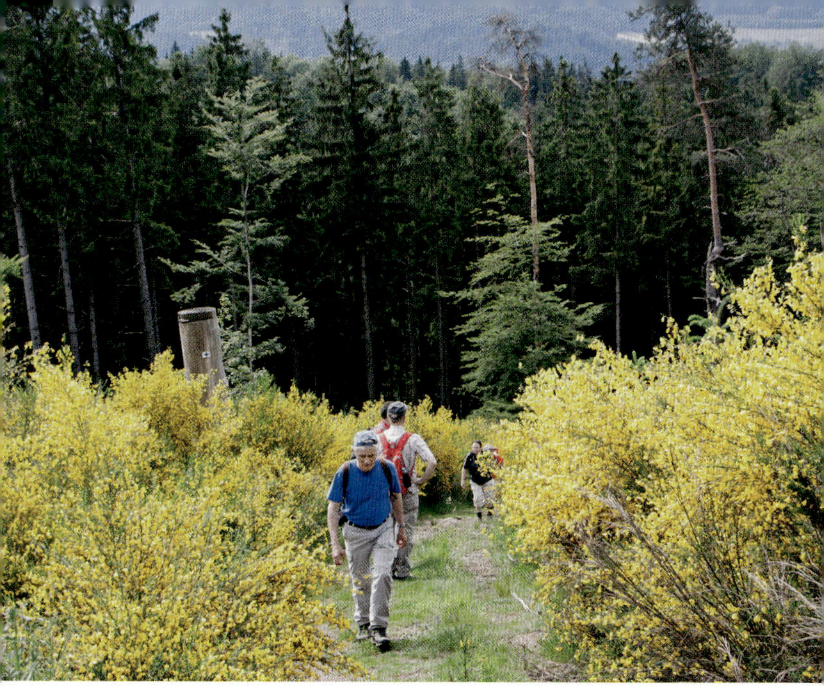

*Steilaufstieg zum Röscheneck.*

markiert mit dem Hinweisschild Höhenweg Hünersedel/Hohe Eck. Gut 10 Minuten lang geht es stramm aufwärts, der einzige anstrengende Streckenabschnitt der ganzen Wanderung. Etwas Besonderes bietet er im Frühjahr: An beiden Wegseiten stehen dicht an dicht gedrängt gelb blühende duftende Ginsterbüsche, eine Augenweide! Wir erreichen den Wegweiser am **Röscheneck (2)**, gehen weiter Richtung Hohe Eck und biegen am folgenden Abzweig Richtung Rauchsbühl rechts ab. Der Weg ist schmal, es

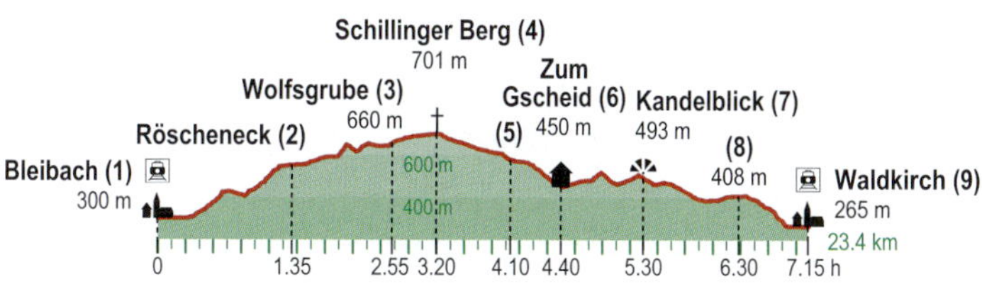

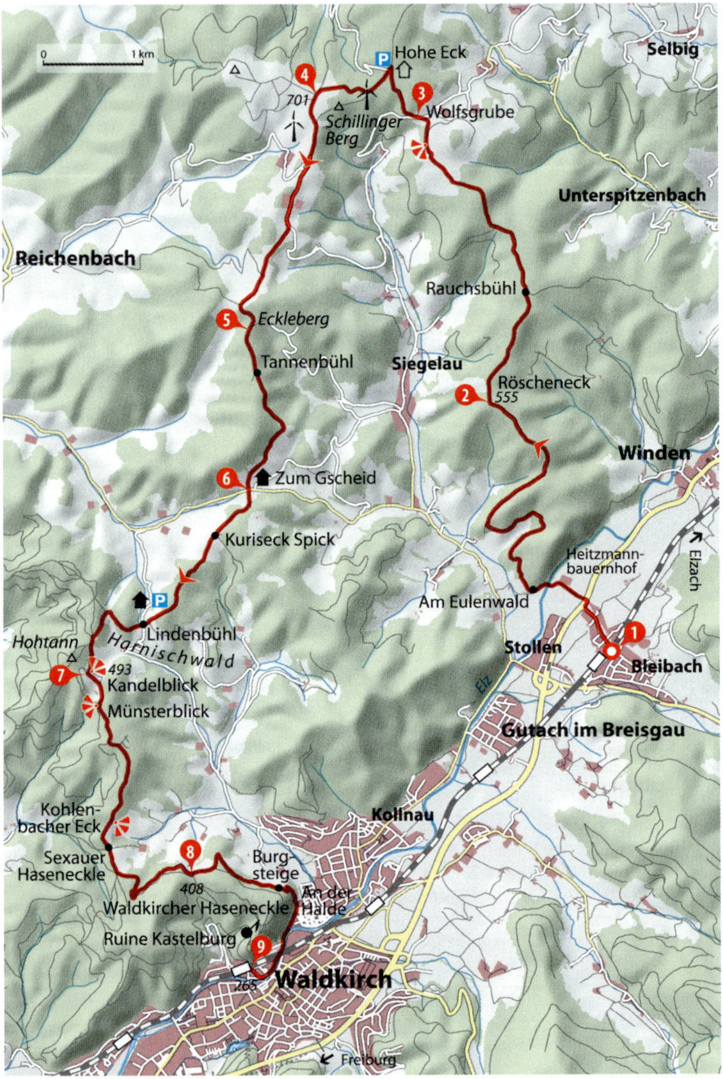

0 1 km
Hohe Eck
Selbig
Wolfsgrube
701
Schillinger Berg
Unterspitzenbach
Reichenbach
Rauchsbühl
Eckleberg
Tannenbühl
Siegelau
Röscheneck
555
Winden
Zum Gscheid
Kuriseck Spick
Heitzmann-bauernhof
Elzach
Am Eulenwald
Lindenbühl
Hohtann
Harnischwald
Stollen
Bleibach
493
Kandelblick
Münsterblick
Elz
Gutach im Breisgau
Kohlen-bacher Eck
Kollnau
Sexauer Haseneckle
Burg-steige
408
An der Halde
Waldkircher Haseneckle
Ruine Kastelburg
265
Waldkirch
Freiburg

geht durch eine Jungholzanpflanzung und erneut durch hochwachsende Ginsterbüsche hindurch. Ab Wegzeichen Rauchsbühl verbreitert sich der Weg, der Wald wird lichter, schließlich erreichen wir die Wiesen auf der Hochebene des Rauchenbergs mit erstmals freier Sicht ins Elztal und zum Schwarzwald hinter uns und schließlich den Wegweiser **Wolfsgrube (3)** an einer schmalen Straße, die rechts zum Täbisenhof führt. Wir überqueren sie und folgen einem ansteigenden Wirtschaftsweg bis zum Picknickgelände.

Hier verlassen wir die blaue Raute und schwenken scharf links auf den Kandelhöhenweg, auf diesem Kurzabschnitt breit wie eine Landstraße. Gut 10 Min. später sind wir auf der Hochebene des **Schillinger Bergs (4)** mit seinen Windrädern.

Nun beginnt der bequemere Teil der Wanderung. Zumeist über offene Wiesen- oder Ackerflächen, bestückt mit vielen Aussichtspunkten, geht es zumeist auf geschotterten, teils auch asphaltierten Wegen gemächlich bergab. Unser nächstes Etappenziel ist Gscheid. Wir erreichen zunächst das Gasthaus Sonneckle (nur unregelmäßige Öffnungszeiten) am Schwarzenberg und biegen hinter dem Gasthaus rechts auf einen Feldweg. Auf aussichtsreicher Strecke gelangen wir über die Stationen Am Felsen, **Eckleberg (5)** und Tännlebühl zur Gaststätte **Zum Gscheid (6)**, direkt an der Landstraße zwischen Gutach und Freiamt gelegen. Sie ist auch bei Motorradfahrern ein beliebter Stopp. Wir überqueren die Straße, gehen auf einem Feldweg weiterhin bergab, passieren den Wegweiser am Kuriseck und gelangen zur Kreuzung Lindenbühl auf der Harnischwaldhöhe. Rechter Hand, etwa 100 m entfernt, liegt der Berggasthof Linde, eine weitere Einkehrmöglichkeit. Wir überqueren die Kreuzung und setzen unseren Weg zum Aussichtspunkt am **Kandelblick (7)** fort, den wir 30 Min. später erreichen.

Von dort biegen wir links auf einem Pfad an eingezäunten Obstwiesen Richtung Waldkirch. Er führt zunächst in eine Senke hinunter. Achtung! Schaut man in der Senke nach rechts, bietet sich ein unerwarteter Blick auf das Freiburger Münster. Wir achten nun stets auf die Markierung des Kandelhöhenwegs, die uns durch bewaldetes Gebiet hinunter zum Kohlenbacher Eck führt. Eine Bank zum Ausruhen steht am Rande einer Lichtung mit Fernsicht über Kollnau und das Elztal. 3 Min. später ist am Sexauer Haseneckle die Kreuzung mit dem Vierburgenweg erreicht. Wir gehen geradeaus, am Wegweiser Langenmoosweg vorbei, biegen am Wegweiser Tannenwiese scharf links ab und gelangen zur Verzweigung am **Waldkircher Haseneckle (8)**. Von den zwei Möglichkeiten, nach Waldkirch zu gelangen, wählen wir die geradeaus führende, mit gelber Raute markierte Route Richtung Burgsteige/Bahnhof Waldkirch. Der Weg führt durch ein lichtes Waldstück und auf einem Wiesenpfad mit Blick auf Kollnau hinunter bis zur Burgsteige. Von dort scharf links im Zickzack zum Fahrradweg am Elzufer. Wir halten uns rechts, gehen am Fluss entlang bis zum Jünglingssteg und erreichen schließlich rechts durch die Bahnhofstraße den Bahnhof von **Waldkirch (9)**.

TOP 40

# Von Freiamt-Brettental zum Hünersedel

3.15 Std.

## Aufstieg zu Freiamts höchstgelegenem Aussichtsturm

*Kaum wahrnehmbar erhebt sich der 745 m hohe Hünersedel am nördlichen Rand der Freiamter Gemarkung, aus der Ferne betrachtet nur einer von vielen sanften Hügeln in der Umgebung. Erst mit dem Bau des 2004 eingeweihten Aussichtsturms wurde auf dem Gipfel ein deutliches Zeichen gesetzt: ein Bauwerk aus Stahl und heimischer Douglasie mit einer Aussichtsplattform, Garant für besten Rundumblick über die Bauernhöfe und Almen, Windräder und Obstwiesen der Umgebung.*

**Ausgangspunkt:** Freiamt Brettental, Kirche, 445 m. Anfahrt von Freiburg mit der RB Richtung Offenburg bis Emmendingen, dort umsteigen in den Bus Nr. 211 Richtung Freiamt Kurhaus, umsteigen in den Bus Nr. 231 nach Freiamt Brettental-Ludinmühle. Wahlweise von Freiburg Hbf., mit der RB Richtung Offenburg bis nach Kollmarsreute Bf., umsteigen in den Bus Nr. 231 nach Freiamt Brettental-Ludinmühle. Bei Anfahrt mit dem Pkw von Freiburg über Sexau auf der L110 bis Brettental, dort zum Wanderparkplatz in der Bildsteinstraße/Ecke Brettentalstraße, 50 m hinter dem Feuerwehrhaus.
**Höhenunterschied:** 360 m.
**Anforderungen:** Zumeist bequeme Wanderung auf Feld- und Schotterwegen, teils auf asphaltierten Wirtschaftswegen, Schlussanstieg zum Gipfel auf teils steilem Trampelpfad. Markierung: gelbe und blaue Raute.
**Einkehr:** Hotel Ludinmühle in Brettental (tägl. geöffnet); Café Luegemol, ca. 100 m abseits der Route (geöffnet Sa und So ab 11.30 Uhr); Wanderhütte Kreuzmoos (geöffnet Mo–So ab 11.30 Uhr, Mi und Do Ruhetag).

Wir starten unsere Rundwanderung vom Parkplatz vor der Hotelanlage Ludinmühle unterhalb der Kirche von **Brettental (1)** in Ortsmitte. Auf der Hauptstraße leicht aufwärts durch den Ort, am Feuerwehrhaus und an der rechts weiterführenden Bildsteinstraße vorbei geht es geradeaus in die Hünersedelstraße. Ein paar Schritte nur, dann biegen wir links über die Waldshutbach-Brücke in den Silberloch-Weg und folgen ihm steil ansteigend Richtung Schönwasen. Vor uns ein großes Windrad auf der Hohe-Eck-Anhöhe, rechts neben uns die schöne Sicht über die Streuobstwiesen im Brettental. An einem Bauernhof vorbei, kurz vor Erreichen eines weiteren Hofs rechts ab, geht es auf einem Feldweg am Wiesenrand entlang hinauf zum Sattel am **Schönwasen (2)**. Von hier ist ein Blick ins Nachbartal nach Raubühl auf der linken Seite möglich.

Wir folgen der blauen Raute in den Wald Richtung Hünersedel nach rechts. Kurzzeitig nimmt uns eine asphaltierte Straße auf, die zum Steinbruch Heiberich führt, in dem roter Porphyr gebrochen wird. Rechts am Steinbruch vorbei erreichen wir wenig später den Holzschlagplatz **Heiberich**, halten uns dort links, treten aus dem Wald hinaus und gehen auf einem Wiesenweg am

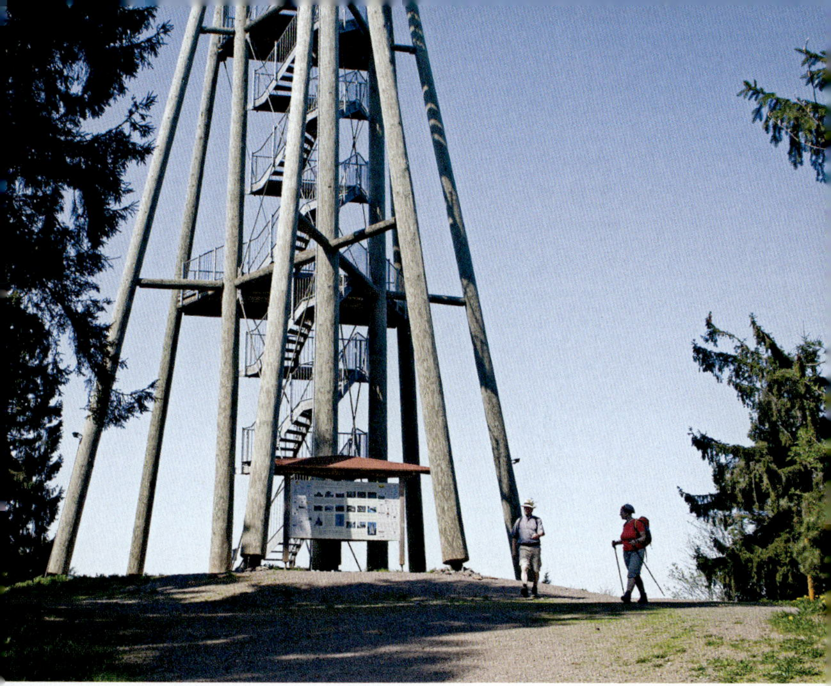

*Auf dem Hünersedel.*

Rande des oberen Brettentals entlang. Auf der rechten Seite sind die Höfe von Waldshut und Hocke zu sehen, gar nicht mehr weit entfernt auch der Hünersedelturm. An der Verzweigung am **Brettentaler Eck (3)** biegen wir nach rechts, passieren einen nach links abzweigenden Weg Richtung Hohe Stein und erreichen kurz darauf einen ebenfalls nach links, neben einem Baumstumpf abzweigenden Trampelpfad, auf dem wir in kurzen Kehren hinauf zum **Hünersedel (4)** und zur Ankele-Schutzhütte gelangen. Nun hinauf auf den Aussichtsturm und das schöne Freiamt-Panorama genießen.

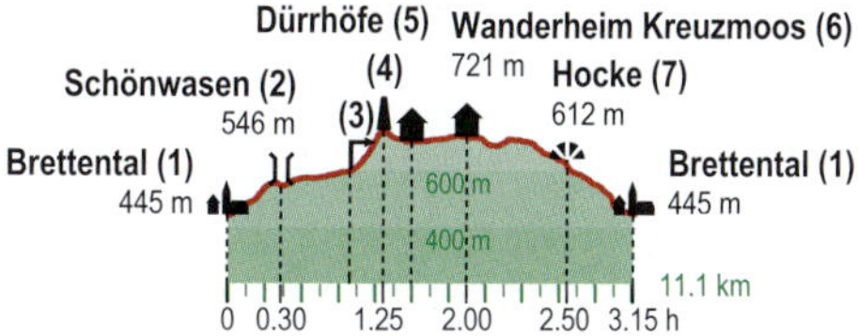

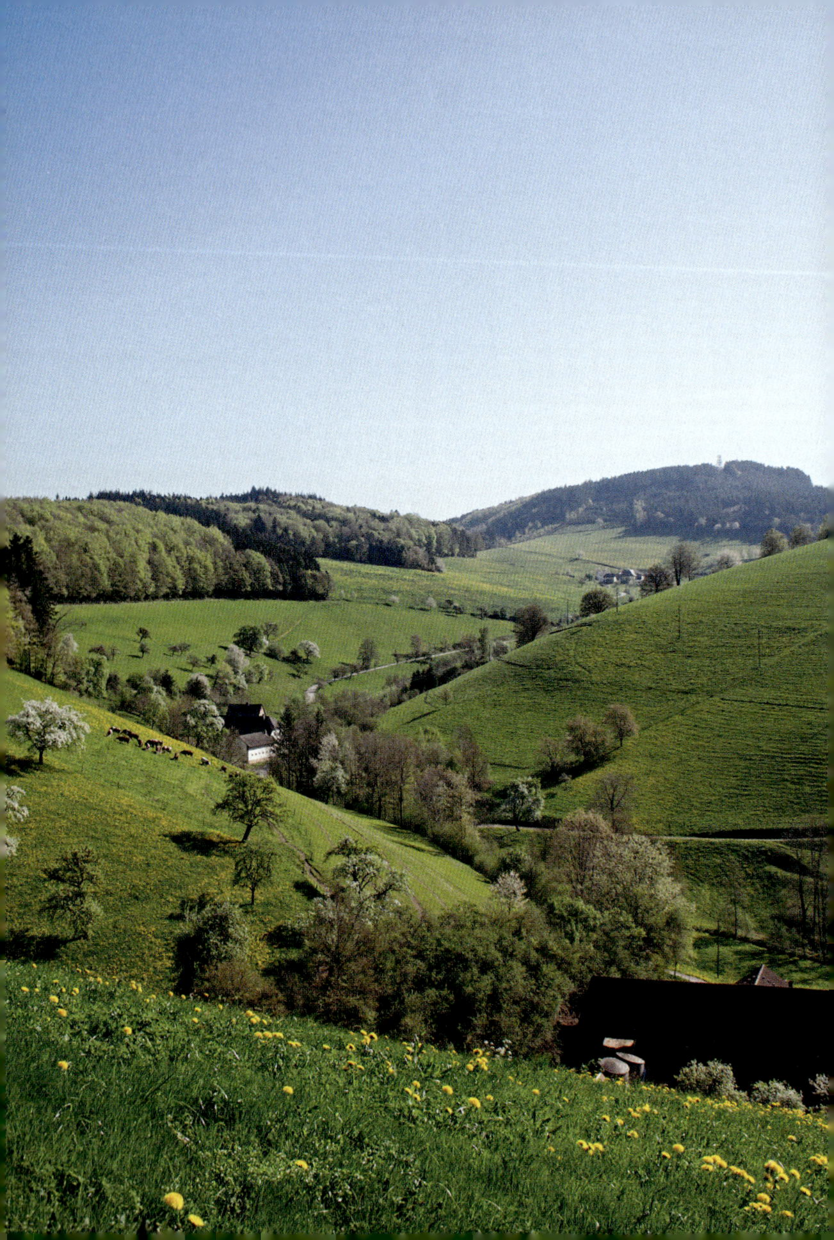

*Blick ins Brettental, im Hintergrund der Hünersedel.*

Der Weg verläuft nun abwärts zu den Dürrhöfen, erneut über freies Gelände. An der Zufahrt zum Café Luegemol auf der rechten Seite vorbei gelangen wir zu einer Wegkreuzung mit dem Wegweiser nach **Dürrhöfe (5)**.

Wir gehen geradeaus weiter bis zum Wanderparkplatz und dort rechts Richtung Kreuzmoosmatten. Am hinteren Ende des lang gezogenen Parkstreifens gabelt sich der Weg. Wir nehmen die rechts abzweigende Route über die Kreuzmoos-Alm und gelangen zum Wanderheim **Kreuzmoos (6)**, das vom Schwarzwaldverein unterhalten wird. Am Gebäude vorbei und unmittelbar an der Grundstücksgrenze rechts ab, nur mit dem Zweitälersteig-Zeichen markiert, setzen wir unsere Runde fort Richtung Paulyhof. Erneut überqueren wir eine Wiese, diesmal so hoch gelegen, dass die Windmühlen auf dem Schillinger Berg und die Schwarzwaldsilhouette, der Kaiserstuhl und die Vogesen zu sehen sind. Vom höchsten Punkt der Wiese geht es hinunter zu einem rechts abzweigenden Weg in Sichtweite des Paulyhofs. Er führt uns zu einem Schotterweg mit dem Wegweiser Beim Paulyhof. Wir biegen rechts ab, leicht ansteigend, gelangen zum **Hockenbühl** und gehen von dort stetig abwärts zu einem Bauernhof, knapp 1 km vom Hockenbühl entfernt. Noch etwa 500 m sind es von hier auf der jetzt asphaltierten Straße bis zur Häusergruppe von **Hocke (7)** hinunter. Die 50 m vor Erreichen der Häuser nach rechts abzweigende, gelb markierte Route ignorieren wir. Unmittelbar hinter den Häusern schwenken wir links auf einen Feldweg und gehen über freies Feld hinunter zurück zu unserem Ausgangspunkt in **Brettental (1)**.

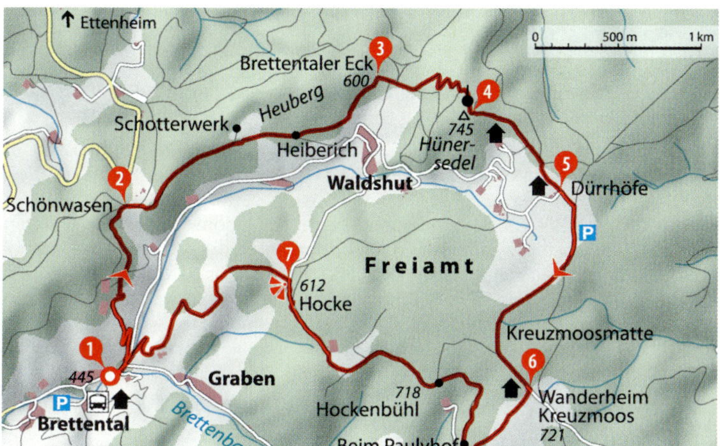

# 41 Simonswald – Hörnleberg – Tafelbühl – Rohrhardsberg

**7.00 Std.**

***Sportliche Bergtour zwischen Elztal und Haslachsimonswälder Tal***

*Die dritte Etappe des Zweitälersteigs verläuft von Simonswald nach Oberprechtal. Wir folgen ihr bis zum Rohrhardsberg, knapp die Hälfte der Gesamtstrecke, aber hart genug, gilt es doch, die Anstiege zu vier Gipfeln des Hörnlekamms zu bewältigen. Gleich zu Beginn der anstrengendste Teil, der Aufstieg auf dem Stationenweg zum Hörnleberg von der Simonswalder Seite aus. Belohnt werden wir mit herrlichen Ausblicken ins Elztal, am Tafelbühl auch ins Haslachsimonswälder Tal. Zur Einkehr empfiehlt sich die Schwedenschanze am Rohrhardsberg, bevor es durch das grüne Tal des Obergefällbachs und die Gefällschlucht zurück nach Simonswald geht.*

**Ausgangspunkt:** Simonswald, Festplatz, 355 m. Anfahrt von Freiburg mit der BSB Richtung Elzach, Haltestelle Bleibach, dort umsteigen in den Bus Richtung Furtwangen, Haltestelle Simonswald, Rathaus. Von dort zu Fuß ein kurzes Stück zum Festplatz.
**Höhenunterschied:** 1000 m.
**Anforderungen:** Gute Kondition und Ausdauer sind erforderlich, Anstieg zum Hörnelberg und zu den folgenden 1000er-Kuppen anstrengend, teilweise steil. Wegverlauf meist auf Waldpfaden und Forstwegen, beim Abstieg durchs Haslachsimonswalder Tal auf Asphalt. Markierung Zweitälersteig (grüne Raute mit rotem Herzen), blaue und gelbe Raute.
**Einkehr:** In Simonswald verschiedene Gasthäuser und Cafés; Gasthaus mit Kiosk am Hörnleberg (an den Wallfahrtstagen am Wochenende ab 1. Mai geöffnet); Gasthaus Zur Schwedenschanze am Rohrhardsberg (geöffnet Sa und So ab 10 Uhr); Gasthaus/Pension Ratsstüble in Vorderhaslach.
**Tipp:** Wassermühlen in Simonswald am Festplatz und in Haslachsimonswald.
Gottesdienst auf dem Hörnleberg unter freiem Himmel, ab Mai jeden Samstag und Sonntag, Termine nachzulesen im Wallfahrtsplan (hoernleberg.de).

An der Einfahrt von der Simonswalder Talstraße zum großen Festplatz in der Ortsmitte von **Simonswald (1)** entdecken wir den Wegweiser zum Zweitälersteig. Ab hier sind es 12,5 km bis zum Rohrhardsberg, unserer Route. Wir gehen auf der Talstraße nach rechts, biegen vor dem Gasthaus Hirschen links in die Kirchstraße und gelangen zur Kirche mit angrenzendem Friedhof auf der rechten Seite. Auf der linken Seite, gegenüber dem Friedhof, entdecken wir einen schmalen Pfad, nur mit dem Symbol des Zweitälersteigs markiert. Wir folgen ihm durch die Wiesen hinab zu einem Bach, überqueren ihn und gelangen zu einer asphaltierten Straße, der wir nach links aufwärtsgehend folgen. Knapp 5 Min. später biegen wir erneut links ab in den Hessackenweg. Es geht durch ein kurzes Waldstück hindurch bis zu einem Wegweiser, der uns auf einen Pfad nach rechts steil am Hang des Simonswalder Schlossbergs Richtung **Elme (2)** aufsteigen lässt.

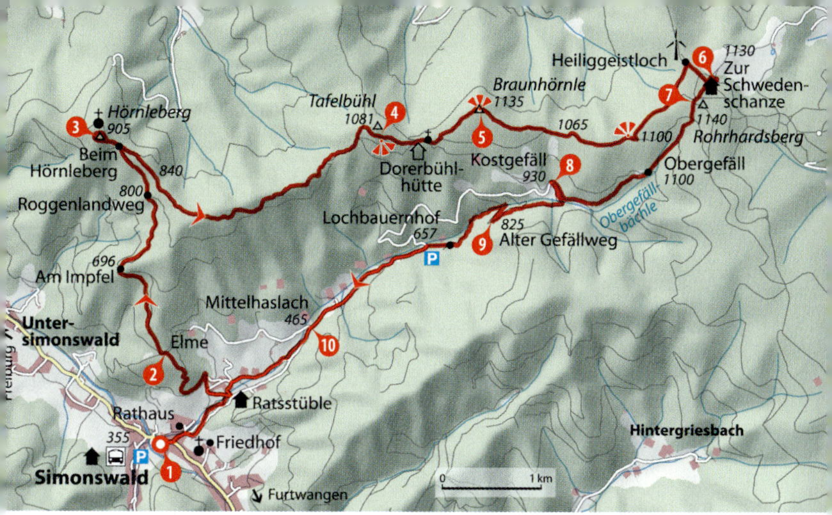


An der gleichlautenden Wegkreuzung angekommen, halten wir uns links, gehen etwa 20 m in den Mattengroßhofweg und biegen scharf rechts auf den Stationenweg zum Gipfel des Hörnlebergs. Achtung: Dieser Abzweig ist leicht zu übersehen. Wir achten deshalb stets auf die Markierungen des Zweitälersteigs. Über 14 Stationen führt der Pilgerweg bergan. Wir überqueren die Kreuzungen am Impfel bei Station 5 und den Roggenlandweg bei Station 10. Schließlich erreichen wir einen Höhenweg auf dem Kamm zwischen Elz- und Haslachsimonswälder Tal.

Wir biegen nach links ab und nehmen den sehr steilen Schlussanstieg zur Wallfahrtskirche auf dem **Hörnleberg (3)** in Angriff. Die Freiluftanlage auf dem Gipfel besteht aus einem Altarbereich und halbkreisförmig gestaffelten Sitzstufen, die so angeordnet sind, dass der Blick während der Predigt über den Altar hinweg ins Elztal und zu den Höhen von Freiamt schweifen kann. Nach kurzer Rast geht es etwa 300 m auf derselben Strecke zurück bis zu

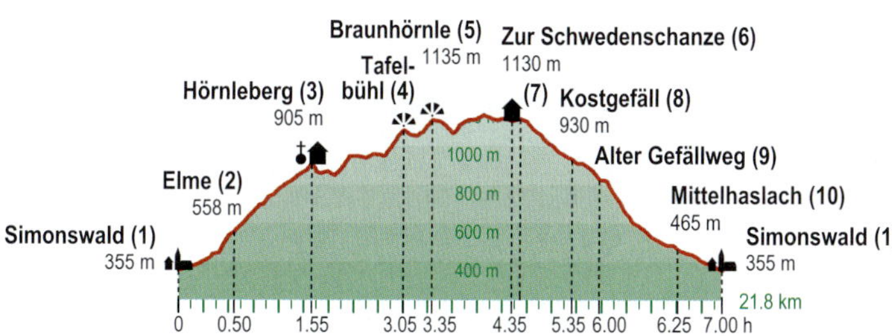

unserer Aufstiegsroute von Simonswald. Wir passieren sie und bleiben fortan geradeaus auf dem mit der Zweitälersteig-Raute und gleichfalls mit blauer Raute markierten Hörnlepfad Richtung Rohrhardsberg. Der Kammweg wechselt zwischen schmalem Waldpfad, Holzabfuhr- und Forstweg, der Untergrund ist teils felsig, teils tannennadelbedeckt. Über 1 Std. lang geht es in einigen Abschnitten leicht abwärts, zumeist aber stetig aufwärts bis zum **Tafelbühl (4)**. Hier öffnet sich plötzlich der Wald an einer Flugschneise für Gleitschirmspringer mit Traumblick hinunter nach Simonswald. Wir gehen weiter, jetzt leicht abwärts zur Wegverzweigung an der Dorerbühlhütte. Die blaue Raute führt rechts direkt zum Breitbühl, während wir der Zweitälersteig-Route nach links folgen und noch einmal kräftig bis zum Gipfel des **Braunhörnle (5)** ansteigen, auf dem uns ein schöner Blick ins Elztal erwartet.

Vom Gipfel steigen wir hinunter zum Wegweiser am Breitbühl und biegen nach links, über steiniges Gelände erneut aufwärts zur Yacher Höhe. Kurz vor Erreichen dieser Wegmarke noch einmal eine Schneise und Ausblick nach Elzach hinunter. An der Verzweigung Yacher Höhe biegen wir links ab und gelangen zum Wegweiser Heiliggeistloch auf einer Hochebene. Links sieht man ein großes Windrad. Wir biegen nach rechts auf einen Trampelpfad und gehen am Waldrand mit Blick über die Hochebene bis zum Wegweiser Schwedenschanze an einem breiten Querweg, auf dem wir nach links abbiegen und sogleich den gleichnamigen Berggasthof **Zur Schwedenschanze (6)** erreichen. Kräftiges Bauernvesper gibt es hier, serviert in Lederhose oder Dirndl.

Für unseren Rückweg nach Simonswald gehen wir knapp 100 m auf derselben Strecke zurück und am Wegweiser Schwedenschanze geradeaus weiter Richtung Martinskapelle und Simonswald. Wir verlassen nun den Zweitälersteig und gelangen zum geografischen Hochpunkt des **Rohrhardsbergs (7)**. Leider gibt es keine Aussichtspunkte. Das einzige Bauwerk auf dem Gipfel ist ein Funkmast, für die Öffentlichkeit nicht zugänglich.

Von der Kuppe folgen wir der gelben Raute bergab Richtung Simonswald. An der nach wenigen Minuten folgenden Wegkreuzung Am Rohrhardsberg nehmen wir den geradeaus führenden Pfad über einen Grünstreifen hinweg zu einem Schotterweg, dem wir rechts abwärts zur nächsten Kreuzung folgen. Wir gehen geradeaus in den Gefällmattenweg und nach ca. 400 m vor einer Rechtskurve links ab auf einen Trampelpfad, zum Tal des Obergefällbachs hinunter. Nach so viel Wald zur Abwechslung ein herrlicher Wiesenweg, der uns durch das einsame Tal hinab zum Kostgefällhof bringt. Drei Häuser und ein Brandweiher bilden die kleine Enklave. Scharf links halten wir uns am Wegweiser **Am Kostgefäll (8)** am Rande des Hofgeländes und gehen am Weiher vorbei über eine Viehweide hinunter zum Obergefällbach. Über den Bach hinüber, bei der folgenden Gabelung links haltend kommen wir oberhalb eines weiteren Anwesens zum **Alten Gefällweg (9)**.

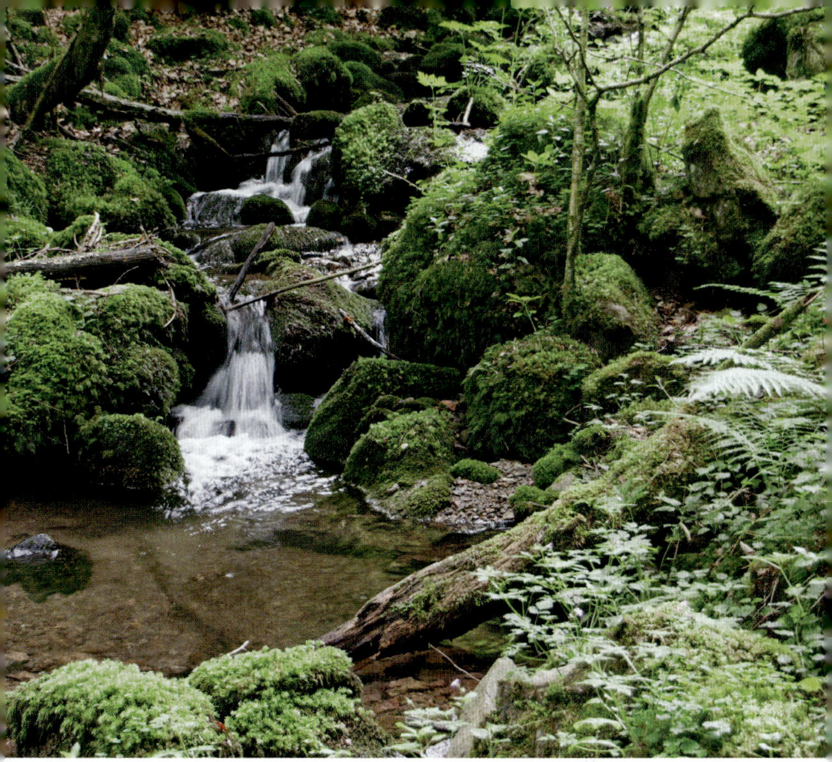

*Am Obergefällbach.*

Dort geht es rechts ab, auf einem Pfad hinunter in die wilde Schlucht des Obergefällbachs und an seinem Ufer etwa 15 Min. lang auf steinigem Gelände abwärts bis zum Lochbauernhof. Wir sind nun im Haslachsimonswälder Tal angekommen. Der Weg mündet in die schmale Talstraße, der wir abwärts folgen, an Schafweiden und Obstwiesen vorbei. Wir passieren die Wohnhäuser von Hinterhaslach, einzelne Bauernhöfe und eine alte Wassermühle am Schwanenhaus. Am Ortsende von **Mittelhaslach (10)** biegen wir noch einmal rechts in die Nebenstraße Am Sommerberg, die uns parallel zur Hauptstraße am Haldenhof vorbei bis zum Ratsstüble am Ortsende von Simonswald führt. Kurz vor Einmündung in die Hauptstraße biegen wir rechts ab auf unseren Trampelpfad, den wir vom Anfang unserer Tour schon kennen, und folgen ihm in entgegengesetzter Richtung am Bach entlang zurück zur Kirche und zum Festplatz von **Simonswald (1)**.

# 42 Von Yach zum Siebenfelsen und zum Rohrhardsberg

**5.00 Std.**

## *Rundwanderung im Yachtal*

*Der Siebenfelsen am oberen Yachtalschluss ist ein eigenartiges meterhohes Steingebilde. Der Felsturm scheint aus sieben übereinander geschichteten Blöcken zu bestehen. Nüchtern betrachtet handelt es sich um ein im Tertiär durch Wollsackverwitterung entstandenes Granitgefüge. Für viele Menschen hat er aber mythologische Bedeutung. Ein Ort der Kraft, eine alte Kultstätte der Kelten könne er gewesen sein. Wir erreichen ihn als Zwischenetappe auf unserem Weg zur aussichtsreichen Hochalm des Schänzlehofs am Rohrhardsberg mit Fernsicht über den Nordschwarzwald und zu den Vogesen.*

**Ausgangspunkt:** Yach, Bushaltestelle Rathaus, 408 m. Anfahrt mit der BSB von Freiburg nach Elzach, dort umsteigen in den SBG Bus Nr. 7206 Richtung Yach Rebstock, Haltestelle Rathaus.
**Höhenunterschied:** 800 m.
**Anforderungen:** Für den lang gezogenen Aufstieg zum Rohrhardsberg ist gute Kondition erforderlich, Wanderung verläuft vorwiegend auf Waldwegen und -pfaden. Markierung: gelbe und blaue Raute sowie Markierungen der Yacher Themenwege (Brot-, Hirten-, Höhenweg).
**Einkehr:** Gasthaus / Pension Adler (geöffnet Mo–Sa ab 17.30 Uhr, So 12–14 Uhr und ab 17 Uhr, Di und Mi Ruhetag); Gasthaus Sonne in Yach; Gasthaus Zur Schwedenschanze, Rohrhardsberg (geöffnet Sa und So ab 10 Uhr).

Wir starten am Rathaus von **Yach (1)**. Durch die Dorfstraße gehen wir talaufwärts an der Kirche und dem Gasthaus Adler vorbei bis zum Gasthaus Sonne auf der rechten Seite. Wir überqueren die Dorfstraße und folgen direkt gegenüber dem Gasthaus einer steil ansteigenden schmalen Straße, markiert mit dem Brotweg-Hinweisschild. Wir erreichen einen Bauernhof, knicken vor dem Gebäude nach rechts ab, überqueren das Hofgelände und folgen einem schräg rechts bergan führenden Feldweg bis zu einer Wegkreuzung am Waldrand. Scharf rechts knickt unsere Brotweg-Route nun ab

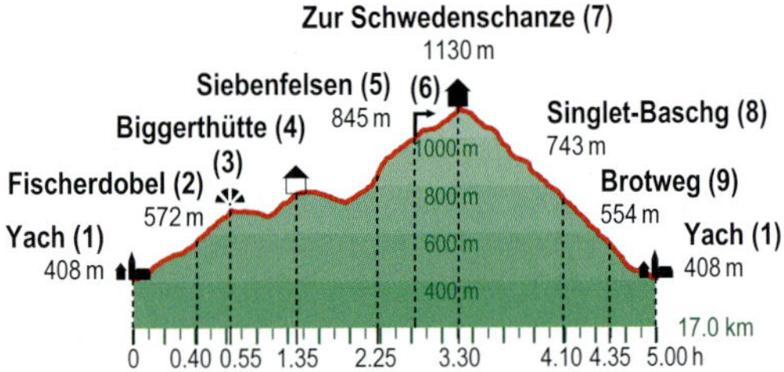

und endet nach aussichtsreicher Strecke auf einem Wiesenweg unterhalb eines stählernen Sendemastes auf der linken Seite. Wir lassen den geradeaus führenden Weg unbeachtet. Rechts vom Sendemast nehmen wir einen schmalen, zunächst mit zwei Stufen befestigten Trampelpfad, der uns am Hang durch den Wald und an Weideflächen entlang bis zu einem zweispurigen Feldweg führt, in den wir geradeaus einfädeln. Der Weg endet nach wenigen Schritten an einer Asphaltstraße, auf der wir nach links aufwärts Richtung Obereck und Satteleck abbiegen. Die nach rechts abwärts führende Route, ebenfalls zum Siebenfelsen, markiert mit der blauen Raute, ignorieren wir. Diese Strecke ist zwar kürzer, führt aber nur über Asphaltwege. Unsere Route ist länger, landschaftlich aber viel reizvoller. Wir erreichen den Wegweiser **Fischerdobel (2)** in einer Rechtskurve und folgen der Straße nach links weiter aufwärts bis zum Fischerdobel-Bauernhof. Wir überqueren das Hofgelände und fädeln in den geradeaus führenden Satteleckweg, der durch eine rot-weiß gestreifte Schranke für den Fahrverkehr gesperrt bleibt. An der Verzweigung am **Obereck (3)** machen wir kurz halt. Eine Granitstele, daneben eine Sitzbank und der Ausblick ins obere Yachtal laden zum Verweilen ein.

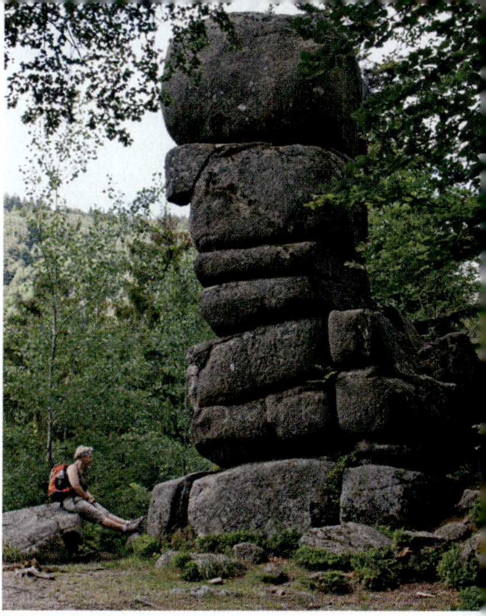

*Am Siebenfelsen.*

Wir setzen ab hier unsere Runde auf dem »Hirtenweg« fort, der uns geradeaus in Richtung Siebenfelsen aufnimmt. Gut 10 Min. lang gehen wir auf ebenem Terrain. Dann geht es etwa 100 m weit steiler bergab bis zu einem Trampelpfad, der nach links abzweigt. Wir nehmen die Spur auf und stoßen ein paar Minuten später auf einen Forstweg, dem wir nach links folgen. Am rechts abzweigenden Bergfelsenweg und am links abzweigenden Plätzleweg vorbei erreichen wir die **Biggerthütte (4)**, die etwas erhöht am linken Wegrand kurz vor einer Rechtskurve steht. Achtung: Ein paar Schritte vor der Rechtskurve zweigt der Hirtenweg rechts ab in eine grasbedeckte Senke. Wir folgen ihm, etwa 20 m bis zur Senke hinunter, gehen schräg rechts weiter und fädeln auf einen Waldpfad ein. Die gelbe Raute signalisiert, dass wir richtig sind. Ein herrlicher Wegabschnitt folgt, 15 Min. lang über Baumwurzeln und Wiesengelände hinweg, zwischen Birken und Felsbrocken hindurch bis zu einem Picknickplatz neben einer Pferdekoppel kurz vor dem

Gästehaus **Belchhäusle**. Wir nähern uns dem Anwesen. Das Schild »Vorsicht vor dem Hunde« soll nicht irritieren. Wenn er sich überhaupt zeigt, bellt er nur. Wir passieren den Hof, gehen auf der Zufahrtsstraße rechts hinunter zum Fischergrundweg und folgen ihm nach links zum Siebenfelsen-Wanderparkplatz. Ab hier begleitet uns die blaue Raute. Sie folgt einem geschotterten Feldweg, am Siebenfelsen-Brunnen vorbei etwa 10 Min. lang bis zu einem Pfad, der vom Feldweg links abzweigt. Im Zickzack führt er uns steil hinauf über verwurzeltes und felsiges Gelände zum **Siebenfelsen (5)**.
Für den nun folgenden strammen Aufstieg zur Schänzlehof-Alm folgen wir der blauen Raute auf dem links aufsteigenden Waldpfad. Er führt uns zwischen Heidelbeerbüschen hindurch zum Wegweiser Ober den Siebenfelsen am Yacher Höhenweg. Wir halten uns rechts, erreichen den Wegweiser **Am Schlagbaum (6)**, biegen nach rechts ab, gehen etwa 60 m parallel zur asphaltierten Straße, die hinauf zur Schwedenschanze führt, und folgen der blauen Raute noch einmal auf einem Trampelpfad in felsiges Gebiet. Der Pfad endet an der Asphaltstraße, der wir nun nach rechts folgen. Wenig später sind wir auf dem Gelände des Schänzlehofs angekommen, umgeben von Viehweiden, mit schöner Aussicht zum Vogesenkamm und über das Freiamter Hochland. Kurz vor Erreichen des Hofs biegen wir rechts auf einen Schotterweg und bald darauf auf einen links abkürzenden Pfad hinauf zum

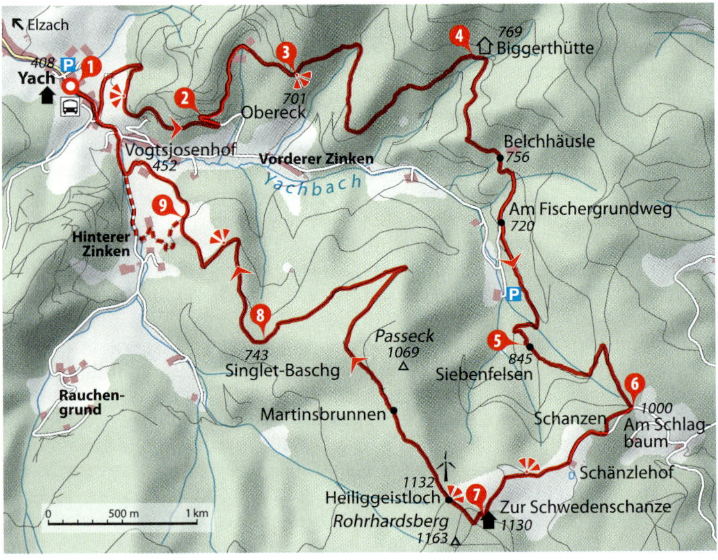

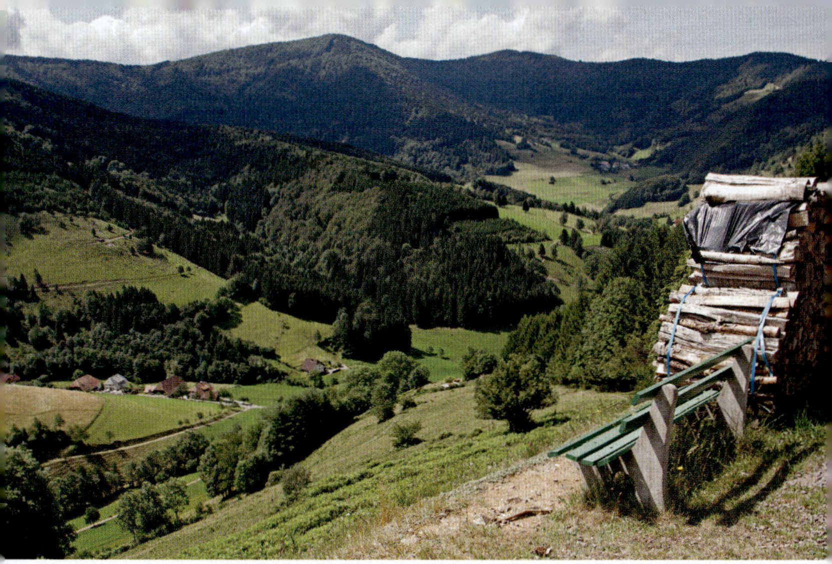

*Ausblick vom Obereck ins Yachtal.*

Berggasthof **Zur Schwedenschanze (7)**, ein guter Rastplatz. Vom Gasthof folgen wir weiter der mit blauer Raute markierten Route aufsteigend Richtung Yach, Simonswald und Rohrhardsberg. Nach gut 100 m biegen wir an einem Wegweiser Richtung Heiliggeistloch/Yach nach rechts ab und gehen am Waldrand entlang, direkt auf ein großes Windrad zu. Wir gehen am Windrad vorbei und zweigen nach etwa 100 m leichtem Abwärtsgehen in einer Linkskurve auf einen steilen Pfad rechts ab. Achtung: Der Abzweig ist leicht zu übersehen! Er führt uns zum vermoosten Martinsbrunnen und zu einem Forstweg hinunter, der uns geradeaus aufnimmt und zu einer Wegkreuzung am oberen Breitbühlweg leitet. Wir überqueren sie, gehen in den Baschgweg, gemächlich bergab bis zur Wegkreuzung **Singlet-Baschg (8)**. Auch hier geradeaus weiter Richtung Yach/Bierhäusle.
10 Min. später treten wir aus dem Wald heraus, das Blickfeld öffnet sich zum Yachtal. Der Forstweg beschreibt eine Linkskehre. Bequem geht es nun abwärts. Nach der nächsten Rechtskehre folgt erneut eine Linkskehre, in der wir noch einmal die Route des »**Brotwegs**« **(9)** aufnehmen können. (Wahlweise geht man auf dem Hauptweg hinunter zum Singlerhof und auf der Straße zurück zum Ort.) Wir folgen dem »Brotweg« rechts über eine Alm und steil hinunter zum Vogtsjosenhof, von dort links zur Straße im Hinteren Zinken und rechts weiter bis zur Dorfstraße. Nun nach links und zurück zum Ausgangspunkt am Rathaus von **Yach (1)**.

# 43 Von der Oberau nach Zarten

**4.00 Std.**

## *Winterwanderung durch das Dreisamtal*

*Die Dreisam ist 29 Kilometer lang, gemessen vom Zusammenfluss des Wagensteigbachs mit dem Rotbach bei Zarten bis zur Einmündung in die Elz bei Riegel. Sie überwindet 199 Höhenmeter – genug, um drei kleine Wasserkraftwerke zu speisen und die Freiburger Bächle im Stadtraum zu versorgen. Nach der Schneeschmelze verwandelt sie sich gelegentlich in einen reißenden Strom (Dreisam = keltisch: die Schnellfließende), im Sommer bietet sie an vielen Stellen beste Bademöglichkeit in kleinen Gumpen. Für unsere Wanderung braucht es ein paar Schneefalltage und konstante Temperaturen unter dem Gefrierpunkt. Sind diese Voraussetzungen gegeben, verwandelt sich das Dreisamtal in eine zauberhafte Winterlandschaft.*

**Ausgangspunkt:** Freiburg Oberau, Dreisambrücke, Fabrikstraße/Ecke Hindenburgstraße, 288 m. Anfahrt mit der Straßenbahn, Linie 1, Richtung Littenweiler, Haltestelle Ganter Brauerei, von dort durch die Fabrikstraße noch 5 Min. zu Fuß zum Ausgangspunkt.
**Höhenunterschied:** 95 m.
**Anforderungen:** Leichte Wanderung auf ebener Strecke, passende Winterschuhe sind erforderlich.
**Einkehr:** Landgasthof Bären in Zarten (geöffnet Mo, Di und Fr ab 16 Uhr, Sa und So ab 11.30 Uhr, Mi und Do Ruhetag).
**Tipp:** St. Johanneskapelle in Zarten gegenüber dem Gasthof Bären, mit Kräutergarten, Sonnenuhr und barockem Innenraum.

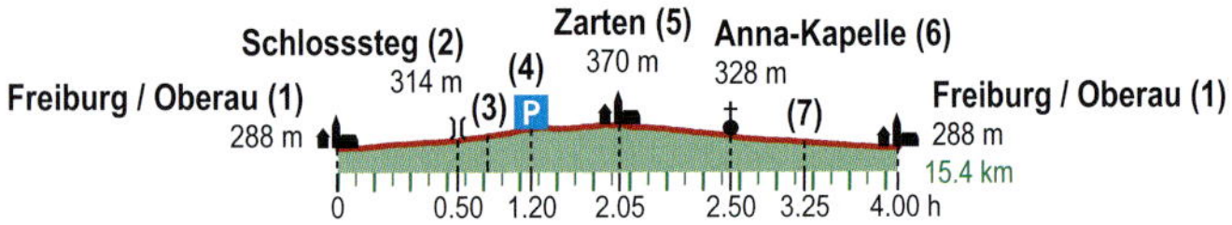


Die Wanderung beginnt im Stadtteil **Oberau (1)**, in der Fabrikstraße/Ecke Hindenburgstraße. Wir gehen stromaufwärts auf dem Spazierweg gut 45 Min. an der Dreisam entlang, überqueren den Sandfangweg und gehen an zahlreichen Sportstätten vorbei bis zur Nepomukbrücke am Ortsrand von Ebnet. Wir unterqueren die Schwarzwaldstraße und passieren nacheinander den **Schlosssteg (2)** und den **Steg zum Wasserwerk (3)**.
Am Zufluss der Brugga in die Dreisam halten wir uns kurzzeitig am Ufer der Brugga, überqueren sie auf schmalem Steg, unterqueren die Bundesstraße und gehen ab dem **Wanderparkplatz Bruckmühle (4)** Richtung Golfplatz/Zarten. Diesmal überqueren wir die Bundesstraße auf einer Brücke.

*Spaziergänger auf dem Dreisam-Uferweg.*

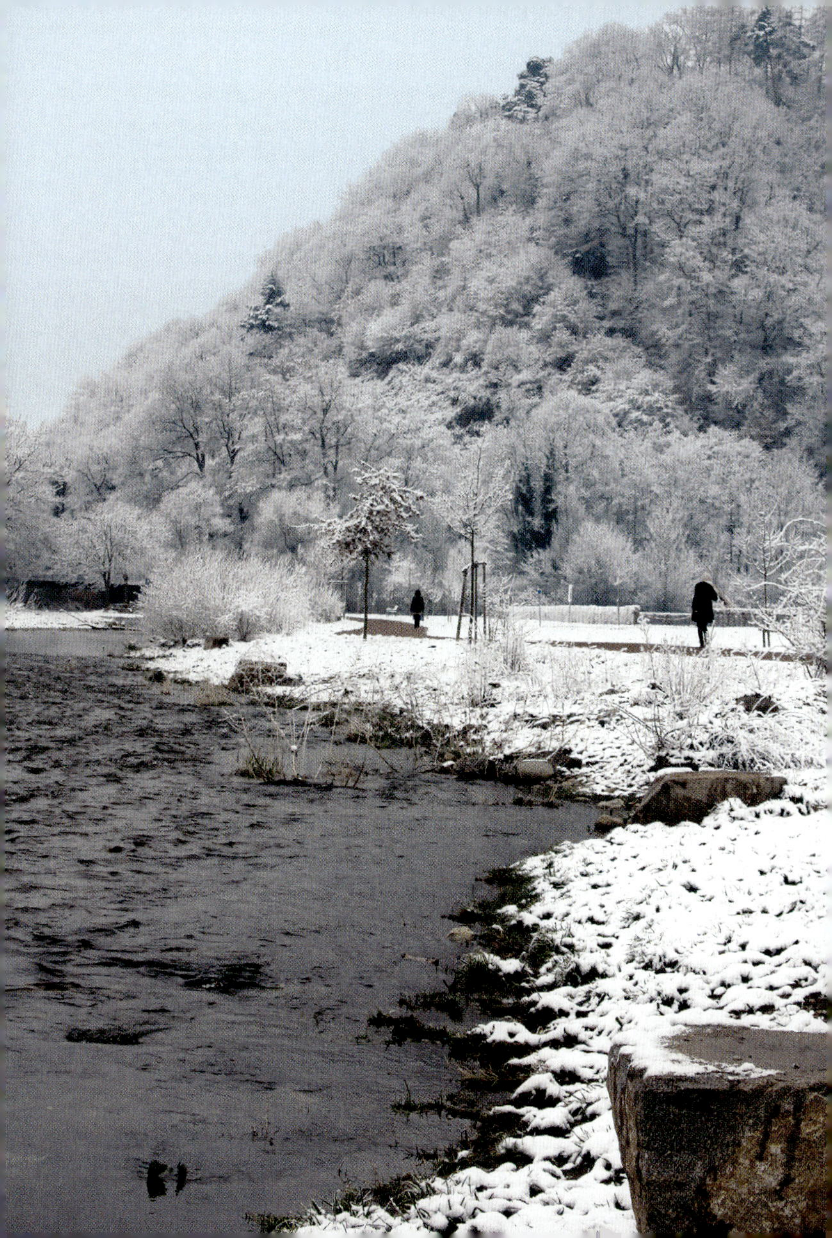

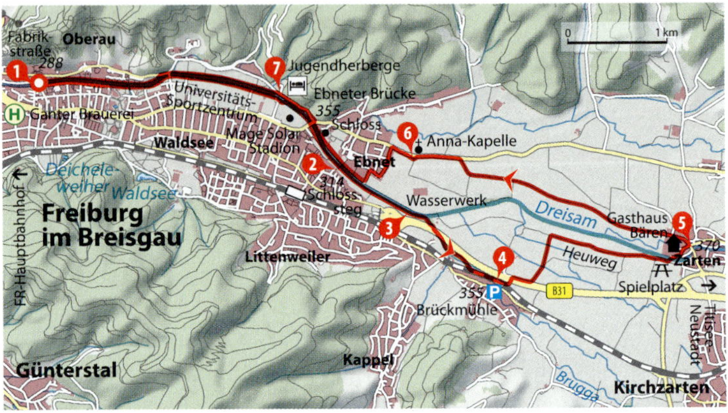


Links geht es zum Golfplatz. Wir biegen nach rechts zum offenen Wiesengelände des Dreisamtals ab und folgen dem Fuß-/Fahrradweg bis zu einem Spielplatz kurz vor Zarten auf der linken Seite. Hinter dem Spielgelände schwenken wir auf einen Fußweg, überqueren die Dreisam und gelangen durch die Inselstraße zu einem Verkehrskreisel in der Ortsmitte von **Zarten (5)**. Vom Kreisel aus halten wir uns links, kommen am Gasthof Bären auf der linken und der Johanniskapelle auf der rechten Seite vorbei und gehen auf einem für den Durchgangsverkehr gesperrten Wirtschaftsweg zurück nach Ebnet.

Am Ebneter Sportplatz und der **Anna-Kapelle (6)** vorbei, gelangen wir zur Schwarzwaldstraße, biegen links in den Hurstbrunnenweg, folgen ihm geradeaus bis zur Bruggastraße, halten uns dort rechts und biegen nach 100 m links zu einem Fußweg ab, der uns zur Dreisam führt. Rechts geht es auf einem Pfad flussabwärts zum **Schlosssteg (2)**, den wir vom Hinweg bereits kennen, und geradeaus weiter bis zur Schwarzwaldstraße. Rechter Hand ist das Ebneter Schloss zu sehen. Wir überqueren die Schwarzwaldstraße, fädeln in die Kartäuser Straße ein, passieren die **Jugendherberge (7)** und gelangen wieder zum Dreisamuferweg, auf dem wir zur Fabrikstraße in der **Oberau (1)** zurückkehren.

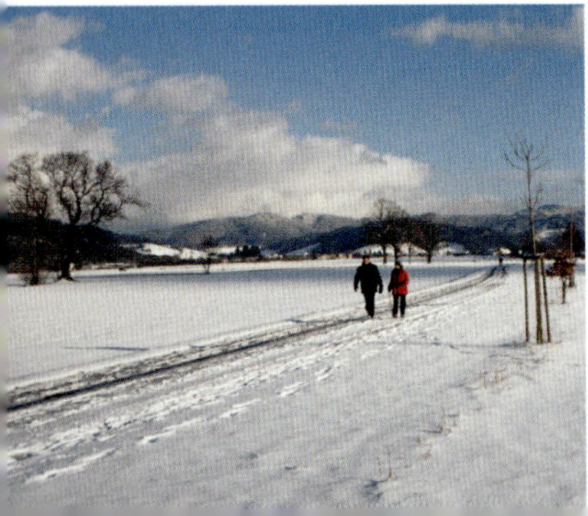

*Im Dreisamtal.*

2.30 Std.

# Von Stegen zur Schlangenkapelle

44

## Einmal rund ums Wittental

*Der Sage nach herrschte in der Umgebung des Attentals eine Schlangenplage. Sollte es gelingen, sie zu beseitigen, wollten die Bauern zu Ehren der Jungfrau Maria eine Kapelle errichten. Die Plage wurde besiegt, die dankbaren Bauern hielten Wort. Die Kapelle ist Ziel unseres Ausflugs. Auf dem Rückweg machen wir einen Abstecher zum Baldenwegerhof, wo im Hofladen frisches Brot und landwirtschaftliche Produkte zum Verkauf angeboten werden. Beliebt bei Kindern sind die frei zugänglichen Stallungen und Gehege, in denen Ziegen, Kälber, Schweine und viele andere Tiere zu sehen sind.*

**Ausgangspunkt:** Stegen, Bushaltestelle Kolleg St. Sebastian, 382 m. Anfahrt mit dem Bus Nr. 221 ab Freiburg/Lassbergstraße Richtung Stegen/Kirchzarten, Haltestelle Kolleg St. Sebastian (außer Sa und So). Mit dem Pkw von Freiburg kommend kurz hinter dem Ortsschild rechts ab Richtung Zarten und nach 50 m links auf den Parkplatz direkt an der Bushaltestelle.
**Höhenunterschied:** 270 m.
**Anforderungen:** Die Wanderung verläuft vorwiegend im Wald auf Pfaden, ab Baldenwegerhof durch ebenes Gelände.
**Einkehr:** Unterwegs keine; in Stegen.
**Tipp:** Baldenwegerhof (geöffnet tägl. 9–18.30 Uhr, Verkauf im Hofladen Mo–Fr 9–18.30 Uhr, Sa 8–13 Uhr, So geschlossen).

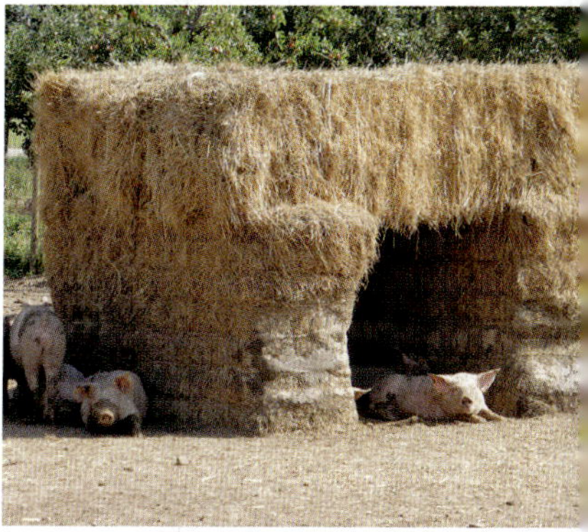

*Am Baldenwegerhof.*

Vom Parkplatz vor dem Kolleg St. Sebastian in **Stegen (1)** gehen wir zunächst auf der Hauptstraße rechts in Richtung Ortsmitte und biegen nach ca. 200 m links in eine Gasse (Hauptstraße 9–21) ein. Wir folgen dem Wegweiser Dobelmatte, überqueren auf einer Brücke den Eschbach und halten uns rechts auf einem Schotterweg Richtung Dobelmatte/Schlangenkapelle. Wir treten in den Wald ein und gehen hinunter zur **Dobelmatte (2)**, einem schönen, lang gestreckten Wiesengelände umgeben von bewaldeten Hängen. Wir halten uns links und gehen bis zu einer Wegverzweigung mit Schutzhütte und Grillplatz. Erneut wenden wir uns nach links, etwa 50 m weit, und biegen kurz vor dem kleinen Dobelmatten-Teich links hoch auf einen Trampelpfad, nun wieder durch den Wald. Der Pfad endet an einer Wegspinne mit Forstwegen. Wir schwenken auf den nach rechts führenden Weg, folgen ihm

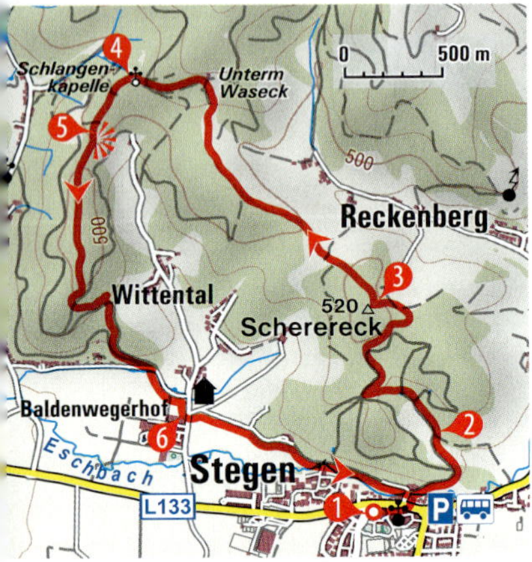


aber nur etwa 30 m weit und steigen zu einem schmalen Pfad auf der linken Seite hoch, Richtung Scherereck, den Waldhang hinauf. Eine alte Holzbank, etwa 20 m links neben dem Einstieg des Pfades dient als Orientierung. Zwei grasbedeckte Wege werden gekreuzt, bis wir zu einem hölzernen Wegweiser gelangen. Diesem folgen wir scharf links Richtung Schlangenkapelle, nun wieder auf der gelb markierten Route. Rechts öffnet sich das obere Tal von Reckenberg. Es geht steil hinauf zum **Scherereck (3)** und dort auf einen Waldpfad nach rechts, abwechselnd durch bewaldetes und offenes Gelände. Unter einer Hochspannungsleitung hindurch und an einem Ferienhaus vorbei, stets mit Ausblick ins Tal von Reckenberg, erreichen wir das Talende. Hier knickt unser Pfad nach links ab und verbreitert sich. Wir kommen am Wegweiser Unterm Waseck vorbei, dem höchsten Punkt unserer Runde, und gehen noch gut 400 m hinab bis zur **Schlangenkapelle (4)**. Eine Picknickbank neben der Kapelle lädt zum Rasten ein.

Es geht weiter abwärts, unterbrochen von kurzen Gegenanstiegen, bis zu einer schönen **Lichtung (5)** mit Holzbank und Aussicht ins Dreisamtal, zum Hinterwaldkopf und zum Feldberg. Erneut tauchen wir in den Wald ein, überqueren eine Kreuzung, halten uns an der folgenden Gabelung links und achten etwa 3 Minuten später auf einen mit gelber Raute markierten, scharf nach links abzweigenden Pfad, dem wir folgen. Wir steigen zum Klorerbergweg hinab, biegen nach links ab und stoßen im Tal auf den asphaltierten Fohrenbühlweg, auf dem wir links entlang zur Wittentalstraße gelangen. Rechts geht es weiter, bis wir nach gut 100 m am Wegweiser **Baldenwegerhof (6)** angelangt sind. Der Hof mit großem Tierbestand davor ist von hier nur einen Steinwurf weit entfernt. Am Wegweiser biegen wir nun links ab Richtung Stegen, halten uns an den beiden folgenden Gabelungen jeweils rechts und gehen auf dem Fahrradweg durch das schöne Eschbachtal bis zu der vom Hinweg bekannten Brücke über den Eschbach. Auf bekanntem Weg geht es zurück zum Kolleg in **Stegen (1)**.

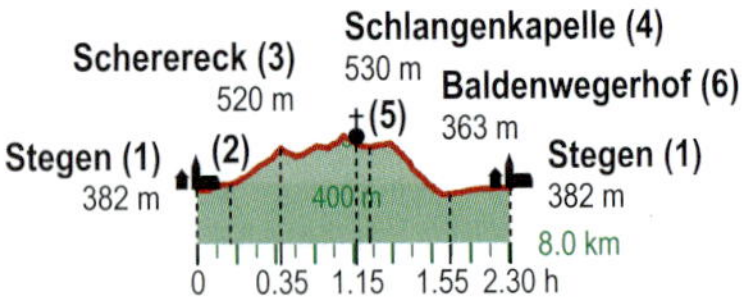

3.00 Std.

# Von Kirchzarten zum Lindenberg 45

**Beliebtes Pilgerziel in hervorragender Panoramalage**

*Seit mehr als 500 Jahren pilgern Menschen auf Stationenwegen aus den Tälern hinauf zur Wallfahrtskirche Maria Lindenberg, herrlich gelegen auf einem Höhenrücken zwischen Eschbachtal und Ibental. Wir beginnen unsere schöne Aufstiegsroute in Kirchzarten im Dreisamtal. In St. Peter im oberen Ibental, nicht weit vom Lindenberg entfernt, beenden wir sie.*

**Ausgangspunkt:** Kirchzarten Bahnhof, 393 m, Anfahrt von Freiburg Hbf. mit der RB Richtung Seebrugg oder Neustadt, Haltestelle Kirchzarten Bahnhof.
**Endpunkt:** St. Peter, 712 m. Rückfahrt ab Zähringer Eck mit dem SBG-Bus Nr. 7216 nach Kirchzarten, dort umsteigen in den Zug nach Freiburg Hbf.
**Höhenunterschied:** 460 m im Aufstieg, 140 m im Abstieg.
**Anforderungen:** Nur vereinzelt steile Passagen (am Klingeleberg), generell angenehme Wald- und Graspfade, Markierung: gelbe Raute.
**Einkehr:** Kirchzarten; Pilgergaststätte Maria Lindenberg (geöffnet Di–So 12–17 Uhr, Mo Ruhetag). In St. Peter verschiedene Möglichkeiten, v. a. am Bertoldsplatz.

Vom Bahnhof in **Kirchzarten (1)** gehen wir in Fahrtrichtung Titisee auf der Bahnhofstraße, parallel zu den Gleisen, an den Bahnhofsparkplätzen entlang, unterqueren die Bahngleise und biegen an der Höllentalstraße nach rechts ab. Wir überqueren die Rotbachbrücke und folgen der Straße bis zum Abzweig nach links in die Ibentalstraße Richtung Buchenbach. Nach 400 m auf der Ibentalstraße hinter der Bushaltestelle Brandenburgerhof geht es links weiter auf einer asphaltierten Nebenstraße, unter der Bundesstraße 31 hindurch, bis die Straße vor einer Waldböschung nach links abknickt. Rechts zweigt ein Feldweg ab. Wir folgen ihm bis zu einem weiteren Abzweig, etwa 5 Min. später in Höhe einer Apfelbaumplantage, und biegen scharf links ab, hinunter in die Auenlandschaft des Wagensteigbachs. Wir überqueren den Bach, wenden uns am Hohrain nach rechts und stoßen auf die Mühlenstraße. Nun halten wir uns erneut rechts, etwa 200 m weit bis zum Wegweiser **Am Laubishof (2)** am Ortsanfang von Burg am Wald.

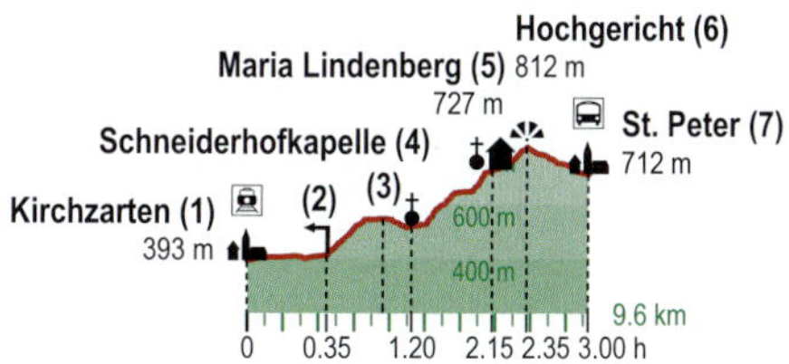

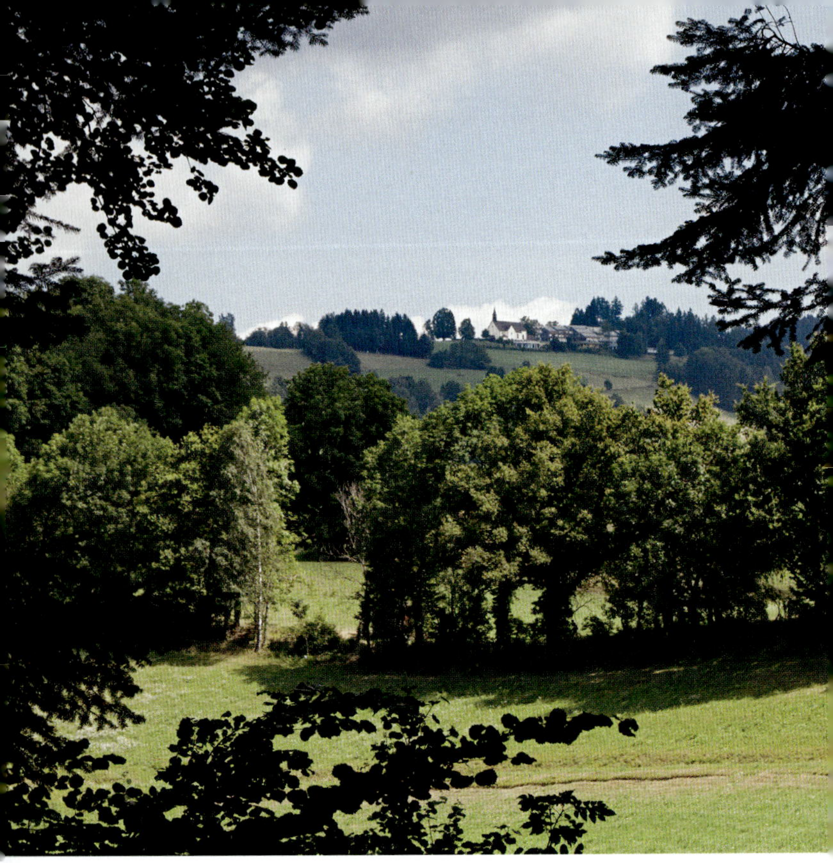

*Blick zur Wallfahrtskirche Maria Lindenberg.*

Hier verlassen wir die Straße, gehen nach links über die Wiese bis zu einem Querpfad am Waldrand, biegen nach rechts ab aufwärtssteigend Richtung Lindenberg, wählen an der folgenden Wegkreuzung den rechten der beiden geradeaus weiter aufwärtsführenden Pfade und achten im Folgenden stets auf die gelbe Raute, die uns hinauf zum Kamm zwischen Unteribental und Eschbachtal führt. An einem Hochspannungsmast vorbei erreichen wir den Wegweiser am **Hauriwald (3)**, biegen links ab und passieren den rechts abzweigenden Weg nach Buchenbach am Wegweiser Bildstöckl. Kurz hinter dieser Wegmarke halten wir uns an einer Gabelung rechts und gelangen

über verwurzeltes Gelände hinweg zum Waldrand. Auf Wiesengelände steigen wir nun zur hölzernen **Schneiderhofkapelle (4)** mit Sitzbank und wunderschönem Ausblick ins Dreisamtal und nach Freiburg.
Die Kirche auf dem Lindenberg ist ab hier beim weiteren Aufstieg stets im Blickfeld. Auf aussichtsreicher, nun steiler ansteigender Strecke geht es am Jägerhofkreuz vorbei zum Klingeleberg. Eine rot-weiß gestreifte Schranke aus kräftigen Holzbalken versperrt an dieser Stelle den Weg für Mountainbiker. Wir steigen weiter auf, an einem Spalier von Ginster-, Himbeer- und Brombeerbüschen vorbei zur Schwärzlehofkapelle und gelangen zum Kreuzweg. Wenig später ist unser Ziel erreicht, die Wallfahrtskirche **Maria Lindenberg (5)** samt angegliedertem Tagungszentrum, Pilgergaststätte und großer 1a-Aussichtsterrasse mit Blick nach Süden über das Ibental bis hinüber zum Feldbergmassiv. Wir lassen Kirche und Tagungshaus hinter uns, gehen auf der Lindenbergstraße Richtung St. Peter, passieren einen rechts abzweigenden Waldweg am Wegweiser Renzenhof und biegen kurz dahinter auf einen Pfad nach rechts ab, nur mit gelber Raute markiert. Er führt uns hinauf zum **Hochgericht (6)**, einem aussichtsreichen Pilger-Rastplatz mit Sitzbänken und Rundumsicht zu den Schwarzwaldhöhen.
Von dort aus gehen wir abwärts und gelangen erneut zur Lindenbergstraße. Wir überqueren sie, gehen am **Muckenhofweiher** vorbei und biegen hinter dem Tümpel rechts ab auf einen Feldweg mit schönem Blick auf die Doppeltürme der Klosterkirche von St. Peter. Unsere Route mündet in die Spittelhofstraße, setzt sich rechts durch den Birkenrain fort bis zum Roten Weg, auf dem wir links hinunter zum Zähringer Eck mit dem Busbahnhof von **St. Peter (7)** gelangen.

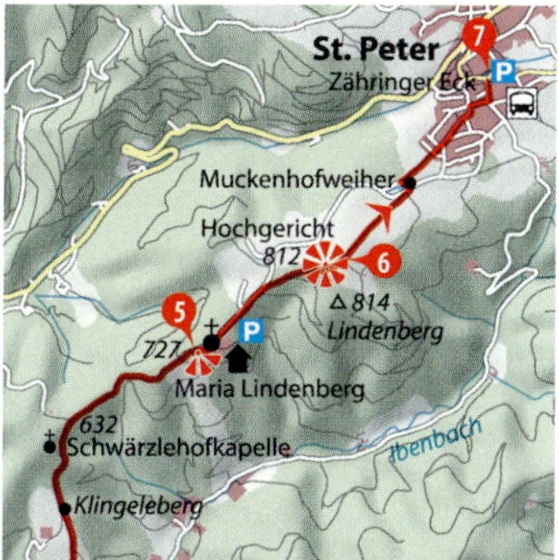


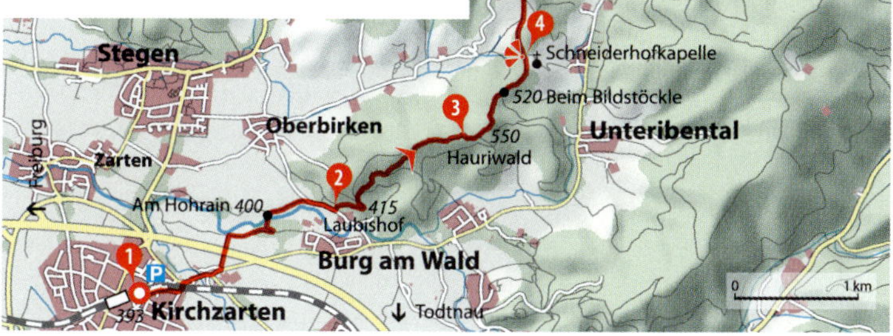

# 46 St. Peter – Streckereck – Rosskopf – Freiburg

**5.45 Std.**

### *Talwanderung auf der Schlussetappe des Kandelhöhenwegs*

*Der Kandelhöhenweg verläuft in fünf Etappen durch den Schwarzwald: von Oberkirch über die Etappenziele Gengenbach, Oberbiederbach, Waldkirch und St. Peter bis nach Freiburg. Die letzte Etappe startet in St. Peter, dem Ausgangspunkt unserer Tour. Sie verläuft zumeist auf Waldpfaden auf dem Rücken des Flaunser-Rosskopf-Kamms. Prächtige Aussichten werden im ersten Abschnitt von der Lindlehöhe hinunter ins Glottertal geboten, im Mittelteil der Route vom Streckereck ins Föhrental und schließlich vom Rosskopfturm ins Oberrheintal.*

**Ausgangspunkt:** St. Peter, Bushaltestelle Zähringer Eck, 712 m. Anfahrt von Freiburg mit der RB Richtung Seebrugg, Haltestelle Kirchzarten, dort umsteigen in den Bus Nr. 7216 nach St. Peter, Endstation Zähringer Eck.
**Endpunkt:** Freiburg, Schwabentor, 281 m.
**Höhenunterschied:** 340 m im Aufstieg, 770 m im Abstieg.
**Anforderungen:** Wanderung auf deutlich ausgetretenen Waldpfaden und Forstwegen, vorwiegend bergab, nur anfangs zur Langeckhöhe und weiter unten zum Rosskopfgipfel ansteigend. Viel Schatten. Markierung: gelbe Raute und rote Raute mit weißem K (Kandelhöhenweg).
**Einkehr:** Waldrestaurant St. Ottilien (geöffnet tägl. ab 12 Uhr, So ab 10 Uhr); Kastaniengarten am Greiffenegg Schlössle (geöffnet tägl. bei gutem Wetter ab 11 Uhr).
**Variante:** Anstelle des Anstiegs zum Rosskopf ab Kreuzung Ochsenlager auf dem Schotterweg geradeaus zum Rosskopfsattel (Gehzeit verkürzt sich um 20 Min.).

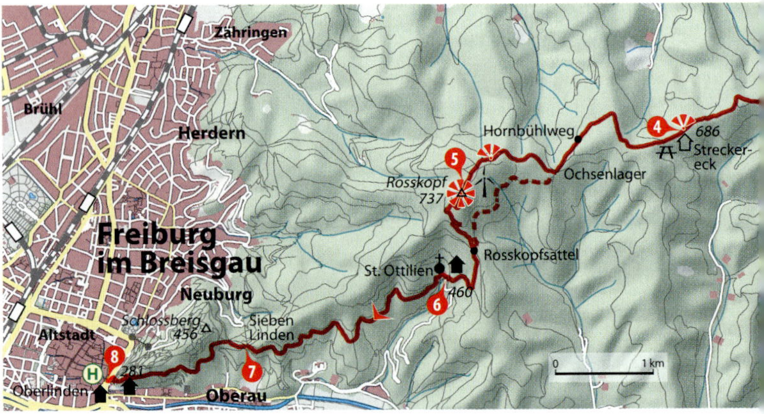

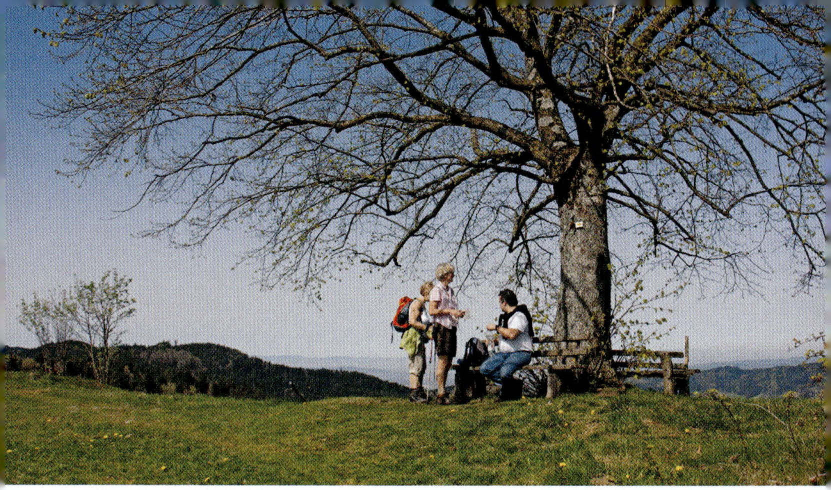

*Rast auf der Lindlehöhe.*

Vom Busbahnhof am Zähringer Eck in **St. Peter (1)** geht es zunächst durch die Zähringerstraße Richtung Ortsmitte bis zum Bertholdsplatz. Wir überqueren ihn und gehen auf einem Fußweg am linken Straßenrand hinunter zum Parkplatz Weiherloch an der Landstraße nach Stegen, gehen etwa 50 m rechts am Straßenrand entlang, überqueren die Straße kurz vor dem Gasthaus Kreuz und steigen auf einem Wiesenweg bergan Richtung Lindle. Wir passieren den Hornweiher und erreichen eine asphaltierte Nebenstraße an

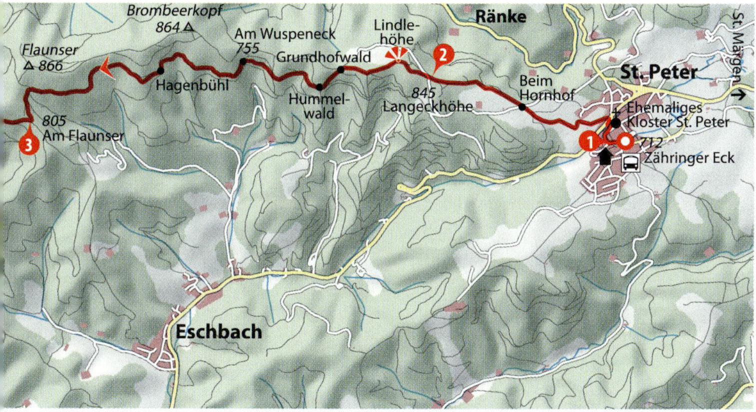

der Kreuzung Beim Hornhof. Wir gehen geradeaus auf den Schotterweg Richtung Langeck- und Lindlehöhe und verlassen damit den Kandelhöhenweg, der nach links Richtung Freiburg abzweigt. Wir werden in gut 45 Minuten wieder auf ihn stoßen. Unser Schlenker über die Lindlehöhe lohnt sich sehr, da die Route viele aussichtsreiche Stellen mit Fernsicht, u.a. bis zum Feldberg bietet. Knapp 5 Minuten nach Verlassen der Kreuzung biegen wir links auf einen Trampelpfad, der uns im Grenzbereich zwischen Wald und Wiese zunächst auf die **Langeckhöhe (2)** und anschließend zur **Lindlehöhe** führt, auf der uns ein schöner Blick ins Glottertal erwartet. Von nun an auf einem Sattel abwärtsgehend, nehmen wir an der Verzweigung am Wegweiser Grundhofwald die linke Spur durch den Wald Richtung Eschbach/Stegen und gehen steil abwärts bis zum Wegweiser Hummelwald. Hier erreichen wir wieder den Kandelhöhenweg und schwenken nach rechts Richtung Rosskopf. Lange Zeit ohne nennenswerte Aussichtspunkte, aber auf angenehmer Waldstrecke geht es stetig bergab am Wuspeneck und am Hagenbühl vorbei bis zum Wegweiser **Am Flaunser (3)**. Weiter Richtung Freiburg passieren wir den Hohstiegskopf und landen schließlich auf einer etwa 100 m langen Lichtung am **Streckereck (4)** mit wunderschönem Ausblick ins Föhrental. Mit etwas Glück findet man einen Platz auf einer der zwei ergonomisch geformten Holzliegen. Darüber hinaus gibt es aber genug Sitzmöglichkeiten, eine Grillstelle und eine Schutzhütte.

Unsere Route setzt sich auf einem Waldpfad fort, wir kreuzen 20 Min. später den Hornbühlweg und erreichen den Wegeknoten am **Ochsenlager**. Es folgt ein Anstieg, etwa 100 Höhenmeter empor zu den Windrädern am Martinsfelsen und zum Gipfel des **Rosskopfs (5)** mit Aussichtsturm.

Vom Friedrichsturm folgen wir absteigend der Beschilderung zum Wegweiser Lachen, an dem wir nach links auf einen Trampelpfad abbiegen Richtung St. Ottilien. Wir gelangen zu einer großen Kreuzung mit Forstwegen am **Rosskopfsattel**, überqueren sie und biegen nach wenigen Schritten schräg rechts auf einen mit gelber Raute markierten Trampelpfad. Wir stoßen auf einen geschotterten Weg, schwenken nach rechts, überqueren die Kreuzung St. Wendelin-/Oberer Abfuhrweg und sind wenig später am **Gasthaus St. Ottilien (6)** angelangt. Für die Schlussetappe folgen wir den Hinweisschildern des Kandelhöhenwegs über **Sieben Linden (7)** und Kanonenplatz zum Schwabentor in **Freiburg (8)** hinunter.

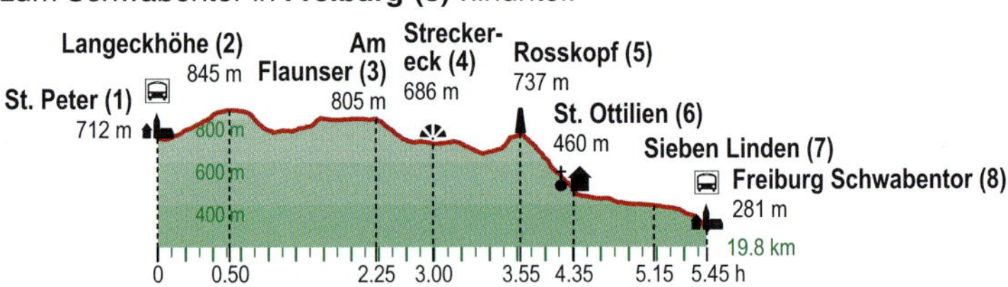

3.45 Std.

# Von St. Märgen zu den Hirschbach- und Zweribachfällen

47 TOP

***Im Ur-Schwarzwald***

*Der Zweribach entspringt auf der Plattenhöhe nordöstlich von St. Peter, der Hirschbach im Oberibentaler Allmend zwischen St. Peter und St. Märgen. Beide Bäche schlängeln sich durch tiefe Taleinschnitte, bevor sie vereint in die Wilde Gutach im Simonswälder Tal münden. Das Tal steht unter Naturschutz, ein kleines Stück Urwald, wie es im Schwarzwald nur selten vorkommt. Von drei Seiten ist dieses Gebiet zu erreichen, nur zu Fuß allerdings, was den Besucherstrom zum Glück in Grenzen hält. Wir wählen den Zugang von St. Märgen aus.*

**Ausgangspunkt:** St. Märgen, Ortsmitte/Post, 890 m. Anfahrt von Freiburg mit der RB nach Kirchzarten, dort in den Bus Nr. 7216 umsteigen bis St. Märgen, Haltestelle Post.
**Höhenunterschied:** 440 m.
**Anforderungen:** Wanderung verläuft zumeist auf Waldpfaden, im Zweribach-Bannwald auf steinigen, bei Nässe rutschigen Steigen, Trittsicherheit und Schuhwerk mit Profil erforderlich, teilweise Stahlseilsicherung am Zweribachfall. Markierung: gelbe Raute.
**Einkehr:** Unterwegs keine; in St. Märgen verschiede Gasthäuser, u. a. Landfrauen-Café im Hotel Goldene Krone (geöffnet Mi–Sa 12–18 Uhr, So 14–18 Uhr, Mo und Di Ruhetag).

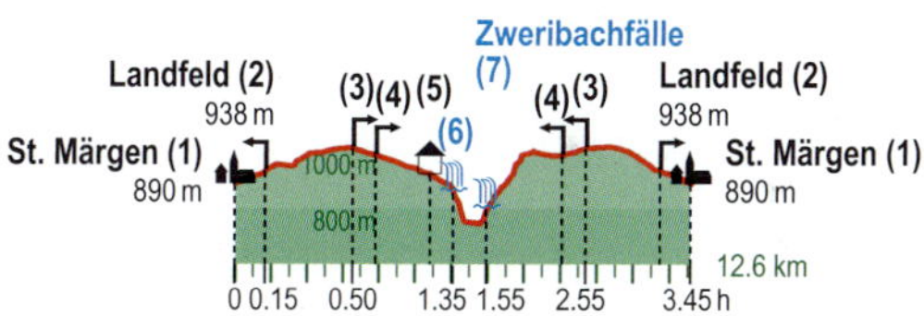


Wir starten in **St. Märgen (1)** vom Platz vor der Sparkasse in Ortsmitte, gehen durch die Feldberger Straße Richtung Thurner Straße bis zum Hotel Hirschen und biegen vor dem Hotel links in den Landfeldweg. Wir lassen den Ort hinter uns, steigen steil aufwärts über offenes Wiesengelände bis zu einer Sitzbank am Wegweiser **Landfeld (2)**. Wir nehmen den links abzweigenden Panoramaweg zum Birkwegeck und hinauf zur Kapfenkapelle bis zur Wegverzweigung am **Roten Kreuz (3)**.
Zu den Zweribachfällen geht es nun rechts in den Wald hinein, abwärts durch einen Hohlweg bis zum Wegweiser an der **Hirschmatte (4)** einer kleinen Wiese am Hirschbach. Der Forstweg, auf den wir hier stoßen, führt sowohl links über den Gschwanderdobel als auch rechts durch das Hirschbachtal zu den Zweribachfällen. Wir gehen rechts entlang, dramaturgisch

die bessere Variante. Nach etwa 20 Min. gelangen wir zu einer Schutzhütte am Rande des **Bannwalds Zweribach (5)** mit gleichlautendem Wegweiser. Ein schmaler Pfad zweigt gegenüber der Hütte links ab und schlängelt sich am Steilhang der Hirschbachschlucht durch den Bannwald hinunter. Wir folgen ihm abwärts, vorsichtig über die zunehmend rutschigen Steine hinweg. Nur einmal, kurz vor Erreichen des Hirschbachs biegen wir rechts auf einen deutlich ausgetretenen Pfad ab, etwa 30 m weit, zum **Hohwartsfelsen**. Von der ungesicherten Felskanzel hat man einen schönen Blick hinunter zur Brunne-Lichtung und zu den Windmühlen auf der Plattenhöhe. Den **Hirschbach (6)** mit seinen kleinen Kaskaden überqueren wir auf einer Holzbrücke. Am Rande des Baches steigen wir in felsigem Gelände weiter in die Schlucht hinunter. Der Pfad verflacht, wir gelangen zu einer »Brunne« genannten Lichtung, einem schönen Rastplatz mit Weiher, Kapelle, Schutzhütte und Picknickbänken. Hier stand einst der Brunnenhof, der kurz nach seiner Elektrifizierung abbrannte. Nun geht es aufwärts noch etwa 400 m bis zu den **Zweribachfällen (7)**. In zwei Stufen stürzen die Wassermassen ins Tal. Wir erreichen zunächst die Aufprallfelsen des unteren der beiden Wasserfälle und steigen an deren Rand zum oberen empor. Stahlseile sichern den Abhang an einigen kritischen Stellen. Eine Brücke führt zu einem Becken unterhalb des oberen Wasserfalls. Mehr als 10 m beträgt seine Fallhöhe, nach der Schneeschmelze ein gewaltiges akustisches Spektakel. Bevor man die Brücke überschreitet, zweigt links ein Pfad Richtung Stockbühl/Gschwandertobel ab. Hier beginnt unser Steig aus der Schlucht hinaus.

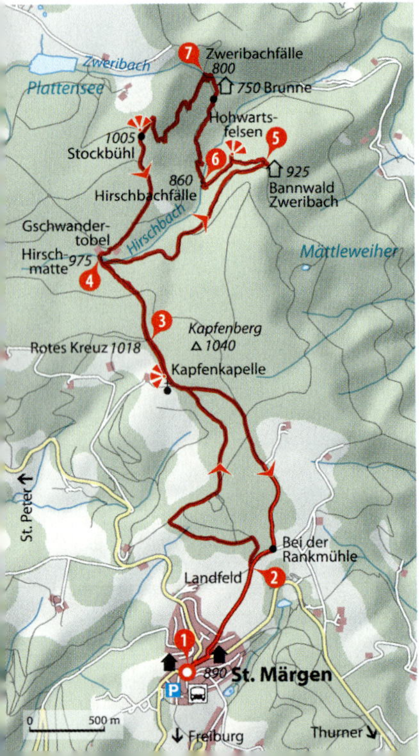


Am **Stockbühl** angekommen, bietet sich ein schöner Blick über die Almen der Plattenhöhe. Wir stoßen kurz danach auf einen Forstweg, biegen links ab, und gelangen an zwei privat genutzten Waldhütten vorbei zum Gschwandertobel. Wir passieren den Abzweig nach rechts zum Jockenhof, überqueren den Hirschbach und erreichen wieder

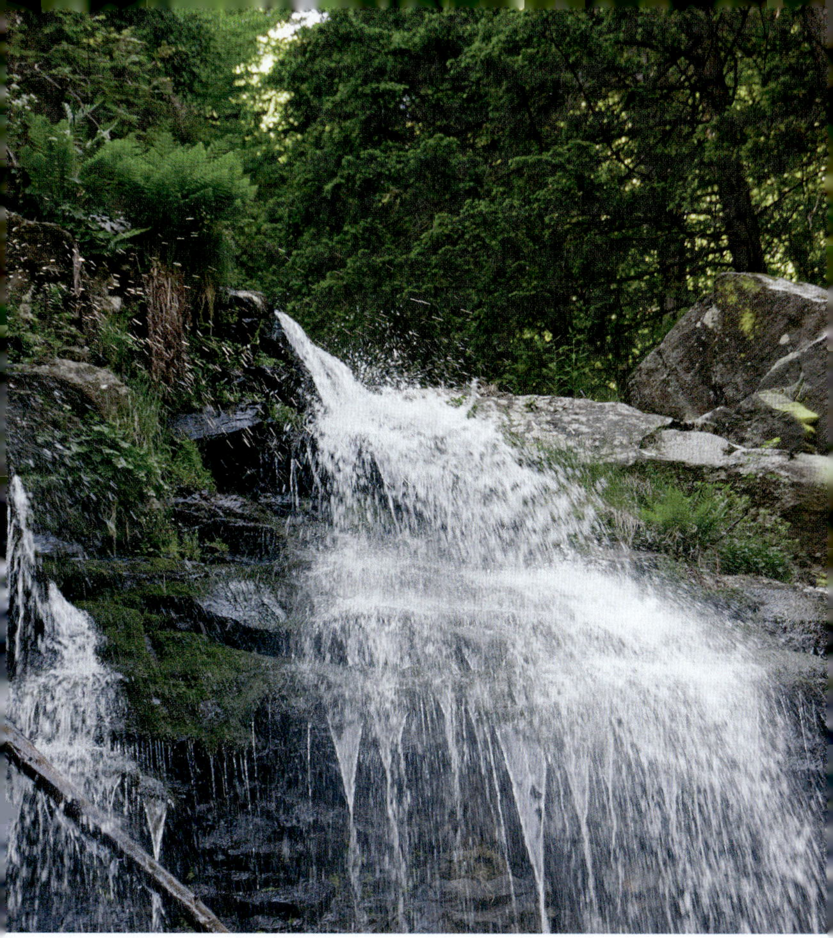

*Am Zweribach.*

den Wegweiser **Hirschmatte (4)**, den wir vom Hinweg kennen. Nun wieder rechts ab Richtung St. Märgen, aufwärts bis zum **Roten Kreuz (3)** und nach links zur Kapfenkapelle. Beim folgenden Abzweig bleiben wir, abweichend von der Hinwegroute, geradeaus und gehen durch den Rankwald Richtung Rankmühle bis zum Landfeldweg. Dort biegen wir nach rechts und kehren zurück zu unserem Ausgangspunkt in der Ortsmitte von **St. Märgen (1)**.

# 48 Von St. Märgen nach St. Peter

4.30 Std.

### *Auf aussichtsreichem Höhenweg im oberen Ibental*

*Viehweiden und von Löwenzahnblüten gelb gesprenkelte Wiesen im Wechsel mit schattigen Waldabschnitten, dazu das Schwarzwaldpanorama mit Thurner, Feldberg und Schauinsland aus ständig wechselnden Perspektiven. Das macht den Reiz dieser Wanderung aus. Die Doppelturmspitzen der beiden Klosterkirchen von St. Märgen und von St. Peter sind unsere Orientierungspunkte in der Landschaft.*

**Ausgangspunkt:** St. Märgen, Ortsmitte/Post, 890 m. Anfahrt von Freiburg mit der RB nach Kirchzarten, dort Bus Nr. 7216 bis St. Märgen, Haltestelle Post.
**Höhenunterschied:** 400 m.
**Anforderungen:** Vorwiegend Waldwege und -pfade, teilweise Asphalt. Im Schlussanstieg vom Ibental nach St. Märgen teilweise steil. Markierung: gelbe Raute.

**Einkehr:** In St. Märgen verschiedene Gasthäuser, u.a. Landfrauen-Café im Hotel Goldene Krone (geöffnet Mi–Fr 12–18 Uhr, Sa 14–18 Uhr, So 9.30–12 Uhr u. 14–18 Uhr, Mo, Di Ruhetag); Waldcafé am Campingplatz, St. Peter (geöffnet Mi–So ab 12 Uhr, Mo und Di Ruhetag); in St. Peter große Auswahl, v.a. am Bertoldplatz und am Zähringer Eck.

Von der Ortsmitte in **St. Märgen (1)** gehen wir am Rande der Feldberger Straße Richtung Thurner, biegen am Hotel Hirschen links in den Landfeldweg Richtung Rankmühle und erreichen am Wegweiser **Landfeld (2)** einen links abzweigenden Fußweg. Bisher steil aufsteigend geht es nun gemächlicher aufwärts, aussichtsreich, zumeist am Wald- und Wiesenrand entlang,

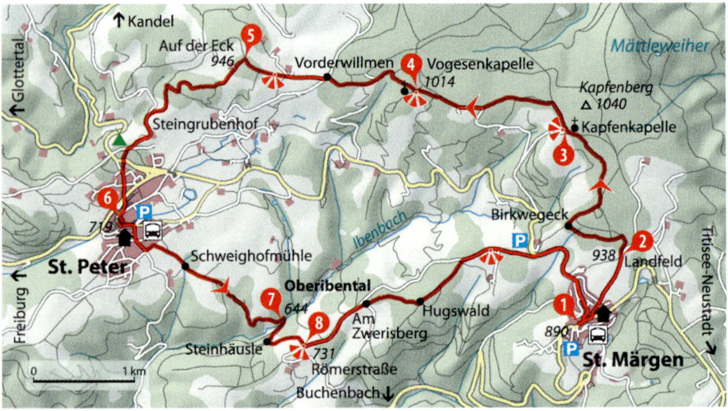

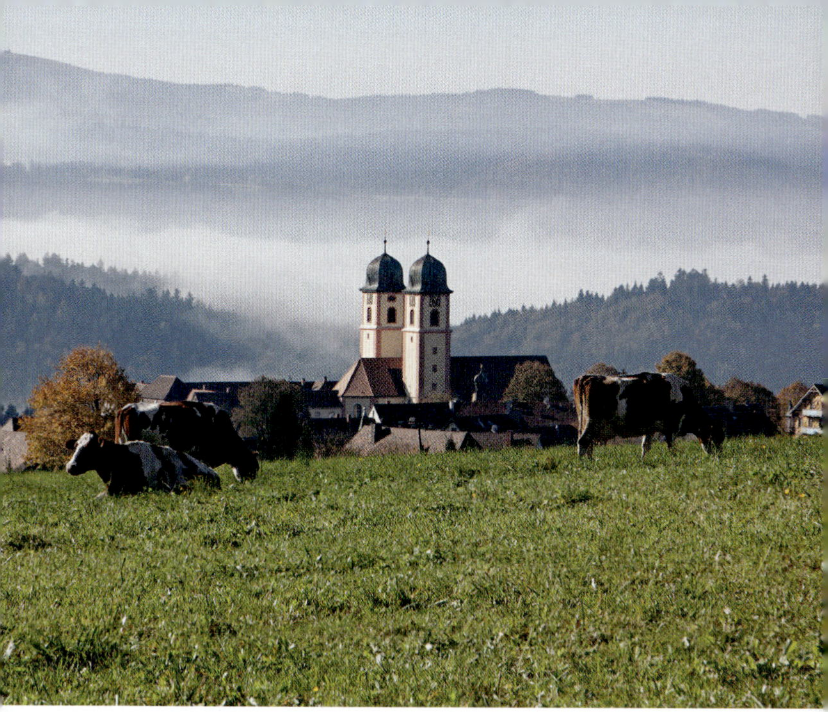

*Blick auf die Klosterkirche von St. Märgen.*

stets in Sichtweite von verstreut liegenden Bauernhöfen. Am Birkwegeck biegen wir scharf rechts ab, weiter aufwärtsgehend, durchqueren ein Waldstück mit der Ibenbachquelle auf der linken Seite und erreichen die kleine hölzerne **Kapfenkapelle (3)** am Wegesrand.
An der folgenden Verzweigung am Roten Kreuz halten wir uns links, stoßen auf einen Fahrweg und folgen ihm, bis er nach links zum Kernewiesenhof abknickt. Wir nehmen den geradeaus führenden Feldweg, der uns erneut durch einen Waldabschnitt zu einer großen Lichtung mit der ebenfalls aus Holz gezimmerten **Vogesenkapelle (4)** führt. Ein schöner Picknickplatz mit Ausblick nach St. Peter, gleichzeitig der höchste Punkt unserer Runde.
Auf verwurzeltem Pfad geht es abwärts zur nächsten großen Lichtung am Hochrüttihof, am Hof vorbei und hinunter zu einer schmalen Straße am Vorderwillmen. Dort etwa 40 m nach links bis zum gleichlautenden Wegweiser. Wir setzen unsere Höhenrunde noch eine Weile fort und biegen nach rechts auf den schmalen Fahrweg, der zum Vorderwillmenhof führt. Auf erneut aus-

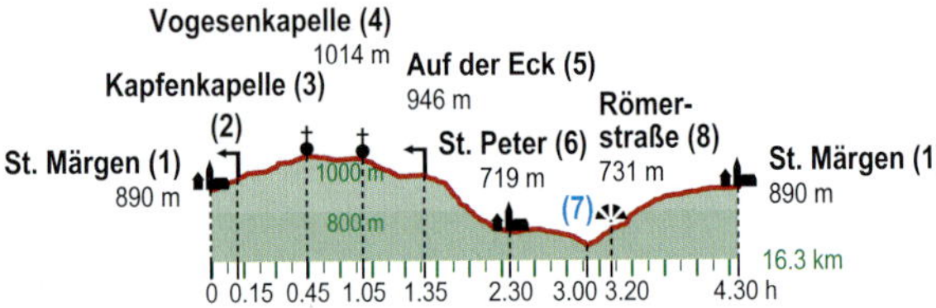


sichtsreicher Strecke passieren wir den Hof und fädeln geradeaus in einen Schotterweg ein, auf dem wir zur Wegverzweigung **Auf der Eck (5)** gelangen. Wir biegen scharf links zum oberen Steingrubenhäusle ab, lassen das Haus rechts liegen, und gehen bergab auf einem Wiesenpfad zu einem Waldstück hinunter, durch das wir in Kehren zu einem asphaltierten Sträßchen gelangen. Links geht es weiter. Wir erreichen den Steingrubenhof am oberen Ortsrand von St. Peter mit angrenzendem Campingplatz. Etwa 50 m hinter dem Platz führt links ein Pfad in den kleinen Scheuerwald. Wir folgen ihm, überqueren die Glottertal-Landstraße und stoßen auf die Scheuergasse. Nach links abbiegend gelangen wir durch den Ort zur Klosterkirche von **St. Peter (6)**. Vom Klosterhof sind es nur ein paar Schritte durch ein Torhaus hindurch zum Bertholdsplatz, mit Cafés, Gaststätten und Souvenirläden das Zentrum von St. Peter.

Für den Rückweg nach St. Märgen nehmen wir die Zähringer Straße, die uns vom Bertholdsplatz zum zentralen Busparkplatz am Zähringer Eck führt, und gehen rechts aufwärts in den Roten Weg bis zu einer Wegkreuzung am südlichen Ortsende. Rechts führt die Straße zum Lindenberg, während wir nach links auf einen Feldweg abbiegen, etwa 100 m weit bis zu einem Trafohäuschen. Direkt hinter dem Häuschen nehmen wir nach rechts abzweigend einen schönen Wiesenweg, folgen ihm leicht abwärts zu einer Senke, über einen Bach hinweg bis zum Wegweiser **Schweighofmühle**. Wir schwenken nach links in den Wald hinein. An der folgenden Gabelung, etwa 500 m vom Wegweiser entfernt, halten wir uns rechts. Die Wegmarkierung ist etwas irritierend an einem Baumstamm angebracht. Abwärtslaufend erreichen wir den Talboden des **Ibenbachs (7)**, biegen nach rechts auf einen Fahrweg, überqueren den Ibenbach und steigen steil hinauf zum Steinhäusle-Hof. Von dort sind es noch 5 Min. bis zur **Römerstraße (8)**. Die Sitzbank an dieser Stelle steht genau richtig für eine kurze Rast.

Wir schwenken links in die Römerstraße, etwa 10 Min. lang, dann verläuft die Route parallel zum Fahrweg rechts auf einem Pfad am Wiesenrand. Wir überqueren am Zwerisberg die Zufahrt zum Langenhof, folgen dem Pfad weiter aufwärts durch den Hugswald bis zu einem Querweg und folgen dem Hinweisschild links Richtung St. Märgen. Am Wanderparkplatz Birkweghof ist die Landstraße erreicht. Am Straßenrand geht es rechts entlang, zurück nach **St. Märgen (1)**.

6.30 Std.

# Von Himmelreich über St. Peter ins Glottertal

49

***Zwei Königsetappen an einem Stück***

*Zwei aussichtsreiche Wanderungen, jede für sich auch einzeln sehr gut abzulaufen, verbinden wir zu einer langen Streckentour. Auf Wald- und Wiesenpfaden gehen wir über die Kämme zwischen Iben-, Wagensteig- und Glottertal in einer intakten Schwarzwaldlandschaft.*

**Ausgangspunkt:** Bahnhof Himmelreich, 452 m. Anfahrt von Freiburg mit der RB Richtung Neustadt/Seebrugg, Haltestelle Himmelreich.
**Endpunkt:** Glottertal, 350 m. Rückfahrt mit dem Bus nach Denzlingen, dort umsteigen in die BSB nach Freiburg Hbf.
**Höhenunterschied:** 620 m im Aufstieg, 720 m im Abstieg.
**Anforderungen:** Die Wanderung verläuft vorwiegend auf gut ausgetretenen Pfaden durch Wald- und Wiesenlandschaft, beim Abstieg zum Wuspenhof teilweise etwas steil. Markierung: gelbe Raute.
**Einkehr:** In St. Peter mehrere Gasthäuser und Cafés; Wuspenhof in Oberglottertal (geöffnet Sa und So ab 11.30 Uhr, nur Vesper und Getränke); in Glottertal Gasthaus Sonne (geöffnet Mo und Di ab 17 Uhr, Fr, Sa und So 12.30–14.30 Uhr und ab 17 Uhr, Mi und Do Ruhetag).

*Abwärts ins Glottertal.*

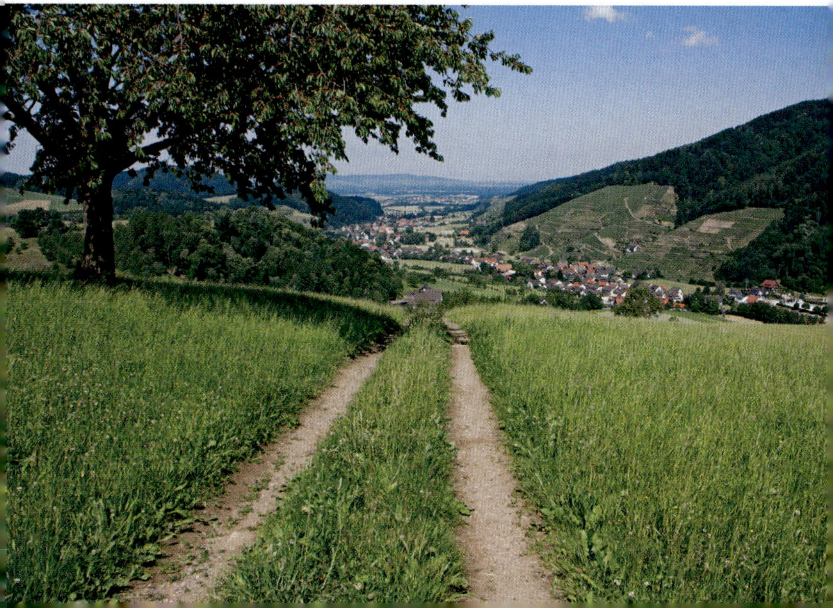

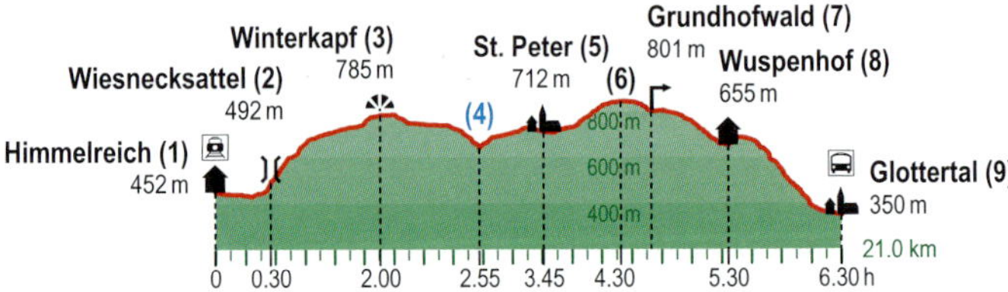


Die 1. Etappe unserer Tour führt vom Bahnhof **Himmelreich (1)** im Dreisamtal hinauf nach St. Peter. Zunächst geht es nach Buchenbach, etwa 1 km auf Asphalt. Vom Bahnhof folgen wir einem Fußweg parallel zu den Gleisen in Fahrtrichtung Freiburg, überqueren sie an einem beschrankten Bahnübergang, biegen in der Himmelreichstraße links ab und gehen zur Hauptstraße hinunter, der wir nach rechts auf einem Radweg bis zum Ortsschild von Buchenbach folgen. 50 m hinter dem Schild wechseln wir die Straßenseite, in Höhe der von rechts einmündenden Moosbachstraße und fädeln in einen schmalen, geschotterten Pfad Richtung St. Peter/Wolfssteige ein. Wir überqueren den Wagensteigbach, biegen 2 Min. später in die Wiesneckstraße links ab und schwenken nach wenigen Metern am Wegweiser Wiesneck/Kolonie rechts auf einen Trampelpfad Richtung Wolfssteige. Steil geht es durch den Wald hinauf zur Wegkreuzung auf dem **Wiesnecksattel (2)**. Wir überqueren eine Forststraße und halten uns schräg rechts auf den ansteigenden Weg Richtung St. Märgen, bleiben bei der nach 100 m Gabelung rechts, überqueren einen Fahrweg und erreichen das **Kappeneck** mit freier Sicht nach links ins Unteribental.

Wir unterqueren eine Hochspannungsleitung und halten an der folgenden Wegkreuzung geradeaus auf einen Stahlmast zu. Rechts am Mast vorbei verläuft unsere Route, auf der wir 10 Min. später zur Wegverzweigung am **Hexentanz** gelangen. Geradeaus halten wir die Richtung St. Märgen/Winterkapf. Inzwischen sind wir auf dem Kamm zwischen Iben- und Wagensteigtal angekommen, ein aussichtsreicher Streckenabschnitt liegt vor uns. Der Wald lichtet sich. Wir erreichen eine Wiese, steigen über sie hinweg, streifen noch einmal durch ein kurzes Waldstück hindurch und gelangen zum **Jägerbuckel** mit Aussichtsbank und schönem Ibental-Blick. Noch schöner wird es ein paar Schritte weiter, wenn wir über die Vieh-Almen am Saierhäusle zum **Winterkapf (3)** gehen. Einsam und ruhig ist es, kein Autolärm, nur vereinzelt Kuhglockengeläut. Auch hier lädt eine Bank zur Rast ein.

Am Wiesenrand geht es nun zu den Almen am Wirtshäusle und schließlich zur Panoramawiese an der Wolfsteige. Ein einmaliger 360°-Rundumblick zu den Schwarzwaldkuppen, vom Kandel zum Thurner, vom Feldberg zum Schauinsland. Es geht gemächlich abwärts bis zum Wegweiser auf der **Hannissenhöhe**, noch immer über offenes Gelände. Wir zweigen nach links ab

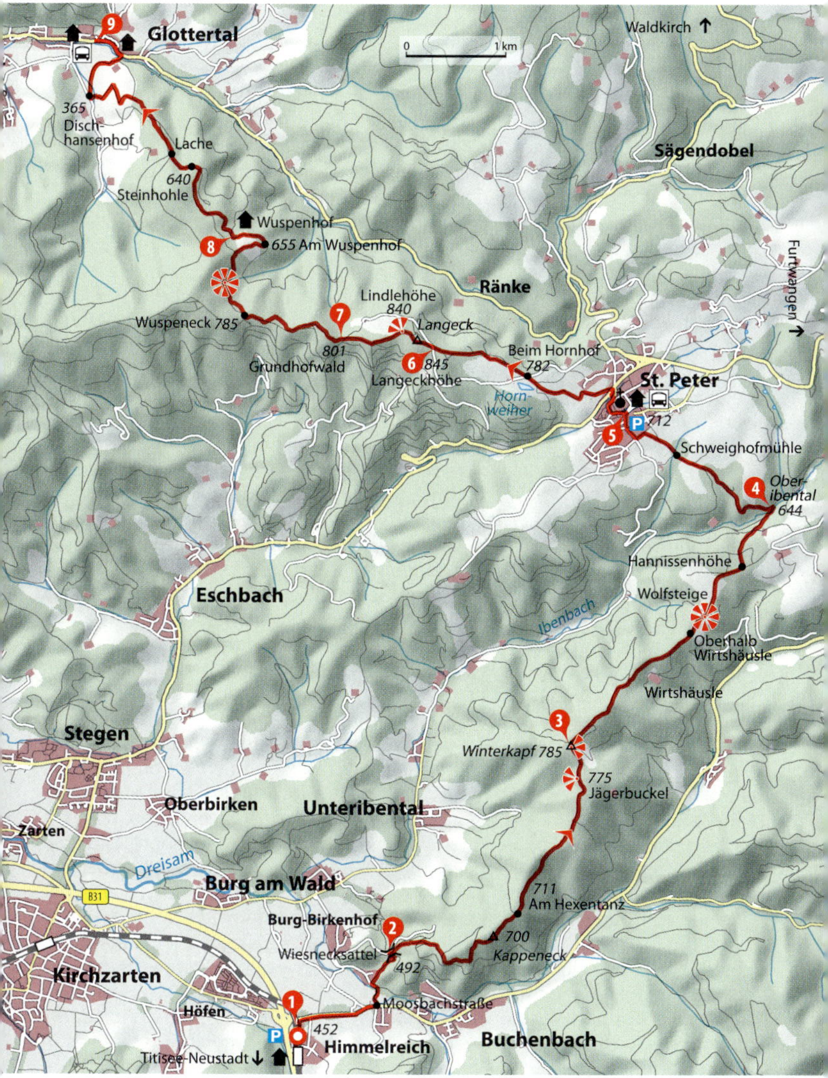
Glottertal
Waldkirch ↑
0
1 km
365
Dischhansenhof
Lache
640
Steinhohle
Wuspenhof
655 Am Wuspenhof
Sägendobel
Furtwangen →
Ränke
Lindlehöhe
840
Langeck
Wuspeneck 785
801
Grundhofwald
845
Langeckhöhe
Beim Hornhof
782
Hornweiher
St. Peter
712
Schweighofmühle
Oberibental
644
Hannissenhöhe
Wolfsteige
Oberhalb Wirtshäusle
Wirtshäusle
Eschbach
Ibenbach
Stegen
Winterkapf 785
775
Jägerbuckel
Oberbirken
Unteribental
Zarten
Dreisam
Burg am Wald
B31
711
Am Hexentanz
Burg-Birkenhof
Wiesnecksattel
492
700
Kappeneck
Kirchzarten
Moosbachstraße
Höfen
452
Himmelreich
Buchenbach
Titisee-Neustadt ↓

Richtung St. Peter, wieder in den Wald hinein. Der Pfad endet an der Straße, die uns links hinunter zum **Ibenbach (4)** führt. Wir überqueren den Bach und schwenken 50 m dahinter links auf einen Feldweg, aufwärts zur Verzweigung an der Schweighofmühle, biegen dort rechts ab, hinauf zum Birkenrain am Ortsrand von **St. Peter (5)** und gelangen durch den Roten Weg hinunter zum Busbahnhof am **Zähringer Eck**.
Die 2. Etappe führt von St. Peter nach Glottertal hinunter. Wir gehen vom Busbahnhof durch die Zähringerstraße Richtung Ortsmitte zum Bertholdsplatz hinauf und auf einem Fußweg zum Parkplatz Weiherloch hinunter. Wir überqueren die Straße kurz vor dem Gasthaus Kreuz, steigen hinauf zur Hornhofkreuzung, überqueren sie und gehen knapp 5 Min. später links auf einem Trampelpfad hinauf zum Kamm auf der **Langeckhöhe (6)** bis zur Wegverzweigung am **Grundhofwald (7)**. Hier nehmen wir nun den geradeaus führenden Pfad Richtung Glottertal/Wuspenhof auf, zunächst noch einmal mit kurzem Zwischenanstieg, dann auf dem angenehm weichen, teilweise mit einem Teppich aus Fichtennadeln bedeckten Waldpfad stetig abwärtsgehend bis zur Verzweigung am Wuspeneck. Wir gehen rechts Richtung Glottertal auf einem breiten Holzabfuhrweg hinunter und stehen 10 Min. später am Waldrand vor einer Wiese mit schönem Ausblick ins Glottertal und zum Kandel. Zwischen Obstbäumen hindurch erreichen wir den Fahrweg, dem wir nach links zum **Wuspenhof (8)** folgen. Beim Bauern Hilzinger steht v.a. Bauernvesper auf dem Speiseprogramm, im Getränkesortiment gibt es aber auch Schnäpse und selbst gemachten Apfelmost.
Links am Wohnhaus vorbei setzen wir unseren Weg fort, achten kurz dahinter auf eine Weggabelung, bei der wir die schräg links verlaufende Route halten. Sie führt am unteren Rand einer Hangwiese entlang in den Buchenwald hinein. Der Baumbestand ändert sich kurz darauf, dicht an dicht stehende, schlanke Fichten umgeben uns. Sie lichten sich etwas an einer unmarkierten Kreuzung, an der wir uns links halten, der gelben Raute steil hinab zur **Steinhohle** folgend. Dort geradeaus weiter Richtung Glottertal, noch immer steil hinab bis zur Wegkreuzung an der **Lache**. Erneut nehmen wir die Richtung Glottertal auf, diesmal nach rechts, weiter bergab bis zum Waldrand. Gänzlich überraschend öffnet sich vor uns eine weite, freie Wiesenfläche, über die hinweg der Ausblick nach Glottertal und bis zur Rheinebene reicht. Die gelb markierte Route des Schwarzwaldvereins biegt nun nach rechts über die Wiese zum Glotterrainhof ab. Wir wollen den Ausblick jedoch noch etwas länger genießen und folgen stattdessen geradeaus einem zweispurigen Feldweg über die Wiese hinunter in drei langen Kehren bis zum Dischhansenhof. Von dort ergeben sich zwei Möglichkeiten für das Restprogramm: geradeaus bis zur Ortsmitte noch etwa 2 km oder rechts ab zur Bushaltestelle Sonne am Glottertäler Freibad. Wir wählen die zweite Variante. Am Glotterrainhof vorbei gelangen wir zur Dorfstraße, biegen links ab und kommen kurz darauf in **Glottertal (9)** an der Bushaltestelle vor dem Gasthaus Sonne an.

5.45 Std.

# Von Buchenbach zum Lindenberg

50 TOP

## *Viele Highlights zwischen Unter- und Oberibental*

*Auf dieser aussichtsreichen Rundwanderung durchstreifen wir die bewaldeten Kämme, die das Unteribental an der östlichen und westlichen Seite begrenzen. Herrliche Ausblicke in alle Richtungen sind garantiert.*

**Ausgangspunkt:** Buchenbach, Bushaltestelle Ahornweg, 441 m. Anfahrt von Freiburg mit der RB Richtung Neustadt/Seebrugg, Haltestelle Himmelreich, dort umsteigen in den Bus Nr. 221 (Busunternehmen Hummel) Richtung St. Märgen, Haltestelle Buchenbach/Ahornweg, Mo–Fr regelmäßig, Sa nur 15.10 Uhr. Mit dem Pkw von Freiburg auf der B 31 Richtung Titisee/Neustadt, nach Buchenbach abbiegen, ab Ortschild Buchenbach noch 100 m bis zur Birkenstraße, dort rechts einbiegen und am Straßenrand parken.
**Höhenunterschied:** 600 m.
**Anforderungen:** Vorwiegend gut ausgetretene Pfade durch Wald- und Wiesenlandschaft, für einzelne steile Zwischenetappen, v. a. beim Abstieg, sind Wanderstöcke nützlich. Markierung: gelbe Raute.
**Einkehr:** In Buchenbach, z. B. Café und Hofladen Hirschenhof (tägl. bis 18 Uhr geöffnet); Pilgergaststätte Maria Lindenberg (geöffnet tägl. 12–17 Uhr, Mo Ruhetag).

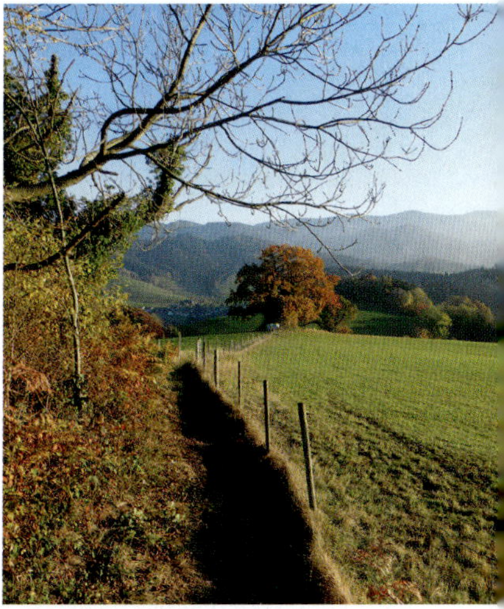

*Abstieg nach Unteribental.*

Von der Bushaltestelle Ahornweg am Ortseingang von **Buchenbach (1)** gehen wir ca. 60 m auf der Hauptstraße zurück Richtung Himmelreich bis zum Wegweiser Moosbachstraße. Dort schwenken wir nach rechts, überqueren

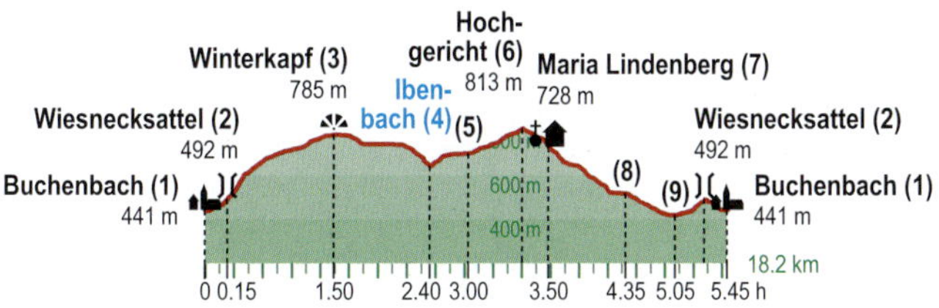

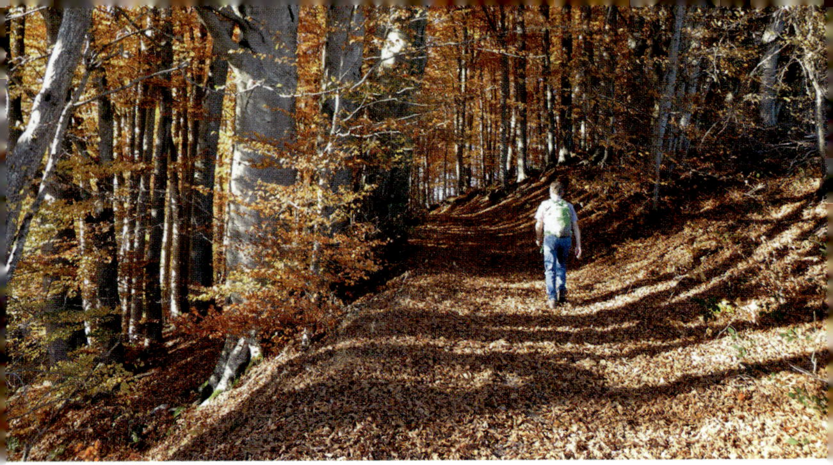

*Buchenwald nahe St. Peter.*

die Straße und folgen dem geschotterten Pfad Richtung St. Peter/Wolfssteige. Wir überqueren den Wagensteigbach, biegen bald darauf in die Wiesneckstraße links ab und schwenken nach wenigen Metern am Wegweiser Wiesneck/Kolonie rechts hoch auf den Trampelpfad Richtung Wolfssteige. Diesem folgen wir aufwärts bis zur Wegkreuzung am **Wiesnecksattel (2)**.
Wir überqueren die Forststraße und halten uns schräg rechts auf den ansteigenden Trampelpfad Richtung St. Märgen, bleiben bei der nach 100 m folgenden Gabelung rechts, überqueren einen Fahrweg und steigen bis zur Wegkreuzung Am Hexentanz empor. Über den Jägerbuckel hinweg geht es nun weiter geradeaus Richtung St. Märgen zu den Almen am **Winterkapf (3)** hinauf und zur Panoramawiese an der Wolfssteige.
Von dort steigen wir hinab zum Wegweiser an der Hannissenhöhe und links Richtung St. Peter hinunter durch den Wald zum **Ibenbach (4)**. Wir überqueren den Bach und schwenken kurz darauf links in den Feldweg, der durch einen Buchenwald hindurch bis zum Wegweiser **Schweighofmühle (5)** hinaufführt. Hier bleiben wir geradeaus auf dem Hauptweg. Der Abzweig rechts nach St. Peter bleibt unbeachtet.
Zwischen den Pferdeställen auf dem Gelände des Schafhofs hindurch geht es aufwärts bis zu einer asphaltierten schmalen Straße, auf der wir gegenüber einer kleinen Kapelle nach rechts abbiegen. 100 m weiter setzt sich die Runde links auf einem Schotterweg fort, der uns an Pferdekoppeln vorbei bis hinauf zur Lindenbergstraße führt. Wir fädeln nach links ein und gehen am Straßenrand bis zum Muckenhofweiher. Hier halten wir uns ein paar Schritte auf dem Sträßchen links Richtung Eckpeterhof und schwenken sogleich rechts auf den Pilgerweg hinauf zum **Hochgericht (6)**, einem aus-

sichtsreichen Rastplatz mit Sitzbänken und freiem Ausblick ringsum, gleichzeitig der höchste Punkt unserer Runde.

Von dort steigen wir hinab zur Pilgergaststätte und Wallfahrtskirche **Maria Lindenberg (7)**. Ein herrlicher Ausblick ins Unteribental erwartet uns auf der Terrasse vor der Kapelle. Auf unserem Rückweg folgen wir den Wegweisern hinab Richtung Eschbach / Stegen. Der Weg wird nun teilweise recht steil. Es geht an der Schwärzlehofkapelle vorbei und zwischen abgezäunten Wiesen hinunter zur Wegverzweigung am Klingeleberg, deutlich erkennbar an der weiß-rot markierten hölzernen Mountainbike-Schranke. Wir gehen geradeaus Richtung Unteribental / Himmelreich, genießen den Dreisamtalblick an der Schneiderhofkapelle und steigen hinab in ein Waldstück. Achtung: Nicht nach rechts dem Weg auf die Wiese folgen, sondern im Wald etwas schräg links halten und auf nun breitem Forstweg ein kurzes Stück aufsteigen bis zum Wegweiser **Beim Bildstöckle (8)** auf der linken Seite.

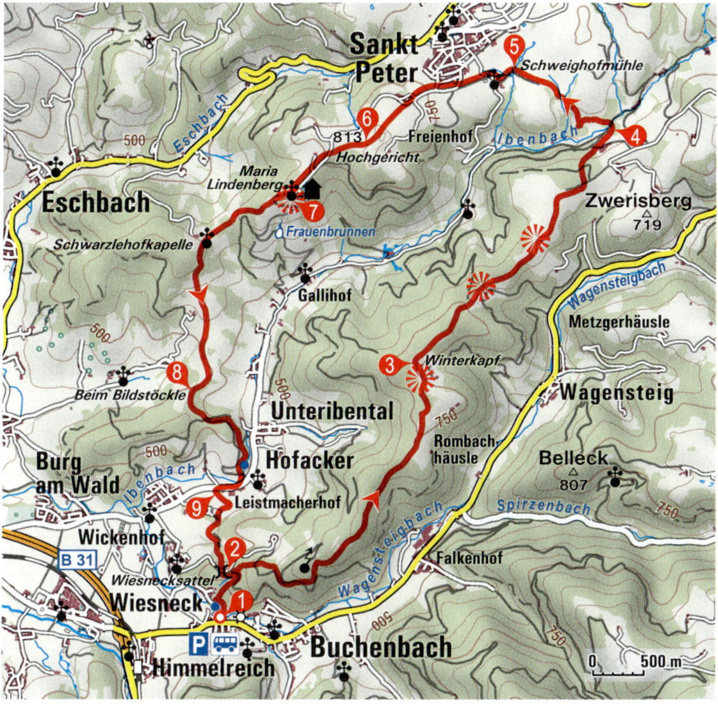

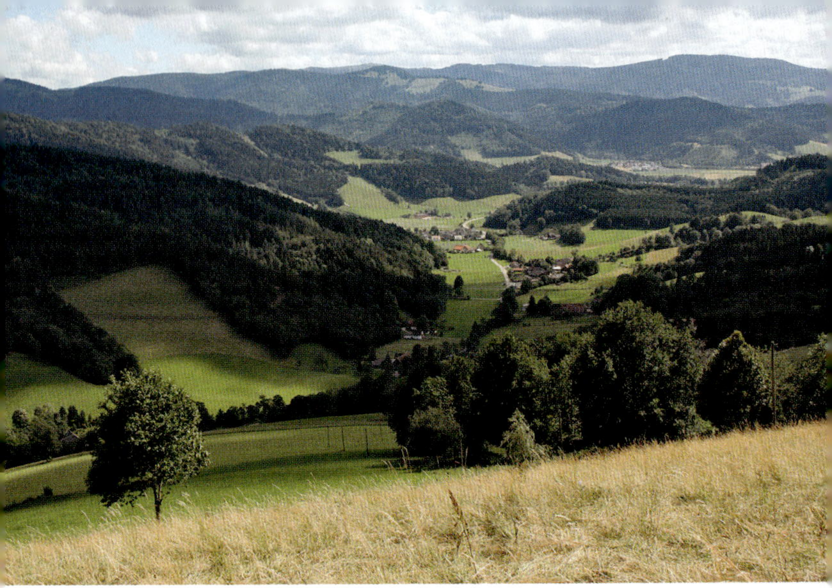

*Blick Richtung Unteribental.*

Wir verlassen hier den Forstweg und nehmen den Pfad Richtung Buchenbach, durchqueren ein kleines Areal mit Jungtannen, fädeln auf einen Forstweg rechts ein und gehen hinab bis zum Wegweiser Rainwebergütle. Wir verlassen den breiten Forstweg, der links nach Unteribental abknickt, und entdecken einen schmalen Waldlehrpfad, der uns nach rechts Richtung Buchenbach leitet. Am Ibenbach entlang geht es hinunter bis zum Sommerbühlweg am Waldrand. Wir sind im Tal angekommen, halten uns ein kurzes Wegstück links bis zur Ibentalstraße und schwenken nach rechts auf den Fahrradweg. Nach gut 300 m biegen wir nach links ab, überqueren die Straße, gehen am **Leistmacherhof (9)** rechts vorbei und folgen dem Wiesenweg hinauf zum Sportplatz an der Gummenwaldhütte.
Es geht zu einer Kuppe hinauf, auf der sich der Weg gabelt. Wir halten uns rechts, verlassen die mit gelber Raute markierte Route, die nach links abzweigt, und gehen geradeaus etwa 100 m abwärts am Abenteuerspielplatzgelände des Waldkindergartens vorbei bis zu einem Schotterweg. Wir biegen nach links ab, nehmen nach 10 Metern den rechten der beiden sich verzweigenden Wege und steigen auf einem Trampelpfad steil zum **Wiesnecksattel (2)** empor. Der Pfad endet an einer Forststraße. Wir folgen ihr gut 30 m nach links und biegen rechts ab, hinunter auf unsere vom Hinweg bekannte Strecke, die zurück zum Ausgangspunkt in **Buchenbach (1)** führt.

**4.45 Std.**

# Von Himmelreich über Breitnau nach Hinterzarten

**51**

## *Aufstieg vom Höllental zum Luftkurort Breitnau*

*Dunst- und staubfreie Luft in über 1000 Metern Höhenlage, verkehrsberuhigte Straßen und mehr als 100 voll bewirtschaftete Bauernhöfe machen Breitnau zu einem beliebten Ferienziel abseits der bekannten Urlaubszentren im Hochschwarzwald. Auf dem anstrengenden Anstieg zu den Breitnauer Höhen passieren wir das Hofgut Rössle, einst gern besuchter Einkehrhof, seit 2003 Standort eines Timeout-Jugendhilfeprojekts. Frisch gemixte Obstsäfte, Kaffee, Kuchen und Pommes Frites gibt es, zubereitet und serviert von den jungen Bewohnern an ihrem Kiosk vor dem Hof. Unsere Tour endet in Hinterzarten, nachdem wir noch ein schönes Stück der oberen Ravennaschlucht durchwandert haben.*

**Ausgangspunkt:** Himmelreich Bf., 452 m. Hinfahrt von Freiburg Hbf., mit der RB nach Himmelreich.
**Endpunkt:** Hinterzarten, 885 m. Rückfahrt mit der RB nach Freiburg Hbf.
**Höhenunterschied:** 770 m im Aufstieg, 340 m im Abstieg.
**Anforderungen:** Vorwiegend angenehme Wald- und Wiesenpfade, beim Aufstieg teilweise steil, in der oberen Ravennaschlucht etwas felsig, Markierung: gelbe Raute und Freiburg-Bodensee-Querweg (gelber Untergrund, rot-weiße Raute).
**Einkehr:** Hofgut Rössle; in Breitnau; in Hinterzarten große Auswahl an Gasthäusern.

*Am Schanzenhäusle.*

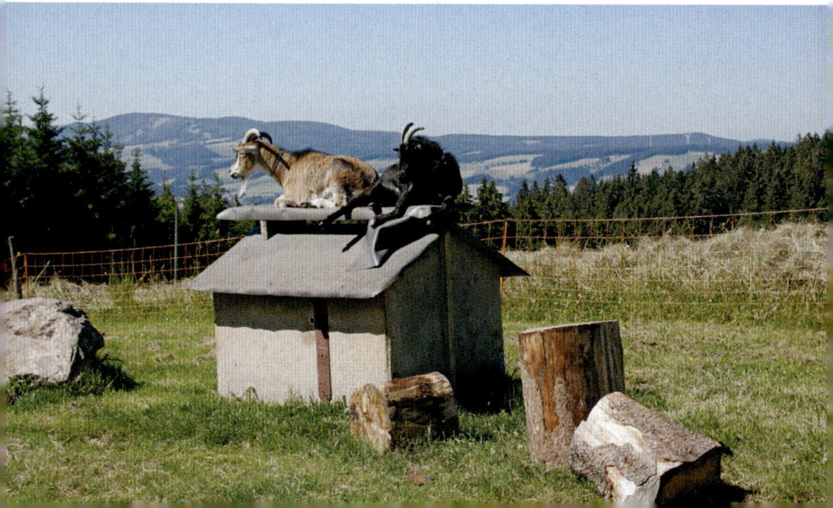

Vom Bahnhof **Himmelreich (1)** gehen wir zunächst etwa 150 m weit auf der Zufahrt zur lauten Höllentalstraße, biegen links auf den Rad- und Fußgängerweg bis zum Zähringerhof, ab Bahnhof etwa 10 Min. entfernt. Links geht es nun in die Falkensteinstraße, über die Bahngleise hinweg, langsam ansteigend. Nach wenigen Minuten schwenkt die Straße nach rechts, während wir geradeaus auf einem Schotterweg weitergehen bis zum **Horneckdobel (2)**.

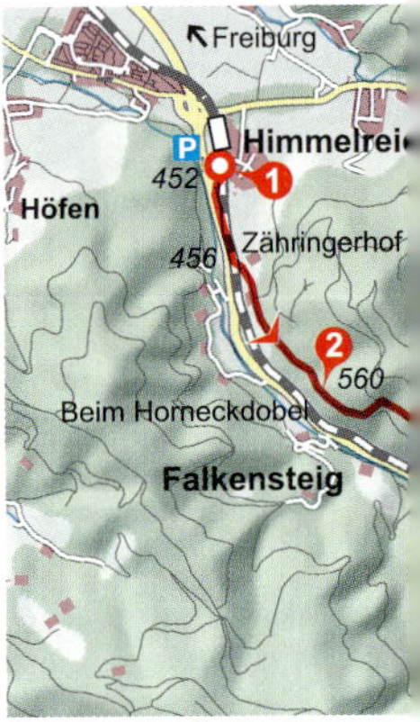


Hier biegen wir Richtung Nessellachen links auf einen schmalen, verwurzelten Waldpfad, überqueren die Geishalde-Kreuzung und erreichen steiler aufsteigend eine Lichtung. Übers Höllental hinweg reicht die Sicht von hier bis zur Höfener Hütte und zum Hinterwaldkopf. Der Höllenlärm ist inzwischen verklungen. Gut 1 Std. sind wir unterwegs, wenn wir den Freiburg-Bodensee-Querweg erreichen, in Sichtweite der Schutzhütte am Pfaffeneck. Auf diesem breiten Forstweg schwenken wir nach rechts. Kurz darauf gabelt er sich, wir halten uns an die rot-weiß-gelbe Raute und biegen links aufsteigend in den Bockmättleweg. 100 m weiter zweigt links der Hallerweg ab. Er bleibt unberücksichtigt. Wir bleiben auf unserer Bockmättle-Route. Noch einmal ein lang gezogener An-

*Bei Nessellachen: Ausblick ins Buchenbachtal.*

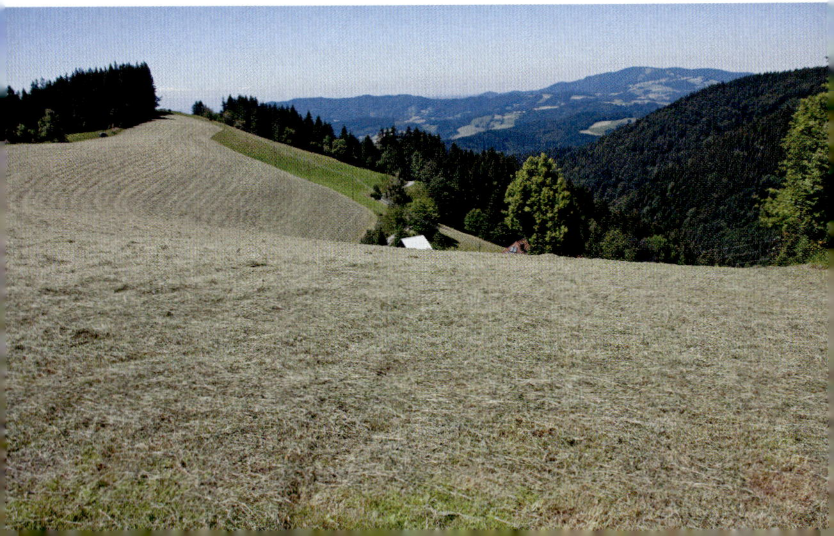

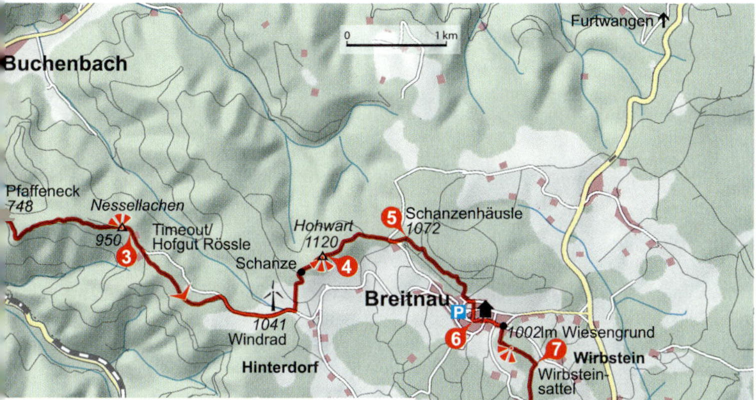
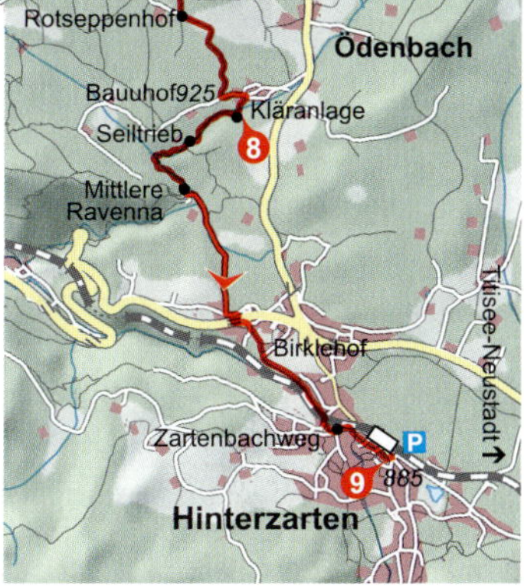


stieg, bis wir endlich den Höhenrücken an den **Nessellachen (3)** erreicht haben. Ein schöner Ausblick ins Dreisamtal, zum Kandel, nach Stegen und zum Lindenberg erwartet uns, etwas später am Baschishof, auch der Blick nach Westen zum Schauinsland, zum Feldberg und hinunter nach Freiburg. Es lohnt sich, noch einen Augenblick auf dem Gelände des Timeout-Projekts zu verweilen und sich von den Jugendlichen mit einem Obstmix versorgen zu lassen.

Wir gehen an der Johanniskapelle vorbei und stoßen auf einen Abzweig, der rechts zum Baschishof führt. Wir folgen ihm. Gleich hinter dem Hofgelände zweigt unsere Route nach links vom Bodensee-Querweg ab Richtung Hohwart/Breitnau. Auf einem schmalen, steilen Wiesenpfad fädeln wir in einen Feldweg ein, gehen über offenes Gelände hinweg zu einer schmalen Straße und biegen nach rechts ab. An der folgenden Straßenkreuzung halten wir uns links Richtung Hohwart, passieren ein großes Windrad und steigen auf einer Wiese zum Wegweiser Schanze, an dem wir nach rechts abbiegen. Noch stets auf einem Wiesenpfad gelangen wir zum Hochpunkt des **Hohwart (4)**. Eine Sitzbank mit Ausblick auf Breitnau und die Sprungschanzen von Hinterzarten markiert ihn. Bei klarem Wetter kann man die Spitzen der Alpen erkennen.

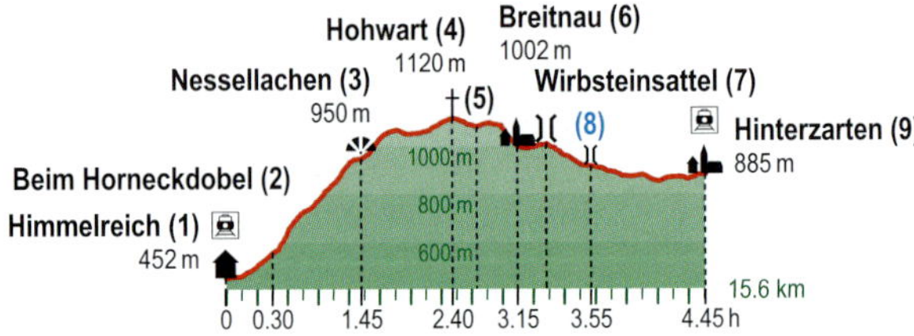


Von der Kuppe steigen wir hinab zum Sattellegeweg und gehen rechts weiter zum oberen **Schanzenhäusle (5)**.

Der anstrengende Teil unserer Tour liegt hinter uns. Auf der Zufahrtsstraße zum Schanzenhäusle sind es gut 10 m, dann biegen wir links Richtung Rossberg zum Wegweiser Schanz-Waldeck hinauf und knicken nach rechts auf den Breitnauer Panoramaweg ab. Am Waldrand entlang mit Blick auf die vielen Bauernhöfe im Gebiet des Breitnauer Hinterdorfs erreichen wir den Wegweiser Pfarrwald. Wir gehen rechts steil hinunter nach **Breitnau (6)**, Richtung Ravennaschlucht. An der Kultur- und Sporthalle vorbei gelangen wir zur Kirche und stoßen auf die Dorfstraße, gehen etwa 30 m nach links und schwenken gegenüber dem Gasthaus Kreuz nach rechts auf einen abwärtsführenden Fußweg. Er mündet in die Straße Im Wiesengrund. Wir bleiben nun auf dieser Straße, überqueren die Kreuzung mit der Straße Im Talgrund, gehen am rechts abzweigenden Bergackerweg vorbei und gelangen zum Wegweiser Wiesengrund/Am Wirbstein. Hier biegen wir rechts ab Richtung Hinterzarten und folgen einem Feldweg, der uns aus dem Ort hinaus ein Stück aufwärts zur bewaldeten Wirbsteinkuppe führt. Von dort geht es hinab zum **Wirbsteinsattel (7)**.

Noch stets in aussichtsreichem Gelände mit Blick zu den Hinterzartener Sprungschanzen, biegen wir rechts auf einen Feldweg, bis zum Wegweiser Rotseppenhof. Wir schwenken nach links, erreichen bewaldetes Gebiet, stoßen auf eine schmale Straße und folgen ihr links entlang. Wir treten aus dem Wald hinaus und betreten das Industriegebiet von Ödenbach. Wir gehen etwa 80 m weit, an einer Zimmerei vorbei, und biegen rechts auf einen Feldweg hinunter zur **Ravenna (8)**. Den Bach überqueren wir am Schützenhaus. Ein schöner, urwüchsiger Pfad führt uns jetzt am Ufer entlang in die obere Ravenna-Schlucht. Am Abzweig Seiltrieb gehen wir geradeaus, etwa 20 m weit bis zu einer Weggabelung, an der wir uns rechts halten. (Hier nicht links nach Hinterzarten gehen!) Wir bleiben in der Schlucht, stoßen auf einen Querpfad, auf dem wir links über felsiges Terrain zur Straße an der Mittleren Ravenna gelangen. Wir biegen links ab und folgen der Straße über das Birkle-Schulhofgelände hinweg zum Bahnhof in **Hinterzarten (9)**.

*Der Wirbsteinsattel.*

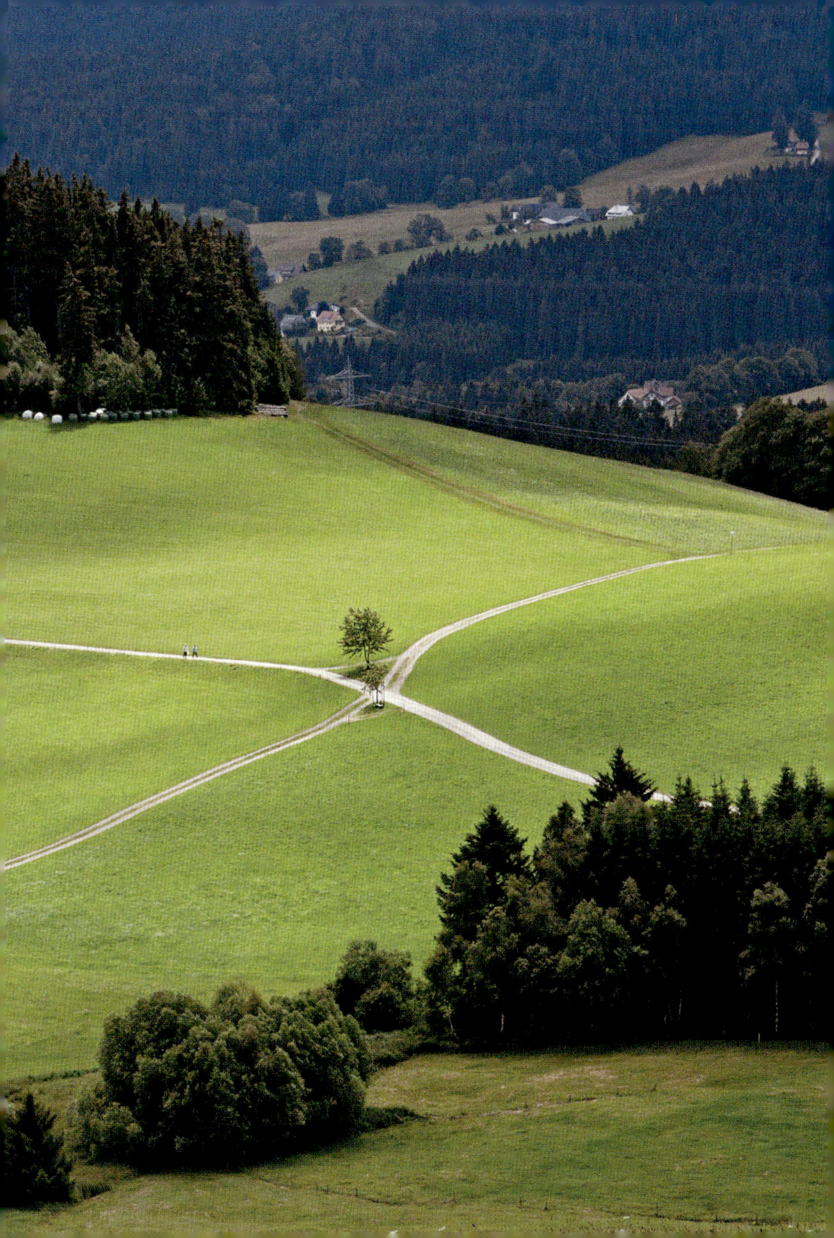

# Von Hinterzarten zur Ravennaschlucht

2.15 Std.

### *Gezähmte Wildnis am Rande des Höllentals*

*Ein bisschen Heimatkunde, ein bisschen Abenteuer – beste Voraussetzungen für einen abwechslungsreichen Kurzausflug ins Höllental. Im Heimatkundeteil lernen wir, wie Schwarzwälder Bauern schon früh die Wasserkraft als natürliche Energiequelle zum Antrieb ihrer Sägen und Mühlen zu nutzen wussten. Im Abenteuerteil erwarten uns Wildwassergetöse, moosbedeckte Felsen und tropfnasse Pfade. Der Alltag ist hier ganz schnell vergessen.*

**Ausgangspunkt:** Hinterzarten Bahnhof, 885 m. Anfahrt von Freiburg Hbf. mit der RB Richtung Neustadt / Seebrugg, Haltestelle Hinterzarten Bahnhof.
**Höhenunterschied:** 240 m.
**Anforderungen:** Am Anfang und Ende der Tour einfache Wanderung, in der Schlucht teilweise rutschige Passagen nach Regenfällen, schwierige Stellen sind mit Geländern gesichert. Markierung: gelbe Raute.
**Einkehr:** In Hinterzarten große Auswahl an Gasthäusern und Cafés; Hotel Hofgut Sternen am unteren Eingang der Ravennaschlucht (täglich ab 7 Uhr geöffnet); Gasthof / Pension Ketterer am oberen Schluchteingang (durchgehend geöffnet).

Vom Brunnenplatz vor dem Bahnhof in **Hinterzarten (1)** sind es ein paar Schritte bis zur Freiburger Straße, Hinterzartens Hauptgeschäftsstraße, der wir nach rechts folgen. Am Kurhaus und mehreren Geschäften vorbei, geht es etwa 300 m weit bis zur Alpersbacher Straße wenige Meter vor der Bahnunterführung. Wir biegen links ab in die Straße, etwa 150 m weit, bis zum Wegweiser **Zartenbachweg (2)** auf der rechten Seite, an dem ein Pfad durchs Wiesengelände Richtung Ravennaschlucht zum Rappeneckweg hinunterführt.

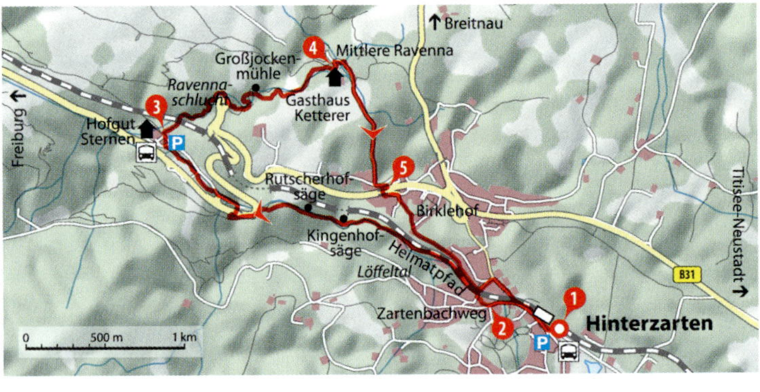

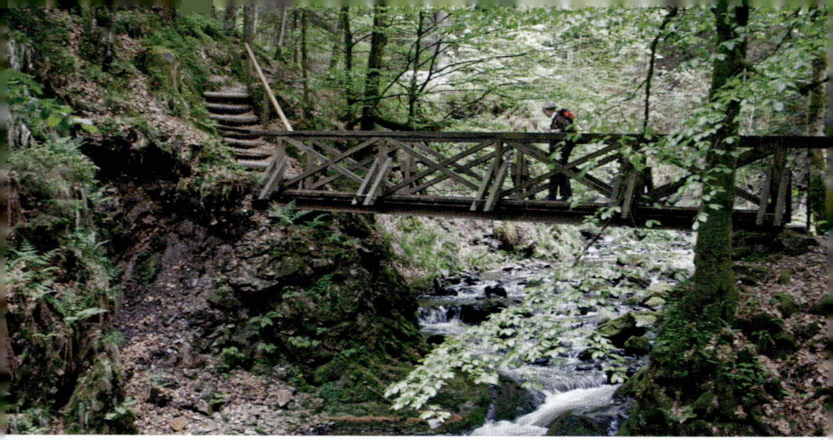

*In der Ravennaschlucht.*

Wir folgen ihm, biegen rechts in den Rappeneckweg, überqueren den Höllenbach und schwenken gleich anschließend in den links einmündenden Löffeltalweg. Hier beginnt der Heimatpfad. Nacheinander sind einige bemerkenswerte, denkmalgeschützte Exponate alter Schwarzwälder Handwerkskunst zu sehen. Eine Löffelschmiede, eine Klopfsäge, eine Hochgangsäge. Gepflegt und unterhalten werden die Altertümer vom Verein Heimatpfad Hochschwarzwald. Am Ende des Löffeltals unterqueren wir die viel befahrene Bundesstraße und stoßen auf die Zufahrt zum Hotel Hofgut Sternen, auf die wir nach rechts abbiegen. Ein paar Schritte weiter, direkt vor der alten Natursteinbrücke über den Höllbach von 1857 zweigt links ein Pfad ab. Wir nehmen ihn, er erspart uns den Gang zum Hofgut auf der Straße. Bemerkenswert ist die Brückenkonstruktion von unten, ein gemauertes Steingewölbe aus versetzt angeordneten Segmentbögen. Ein Trampelpfad führt rechts 15 Schritte so dicht an sie heran, dass man sich die Konstruktion genau ansehen kann. Wir setzen die Runde auf dem Fußweg fort und erreichen das **Hofgut Sternen**, einst wichtige Zollstation für die Passage durchs Höllental und Gasthof für Kutschenreisende wie Prinzessin Marie Antoinette oder Johann W. v. Goethe. Heute ist das Anwesen vor allem Bus-Stopp für Kurzurlauber. Allerlei Souvenirs gibt es zu kaufen, eine Glasbläserei wurde neu eingerichtet, eine Wassermühle ist zu sehen

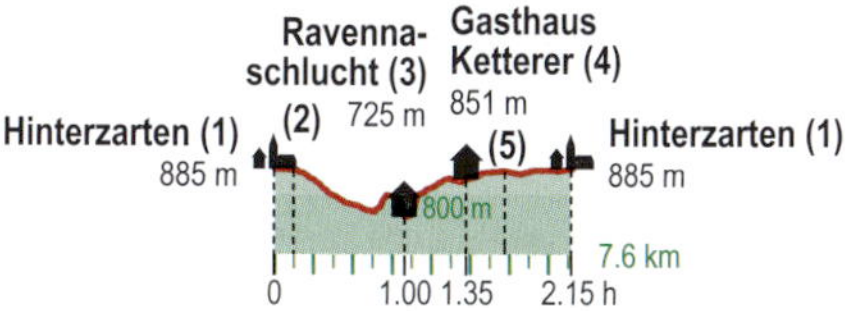

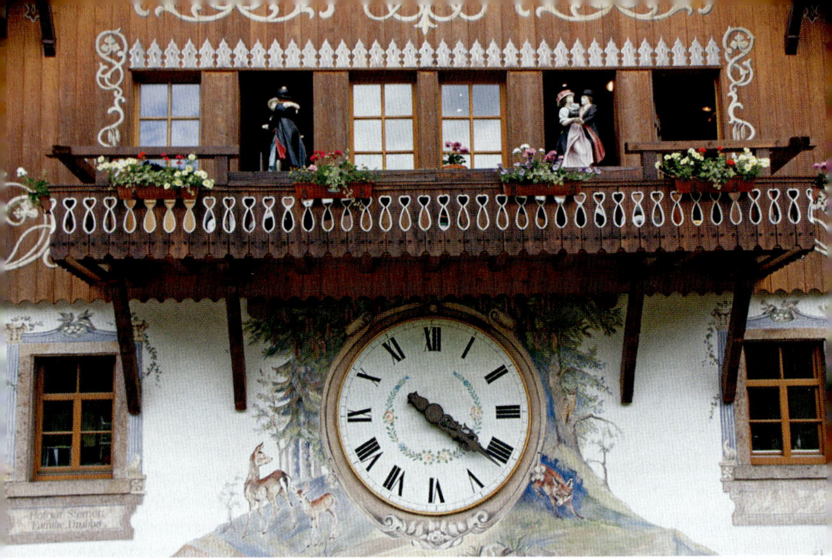


*Fassade am Hofgut Sternen.*

und zur vollen Stunde drehen holzgeschnitzte Trachtenpaare auf einem Balkon ihre Runde. Wir überqueren das Gelände und nehmen den links neben dem Hotel steil ansteigenden Weg unter dem mächtigen, 36 m hohen Viadukt der Höllentalbahn hindurch in die **Ravennaschlucht (3)**.
Wir kommen an einem Fischweiher vorbei und gehen über Holzstege und -brücken am Rande des Ravenna-Wildbachs entlang stetig aufwärts. Noch einmal gibt es eine alte Getreidemühle zu sehen, die dem Großjocken-Bauern gehörte, dann sind wir am oberen Ende dieses Abschnitts der Schlucht und am kleinen **Gasthaus Ketterer (4)** angelangt.
Auf asphaltiertem Sträßchen geht es hinter dem Haus am Wegweiser Mittlere Ravenna rechts weiter Richtung Hinterzarten. Das Gelände wird offener, vereinzelte Wohn- und Ferienhäuser stehen am Rande der Straße, dann erreichen wir eine Querstraße, in die wir nach links einfädeln. Gut 50 m nach der Einmündung biegen wir rechts ab auf einen Fußweg, gehen durch eine Blechröhre unter der **Bundesstraße B31 (5)** hindurch und biegen am Ende der Röhre, vor einem Sportplatz, nach links ab. Wir erreichen die Zufahrt zum Birklehof-Internat und Schulgelände, folgen ihr ein kurzes Stück nach rechts und überqueren die weitläufige Anlage bis zu einem Wiesenweg, der uns zurück zum Rappeneckweg in Hinterzarten führt. Dort biegen wir links ab, erreichen die Freiburger Straße und folgen ihr nach rechts auf bekanntem Weg zurück zum Bahnhof von **Hinterzarten (1)**.

2.30 Std.

# Von Hinterzarten zum Mathisleweiher

53

***Winterspaziergang zu einem kleinen Moorsee***

*Hinterzarten bemüht sich um seine Gäste. Werden die Wintersportler mit Langlaufloipen, Rodelpisten und Abfahrtshängen schon gut bedient, möchte man auch die Winterwanderer zufriedenstellen. Eine ganze Menge an wintertauglichen Wanderrouten wurde angelegt, regelmäßig gestreut, gepflegt und mit blauen Hinweisschildern markiert. Unser Rundweg Nr. 4 führt durch Hinterzartens schöne Winterlandschaft vom Bahnhof zum kleinen Mathisleweiher, auf dem man bei ausreichender Eisdicke auch Schlittschuh laufen kann.*

**Ausgangspunkt:** Hinterzarten Bahnhof, 885 m, Anfahrt von Freiburg Hbf. mit der RB Richtung Neustadt/Seebrugg, Haltestelle Hinterzarten.
**Höhenunterschied:** 150 m.
**Anforderungen:** Wanderung verläuft auf gut begehbaren Winterwegen, teilweise mit Granulat gestreut, in einigen schattigen Waldabschnitten evtl. etwas vereist. Markierung: rundes blaues Schild mit Wanderer-Symbol und Wegnummer 4.
**Einkehr:** Unterwegs keine. In Hinterzarten große Auswahl an Cafés, Gasthäusern und Hotels.
**Hinweis:** Im Sommer empfiehlt sich der Rundweg zum Weiher über die Emil-Thoma-Route, ab Keßlerweg am Hotel Sonnenberg links vorbei bis zum Stuckwald-Abzweig und dann zum Mathisleweiher. Von dort auf dem Rückweg ab Mathislehof geradeaus hinunter nach Hinterzarten. Die Gehzeit verkürzt sich um ca. 15 Min.
**Tipp:** Skimuseum Hinterzarten.

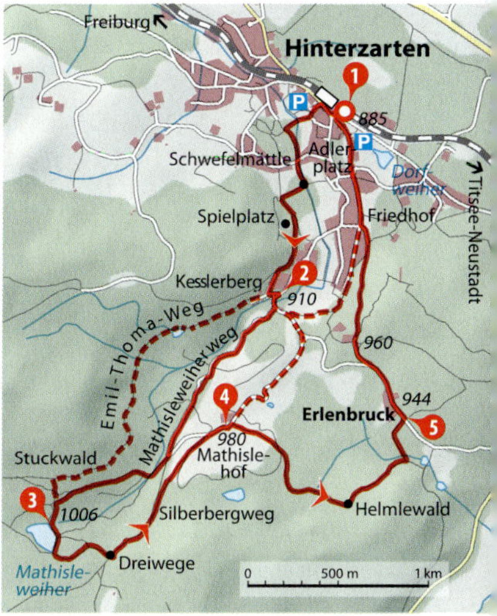


Vom Eingang des Bahnhofs in **Hinterzarten (1)** sind wir in wenigen Schritten an der Freiburger Straße, überqueren sie, folgen ihr nach rechts, etwa 100 m weit, und biegen gleich hinter dem Kurhaus links ab zu einem Parkplatz. Am hinteren Ende des Parkplatzes, etwas links haltend, entdecken wir das Portal zum Säbelthomaweg und folgen ihm Richtung Herchenwäldle. Wir überqueren die Loipenspuren und den Zartenbach und gehen etwa 250 m weit bis zu einer Wegkreuzung. Wir biegen links ab, spazieren über

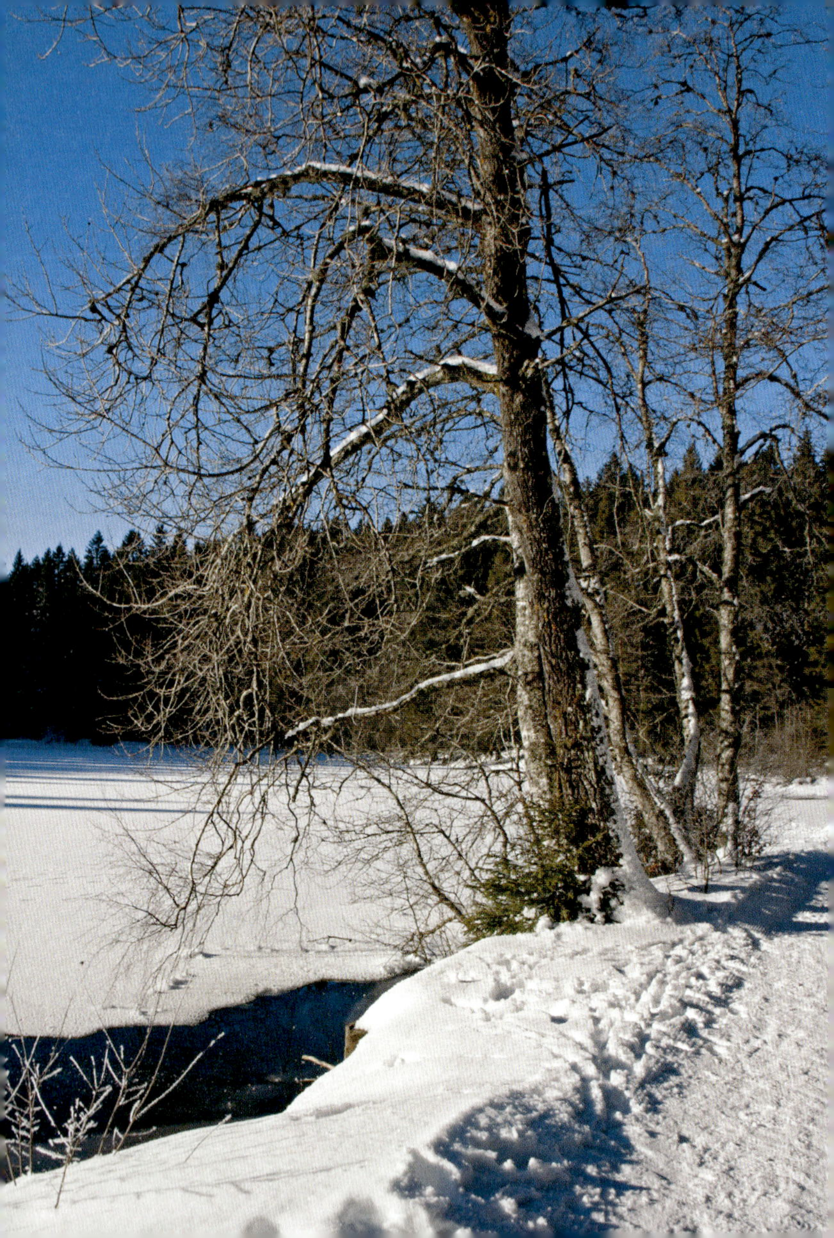

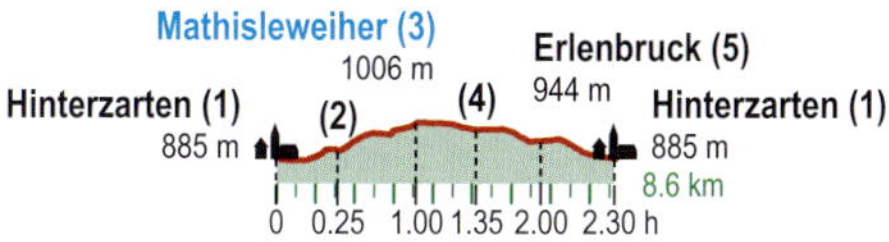


die winterliche Zartenbachebene bis zum Wegweiser Am Schwefelmättle, schwenken dort nach rechts, durch ein kleines Waldstück hindurch und stoßen auf den Querweg Am Wolfsgrund neben dem Windeck-Rodelhang. Wir halten uns links und gelangen zum Hugenbergweg, der von rechts auf unseren Pfad in Höhe eines Spielplatzes mündet. Wir folgen ihm, aufwärtsgehend zu ein paar höher gelegenen Wohnhäusern. Auch dieser Weg ist präpariert. Er führt uns nach ein paar Minuten zur Straße Am Kesslerberg. Wir folgen ihr bis zu einer Verzweigung, an der wir nach links hinunter abbiegen und nach wenigen Schritten zur **Ecke Erlenbruckstraße / Kesslerbergweg (2)** gelangen.

Nun nach rechts in die Erlenbruckstraße und nach wenigen Schritten erneut rechts in den Mathisleweiherweg. Wir sind wieder auf der Winterroute Nr. 4. Auf dem schmalen Sträßchen gehen wir stetig aufwärts bis zu einer scharfen Linkskurve, in der rechts der Stuckwaldweg abzweigt. Er führt uns nach wenigen Minuten hinab zur Oberzarten-Loipe an einer Wegverzweigung. Wir folgen den Loipenspuren nach rechts, etwa 70 m weit, und schwenken nach links auf einen Weg, leicht ansteigend, der sich knapp 10 Min. später gabelt. Links haltend gelangen wir zu einer Wegkreuzung, an der wir ebenfalls nach links zum **Mathisleweiher (3)** abbiegen. Fußgänger und Langläufer teilen sich gleichermaßen die wenigen Sonnenplätze auf den Bänken am Ufer des kleinen Sees.

Wir gehen nach links, im Uhrzeigersinn am See entlang, knicken nach etwa 100 m nach rechts und nach weiteren 100 m nach links ab, jetzt wieder in den Wald hinein. Achtung: auf diesem abwärtsführenden Streckenabschnitt ist es teilweise glatt! An der T-Kreuzung Dreiwege schwenken wir links in den Silberbergweg und gehen aus dem Wald heraus bis zum **Mathislehof (4)**, in dessen Hofladen alkoholfreier Punsch ausgeschenkt wird. Wenige Meter hinter dem Hof, auf der Zufahrtsstraße, biegen wir rechts ab in den Erlenbachweg, halten uns am Wegweiser Helmlewald links und gelangen steil abwärtslaufend nach **Erlenbruck (5)**. Dort biegen wir nach links, gehen am Gebäude des Ferienklubs am Erlenbruck vorbei, und folgen nach 300 m dem Hinweis rechts zum Landhaus Faerber. Das Gebäude liegt auf der linken Seite des Wegs. Vom Landhaus geht es nun abwärts nach Hinterzarten zurück. In der Sickinger Straße geht es rechts zum Adlerplatz und schließlich auf dem Adlerweg zurück zum Zentrum und zum Bahnhof von **Hinterzarten (1)**.

*Am Mathisleweiher.*

# 54 Von Hinterzarten zum Feldsee

**5.30 Std.**

## Auf dem Emil-Thoma-Weg zum schönsten Karsee des Schwarzwalds

*32 Meter tief, fast kreisrund geformt, hufeisenförmig von 200 Meter hohen Felswänden und Bannwald umschlossen: Der Feldsee liegt seit der letzten Eiszeit unverändert in einer Gletschermulde, dunkel und geheimnisvoll. Das schützenswerte Biotop ist Lebensraum des scheuen Seesaiblings und des Stachelsporigen Brachsenkrauts, einem seltenen Unterwasserfarn. Baden im See ist deshalb verboten. Beliebtes Einkehrziel ganz in der Nähe ist der Raimartihof, ein 300 Jahre alter Bauernhof mit florierendem Gaststättenbetrieb.*

**Ausgangspunkt:** Hinterzarten Bahnhof, 885 m. Hin- und Rückfahrt von Freiburg mit der RB Richtung Neustadt oder Seebrugg, Haltestelle Hinterzarten.
**Höhenunterschied:** 420 m.
**Anforderungen:** Wegverlauf zumeist im Wald auf naturbelassenen Pfaden und Forstwegen, Markierung: rote Raute des Westwegs und gelbe Raute.
**Einkehr:** Raimartihof am Feldsee (täglich geöffnet); Mathislehof (Demeterhof mit Hofladen und Vespermöglichkeit); in Hinterzarten große Auswahl an Cafés und Gasthäusern.

Vom Vorplatz am Bahnhof von **Hinterzarten (1)** gehen wir auf der Bahnhofstraße etwa 50 m in Richtung Freiburger Straße, Hinterzartens Hauptverkehrsachse, biegen kurz vor der Einmündung in die Freiburger Straße links in den Adlerweg ein und folgen ihm am Rande der unbebauten Wiesenfläche vorbei zum Adlerplatz. Wir halten uns rechts, dem Hinweis zum Emil-Thoma-Weg folgend, gehen an der Barockkirche vorbei, über die Rathausstraße und den angrenzenden Wanderparkplatz hinweg und gelangen auf einem Fußgängerweg in die Talaue des Zartenbachs.
Am Wegweiser Schwefelmättle geht es geradeaus zur Wegverzweigung Am Wolfsgrund und links am bewaldeten Hang entlang bis zu einem Spielplatz, fädeln an der folgenden Gabelung links in die Straße Am Kesslerberg ein, gehen am Hotel Sonnenberg vorbei und begeben uns sogleich dahinter links auf den schmalen Emil-Thoma-Pfad in den Wald. Für die nächste Stunde erwartet uns ein sehr schöner Wegabschnitt. Felsbrocken liegen verstreut zwischen Buchen- und Tannengehölzen. Die rote Raute des Westwegs ist ab jetzt

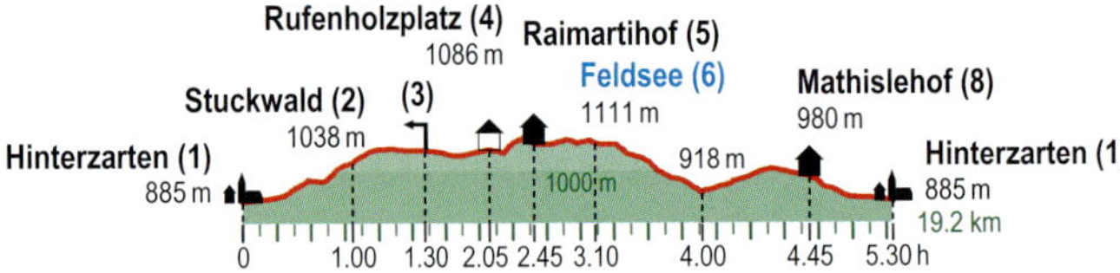

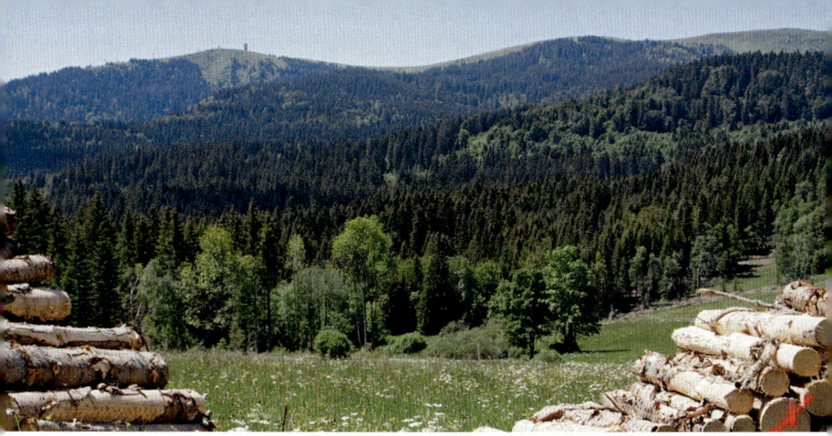

*Blick vom Häuslebauernhof zum Feldbergkamm.*

das Leitsymbol bis zum Feldsee. Es geht an einem kleinen Weiher vorbei, Viehweiden unterbrechen die bewaldeten Flächen. Wir passieren den Abzweig links zum Mathisleweiher am Wegweiser **Stuckwald (2)** und folgen der roten Raute auf jetzt zumeist breiten, geschotterten Wegen bis zu einer großen Lichtung mit ein paar verstreut liegenden Schwarzwaldhöfen, darunter der Häuslebauernhof. Über die Freifläche schweift der Blick nach links zum Feldbergkamm mit Bismarckturm und Sendemast am Gipfel. Kurz hinter dem Häuslebauernhof stoßen wir auf die Kreuzung von **Fürsatzmoos (3)**, biegen links in den Rufenhofweg und gehen an der Landratshütte vorbei wieder in bewaldetes Gebiet hinein bis zum **Rufenholzplatz (4)**.
Diese große Kreuzung überqueren wir und folgen dem Seehäuslewiesenweg, eine Westweg-Variante, die uns auf kürzestem Weg zum Raimartihof und zum Feldsee bringen wird. Wir verlassen damit den Emil-Thoma-Weg und die Westweg-Hauptroute. Noch immer auf breitem Forstweg überqueren wir den Goldersbach und biegen wenige Minuten später rechts ab auf einen Trampelpfad, der steil hinauf zum Sattel auf der Raimartihöhe führt. Von hier sind es nur noch 400 m bis zum **Raimartihof (5)**. Der Hof mit Gastbetrieb ist Treffpunkt, gleichermaßen für Mountainbiker, Kurzausflügler und Wanderer.
Bevor wir einkehren, machen wir den Abstecher zum **Feldsee (6)**. Wir erreichen ihn auf einem Pfad durch das Feuchtgebiet des Feldseemoors. Am Ufer des Sees angelangt, beginnen wir die Umrundung rechts herum, entgegen dem Uhrzeigersinn. Ein Ring von Fichten und Laubbäumen umgibt die Uferzone. Am hinteren, westlichen Ende des Sees überqueren wir den Seebach, der am Grüble auf dem Feldbergkamm entspringt und sowohl den Feldsee als auch kilometerweit entfernt den großen Titisee speist. Wieder zurück am **Raimartihof (5)** starten wir unseren Rückweg durch das Seebachtal Richtung

*Am Feldsee.*

Rotwasser/Hinterzarten. Auf geschottertem Weg der gelben Raute folgend, halten wir uns an der Steiertenschlag-Gabel rechts, gehen gemächlich abwärts zunächst im Wald, dann am Waldrand entlang mit freiem Blick zur gegenüberliegenden Talseite mit den Häusern von Bärental. Wir kommen an der in bestem Schwarzwaldstil renovierten, privat genutzten Zipfelsäge vorbei, stoßen auf die Zipfelhofstraße in **Rotwasser (7)**, biegen kurz rechts ab und schwenken an der Brücke über den Seebach gleich wieder nach links Richtung Hinterzarten. Die Straße führt zum Zipfelhof, einem großen Eindach-Schwarzwaldhof auf der linken Seite des Wegs. In Höhe des Hofs verlassen wir die nach links abknickende Straße und gehen geradeaus auf dem geschotterten Rotwasserweg in den Wald hinein. Wir erreichen den Silberberg und die Dreiwege-Kreuzung, lassen den Wald hinter uns und erreichen auf freiem Gelände den **Mathislehof (8)**.

Von dort geht es auf dem asphaltierten Oberzartener Weg hinunter zur Erlenbruckstraße am oberen Ortsrand von Hinterzarten. Wir biegen nach links ab, gehen etwa 200 m die Straße hinunter und schwenken dann kurz vor dem Kesslerhof scharf rechts auf einen Fußgängerweg, der uns am Kesslerhang über Wiesengelände zum Ort hinunterführt. Ohne Schwierigkeiten finden wir den Weg am Friedhof vorbei durch die Sickinger Straße und den Adlerweg zurück zum Bahnhof von **Hinterzarten (1)**.

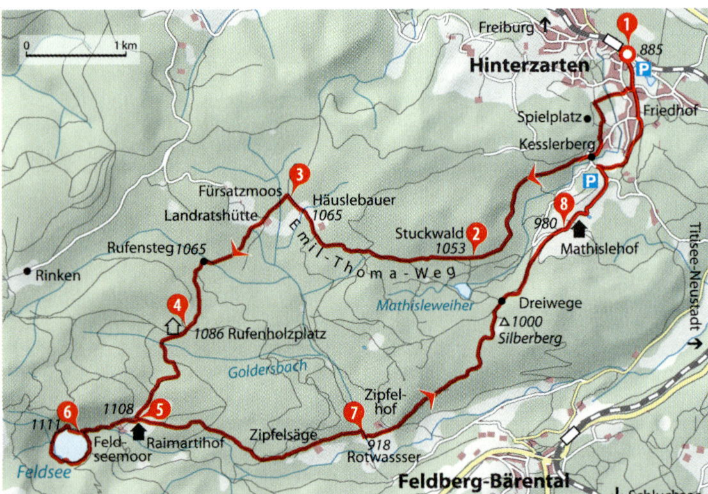

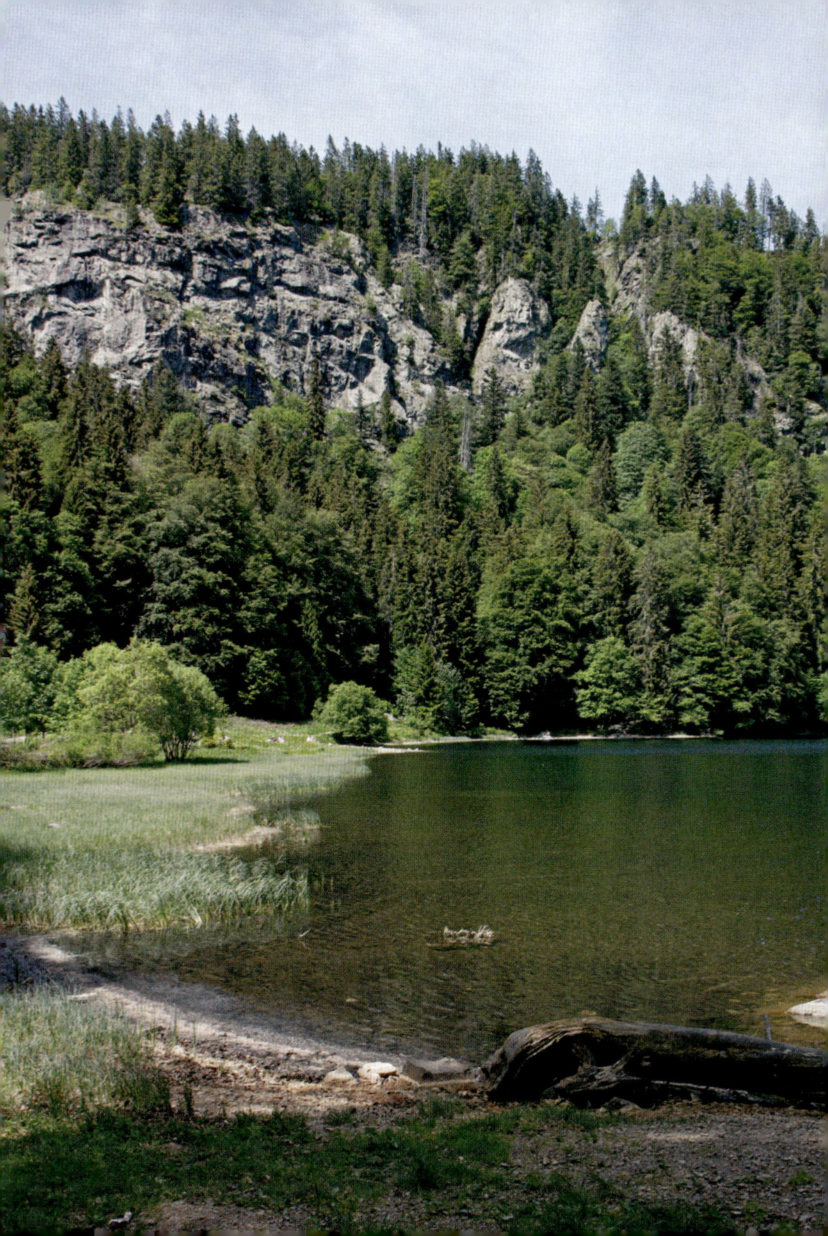

TOP **55**

# Von Hinterzarten über den Hinterwaldkopf nach Kirchzarten

**5.15 Std.**

**Talwärts über den Bergrücken zwischen Zastler- und Höllental**

*Der Hinterwaldkopf gehört zu den erstklassigen Panoramabergen des Schwarzwalds. Feldberg, Rosskopf, Hohwart, Kandel und Schauinsland sind zum Greifen nah. Einzigartig auch der Blick hinunter nach Nordwesten zum Dreisamtal, nach Freiburg und in die Rheinebene. Der Weg hinauf führt uns durch Wald und Wiesen bei Alpersbach, der Weg hinunter auf aussichtsreicher Strecke ins Tal des Zastlerbachs.*

**Ausgangspunkt:** Hinterzarten Bahnhof, 885 m. Anfahrt von Freiburg Hbf. mit der RB Richtung Neustadt / Seebrugg, Haltestelle Hinterzarten Bahnhof.
**Endpunkt:** Kirchzarten Bahnhof, 393 m. Rückfahrt mit der RB Richtung Seebrugg / Neustadt bis Hinterzarten.
**Höhenunterschied:** 370 m im Aufstieg, 860 m im Abstieg.
**Anforderungen:** Vorwiegend Wald- und Wiesenwege, nur kurze Abschnitte etwas steil, u. a. beim Abstieg vom Hinterwaldkopf nach Weilersbach. Markierung: gelbe Raute, kurzzeitig auch blaue Raute.
**Einkehr:** Hinterzarten; Hinterwaldkopfhütte am Hinterwaldkopf (tägl. 10–17 Uhr, Mo und Di Ruhetag); Höfener Hütte am Hinterwaldkopf (nicht direkt am Weg, vom 31. März–3. Nov., tägl. ab 10 Uhr, 14. Nov.–7. Jan. ab 11 Uhr, Mo Ruhetag); Gasthaus/Hotel Schützen, Weilersbach (tägl. geöffnet); Kirchzarten.

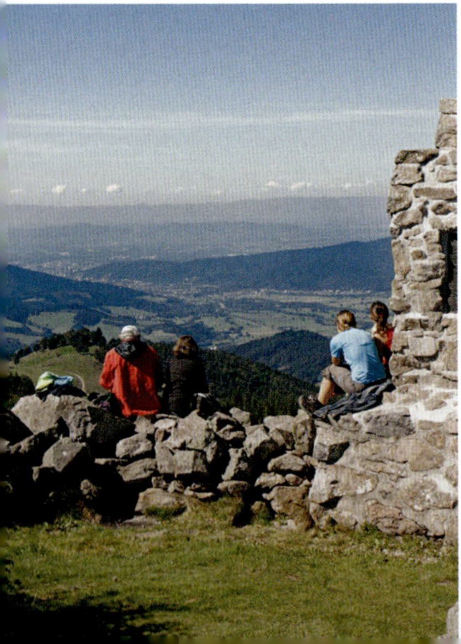

Vom Bahnhof in **Hinterzarten (1)** gehen wir zunächst durch die Bahnhofstraße 50 m bis zur Freiburger Straße, biegen nach rechts ab und gehen durch den Ort bis zur Einmündung der Alpersbacher Straße. Wir folgen ihr nach links bis zum Wegweiser Zartenbachweg, auf dem wir rechts hinunter Richtung Hinterwaldkopf zum Rappeneckweg steigen. Hier biegen wir nach links, halten uns an der kurz darauf folgenden Straßengabelung rechts und steigen auf dem Rappeneckweg leicht aufwärts bis zum Ortsende von Hinterzarten. Am Klärwerk geht die Asphaltstraße in einen Forstweg über, der sich nach weni-

*Auf dem Hinterwaldkopf.*

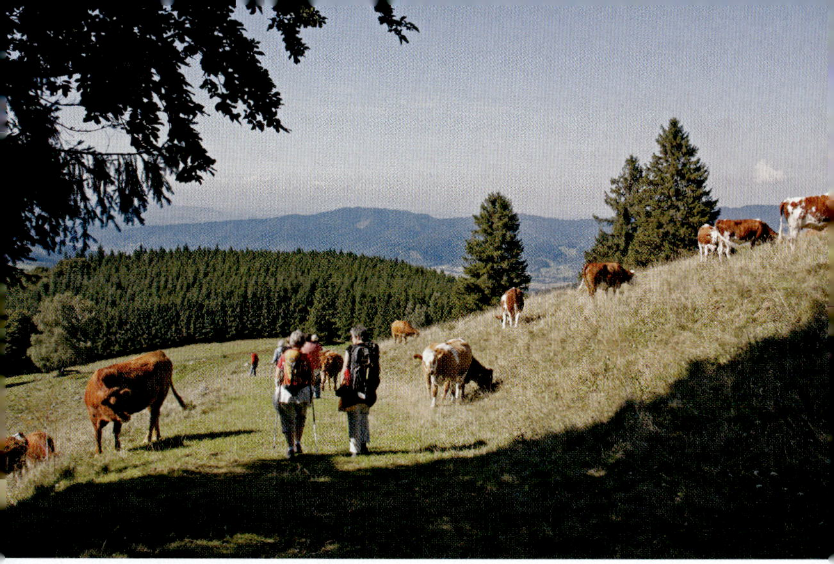

*Viehweide am Fuße des Häuslebergs.*

gen Schritten zu einem Pfad verjüngt. Etwa 7 Min. später, kurz vor Bisten, folgen wir einem Wegweiser, der uns nach rechts auf einem Trampelpfad zum **Bistener Wasserfall (2)** führt. Wahlweise kann man geradeaus weitergehen, kommt dann am Wohnhaus von Georg Thoma (1960 Olympiasieger der Nordischen Kombination) vorbei und stößt 10 Min. später wieder auf unserer Route.
Vom Wasserfall gelangen wir wieder zum Hauptweg und setzen die Route nach rechts auf einem Trampelpfad entlang der Alpersbacher Straße bis zum **Weberhansenkreuz (3)** fort. Wir biegen nach rechts auf die Zufahrt zum Weberhansenhof und nach etwa 200 m, in Sichtweite des Hofes, erneut nach rechts auf einen Pfad in den Wald Richtung Hinterwaldkopf. Der Weg gabelt sich kurz darauf, wir halten uns links, leicht aufwärtssteigend. Wir sind auf dem Dr.-Ludwig-Thomas-Weg, der uns über teils verwurzeltes Terrain am Waldrand entlang führt mit freier Sicht über die Wiesen des Weberhansenhofs. Der Weg endet an einem Schotterweg, dem wir nach rechts folgen. Ab hier achten wir sorgsam auf die gelben Rauten. Nach etwa 100 m schwenken wir links auf einen Pfad, passieren ein Holzhaus mit Skulpturengarten, biegen hinter dem Haus auf dem Zufahrtweg nach links und nach 50 Schritten wieder nach rechts ab, einen Hang hinauf. Am folgenden Schutterdobelweg das gleiche Spiel: erst kurz nach links, dann wieder nach 10 Schritten rechts hoch, diesmal zu einer Wiese mit schönem Ausblick zu den Gehöften

von Alpersbach. Am **Dr.-Ganter-Weg** angekommen, folgen wir dem Wegweiser nach rechts Richtung Kirchzarten auf breitem Fahrweg bis zur Kreuzung am Hinterwaldkopfsattel. Bevor wir zum Gipfel des Panoramabergs aufsteigen, machen wir noch einen Schwenk zur Hinterwaldkopfhütte, ein willkommener Ort für einen Zwischenstopp. Dazu biegen wir zunächst nach rechts auf die mit blauer Raute markierte Route, die zum Herzogenhorn hinaufführt, und nach wenigen Schritten nach links auf einen Schotterweg, der etwa 100 m weit zur etwas tiefer liegenden Hütte hinabführt. Kurz vor Erreichen des Gebäudes entdecken wir rechts den Zugang im Zaun zu einem Wiesenpfad, der uns nach der Einkehr am Hang hinauf zurück zur blauen Raute führt. Nur kurz folgen wir ihr links entlang, dann schwenken wir, erneut nach links abbiegend, quer über die Viehweide zum Gipfel des **Hinterwaldkopfs (4)**. Ein kreisförmiger Steinwall aus großen und kleinen Findlingen krönt die Kuppe. Mitten im Kreis, ein etwas überdimensionierter Gedenkstein für die Gefallenen des Ersten und Zweiten Weltkriegs. Wir genießen die schöne Aussicht in alle Richtungen.

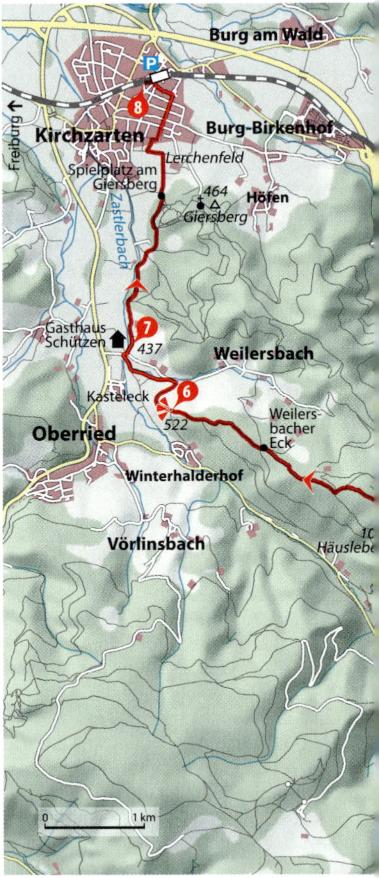


Dann steigen wir, noch immer auf der Viehweide, steil hinunter zu einer Wegverzweigung am Rotecksattel. Rechts kann man direkt durch den Wald zur Höfener Hütte gehen, wir gehen jedoch links auf dem aussichtsreichen, Mountainbike-freien Weg Richtung Oberried. Achtung: nach 30 Schritten auf dieser Route an der Gabelung rechts halten! Wir erreichen den Wegweiser am Fuße des **Häuslebergs (5)**. Nach rechts, etwa 300 m entfernt, kann man in der Höfener Hütte einkehren. Wir biegen nach links ab, Richtung Oberried. Über eine Viehweide hinweg nun abwärts bis zum

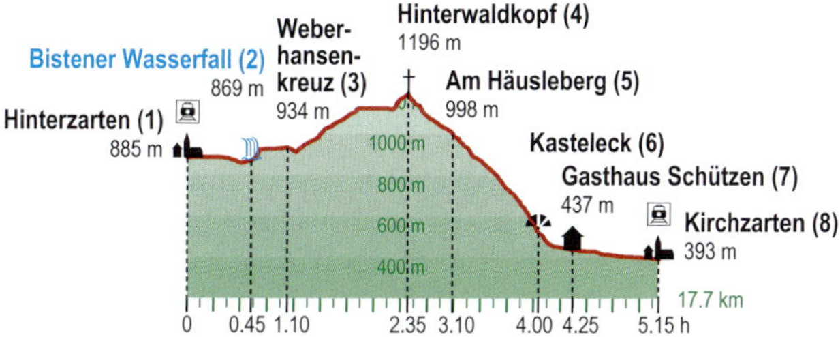


Wald und der gelben Raute folgend bis zu einer asphaltierten Straße am Weilersbacher Eck. Wir überqueren die Straße und gelangen auf schönem Pfad durch den Wald hinunter zum Aussichtspunkt am **Kasteleck (6)** mit Blick ins Dreisamtal.

Am Birkenmaiershof im Tal angekommen, biegen wir links auf die schmale Straße nach Weilersbach, bis zu einer Querstraße, schwenken nach rechts über eine Brücke und gelangen zum **Gasthaus Schützen (7)** am Rande des Segelfluggeländes der Luftsportgemeinschaft Breisgau gelegen. Am Gasthaus vorbei gehen wir durch die Auenlandschaft des Zastlerbachs. Der Weg ist gepflegt angelegt. An einer Verzweigung gehen wir rechts weiter bis zum Spielplatz am Giersberg und halten uns dort rechts Richtung Kirchzarten. Am Hang ist die Giersbergkapelle zu sehen, ein beliebtes Ausflugsziel mit Pilgergaststätte. Schließlich gehen wir im Links-Rechts-Knick über das Lerchenfeld, erreichen die Schauinslandstraße, folgen ihr bis zur Brodbeckstraße und biegen nach links ab zum Bahnhof von **Kirchzarten (8)**.

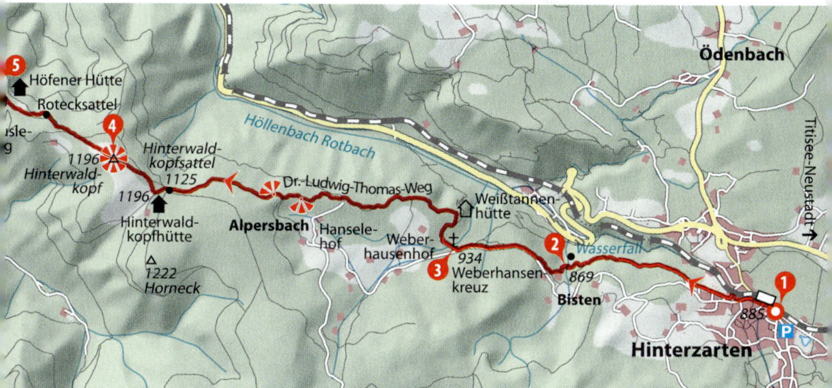

# 56 Auf dem Felsenweg vom Rinken zum Feldberg

3.45 Std.

## Auf Erlebnispfaden hoch über dem Feldsee

*Mit 1493 Meter Höhe ist der Feldberg höchster Gipfel der deutschen Mittelgebirge. Aus allen Himmelsrichtungen führen Wege hinauf, mancher bequem und stark frequentiert wie der Aufstieg vom Feldberger Hof aus, andere steil und sportlich wie die Route vom St. Wilhelmer Tal. Unser Aufstieg beginnt am Rinken bei Alpersbach. Lange Zeit verläuft die Route auf dem Felsenweg, gut 200 Meter oberhalb des Feldsees, beim Abstieg zwischenzeitlich über den Sägebachschlag-Steig. Beide Pfade durch Bannwaldgelände zählen zu den schönsten Wegen im Feldberggebiet.*

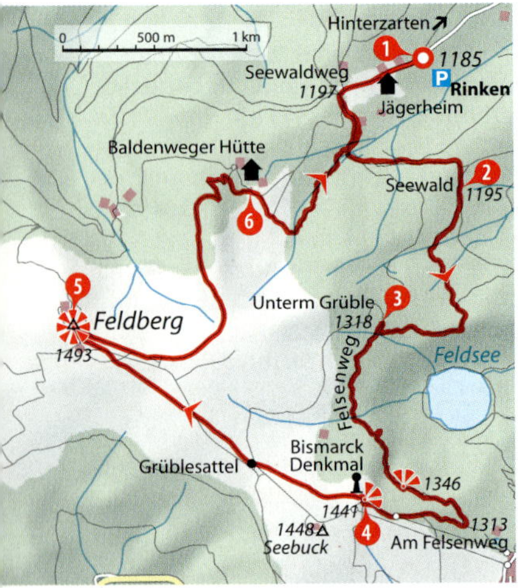


**Ausgangspunkt:** Rinken, Wanderparkplatz, 1185 m. Keine Busanbindung. Mit dem Pkw am Ortseingang von Hinterzarten nach Alpersbach abbiegen und ca. 9 km bis zum Wanderparkplatz fahren.
**Höhenunterschied:** 400 m.
**Anforderungen:** Wanderung verläuft zumeist auf naturbelassenen Pfaden durch Wald, Fels- und Moorgebiet. Kritische Stellen sind mit Holzstegen gesichert. Markierung: gelbe Raute und rote Raute des Westwegs.
**Einkehr:** Gasthaus Jägerheim am Rinken (Mo und Di Ruhetag); Baldenweger Hütte am Feldberg (ab 10 Uhr geöffnet, Di und Mi Ruhetag).

Vom Wanderparkplatz am **Rinken (1)** führt eine anfangs asphaltierte, ab Jägerheim-Gaststätte geschotterte Straße bis zu einer Wegverzweigung am Wegzeichen Rinken. Wir biegen nach links Richtung Raimartihof / Seewald, passieren die nach wenigen Metern folgende Auffahrt zur Baldenweger Hütte und den etwa 300 m später folgenden Einstieg rechts zum Sägebachschlag-Steig, der ebenfalls zur Baldenweger Hütte hinaufführt. An dieser Stelle werden wir auf dem Rückweg ankommen. Nun weiter auf dem breiten Forstweg bis zum Wegweiser **Seewald (2)**.
Dort jetzt rechts ab auf einen schmalen Pfad Richtung Feldseeblick. Hier beginnt der Felsenweg. Gut 1 Std. lang folgen wir ihm durch herrliches Bannwaldgebiet, stetig ansteigend. Wir überqueren kleine Bachläufe, teils moo-

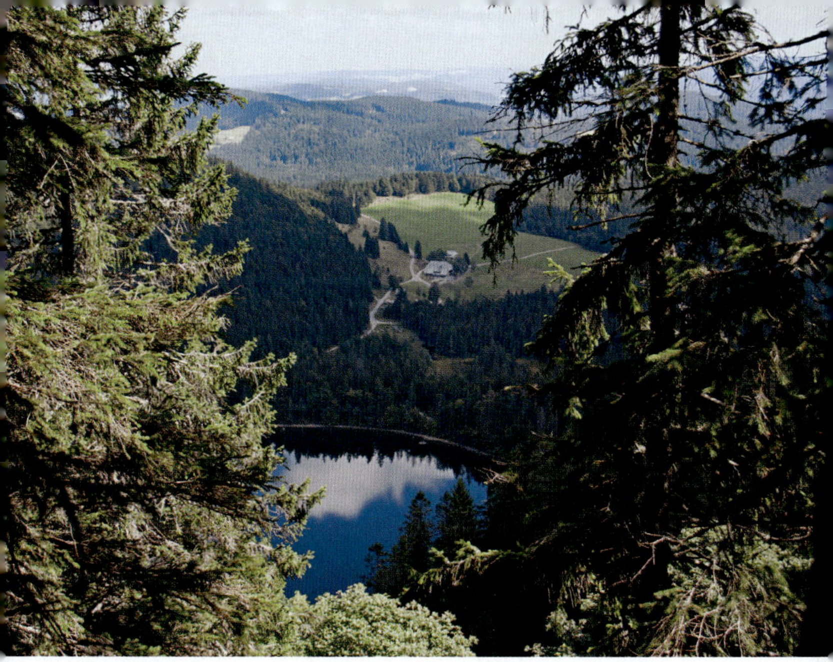

*Blick über den Feldsee zum Raimartihof.*

riges Gelände, gehen zwischen moosbedeckten Felsen hindurch und meistern verwurzelte Wegabschnitte. An der Wegverzweigung **Unterm Grüble (3)** halten wir uns links Richtung Feldberg-Talstation. Mehr und mehr ergeben sich Ausblicksmöglichkeiten auf den Feldsee, zumeist durch schmale Schneisen zwischen dicht stehenden Fichten hindurch. Der Felsenpfad endet am Rande des Seebuck-Skihangs. Wir biegen nach rechts, bergwärts, hinauf zum **Bismarckdenkmal (4)**. Von der Terrasse vor dem Denkmal bietet sich eine gute Aussicht über den Feldsee, zum Raimartihof und ins Seebachtal.

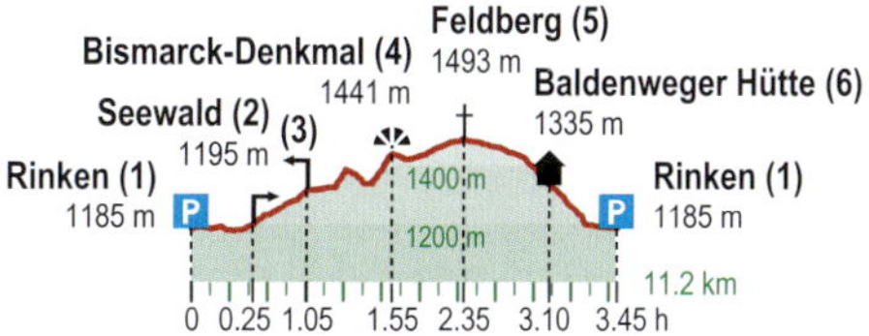

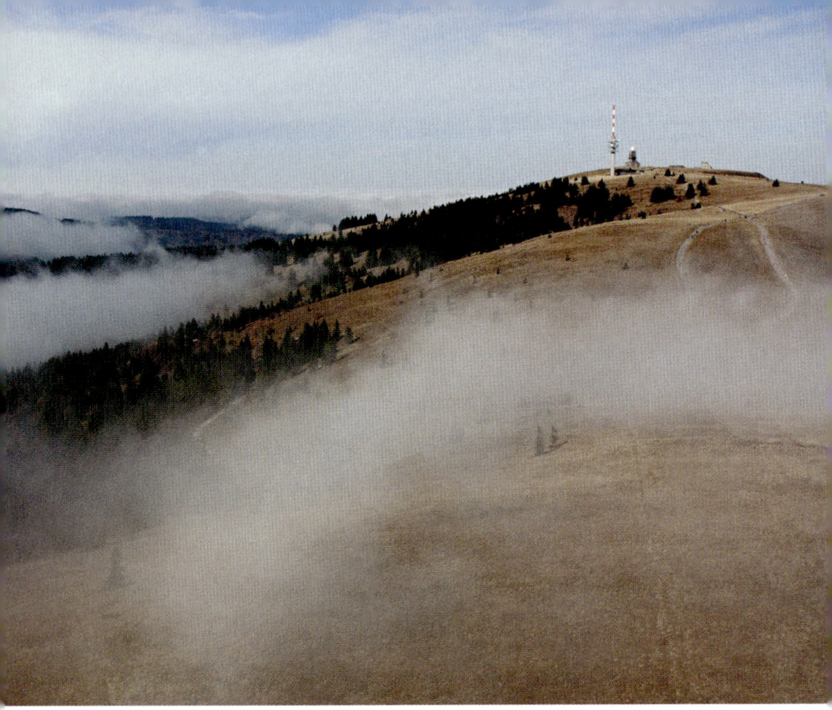

*Die Spitze des Feldbergs.*

Wir steigen weiter auf, über baumloses Gelände, zum Grüblesattel und erreichen schließlich den Gipfel des **Feldbergs (5)**, deutlich erkennbar am Sendemast der Wetterwarte. Eine Aussichtsplattform mit Holzgeländer gewährt freie Rundumsicht in alle Himmelsrichtungen.
Etwa 30 m vor Erreichen der Plattform zweigt rechts ein Weg ab, der zur Baldenweger Hütte führt. Wir kehren zurück zu diesem Abzweig, biegen wir hier nun links ab, überqueren die Viehalmen am Baldenweger Buck und steigen zwischen Gelbem Enzian und windgebeugten Fichten hinunter zur **Baldenweger Hütte (6)**. Von der Terrasse vor dem Gasthaus bietet sich ein schöner Blick ins Alperbacher Tal.
Schließlich geht es nun auf der Zufahrtsstraße etwa 100 m talwärts, dann rechts auf den Sägebachschlag-Steig und knapp 15 Min. lang auf herrlichem, naturbelassenem Pfad am Ufer des kleinen Wildbachs entlang zum Seebachweg hinunter. Wir biegen nach links ab und gehen auf bekannter Route zurück zum Wanderparkplatz am **Rinken (1)**.

4.30 Std.

# Auf dem Alpinen Pfad vom Rinken zum Feldberg

57

## Abenteuerliche Tour durch unberührte Wildnis

*Der Alpine Pfad im Bannwaldgebiet am Nordwesthang des Feldbergmassivs ist weder markiert, noch wird er vom Schwarzwaldverein unterhalten. Die Natur ist sich hier selbst überlassen. Wanderer müssen sich auf abschüssige Passagen einstellen, verwachsene Streckenabschnitte sind zu bewältigen, liegende Baumstämme sind zu überwinden. Kein Zuckerschlecken also, dennoch eine spannende Herausforderung in ursprünglicher, wilder Landschaft.*

**Ausgangspunkt:** Rinken, Wanderparkplatz, 1185 m. Keine Busanbindung. Mit dem Pkw am Ortseingang von Hinterzarten nach Alpersbach abbiegen und ca. 9 km bis zum Wanderparkplatz fahren.
**Höhenunterschied:** 410 m.
**Anforderungen:** Die Wanderung eignet sich nur für geübte, sichere Wanderer. Der Alpine Pfad wird offiziell nicht mehr gepflegt. Umgestürzte Bäume und Gestrüpp erschweren das Vorankommen, im Mittelteil kurze seilgesicherte Passage über Felsen. Markierung: gelbe Raute auf dem Hinweg bis zum Alpinen Pfad und beim Abstieg vom Feldberggipfel.
**Einkehr:** Gasthaus Jägerheim am Rinken (Mo und Di Ruhetag); Zastler Hütte (geöffnet 10–17 Uhr, Do Ruhetag, wenn Do Feiertag, dann Fr Ruhetag); Todtnauer Hütte am Feldberg (geöffnet tägl. 11–17 Uhr, Mo Ruhetag); Baldenweger Hütte am Feldberg (im Sommer ab 10 Uhr geöffnet).

Vom Wanderparkplatz am **Rinken (1)** gehen wir an der Jägerheim-Gaststätte vorbei bis zur Verzweigung am Wegweiser Rinken. Wir halten uns schräg rechts Richtung Zastler Hütte und gehen zwischen ein paar als Wegbegrenzung platzierten Findlingen hindurch, an einer hölzernen Infotafel vorbei zu einem Waldpfad. Bergauf folgen wir ihm etwa 2 Min. lang, bis er sich gabelt. Wir wählen die rechts abzweigende Route des Naturlehrpfads. Er führt durch botanisch interessantes Gelände, u.a. zu einem

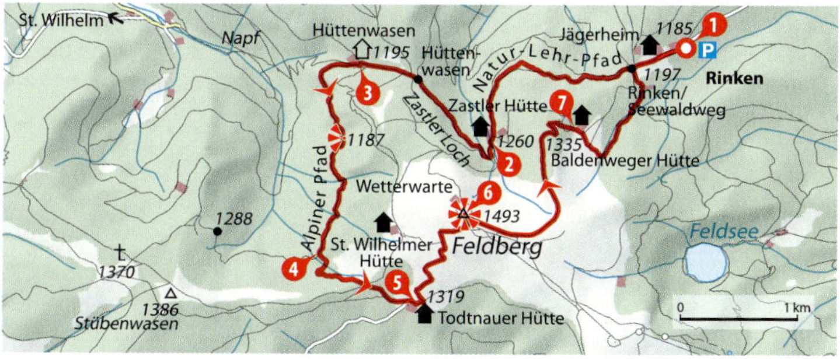

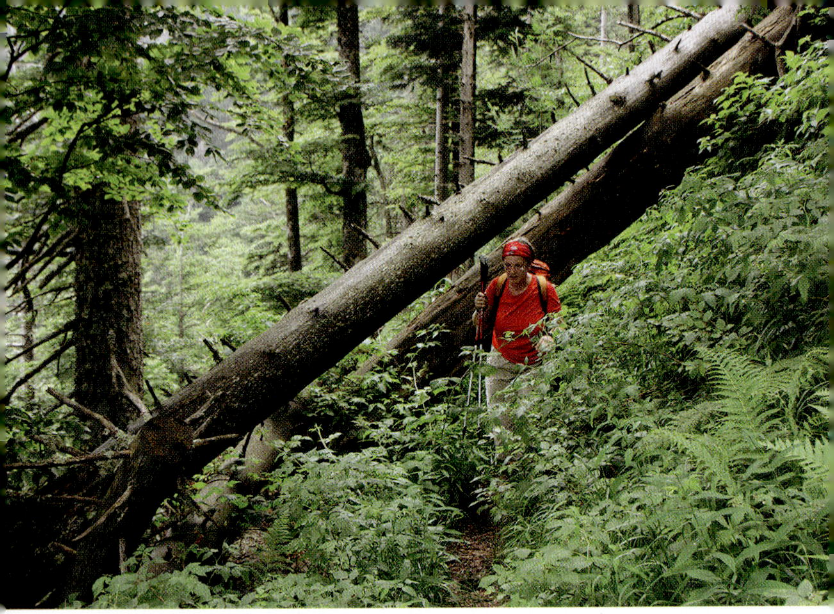

*Im Bannwald auf dem Alpinen Pfad.*

300 Jahre alten Bergahorn und zu einer durch die Schneelast wie ein Dromedar gekrümmten Fichte. Nach Regenfällen bilden sich Pfützen, das Wasser kann auf dem massiven Granitgestein nur schwer versickern. An der Oberen Bärhalde stoßen wir auf einen Forstweg, der uns nach links abbiegend bis zur **Zastler Hütte (2)** aufnimmt.
Dort knickt der Weg um 90 Grad nach links und 2 Min. später nach rechts Richtung Tote Mann/Hüttenwasen. Wir überqueren den Zartenbach und biegen ein paar Augenblicke später rechts ab auf einen schmalen Pfad, mit gelber Raute markiert. Er verläuft am Hang des Zastler Lochs abwärts bis zur Kreuzung an der Hüttenwasen-Alm. Wir gehen geradeaus weiter Richtung Napf, überqueren die Alm und erreichen deren unteres Ende. Nach links

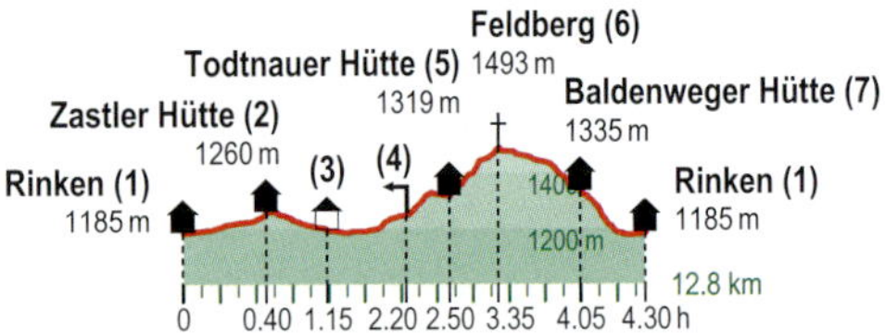

geht es weiter auf einem Trampelpfad. Rechter Hand steht eine Schutzhütte. Wir passieren sie, überqueren einen kleinen Bach, nur 20 Schritte von der Hütte entfernt, und erreichen den Wegweiser **Hüttenwasen / Schutzhütte (3)**. Nun schwenken wir nach rechts Richtung Ibenfelsen / Napf. Aufgepasst: Nur drei Schritte vom Wegweiser entfernt zweigt links ein Pfad ab, aufwärts in den Wald! Wir beachten ihn nicht. 15 Schritte weiter talwärts jedoch zweigt ein weiterer, nicht markierter Pfad links ab. Hier ist der Einstieg zum Alpinen Pfad. Wir folgen ihm leicht ansteigend in den Bannwald. Kurz darauf ein Schild: Begehung auf eigene Gefahr. Hier beginnt die Wegstrecke durch das ungeordnete Gelände. Unwetter der letzten Jahre und andauernde Trockenheit hinterließen Spuren. Kahle Baumstümpfe stehen wie Zahnstocher am Hang oder liegen quer über dem Weg. Im Unterholz wachsen Heidelbeeren und Farne. Kleine Bachläufe sind zu überqueren. Der Pfad ist verwurzelt und ausgetreten. Immer wieder bieten sich Ausblicke ins St. Wilhelmer Tal. Etwa eine Stunde dauert die Wegstrecke durch das ungeordnete Gelände, dann weist ein kleines **Schild (4)** darauf hin, dass wir das Gelände zum Schutz bedrohter Tierarten, u. a. des Auerhahns, verlassen müssen. Wir werden nach links über spärlich bewaldetes Wiesengelände hinauf zum breiten St. Wilhelmer Hüttenweg geführt. Wir überqueren ihn und laufen abwärts auf dem befestigten Forstweg zur **Todtnauer Hütte (5)** mit der Möglichkeit zur Einkehr. Für den Gipfelanstieg geht es ein paar Schritte auf der Zufahrtsstraße an der Hütte vorbei bis zu einem schmalen Wiesenpfad, dem wir nach links am Hang hinauf steil aufwärts Richtung Seebuck folgen. Zwischen den mit Weidezäunen getrennten Viehalmen hindurch steigen wir in Kehren zum Gipfel des **Feldbergs (6)** hinauf.

Vom Aussichtsplateau etwa 30 m auf demselben Weg zurück, biegen wir links ab und gehen über die Almen am Baldenweger Buck hinunter zur **Baldenweger Hütte (7)**. Auch hier gibt es Gelegenheit zur Einkehr. Wir folgen abschließend der asphaltierten Zufahrtsstraße etwa 150 m talwärts bis zu einer Linkskurve und biegen rechts ab auf den Sägebachschlag-Steig, einen schönen Trampelpfad am Ufer des Wildbachs hinab zum Seewaldweg. Dort geht es links weiter und zurück auf bekannter Strecke zum Wanderparkplatz am **Rinken (1)**.

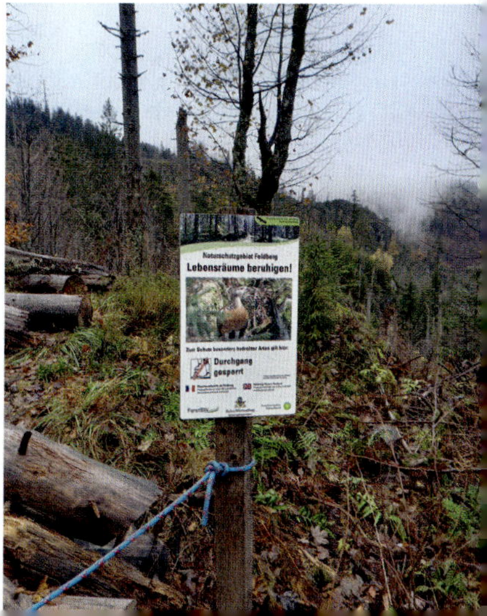


*Hier endet der Alpine Pfad.*

TOP 58

# Von Napf im St. Wilhelmer Tal zum Feldberg

5.00 Std.

### *Klasse Aufstiegsroute zum höchsten Berg des Schwarzwalds*

*Den Abschluss des St. Wilhelmer Tals an der Nordwestflanke des Feldbergs bildet eine kesselförmige, in der Eiszeit geprägte Mulde, von den Einheimischen »Napf« genannt. Der Ort ist Ausgangspunkt unseres Aufstiegs zum Feldberg auf einer schönen, steilen Route, fernab des Besucherrummels auf seiner Südostseite. Der Panoramaweg zum Stübenwasen und der Abstieg über die Wittenbacher Almen bilden das genüssliche Ende unseres Ausflugs.*

**Ausgangspunkt:** St. Wilhelm / Napf, 810 m. Anfahrt von Freiburg mit dem Pkw über Oberried ins St. Wilhelmer Tal bis zum Wanderparkplatz am Talende. Keine Busanbindung.
**Höhenunterschied:** 730 m.
**Anforderungen:** Trittsicherheit und eine gute Kondition für den Anstieg; die Route verläuft auf Waldpfaden, teilweise verwurzelt, teilweise felsig. Wegstrecke im Mittelteil am Stübenwasen weitgehend schattenlos. Markierung: gelbe und rote Raute.
**Einkehr:** Gasthaus Zur Linde–Napf, St. Wilhelmer Tal (geöffnet Mo und Do ab 17 Uhr, Fr–So ab 11 Uhr, Di und Mi Ruhetag); St. Wilhelmer Hütte am Feldberg (geöffnet tägl. 10–17 Uhr, Di und Mi Ruhetag); Berggasthof Stübenwasen (geöffnet tägl. ab 10 Uhr, Mi und Do Ruhetag).

Vom Wanderparkplatz vor dem Gasthaus Zur Linde in **Napf (1)** gehen wir auf der Feldbergstraße knapp 100 m bis zu deren Ende und auf dem anschließenden geschotterten Napfweg in den Wald hinein. Am Wegweiser Napfmatte, gut 500 m weiter, biegen wir links auf einen steinigen Pfad aufwärts Richtung Feldberg. Wir überqueren die Kreuzung Unterm Ibenfelsen und steigen in Serpentinen auf größtenteils felsigem Pfad durch den Wald hinauf zur **Schutzhütte am Hüttenwasen (2)**.
Am gleichnamigen Wegweiser biegen wir nach links ab. Geradeaus führt zwar auch ein Pfad über die Kammeneck-Route zum Feldberg, wir nehmen aber die kürzere Strecke über die Alm. Wir lassen die Hütte links liegen und biegen wenige Schritte dahinter rechts ab, überqueren die Alm und gelan-

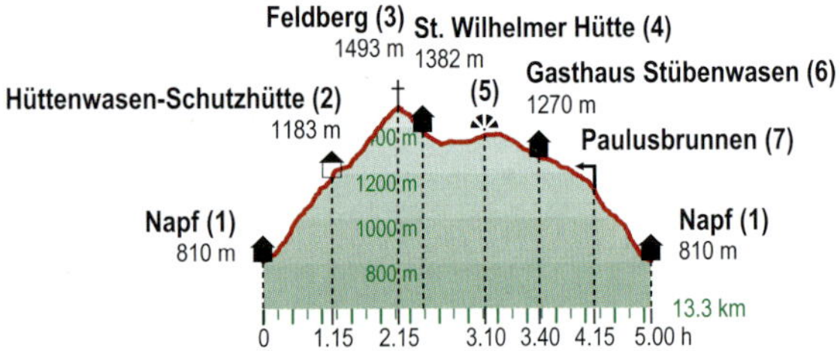

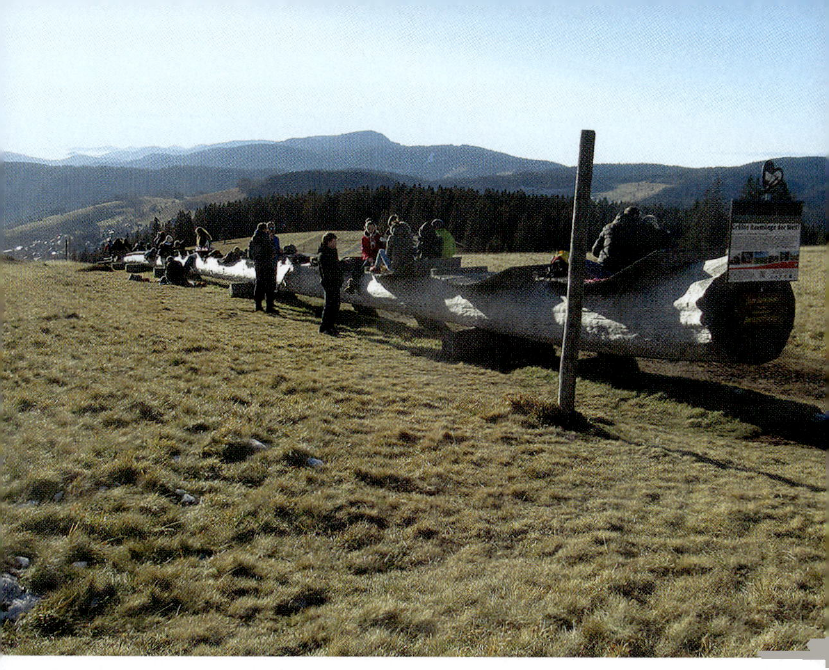

*Die größte Baumliege der Welt auf der Alm am Stübenwasen.*

gen zu einer Wegekreuzung an ihrem oberen Ende. Wir halten uns rechts Richtung Feldberg und steigen auf schmalem, verwurzeltem, teilweise vom Regen ausgespültem Pfad weiter an. Eine Holzbank und ein Hinweisschild nach links zur Zastler Hütte markieren die Kreuzung mit dem querenden Feldbergsteig, etwa 20 Min. später. Wir gehen geradeaus, stets ansteigend, auf einem Naturlehrpfad, jetzt über offenes, baumloses Terrain. Als »Kampfzone des Waldes« bezeichnen die Ranger diese kargen, grasbedeckten Flächen. Zu hart ist an diesen Stellen das Klima für den Waldwuchs. Wanderer profitieren davon, denn mehr und mehr weitet sich der Blick. Schauinsland, Rosskopf, Kandel und Hinterwaldkopf sind zu sehen, ebenso der Belchen. Dicht heran an den Abhang zum Zastler Loch rücken wir, eine Talmulde, an deren schattigen Hängen oftmals noch bis in den Frühsommer Schneefelder liegen bleiben. Schließlich ist der Gipfel des **Feldbergs (3)** erreicht, von Weitem schon sichtbar durch das Gebäude der Wetterstation und den Sendemast des Südwestrundfunks. Von der mit Holzgeländern eingerahmten Aussichtsplattform hat man einen guten Rundumblick, nicht ganz so spektakulär allerdings wie von anderen Schwarzwaldkuppen.

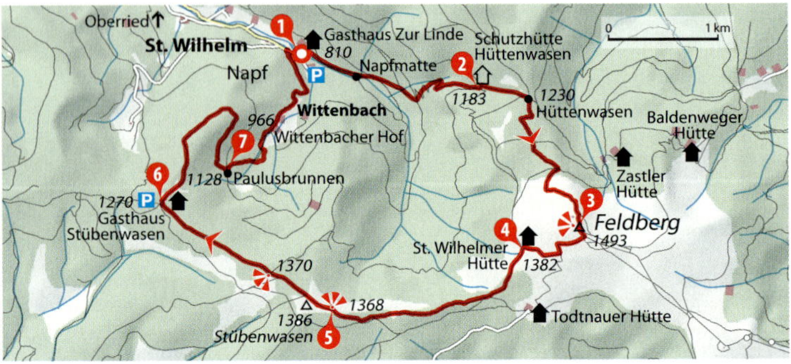


Wir verlassen die Plattform, gehen auf dem asphaltierten Gipfelweg etwa 50 m weit und biegen rechts ab Richtung St. Wilhelmer Hütte. Auf geschottertem Pfad gelangen wir nach knapp 15 Min. zu einer Gabelung, halten uns rechts und erreichen wenig später die **St. Wilhelmer Hütte (4)**, unsere erste Einkehroption.

Wir biegen hinter der Hütte auf dem gewalzten Fahrweg nach links und gelangen zur Wegverzweigung am St. Wilhelmer Hüttenweg. Die Runde setzen wir geradeaus fort, leicht ansteigend durch spärlich bewaldetes Gelände bis zu den Almen am Stübenwasen. Freie Sicht über die südlichen Schwarzwaldkämme, ins Wiesental und zum Belchen ist dort oben garantiert. Garantiert sind auch Begegnungen mit Mountainbikern, die diese Panoramastrecke besonders schätzen. In Sichtweite des Wegweisers am Stübenwasen biegen wir auf einen Trampelpfad nach rechts und gelangen nach 20 Schritten zu einem **Aussichtspunkt (5)** mit Blick ins St. Wilhelmer Tal.

Zurück auf dem Hauptweg passieren wir den Wegweiser am Stübenwasen und gehen leicht bergab zum **Gasthaus Stübenwasen (6)**, unserer nächsten Einkehrgelegenheit.

An der Kreuzung hinter dem Gasthaus biegen wir nach rechts auf einen Feldweg Richtung Napf/St. Wilhelm, jetzt mit gelber Raute markiert. Die Rückkehr nach Napf über die ebenfalls ausgeschilderte, geradeaus über die Kreuzung verlaufende Katzensteigroute ist nicht zu empfehlen, da sie am Schluss lange Zeit auf einer Asphaltstraße verläuft. Auf dem Feldweg geht es nun in den Wald hinunter bis zum **Paulusbrunnen (7)** am Oberwittenbach.

Wir stoßen auf den Jungwaldweg und biegen scharf links ab. 1 Min. später folgen wir nach rechts einem Trampelpfad durch Buchenwald steil hinab zur Wittenbacher Weide und über Wiesengelände am Wittenbacher Hof vorbei hinunter zur Feldbergstraße im St. Wilhelmer Tal. Wir halten uns rechts und gelangen zurück zum Parkplatz vor dem Gasthaus Zur Linde in **Napf (1)**.

3.30 Std.

# Von Napf zur Tote-Mann-Alm und zur Erlenbacher Höhe

59

## *Strammer Aufstieg zu einer Panorama-Hochalm*

*Ausgangspunkt unserer Runde ist der Ortsteil Napf im ruhigen, vom Touristenstrom abgeschirmten St. Wilhelmer Tal. Die Tour führt hinauf zur sonnigen Wiesenlandschaft der Tote-Mann-Alm und zur Erlenbacher Höhe. Herrliche Ausblicke ins Dreisamtal, zum Feldberg und zum Schauinsland erwarten uns.*

**Ausgangspunkt:** St. Wilhelm / Napf, 810 m. Anfahrt von Freiburg mit dem Pkw über Oberried ins St. Wilhelmer Tal bis zum Wanderparkplatz am Talende. Keine Busanbindung.
**Höhenunterschied:** 540 m.
**Anforderungen:** Vorwiegend Wald- und Wiesenpfade, am Anfang steil; auf der Tote-Mann-Alm schattenlos. Markierung: gelbe Raute.
**Einkehr:** Gasthaus Zur Linde–Napf, St. Wilhelmer Tal (geöffnet Mo, Do und Fr ab 17 Uhr, Sa–So ab 11 Uhr, Di und Mi Ruhetag); Erlenbacher Hütte, Oberried (geöffnet Fr 13.30–19 Uhr, Sa und So ab 11.30 Uhr, Mo und Di Ruhetag).

Vom Parkplatz gegenüber dem Gasthaus Zur Linde in **Napf (1)** gehen wir auf dem Forstweg in den Wald, biegen am Wegweiser Napfmatte links ab Richtung Hüttenwasen und steigen auf dem Pfad bergauf, bis wir zum Wegweiser Hüttenwasen/Schutzhütte kommen. Hier biegen wir nach links ab. Ein kleiner Bach wird überquert. Kurz hinter der Schutzhütte schwenken wir nach rechts zur Hüttenwasenalm, wo wir zur Wegkreuzung **Hüttenwasen (2)**

*Auf der Tote-Mann-Alm.*

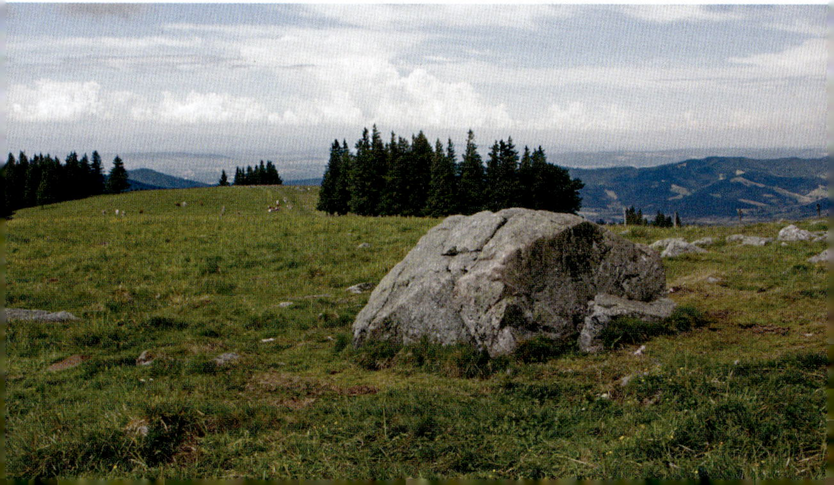

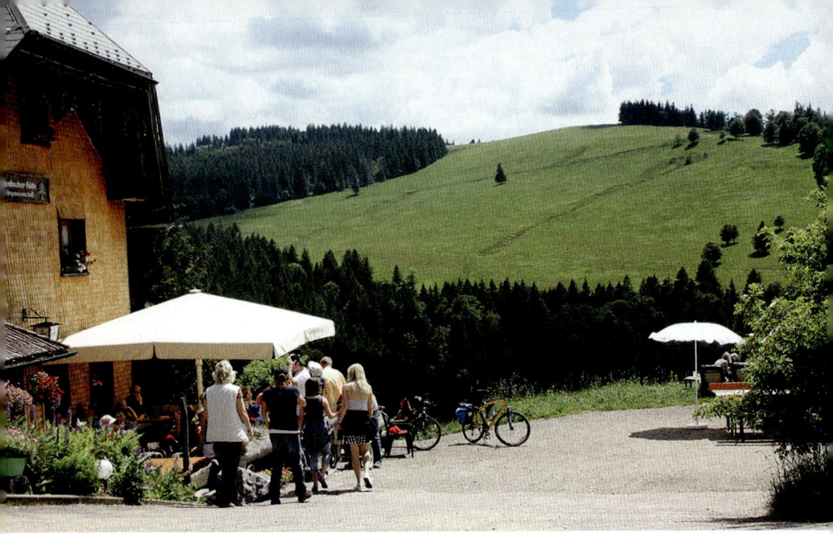

*An der Erlenbacher Hütte.*

aufsteigen. Dort biegen wir nach links Richtung Erlenbacher Hütte/Stollenbach ab. Eine Weile geht es am Wiesenrand entlang, dann tauchen wir wieder in den Wald ein. Die Kreuzung am Wegweiser Ob der Hauseckhalde wird überquert, ebenso der kurz darauf folgende Querweg. Hinter diesem folgen wir dem linken der beiden geradeausführenden Pfade Richtung Erlenbacher Hütte. Etwa 10 Minuten geht es noch aufwärts, dann treten wir aus dem Wald hinaus und stehen auf der **Tote-Mann-Alm (3)**. Ein großer Findling markiert den Gipfelpunkt. Der Blick reicht links bis zum Feldberg, rechts ins Dreisamtal bis Kirchzarten.

Wir spazieren an einer Pfahlreihe auf der rechten Seite gut 400 m abwärts bis zu einer hölzernen Sitzbank, ebenfalls auf der rechten Seite. An einem Holzschild (»Beim Tote Mann«) verlassen wir den Panoramaweg und gehen nach links weglos auf der Almweide hinunter zu einem zweispurigen Wiesenweg, dem wir nach rechts folgen. Er führt uns auf die Kuppe des Ahornkopfs zu, auf der wir nach rechts in einen Schotterweg einfädeln. Noch immer ist Rundumsicht in alle Richtungen gewährleistet. Wir gehen weiter abwärts, lassen den Abzweig nach links an der

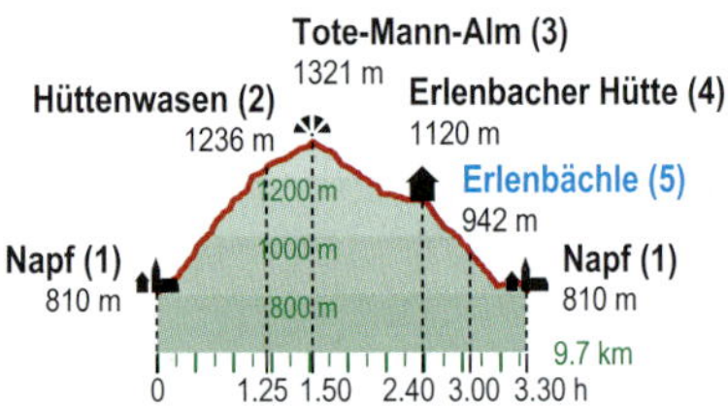

Stollenbacher Weide unberücksichtigt und gelangen zur **Erlenbacher Hütte (4)**.

An der Gaststätte vorbei, direkt dahinter links verläuft über die Wiese ein Trampelpfad hinunter, auf dem wir Richtung Napf/St. Wilhelm zum Bannwaldgebiet des St. Wilhelmer Tals absteigen. Überall liegen zwischen den Fichten umgestürzte Baumstämme. Sie werden nicht weggeräumt, um für zahlreiche Kleintiere und Insekten Lebensraum zu schaffen. Der Wegverlauf ist nicht zu übersehen. Wir erreichen das **Erlenbächle (5)**. Während der mit gelber Raute markierte Weg nach rechts abknickt, bleiben wir geradeaus auf einem Trampelpfad. Er führt uns über den Bach hinweg und stetig abwärts am Hang hinunter, an den mächtigen Hirschfelsen vorbei, ins Tal. Etwa 50 m vor Erreichen der Talsohle schwenken wir nach links und fädeln in den nun wieder mit gelber Raute markierten Waldpfad ein. Er führt uns zurück zum Napfweg und zu unserem Parkplatz vor dem Gasthaus Zur Linde in **Napf (1)**.

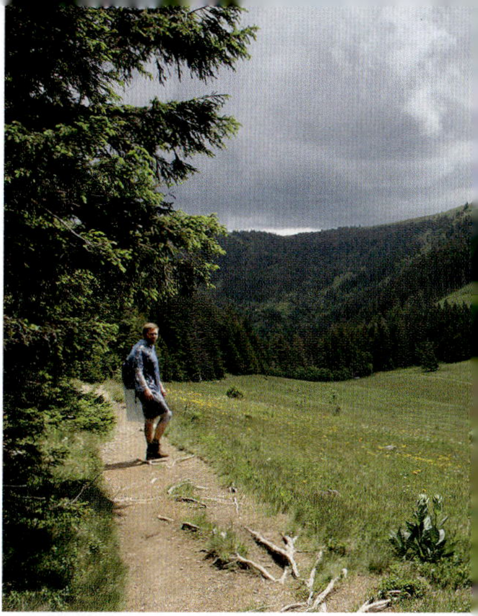

*Auf der Hüttenwasenalm.*

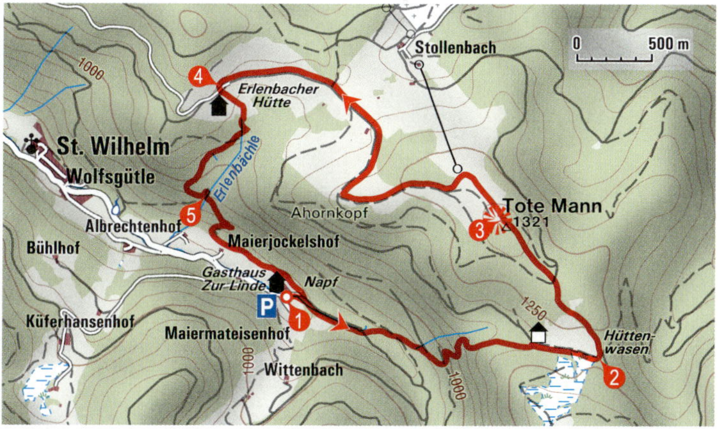

# 60 Vom Hebelhof nach Todtnau

4.15 Std.

## Auf dem Wasserfallsteig durch das Tal der Wiese

*Mit seinen 97 Metern Fallhöhe ist der Todtnauer Wasserfall einer der spektakulärsten im Schwarzwald. Auf dem Weg dorthin können Wanderer einige sehenswerte Attraktionen in der südwestlichen Feldbergregion an einem Stück erleben, die Wasserfälle von Fahl und Todtnau, eine wunderschöne Schlucht im oberen Wiesetal und mächtige Weidbuchen auf Bergwiesen. Wir wandern auf Teiletappen dieses Premiumwegs und auf der ruhigen, zumeist weniger begangenen Spechtsboden-Route bis hinauf zum Ortsrand von Todtnauberg.*

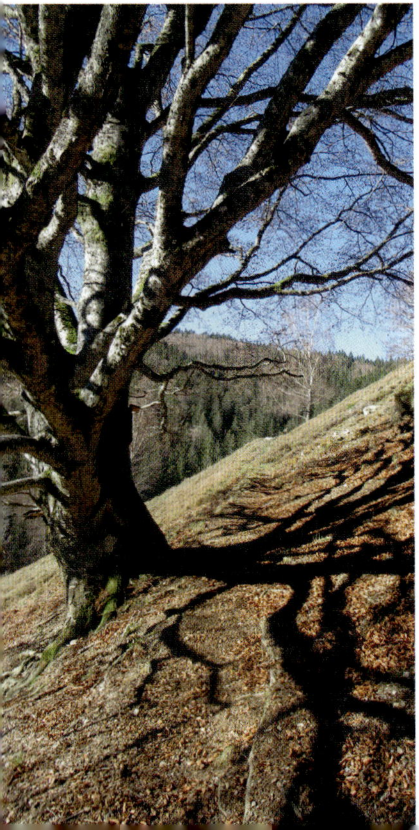

**Ausgangspunkt:** Hebelhof, Bushaltestelle am Feldbergpass 1233 m. Hinfahrt ab Freiburg mit der RB Richtung Seebrugg Linie S1 bis Bärental Bf., umsteigen in den SBG-Bus 7300 Richtung Todtnau, Haltestelle Feldberg / Hebelhof.
**Endpunkt:** Todtnau, 649 m. Rückfahrt mit dem SBG-Bus 7300 bis Titisee Hbf und mit der RB zurück nach Freiburg Hbf.
**Höhenunterschied:** 330 m im Aufstieg, 920 m im Abstieg.
**Anforderungen:** Die Route verläuft vorwiegend auf Waldwegen und -pfaden; Aufstieg zum Spechtsboden teilweise steil, am Rande der Wasserfälle ist sie mit Stahl- und Holzgeländern gesichert. Markierung: Hinweisschilder zum Wasserfallsteig, gelbe und blaue Raute.
**Einkehr:** Unterwegs keine; am Feldbergpass; in Todtnau verschiedene Einkehrmöglichkeiten.
**Variante:** Statt auf der hier vorgestellten Spechtboden-Route am WP (3) Panoramaweg geradeaus weiter auf der offiziellen Route des Wasserfallsteigs nach Brandenberg und Todtnau. Von dort weiter aufwärts zum Wasserfall und nach Todtnauberg. Rückfahrt mit dem Bus nach Kirchzarten und von dort mit der Bahn nach Freiburg. Die Gehzeit verkürzt sich um ca. 30 Min.
**Tipp:** Hängebrücke in Todtnauberg am Ortseingang, Eintritt: 12 Euro.

*Mächtige Weidbuche am Wegrand.*

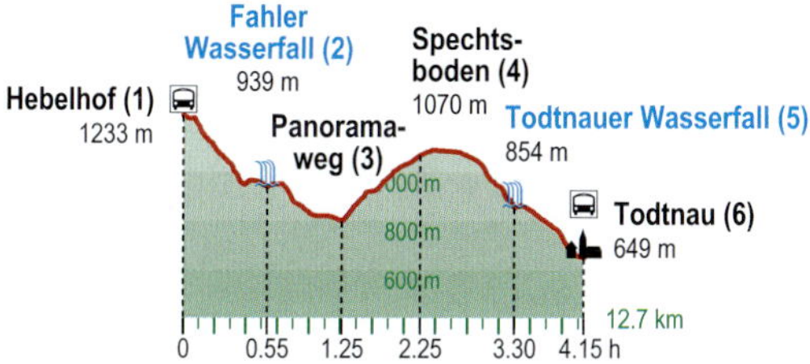


Die Bushaltestelle **Hebelhof (1)** liegt direkt an der Feldberg-Passstraße unterhalb der gleichnamigen Jugendherberge. Wir überqueren die Straße, von Bärental kommend und gehen auf der gegenüberliegenden Seite etwa 150 m nach rechts in Fahrtrichtung Todtnau bis zu einem Wanderparkplatz. Ein Wegweiser Richtung Brandenberg / Silberberg lässt uns den Platz diagonal etwa 50 m weit bis zu seinem hinteren Ende queren. Dort beginnt der Wasserfallsteig. Er wird auch als Hebelweg bezeichnet, benannt nach dem alemannischen Dichter Peter Hebel. Ihm zu Ehren wurden an verschiedenen Stellen wetterbeständige kleine Metallplatten in Felsnischen eingelassen, auf denen einige seiner Lebensweisheiten nachzulesen sind.
Bis zur Quelle der Wiese sind es zunächst nur ein paar Schritte und von dort noch gut 100 m bis zu einer Wegverzweigung, an der wir nach rechts Richtung Fahler Wasserfall abbiegen. Im Zickzackkurs geht es durch ein Waldstück hinab, über eine lang gezogene Lichtung hinweg bis zu einem weiteren Waldstreifen, in dem wir auf den Oberlauf der Wiese stoßen. Das Volumen des kleinen Baches hat sich seit dem Austritt aus der Quelle durch den Zufluss einiger Seitenbäche stark vergrößert. Knapp 30 Min. geht es abwärts durch die herrliche Schlucht, abwechselnd am linken und rechten Ufer entlang, über Brücken und Stege aus Holz, auf einem stets sicher begehbaren Pfad. Am unteren Ende der Schlucht stoßen wir erneut auf die Feldberg-Passstraße, überqueren sie, halten uns schräg rechts und gelangen zum Parkplatz vor der mit einer Einzäunung gesicherten **Schwarzwaldkaserne**. Rechts, am Rande der Parkfläche, entdecken wir das Wasserfallsteig-Zeichen, das uns auf einem Trampelpfad zwischen Kaserne und Passstraße ins Wiesetal und zum unteren **Fahler Wasserfall (2)** hinunterführt.
Wenige Schritte vor Erreichen des Wasserfalls gabelt sich der Pfad: Geradeaus führt die Hauptroute auf fast ebener Strecke Richtung Brandenberg / Fahl. Wir wählen jedoch den Schwenk rechts aufwärts Richtung Todtnauer Hütte / Feldbergturm. Der Rundweg mit Treppen und Stegen aus Stahl führt uns am Rande des vom Rotenbach gespeisten Wasserfalls hinauf zu dessen oberem etwa 50 m höher gelegenen Austritt und einer Wegverzweigung. Wir biegen nach links, folgen dem Rundweghinweis und gehen etwa 500 m weit auf schmalem Pfad am Hang hinunter bis zur Hauptroute nach Branden-

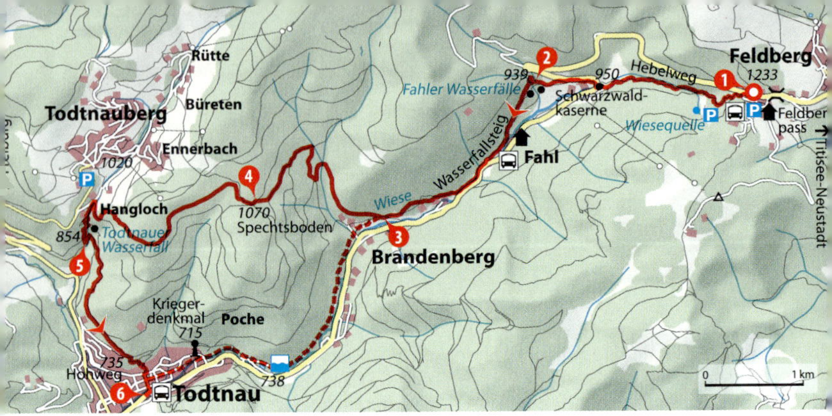


berg, auf die wir nach rechts einfädeln. Wir nähern uns der Passstraße bis auf wenige Meter, durchqueren anschließend ein kleines Waldstück und gelangen etwa 250 m nach dem Austritt aus dem Waldstück kurz vor Brandenberg zu einer steilen Bergwiese, die sich links am Hang emporstreckt. Am Wegweiser **Panoramaweg (3)** ist hier eine Informationstafel über Allmendweiden und Hirtenkinder aufgestellt. Wir verlassen den Wasserfallsteig, gehen durch eine kleine Holzpforte auf der rechten Seite und steigen auf schönem, etwas steilem Trampelpfad die Bergwiese empor Richtung Todtnauberg und Spechtsboden. Ein schöner, etwa 1 km langer stetig aufwärts verlaufender Wegabschnitt erwartet uns; der Verkehrslärm der Schwarzwaldstraße ist nicht mehr zu hören. Im Schlussteil dieses Abschnitts treten wir in den Wald ein, überqueren auf drei schmalen Holzbrücken den Bachlauf der Roten Wiese, fädeln nach links in einen leicht abwärts führenden Forstweg ein und erreichen die Wegkreuzung Rotweg.
Wir biegen scharf rechts ab und steigen auf steinigem, breitem Weg den Hang hinauf Richtung Todtnauberg und Berger Höhe. Einen nach ca. 100 m links abzweigenden Waldweg ignorieren wir. Knapp 10 Min. dauert die steile, mit gelber Raute markierte Passage, dann biegen wir links auf einen ebenfalls breiten Querweg. Auf angenehm ebenem Wegstück wandern wir etwa 5 Min. lang, dann achten wir auf die gelbe Raute, die uns rechts auf einen zweispurigen Feldweg weiter aufwärts durch den Wald führt. Erneut sind es knapp 10 Min. auf diesem Weg, dann führt uns letztmalig eine kurze steile Strecke rechts hinauf zu einem Querweg, auf den wir nach links abbiegen und sogleich die Wegkreuzung am **Spechtsboden (4)** erreichen. Auf einer Holzbank lässt es sich nach der langen Aufstiegsroute etwas verschnaufen. Wir halten uns rechts, der blauen Raute Richtung Todtnauberg, der Berger Höhe folgend. Alle links abzweigenden Forstwege bleiben unbeachtet. Nur 100 m auf diesem leicht ansteigenden Schotterweg, dann zweigt links ein schmaler, unmarkierter Trampelpfad ab, gekennzeichnet nur mit einem klei-

nen, auf der rechten Seite an einem Baumstamm befestigten Holzschild mit der Aufschrift: Wasserfall. Wir nehmen diesen Pfad und wandern auf fast ebenem Gelände durch schönen Mischwald mit Buchenbeständen und Farnen im Unterholz. Wir halten uns nach etwa 15 Min. Gehstrecke auf dem Pfad an einer Gabelung links Richtung Geisskopf, ignorieren nach weiteren 5 Min. einen rechts aufwärts führenden Pfad Richtung Berger Höhe und laufen nun abwärts bis zu einer Weide mit Blick auf Todtnauberg auf der rechten Seite. Am Rande der Weide steigen wir steil hinab zu einem Schotterweg und biegen nach rechts ab zum unteren Ortsrand von Todtnauberg. Wir haben den Wasserfallsteig wieder erreicht. Wir überqueren den Stübenbach auf einer Brücke, schwenken nach links und folgen dem Steig abwärts am Ufer des Baches entlang. Immer lauter wird das Getöse der in mehreren Stufen ins Tal hinabstürzenden Wassermassen. Auf schmalen Brücken, mehrmals die Uferseite wechselnd, steigen wir auf Treppenstufen und Stegen am Rande des Wasserfalls hinab zu einem hölzernen Pavillon. Der untere Punkt des **Todtnauer Wasserfalls (5)** ist erreicht.

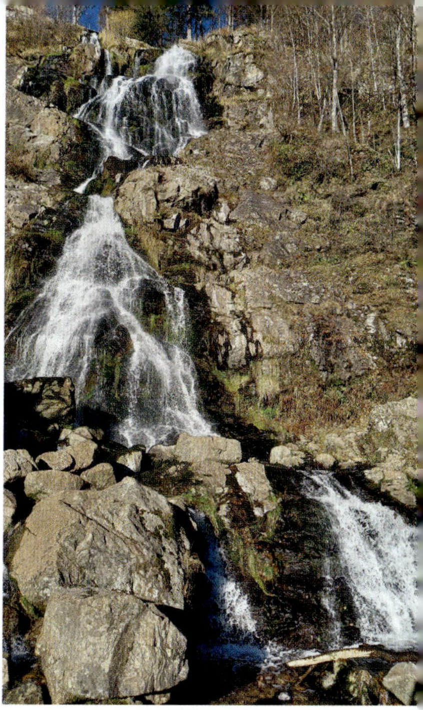

*Der Todtnauer Wasserfall.*

Am gleichnamigen Wegweiser setzen wir den Weg nach links Richtung Todtnau fort. Wir überqueren eine Fußgängerbrücke, von der aus noch einmal die ganze Höhe des Wasserfalls sichtbar wird, nehmen an der nach 50 m folgenden Gabelung den linken Abzweig und folgen einem mit blauer Raute und dem Hinweisschild Wasserfallsteig markierten Pfad in den Wald. Es geht abwärts, über eine Pfadkreuzung hinweg bis zu einer Verzweigung, bei der uns das Hinweisschild nach links abbiegen lässt. Wir erreichen eine kahle, abgeholzte Freifläche, halten uns an einer Gabelung rechts, gehen am Wegweiser Hohweg vorbei und steigen auf schmalem Pfad, dem Schöpfungsweg, nach **Todtnau (6)** hinunter. An der Kirche vorbei, über den Marktplatz hinweg gelangen wir zur viel befahrenen Schönwalder Straße, biegen nach rechts ab und gelangen nach wenigen Schritten zur Bushaltestelle.

# 61 Auf der Silberbergroute vom Hebelhof zum Hasenhorn

3.15 Std.

## *Wanderung zu Todtnaus Hausberg*

*Lange Zeit wegen Totholz und der Gefahr umstürzender Bäume gesperrt, ist die Silberbergroute zwischen Hebelhof am Feldbergpass und Bernauer Kreuz wieder für trittsichere Wanderer begehbar. Der reizvolle, teils durch zerklüftetes, felsiges Gelände führende Pfad verläuft abseits viel begangener Wanderrouten in der Feldbergregion. Ziel unserer Streckentour ist das Hasenhorn mit seinem Aussichtsturm und der Bergstation der Todtnauer Coasterbahn, der 2,9 Kilometer langen schienengeführten Bobbahn.*

**Ausgangspunkt:** Hebelhof, Bushaltestelle am Feldbergpass, 1233 m. Hinfahrt ab Freiburg mit der RB Richtung Seebrugg bis Bärental Bahnhof, umsteigen in den SBG-Bus 7300 (Feldbergbus) bis Feldberg / Hebelhof.
**Endpunkt:** Todtnau, 643 m. Rückfahrt ab der Bushaltestelle Schönauer Straße mit dem SBG-Bus 7300 Richtung Titisee Bahnhof bis Hebelhof oder Bärental, von dort mit der RB zurück nach Freiburg Hbf.
**Höhenunterschied:** 310 m im Aufstieg, 420 m im Abstieg.

**Anforderungen:** Die Route ist im Silbergabschnitt nur für trittsichere Wanderer geeignet, der Pfad ist im Felsenbereich des Wolfsgrüble abschüssig und teilweise ausgesetzt. Profiliertes Schuhwerk erforderlich. Bei Regen und Sturm nicht zu begehen. Markierung: blaue Raute.
**Einkehr:** Am Feldbergpass; Berggasthaus Gisiboden (geöffnet Do–So 11–18 Uhr, Mo–Mi Ruhetag); Gasthaus Hasenhorn (geöffnet nur bei Betrieb der Coasterbahn); in Todtnau verschiedene Gasthäuser und Cafés.

Wir gehen von der Bushaltestelle am **Hebelhof (1)** auf der Feldberg-Passstraße etwa 150 m in Fahrtrichtung Todtnau, überqueren die Straße, den angrenzenden Wanderparkplatz Wiesenquelle und gelangen zum Einstieg des Wasserfallsteigs Richtung Brandenberg/Silberberg. Sogleich ist die Quelle der Wiese erreicht. Wir lassen sie hinter uns und nehmen am Wegweiser Hegelweg den geradeausführenden breiten Schotterweg Richtung Bernauer Kreuz. Der nach rechts abzweigende Wasserfallsteig bleibt unbeachtet.

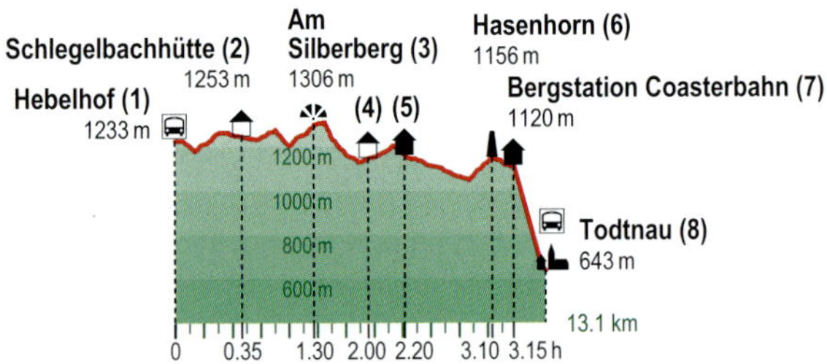

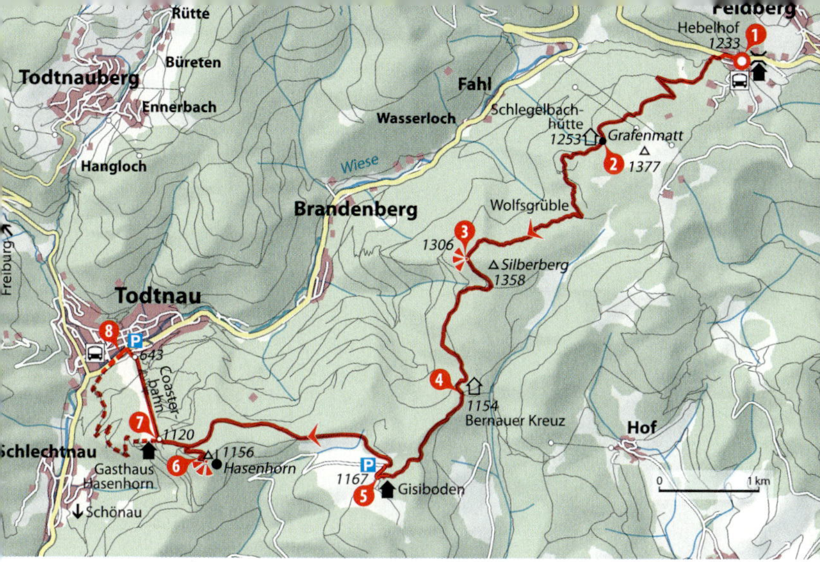


Etwa 10 Min. später unterqueren wir die Seilzüge eines Sessellifts und erreichen kurz dahinter einen weiteren Schotterweg, der nach links aufwärts abzweigt. Nur 10 Schritte auf diesem Weg, dann entdecken wir auf der linken Seite einen schmalen Trampelpfad. Hier beginnt die mit blauer Raute markierte Silberbergroute.

Zunächst zügig leicht bergan durchs Gebüsch, schwenkt der Pfad bald nach rechts und verläuft quer über drei Skipisten hinweg und unter Liftanlagen hindurch, zuletzt über die mit Skikanonen bestückte Fahler Abfahrtsstrecke. Wir stoßen auf einen breiten Holzabfuhrweg, folgen ihm nach rechts ein kurzes Stück talwärts und schwenken sogleich rechts auf einen Trampelpfad. Die blaue Raute behalten wir stets im Auge. Der Pfad verläuft nun durch lichtes Waldgelände bis zu einem Schotterweg, auf den wir nach links zur Quelle an der **Schlegelbachhütte (2)** einfädeln.

Wir folgen dem Weg noch ca. 250 m weit bis zu einem ebenfalls nach links ansteigenden Wiesenweg, unserer Route. Er verjüngt sich schon bald zu einem Trampelpfad, teilweise verwurzelt, stetig auf fast unveränderter Höhenlage am Hang entlang verlaufend. Wir kreuzen zwei kurz nacheinander folgende Querwege und erreichen nach etwa 15 Min. Gehzeit seit dem Wiesenweg-Abzweig das Felsengebiet am Wolfsgrüble. Bei Nässe sind die Steine glatt, der Hang neben uns fällt an einigen Stellen sehr steil ab. Die Etappe dauert nur 15 Min., dann ist der Pfad wieder einfacher zu begehen. Er zieht sich durch lichten Waldbestand mit Farnen im Unterholz. Am Fuße des **Silbergs (3)** erwartet uns eine Sitzbank mit herrlicher Aussicht nach Todt-

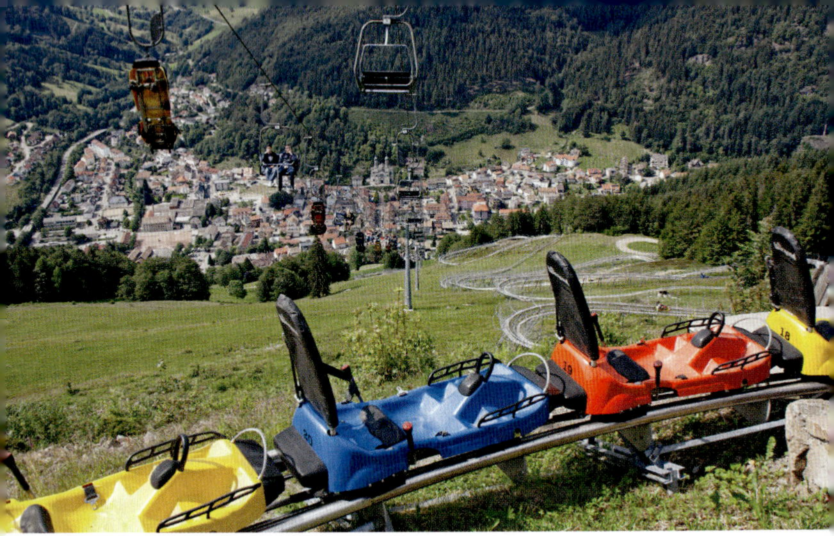

*Die Todtnauer Coasterbahn.*

nau und ins Wiesental. 10 Min. später fädeln wir auf einem breiten Waldweg nach links ein, schwenken nach 3 Min. erneut nach links auf einen Trampelpfad und gelangen zu einem breiten Schotterweg, dem wir 15 Min. lang bis zum Bernauer-Kreuz-Weg folgen. Links entlang ist sogleich die Kreuzung am **Bernauer Kreuz (4)** erreicht. Nach rechts leicht ansteigend folgen wir dem Hinweis zur Alm und zum Gasthaus am **Gisiboden (5)** mit der Möglichkeit zur Einkehr.

Anschließend gehen wir auf der Zufahrt hinunter zum Parkplatz am Mauswinkel, biegen rechts auf einen Feldweg und gehen an den Almen entlang bis zu einem Wegweiser, an dem es erneut nach rechts auf einem Waldpfad Richtung Todtnau/Hasenhorn weitergeht. Wir erreichen die Weggabelung am Mauswald. Von dort lohnt sich ein Abstecher links aufwärts zum Aussichtsturm auf dem Gipfel des **Hasenhorns (6)** mit Fernsicht bis zum Belchen und hinunter nach Zell im Wiesental.

Zurück zur Mauswald-Gabelung, biegen wir links ab und sind in wenigen Minuten an der **Bergstation der Coasterbahn (7)**. Von der Terrasse vor dem Gasthaus Hasenhorn neben der Bergstation hat man freie Sicht nach Todtnau hinunter. Nun bleiben drei Möglichkeiten, um zum Ort hinunterzugelangen: auf dem Zauberweg zu Fuß, mit dem Sessellift oder mit der Bobbahn. Wir wählen den Bob. Von der Talstation sind es bis zur Hauptstraße in **Todtnau (8)** nur wenige Schritte. Wir biegen nach links ab und gelangen nach 100 m zur Bushaltestelle Schönauer Straße.

4.00 Std.

# Vom Hebelhof zu den Spießhörnern und zum Herzogenhorn

62 TOP

### *Aufstieg zum stillen Panoramaberg mit Alpenblick*

*Das Herzogenhorn ist mit 1415 Metern der zweithöchste Schwarzwaldgipfel. Abseits der gut erschlossenen Feldbergregion, nur zu Fuß erreichbar, gehört er zu den Top-Wanderzielen im Hochschwarzwald. Beeindruckend ist der Ausblick über das Bernauer Land bis hin zur Alpenkette, bei klarer Sicht ein unvergessliches Erlebnis. Bevor wir zum Gipfel aufsteigen, machen wir einen Abstecher zu den beiden Spießhörnern, zur Einkehr empfiehlt sich die viel besuchte Krunkelbachhütte.*

**Ausgangspunkt:** Hebelhof, Bushaltestelle am Feldbergpass, 1233 m. Anfahrt ab Freiburg mit der RB Richtung Seebrugg bis Bärental Bahnhof. Dort umsteigen in den SBG-Bus, Linie 7300 bis Feldberg-Hebelhof.
**Höhenunterschied:** 520 m.
**Anforderungen:** Die Wanderung verläuft vorwiegend auf Waldpfaden und über Wiesengelände, beim Schlussanstieg zum Herzogenhorn wird das Gelände steil. Markierung: gelbe Raute und rote Raute des Westwegs, teilweise blaue Raute.
**Einkehr:** Gasthaus Herzogenhorn im Leistungszentrum Herzogenhorn (geöffnet tägl. ab 10 Uhr); Berggasthof Krunkelbachhütte (tägl. ab 10 Uhr geöffnet).

*Auf dem Gipfel des Herzogenhorns.*

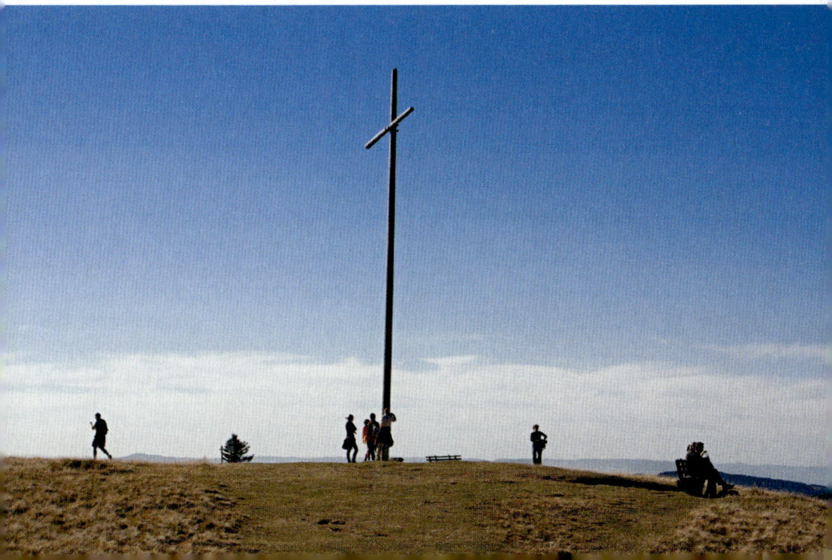

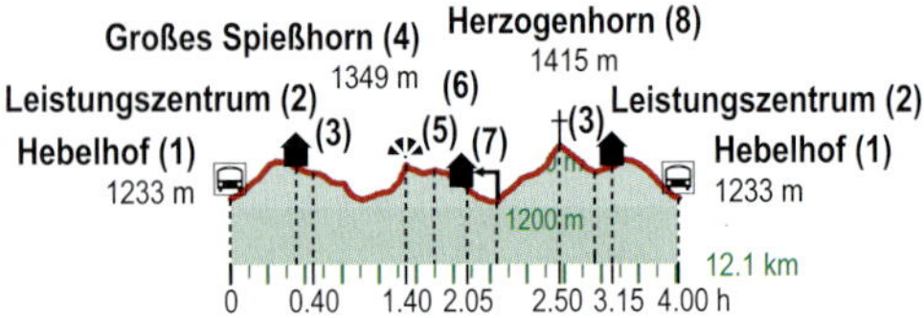


Wir starten an der Bushaltestelle am **Hebelhof (1)** auf dem Feldbergpass, gehen knapp 100 m in Richtung Bärental / Titisee bis zum Fahrkartenhaus für das Seebuck-Skigebiet und biegen gleich dahinter rechts auf den Westweg Richtung Glockenführe / Herzogenhorn. Zunächst auf einem Schotterweg, in der Folge auf einem steil ansteigenden, verwurzelten Naturpfad geht es am Rande der Ski-Abfahrtshänge entlang, durch ein Waldgebiet zur Grafenmatt-Kuppe hinauf. Wir erreichen das **Leistungszentrum Herzogenhorn (2)** und den Wegweiser an der **Glockenführe (3)**, an dem wir den Westweg verlassen und links auf einen Wiesenpfad Richtung Spießhorn abbiegen.

Auf dem nun folgenden naturbelassenen Pfad umgehen wir das Herzogenhorn an seiner steilen Nordostflanke. Es geht zumeist über felsiges, teils auch verwurzeltes Gelände zwischen alten Fichten, Buchen und Hochgräsern hinab zur Krunkelbachwiese. Ein Rechtsabzweig nach gut 15 Min. bleibt unberücksichtigt, bei der folgenden Gabelung 2 Min. später am Zinken halten wir uns links. Kurz vor Erreichen der großen Wiese überqueren wir zwei Feldwege und nehmen Kurs Richtung Krunkelbachhütte, die von hier aus bereits gut zu erkennen ist. Wir steuern sie aber noch nicht direkt an. Zunächst folgen wir einem unmarkierten Trampelpfad, der uns kurz nach Überqueren des zweiten Feldwegs nach links in die Wiesensenke führt. Wir überqueren einen kleinen Bach, ignorieren alle nach rechts zur Krunkelbachhütte hinaufführenden Abkürzungen und steigen aus der Senke heraus steil hinauf zum oberen Rand der Wiese. Hier tauchen wir in den Wald ein und erreichen wenig später den Gipfelpavillon auf dem **Großen Spießhorn (4)**. Von dort aus hat man einen schönen

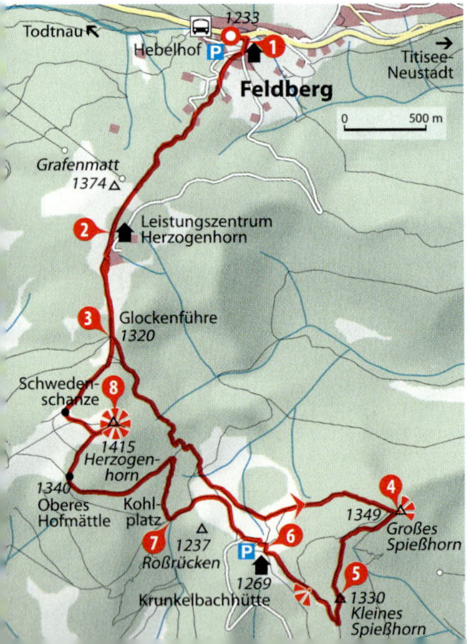

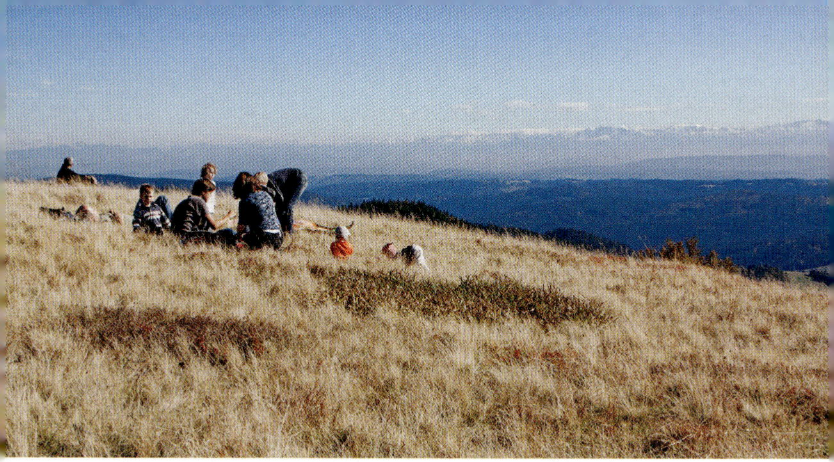

*Alpensicht vom Gipfel des Herzogenhorns.*

Ausblick ins Krunkelbachtal. Wir gehen nun Richtung Bernau/St. Blasien, biegen nach etwa 150 m nach rechts ab Richtung Kleines Spießhorn und gelangen zu einer Lichtung, auf der wir nach links auf einen mit blauer Raute markierten Weg abbiegen. Ein paar Minuten später entdecken wir einen unscheinbaren Trampelpfad, der nach links abzweigt und nach wenigen Schritten stumpf auf dem **Kleinen Spießhorn (5)** endet. Umgeben von Bäumen, ohne Ausblick, ist der Ort unspektakulär.

Wir kehren zum Hauptweg zurück, biegen links ab und treten nach ein paar Minuten aus dem Wald hinaus. Der Spießhornweg, auf den wir stoßen, ist ein herrlicher Panoramaweg, dem wir nach rechts abknickend zur **Krunkelbachhütte (6)** folgen. Wir genießen die freie Sicht ins Tal nach Bernau hinunter und zum Belchen hinüber. Bei geeigneten Wetterbedingungen kann man Gleitschirmfliegern beim Abheben zusehen.

Von der Krunkelbachhütte gehen wir auf dem Fußweg zum Wanderparkplatz hinunter, lassen ihn links liegen und gehen bis zum breiten Forstweg am Roßrücken. Wir biegen nach links Richtung Bernau-Hof und halten uns an der Verzweigung am **Kohlplatz (7)**, knapp 5 Min. später, rechts Richtung Herzogenhorn. Auf dem breiten Forstweg erreichen wir die Alm am Oberen Hofmättle. Im Schlussanstieg geht es schließlich steil rechts hoch zum Gipfelkreuz auf dem **Herzogenhorn (8)**. Ringsum erwartet uns eine prachtvolle Aussicht. Für den Rückweg gehen wir auf derselben Strecke ein paar Meter zurück bis zur Verzweigung Am Herzogenhorn, dann rechts hinunter zum Querweg an der Schwedenschanze und ebenfalls rechts entlang zur **Glockenführe (3)**. Ab hier geht es auf bekanntem Weg zurück zur Bushaltestelle am **Hebelhof (1)**.

# 63 Von Feldberg-Caritashaus zum Herzogenhorn

4.45 Std.

## *Eine Runde mit zwei Hochschwarzwälder Highlights*

*Abwechslungsreich und anspruchsvoll ist diese Tour, bestückt mit zwei sehenswerten prächtigen Etappenzielen: zum einen die kleine, enge Albschlucht mit ihren Stromschnellen und Wasserfällen im Tal der Menzenschwander Alb, zum anderen der Gipfel des Herzogenhorns, bei guter Sicht mit Ausblick bis hin zu den Alpen.*

**Ausgangspunkt:** Feldberg-Caritashaus, 1225 m. Hinfahrt von Freiburg Hbf., mit der RB Richtung Seebrugg, Haltestelle Bärental, wahlweise auch schon ab Bahnhof Titisee, Weiterfahrt mit dem Südbadenbus, Linie 7300 Richtung Todtnau, Haltestelle Feldberg-Caritashaus.
**Höhenunterschied:** 570 m.
**Anforderungen:** Gute Kondition und Trittsicherheit bei den Steilaufstiegen zum Finsterbühl und zum Herzogenhorn sind erforderlich, die Wanderung verläuft zumeist auf naturbelassenen Pfaden. Markierung: vorwiegend gelbe Raute.
**Einkehr:** Am Albwasserfall Café & Berg-Beizle Zum Kuckuck (geöffnet Mi–So 12–20 Uhr, Mo und Di Ruhetag); Gasthaus Herzogenhorn im Leistungszentrum (ganztägig geöffnet); Berggasthof Krunkelbachhütte (nicht direkt am Weg). Am Feldbergpass verschiedene Einkehrmöglichkeiten.

Von der Bushaltestelle und den Parkplätzen am **Caritashaus (1)** gehen wir Richtung Hochkopfhütte und Zweiseenblick auf der asphaltierten Freifläche zwischen den Gebäuden des Caritashaus-Komplexes hindurch bis zu einem Schotterweg. Ihm folgen wir in bewaldetes Gelände. Auf der rechten Seite öffnet sich der Blick alsbald ins Tal der Menzenschwander Alb, unserem

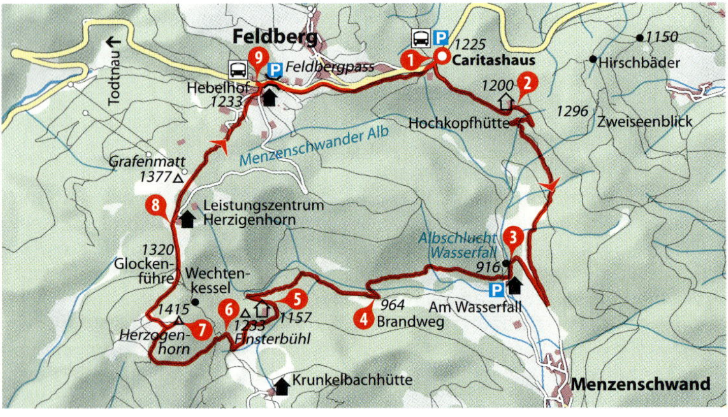

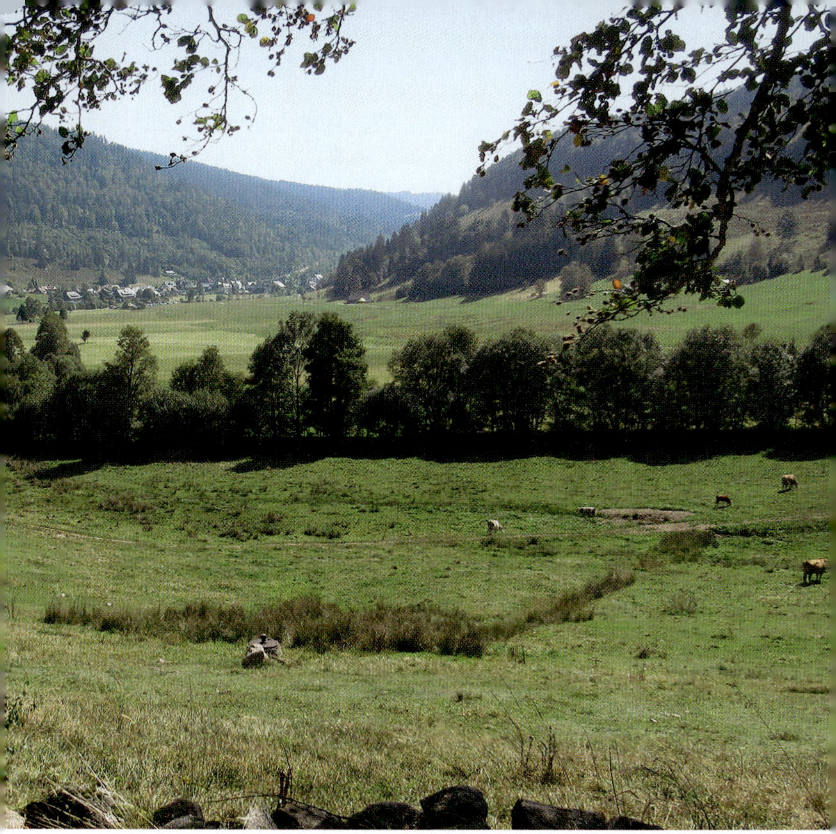

*Blick über das Krunkelbachtal Richtung Menzenschwand.*

Etappenziel. Wir erreichen die Weggabelung an der **Hochkopfhütte (2)** und halten uns rechts Richtung Schluchsee und Menzenschwand.
Nach etwa 5 Min. zweigt rechts ein Pfad Richtung Menzenschwand-Hinterdorf ab. (Hinweisschild: Alpiner Fußpfad, gutes Schuhwerk erforderlich.) Wir folgen ihm abwärts. Wir kreuzen den Geschweihweg, lassen den Wald hinter uns und steigen über einen offenen, mit Heidelbeerbüschen bedeckten Hang weiter abwärts. Der Weg entpuppt sich als gut begehbarer, schmaler Trampelpfad mit schöner Aussicht ins Albtal und ins angrenzende Tal des Krunkelbachs. Im unteren Teil ist er durch Weidezaundraht von Viehweiden und Naturschutzflächen abgegrenzt.

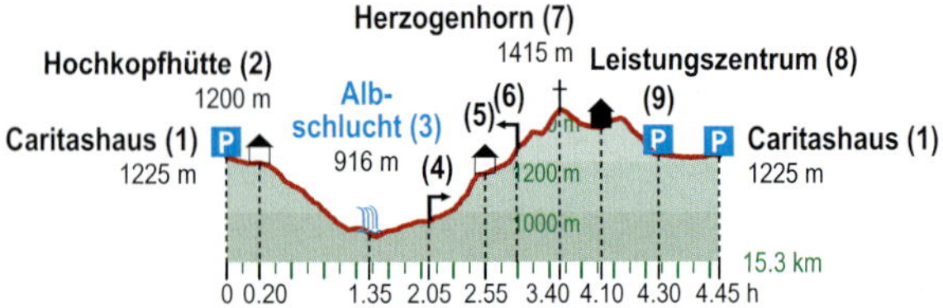


An einer stählernen Pforte mit dem Wegweiser Ziegenweide gabelt sich der Pfad. Wir biegen scharf rechts ab und folgen einem Wiesenweg Richtung Albschlucht. An der Alb angekommen, überqueren wir den Bach auf einer Brücke, biegen gleich hinter der Brücke auf die asphaltierte Albstraße nach links und steigen nur 10 Schritte weiter ebenfalls links auf einer Holztreppe hinunter in die wunderschöne **Albschlucht (3)**.
Am Rande des Wildbaches geht es durch die Klamm hinunter. Am Ende der Schlucht stoßen wir erneut auf eine Asphaltstraße, folgen ihr rechts entlang, am Café & Berg-Beizle Zum Kuckuck sowie am benachbarten Wanderparkplatz vorbei und gehen in der anschließenden Rechtskurve geradeaus auf einen Feldweg. Dem Hinweisschild Geißenpfad folgend wandern wir auf einem schönen Wegabschnitt am Rande der Wiesen des Krunkelbachtals entlang. Ein mit M4 gekennzeichneter Wiesenpfad auf der linken Seite bleibt unberücksichtigt. Wir überqueren den Krunkelbach am Talschluss, erreichen den breiten **Brandweg (4)**, verlassen hier den Geißenpfad und biegen nach rechts ab, knapp 15 Minuten lang durch den Wald, leicht ansteigend bis zu einem alten Hinweisschild. Nach links, Richtung Herzogenhorn und Krunkelbachhütte, geht es nun sehr steil hinauf zu einem Fahrweg, auf dem wir nach links schwenken und noch etwa 5 Min. lang auf ebenem Terrain bis zu einer Schutzhütte am **Finsterbühl (5)** gehen. Hier taucht die gelbe Raute wieder auf, der wir nach rechts auf einen abzweigenden Forstweg Richtung Krunkelbachhütte folgen. 15 Min. später ist eine Wegkreuzung am Rande der Almen unterhalb der Krunkelbachhütte erreicht. Wer noch genug Zeit hat, kann einen Abstecher links zur Hütte einplanen (hin und zurück ca. 25 Min.). Für uns geht es rechts aufsteigend weiter. Über einen Querweg hinweg folgen wir einem ausgetretenen Pfad bis zur Wegverzweigung **Am Zinken (6)**, die wir kurz darauf erreichen. Wir halten uns nach links, fädeln in einen Forstweg ein, der uns zur Alm am Oberen Hofmättle führt. Von dort geht es schließlich steil rechts hinauf zum Gipfel des **Herzogenhorns (7)**. Hier erwartet uns beste Aussicht, hinunter ins Krunkelbachtal, nach Bernau, zum Feldberg und zum Belchen. Bei gutem Wetter sind auch die Alpen zu erkennen.
Auf demselben Weg steigen wir ein paar Schritte hinunter bis zur Verzweigung Am Herzogenhorn, gehen rechts entlang abwärts zum Querweg an der Schwedenschanze und folgen dem Hinweis rechts Richtung Hebelhof. Wir

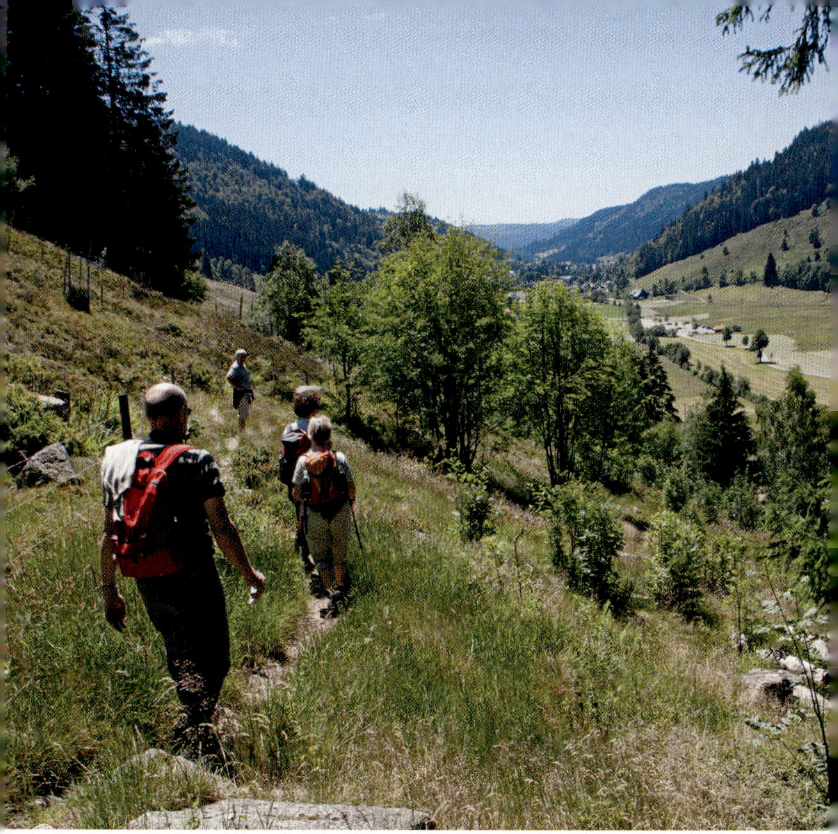

*Abstieg ins Tal der Menzenschwander Alb.*

gelangen zur Wegverzweigung Glockenführe und gehen geradeaus auf bequemem Weg zum **Leistungszentrum Herzogenhorn (8)**.
Nun noch über die Grafenmatt-Kuppe hinweg und am Rande der Skipisten hinunter zum **Parkplatz Grafenmatt (9)** am Feldbergpass. Dort angekommen, gehen wir nach rechts bis zum hinteren Ende des Parkplatzes, gehen etwa 50 m am Straßenrand der B 317 entlang bis zu einer asphaltierten Nebenstraße, auf die wir nach rechts abbiegen. Sie führt uns etwa 200 m an der Vesperstube Menzenschwander Hütte vorbei bis zu einer Weggabelung. Wir schwenken nach links auf einen Schotterweg, der uns parallel zur Bundesstraße zurück zum **Caritashaus (1)** führt.

# 64 Von Altglashütten zum Hochschwarzwälder Hirtenpfad

**4.30 Std.**

### *Entdeckungstour im Tal von Raitenbuch*

*Seit 2015 als Premiumweg ausgewiesen, führt uns der Hochschwarzwälder Hirtenpfad durch das Hochtal zwischen Lenzkirch und Raitenbuch. Das Tal wurde vor über 20.000 Jahren durch die Endmoräne eines Gletschers geformt. Heute zeugt insbesondere das unter Naturschutz stehende Ursee-Moor am Rande des Tals mit seiner besonderen Pflanzenvielfalt von der Urgeschichte.*

**Ausgangspunkt:** Altglashütten, 957 m, Bahnhof. Anfahrt ab Freiburg mit der RB Richtung Seebrugg, Haltestelle Altglashütten. Mit dem Pkw auf der B 31 Richtung Titisee/Neustadt, weiter Richtung Feldberg und in Bärental links ab Richtung Schluchsee bis zum Abzweig links nach Altglashütten. Dort vor dem Bahnhof parken.
**Höhenunterschied:** 330 m.
**Anforderungen:** Vorwiegend Wald- und Wiesenpfade, beim Abstieg zum Stoffelbächle etwas steil. Markierung: gelbe Raute und zusätzlich auf dem Hirtenpfad dunkelblaues Hinweisschild mit rotem Bollenhut-Symbol.
**Einkehr:** In Altglashütten am Bahnhof Bistro Espresso (geöffnet ab 11 Uhr, Mo und Di Ruhetag), in der Ortsmitte weitere Einkehrmöglichkeiten, u. a. Hotel Restaurant Schwarzwälder Hof; Hotel Schlehdorns Seehof am Windgfällweiher.
**Hinweis:** Eventuell Badesachen für den Windgfällweiher mitnehmen.

Vom Parkplatz vor dem Bahnhof in **Altglashütten (1)** gehen wir zunächst ein paar Schritte parallel zu den Bahnlinien in Fahrtrichtung Seebrugg bis zu einem Wegweiser, dem wir nach links Richtung Lenzkirch/Wasserfall folgen. Ein geschotterter Spazierweg führt am schmalen Bachlauf der Haslach entlang eben bis zum Ortsrand von Falkau. Wir umrunden den Sportplatz halb, halten uns am Abzweig zum Clubhaus rechts und gelangen zur Verzweigung am Wegweiser Erich Fink Weg/Parkplatz Minigolf. Hier halten wir uns rechts Richtung Wasserfall/Lenzkirch, biegen nach gut 50 m rechts ab und gehen über eine **Holzbrücke (2)** zum Falkauer Skilift.
Am linken Rand der Skipiste steigen wir auf, lassen das untere Lifthaus rechts liegen und überqueren nach wenigen Minuten einen breiten Schotterweg am Wegweiser Skilift Falkau. Wir steigen geradeaus weiter hoch Richtung Hohspirn und Berger Stierhütte. Der Weg führt in den Wald hinein und mündet an dessen oberem Ende, wieder im Skigelände, in einen Trampelpfad, der uns über Wiesen, noch stets aufsteigend, links an der Berger Stierhütte vorbei-

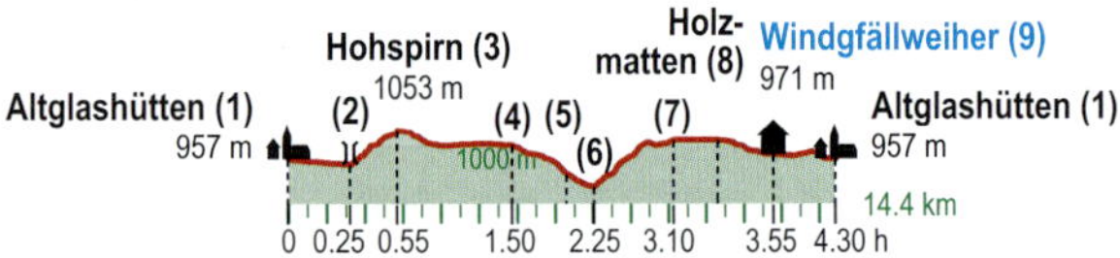

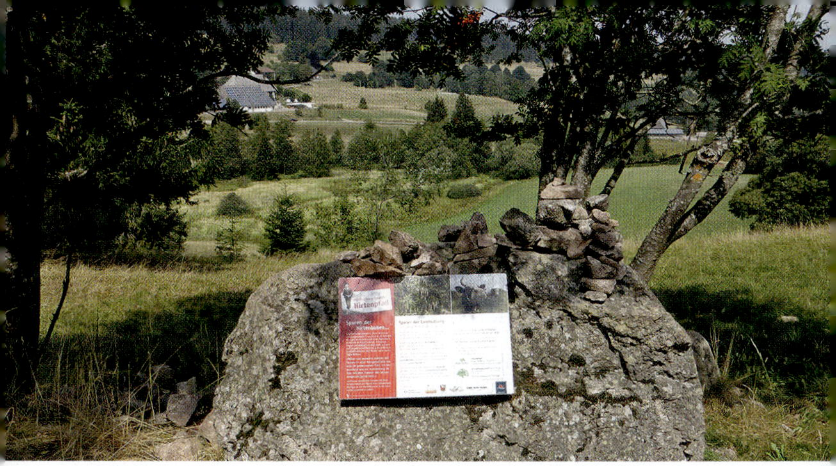


*Infotafeln am Hirtenpfad.*

führt. Erneut erreichen wir den Waldrand, überqueren einen Forstweg und folgen einem alten hölzernen Hinweisschild Richtung Raitenbuch/Berg/Lenzkirch. Nur 100 m weiter nehmen wir an der Weggabelung am Hinweisschild Berger Stierhütte Richtung Raitenbuch/Berg den rechten Abzweig. 5 Min. später sind wir am **Hohspirn (3)** angelangt, dem höchsten Punkt unserer Wanderung. Vor uns öffnet sich das Hochtal von Raitenbuch.

Wir halten uns nun links und folgen der gut ausgeschilderten Route des Hochschwarzwälder Hirtenpfads Richtung Klausenhof. Auf der »Sommerseite« des Tals gehen wir mit schönen Ausblicken nach rechts zu den wenigen Häusern im Raitenbucher Tal am Waldrand entlang. In regelmäßigen Abständen informieren uns Schilder mit Fotos und Texten über das frühere Leben der Hirten in dieser Gegend. Nach gut 30 Minuten schwenken wir nach rechts in den Hohenweg, einen breiten Waldweg, nun leicht abwärts gehend. Die beiden folgenden Rechtsabzweige ignorieren wir und gehen bis zum Wegweiser Klausenhof. Dort halten wir uns rechts Richtung Berg. Wir verlassen den Wald und erreichen einen schönen Picknickplatz unter einem alten Ahornbaum an der **Berger Straße (4)**. Wir überqueren die Straße. Nun geht es Richtung Raitenbuch auf einem gut markierten Trampelpfad bergab durch bewaldetes und offenes Gelände bis zur **Raitenbucher Straße (5)**, der wir etwa 50 m nach rechts folgen. Wir überqueren diese, gehen steil hinunter zum Stoffelbächle hinauf zur Hofeinfahrt des Möslehofs und auf dem asphaltierten Möslehofweg hinunter bis zum Ursee-Rundweg. Das Naturschutzgebiet des Ursee-Moors, das man auf der linken Seite sehen kann, ist nicht begehbar. Wir biegen rechts ab und folgen dem nun geschotterten Weg etwa 100 m bis zum Wegweiser **Am Möslehof (6)**.

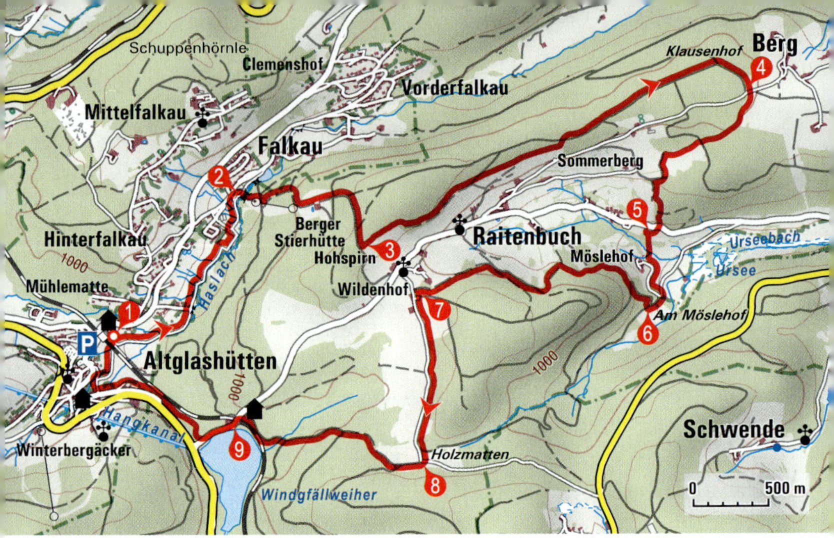


Hier führt rechts ein breiter Forstweg Richtung Raitenbuch hinauf. Wir folgen ihm, bis der Blick ins Urseetal nach 5 Minuten wieder frei wird. Schautafeln vermitteln uns Wissenswertes über die Ursee-Geschichte, Gletscherbewegungen und Hochwiesen. Wir verlassen den Forstweg. Die Hirtenpfad-Markierung führt uns auf einen Trampelpfad nach rechts und im Folgenden abwechselnd auf schmalen Pfaden und breiten Wegabschnitten durch die Kulturlandschaft um Raitenbuch, bis wir schließlich an einer schmalen, asphaltierten Straße den Wegweiser **Am Wildenhof (7)** erreichen.

Wir biegen nach links und gehen auf dem Sträßchen hinunter Richtung Windgfällweiher. Über die freien Wiesenflächen hinweg ist der Feldberg in der Ferne zu erkennen. Am Wegweiser Holzmatten ignorieren wir den Abzweig links zum Stoßfelsen und erreichen einen Querweg, ebenfalls mit einem Wegweiser **Holzmatten (8)** beschriftet. Rechts geht es Richtung Windgfällweiher, unsere Richtung. An der Verzweigung Kährmoos biegen wir rechts ab und gelangen zur Raitenbucher Straße, der wir nach links über die Brücke zum **Windgfällweiher (9)** folgen. (Einen ausgeschilderten Abzweig noch vor der Brücke rechts Richtung Altglashütten/Bf. ignorieren wir.) Am Hotel/Café Schlehdorn vorbei gehen wir etwa 5 Minuten mit Blick zum Badesee auf der linken Seite am Straßenrand entlang. Etwa 100 m vor der Einmündung der Straße in die B500 biegen wir rechts ab in den Gottwinaweg, einen schönen Trampelpfad, der uns an den Bahngleisen entlang nach Altglashütten führt. In Höhe des Hotels Schwarzwälder Hof folgen wir rechts dem Mühlenweg etwa 100 m weit bis zu einem Schotterweg, auf dem wir rechts entlang zurück zu unserem Ausgangspunkt am Bahnhof von **Altglashütten (1)** gelangen.

**3.45 Std.**

# Auf dem Jägersteig von Schluchsee zum Bildstein

**65**

***Ausflug zum größten Stausee im Schwarzwald***

*Der Schluchsee misst 7,3 Kilometer an der längsten Stelle und 1,4 Kilometer in der Breite. Kein anderer See im Schwarzwald erreicht diese Ausmaße. Nicht ganz so touristisch überlaufen wie der Titisee, ist er vor allem bei Seglern und Badegästen beliebt. Bevor wir entlang seiner Uferpromenade spazieren, erklimmen wir auf dem Jägersteig, einem 2014 eingeweihten Premiumweg, den Bildstein mit herrlicher Aussicht über den See.*

**Ausgangspunkt:** Bahnhof Schluchsee, 935 m. Anfahrt ab Freiburg mit der RB Richtung Seebrugg, Haltestelle Schluchsee. Mit dem Pkw bis zum Bahnhof von Schluchsee, in der Bahnhofstraße parken.
**Höhenunterschied:** 260 m.
**Anforderungen:** Hinweg auf gut präparierten Pfaden durch Wald, Rückweg eben am Seeufer. Markierung: gelbe Raute und ein Jägersteig-Zeichen.
**Einkehr:** In Schluchsee verschiedene Gasthäuser; In Aha Kiosk am See (am Wochenende geöffnet), Seglerhof (geöffnet Di–Fr 10–20 Uhr, Sa und So ab 9 Uhr) und Restaurant im Wellnesshotel Auerhahn.

Vom Bahnhof in **Schluchsee (1)** gehen wir links auf dem Fußweg am Rand der Bahnhofstraße entlang in Fahrtrichtung Titisee. Wir folgen dem Jägersteig-Hinweis, bis der Weg nach gut 10 Minuten Gehzeit nach links abknickt. So gelangen wir zum Wanderparkplatz Schluchsee, gehen rechts durch die Unterführung zur Freiburger Straße (B 500) hinauf und folgen ihr bis zur Kreuzung, an der die L 156 rechts nach Fischbach/Lenzkirch führt. Wir überqueren sie und gehen noch gut 100 m an der Freiburger Straße entlang. Dann zweigt rechts der **Jägersteig (2)** ab, deutlich zu erkennen an einem Tor aus Rundholzstämmen. Auf markierter Route geht es nun zunächst gemächlich, dann in Kehren durch den Wald stetig aufwärts. Wir stoßen nach gut 45 Min. ab dem Bahnhof auf den Oberen Stutzweg, einen breiten Forstweg, dem wir nach rechts folgen. Der Abzweig kurz darauf rechts in den Hanseleweg bleibt unbeachtet. 100 m weiter geht es vor einer Schutzhütte rechts ab auf einen ver-

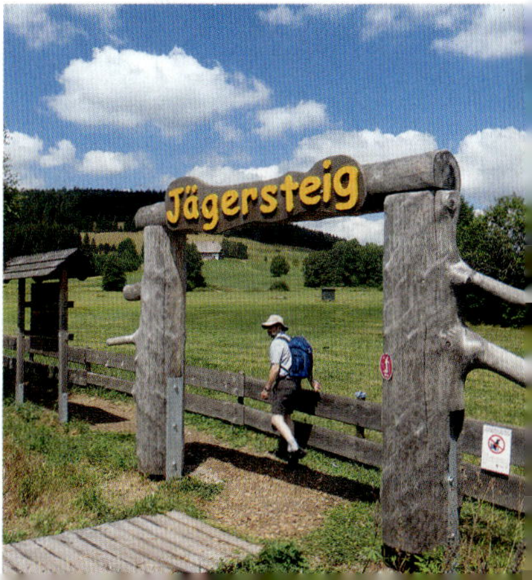


*Einstieg zum Jägersteig.*

wurzelten Waldpfad. Wir erreichen einen schönen **Picknickplatz (3)** auf einer Lichtung nahe der Hanselefelsen mit Ausblick zum Schluchsee.

5 Min später biegen wir links auf einen breiten Forstweg ab und fädeln wenig später auf einen weiteren Forstweg rechts ein. Nach 300 m verzweigt sich der Weg. Unsere Route führt geradeaus und schwenkt etwa nach 20 m bei einer Holzbank rechts auf einen Waldpfad. Es ist der alte Grenzweg zwischen den Gemarkungen der Gemeinden von Lenzkirch und Schluchsee, teilweise mit steinernen, etwa 40 cm hohen Granitstelen markiert. Nach etwas mehr als 10 Minuten auf dem Grenzweg lohnt sich ein kleiner Umweg links. Ein Pirschpfad führt hier am Fuß eines Hochsitzes entlang. Wir entdecken im Unterholz aus Sperrholzplatten fein zurechtgesägte Attrappen von Rehen, Wildschweinen, Dachsen und anderen Wildtieren. Die Pirsch ist nach ein paar Minuten vorbei, dann treffen wir wieder auf den Grenzweg, dem wir nach links folgen. Wir überqueren einen zweispurigen Feldweg Richtung Bildstein, halten uns am folgenden Querweg rechts und sind nach ein paar Schritten an der Wegverzweigung Am Winterwald angelangt. Hier biegen wir links ab, gehen ein kurzes Stück aufwärts und wieder hinab und machen dann einen Abstecher rechts hoch zum Gipfel des **Bildsteins (4)**. Der Berg besteht aus 400 Mio. Jahre altem Tonschiefer. Der Ausblick reicht bis weit über den Schluchsee hinaus.

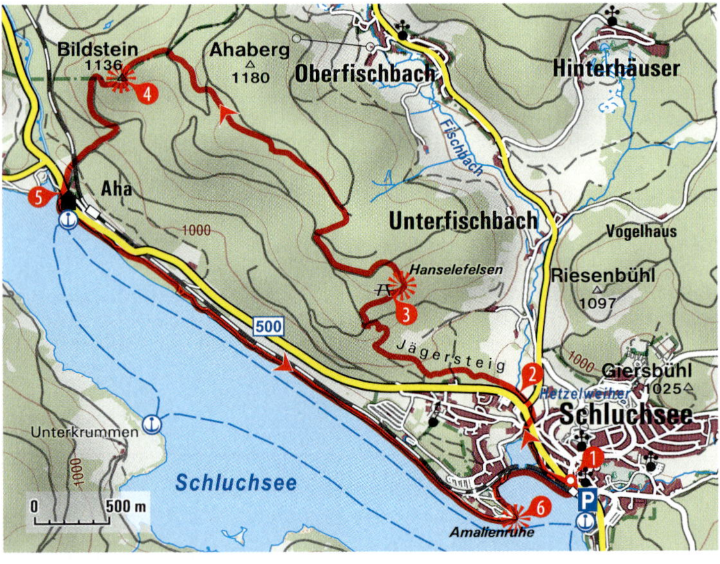

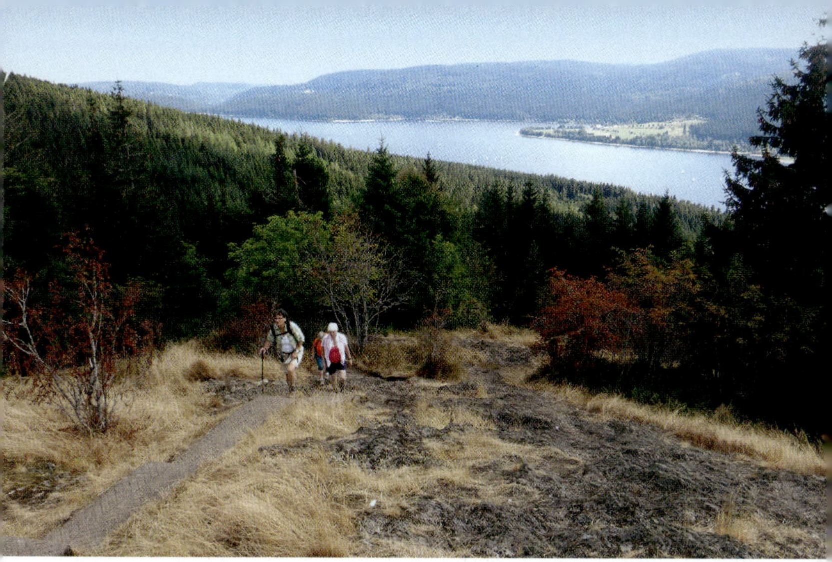

*Aufstieg zum Bildstein.*

Wir steigen ab und folgen den Wegweisern nach Aha, auf steinigem, im unteren Teil gerölligem Untergrund, überqueren noch einmal einen Forstweg und gelangen auf dem unteren Bildsteinweg unter dem Bahngleis hindurch, am Seglerhof links und am Naturcamp rechts vorbei, nach **Aha (5)** an der B 500. Geradeaus geht es durch den Fußgängertunnel unter der viel befahrenen Bundesstraße hindurch zur Anlegestelle der Segelboote am Strand von Aha.

Auf dem Seeuferweg halten wir uns links und gehen am Rand des Sees zurück Richtung Schluchsee. Zahlreiche Stichwege führen rechts hinunter zum Badestrand. Wir kommen am Gelände der Jugendherberge und am Seecafé Ambiente vorbei und erreichen einen Pavillon an der **Amalienruhe (6)**. Hier wenden wir uns nach links und gehen weiter am Seeufer entlang bis zum asphaltierten Seeweg. Rechts ab, stets am Bahngleis entlang, gelangen wir zurück zum Bahnhof in **Schluchsee (1)**.

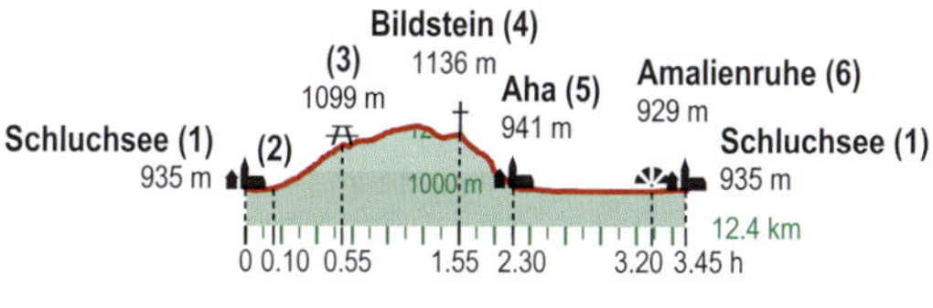

# Stichwortverzeichnis